신 영 어 학 총 서

고문	조성식
주간	전상범
편집위원	김인숙 박병수
	김영석 박영배

신영어학총서 전12권

1. 영어학개론 (전상범)
2. 영문법론 (조성식)
3. 영어품사론 (문 용)
4. 영어음성학 (구희산)
5. 영어사 (박영배)
6. 영어음운론 (정 국)
7. 영어형태론 (김영석)
8. 영어통사론 (이환묵)
9. 영어의미론 (이익환)
10. 미국영어 (김인숙)
11. 문법이론 (박병수·홍기선·윤혜석)
12. 영문법 (조병태)

신·영·어·학·총·서 3

영어품사론
(PARTS OF SPEECH)

문 용

한국문화사

New English Linguistics Series, 3

Parts of Speech

copyright by
Yoong Moon

1998

Hankuk Publishing Co., Seoul

영어품사론
(PARTS OF SPEECH)

한국문화사

「신영어학 총서」 간행에 부쳐

 1883년에 설립된 통변학교(通辯學校)를 우리나라 영어 교육의 효시라고 한다면 우리의 영어 교육도 이제 1세기를 넘긴 셈이며, 해방 후부터의 영어 교육도 반세기를 넘기게 되었다. 그간 영어는 우리가 처하게 된 특수한 사정과 국제적인 대세의 영향으로 그 중요성이 더욱 강조되어 왔다.

 그간 우리가 영어에 대해 쏟은 노력과 정열은 막대하다. 그러나 그 성과는 결코 만족스러웠다고 할 수 없다. 이것은 경험의 부족에서 오는 시행 착오의 탓이기도 하지만, 그 보다는 영어 자체에 대한 학문적 접근 방법이 만족스럽지 못했다는 데에 그 원인이 있다고 할 수 있다.

 그러나 우리가 이 방면에 노력을 게을리 한 것은 아니다. 전국의 모든 대학에 영어영문학과나 영어교육학과가 있으며, 또 이들 과에는 여러 과목의 영어학 강좌가 개설되어 있다. 그럼에도 불구하고 이들 강좌들의 내용과 폭이 충분히 깊고 넓지 못했다는 것 또한 사실이다. 물론 이것은 영어학에서만 볼 수 있는 현상은 아니고, 아직도 일천한 우리 나라의 학문 분야 전반에 해당되는 현상이기도 하다.

 이와 같은 현상을 극복하려는 노력이 영미어문학 총서라는 이름으로 몇몇 출판사에 의해 시도되었다. 그러나 이들은 그 이름이 말해주듯이 영어학만의 총서도 아니며, 대부분의 경우 완간을 보지 못한 채 오늘에 이르렀다. 그리하여 영어 교육 100년이라는 역사를 거치면서도 우리는 영어학 전문의 총서 하나 갖지 못하고 있다. 「신영어학 총서」는 이와 같은 상황에서 영어학도들의 욕구를 충족시켜야 한다는 시대적 요구에 의해 계획되었다.

 통상적으로 문법의 역사는 다음과 같이 분류된다.

(Ⅰ) 전통문법
　　문법 A: 규범문법(Varro, Murray)
　　문법 B: 문헌문법(Jespersen, Poutsma, Curme)
(Ⅱ) 언어학적 문법
　　문법 C: 구조주의문법(Fries, Trager/Smith)
　　문법 D: 변형생성문법(Chomsky, Halle)

　해방 이전에 우리 나라에서 교습된 영문법은 주로 규범문법이었으며, 문헌문법은 50년대에 들어와서야 그것도 극히 제한된 일부 대학에서 교습되었을 뿐이다. 한편 50년대 말부터 구조주의문법이 관심 있는 일부 영어학도들 사이에 알려지게 되는 것과 거의 동시에 60년대에 들어서면서 변형문법의 큰 파도가 학계를 휩쓸게 되었다. 우리는 서구에서 2,000여 년에 걸쳐 겪은 문법의 변천을 불과 100여 년 안에 경험한 셈이다.

　이처럼 우리 나라의 영어학계는 해방 후 50여 년 동안 숨가쁘게 밀려오는 새로운 학문의 파도가 가져다주는 연이은 충격에 노출되어 왔다. 그러나 너무 짧은 시간 동안에 겪어야 했던 너무 많은 변화가 적지 않은 혼란을 가져온 것도 사실이다.

　혼란의 가장 큰 원인은 언어학과 영어학을 구분하지 못하였다는 데에 있다. 구조주의문법과 변형생성문법은 어디까지나 언어학이다. 따라서 문법 C와 문법 D에서 영어가 운위된다고 하더라도 그것은 근본적으로는 영어 그 자체에 대한 관심에서 출발한 것이 아니라 언어의 본질을 규명하기 위해 영어를 하나의 예로 삼고 있는 것에 불과하다. 영어학이 영어의 실증적인 면에 대한 관심이 높았던 대신 언어학은 언어 보편적 원리에 더 많은 관심을 가졌던 것이다.

　이와 같은 근본적인 차이에 대한 몰이해는 결국 언어학과 영어학 사이에 상대방에 대한 비하라는 바람직하지 못한 결과를 가져 왔다. 언어학적 문법가들, 특히 변형생성문법가들은 이론적 바탕이 없는 지식의 축적은 별 의미가 없다는 생각을 가져 왔고, 전통문법가들은 새로운 언어 이론이 영어에 대한 우리의 이해를 넓히는데 이렇다할 도움을 주지 못한다고 믿어왔다. 양자의 주장 모두 타당하다. 이론의 뒷받침이 있을 때 자료가 빛나는 것도 사실이지만, 이론만 있다고 해서 영어학이 성립되는 것은 아니기 때문이다.

이와 같은 혼란 속에서 그간 우리 나라에서의 영어학 연구, 특히 변형생성문법이 소개된 이후의 영어학 연구는 확실한 항로를 결정하지 못한 채 표류할 수밖에 없었다. 본 총서의 가장 큰 목적은 이와 같은 상황에서 바람직스러운 영어학의 위상을 정립한다는 데에 있다.

본 총서는 趙成植교수님의 발의에 의해 본인을 비롯해 金寅淑, 朴秉洙, 金永錫, 朴榮培 다섯 편집위원이 이론과 지식의 접목이라는 보다 원대한 목적을 위해 "언어로서의 영어에 대한 이해의 증진"을 목적으로 계획되었다. 각 분야의 권위자들에 의해 집필되는 본 총서가 해방 이후 혼미를 거듭해 온 우리 나라 영어학계에 그 나아갈 길을 밝혀줌으로써 작으나마 한국의 영어학에 공헌할 수 있게 된다면 총서를 주간한 사람으로서 더 없는 보람으로 여길 것이다.

정축년 초봄에

田 相 範

머 리 말

이 '영어품사론'은 영문법에서 널리 통용되고 있는 팔 품사를 중심으로 영어의 문법과 어법을 기술한 것이다.

서론에서 품사 분류의 의의와 품사의 정의 및 이에 관련된 문제점을 다루었는데, 품사의 분류나 정의는 전통문법에서는 지대한 논의의 대상이었던 것이 사실이지만 오늘 날의 언어이론에서는 <느슨하게> 다루어지고 있는 것도 사실이다.

이 '영어품사론'은 일단 품사의 분류나 정의에 관한 문제에 대해 언급은 하지만, 영어를 외국어로 학습하는 이들이 영어를 좀 더 효율적으로 구사하는 능력을 기르는데 도움이 되도록 이론보다는 실용적인 문법과 어법 사항을 기술하는 데 초점을 두었다.

이와 같은 초점을 전제로, 필자가 특히 고심했던 것은 지난 30여 년에 걸쳐 현저하게 발전되어온 영문법의 여러 갈래의 이론의 성과를 이론의 냄새가 나지 않게 <여과>하고 <가공>해서 전통문법적인 틀 안에 적절히 흡수시키는 일이었다.

이 책의 끝부분에는 참고문헌이 붙어있는데, 이 참고문헌 가운데서 필자에게 특히 도움이 컸던 것은 Quirk *et al.*의 *A Comprehensive Grammar of the English Language*(1985)이다. 이 지면을 빌려서나마 이 저자들에게 경의와 사의를 표하고자 한다.

책명이 '영어품사론'으로 되어 있는 만큼, 이 책에는 영문법에서 다루어지기 마련인 시제와 상, 비정형동사 (부정사, 분사, 동명사), 법, 태, 화법, 일치 등에 관한 사항이 빠져있다. 이와 같은 사항들은 이 영어학총서의 다른 책에서 다루어질 것이다.

한편 이 영어학총서의 다른 책에서 다루어질 여러 문법 사항은 이 '영어 품사론'의 내용과 중복되기도 할 것이고, 동일한 사항을 대상으로 하면서도 기술 방법이나 관점이 다른 경우도 있을 것이다.

하지만 어느 정도의 중복이나 기술 방법 및 관점의 차이는 독자 여러분이 영문법에 대한 안목을 더욱 넓히는데 도움이 될 것이다.

1998년 8월

文 龍

영어품사론
(PARTS OF SPEECH)

목 차

1장 서론 ··· 31
- 1.1 품사 설정의 의의 ··· 32
- 1.2 품사 설정의 역사 ··· 32
  - 1.2.1 Plato와 Aristotle ·· 32
  - 1.2.2 스토아(Stoic) 학파 ·· 32
  - 1.2.3 Dionysius Thrax ··· 32
  - 1.2.4 로마시대 ··· 33
  - 1.2.5 영문법의 이론적 성장 ······································· 33
- 1.3 품사 분류의 문제점 ··· 35
  - 1.3.1 전통적인 관점 ·· 35
  - 1.3.2 전통적인 품사론에 대한 비판 ·························· 35
- 1.4 대표적 대안 ·· 36
  - 1.4.1 Jespersen의 품사론 ·· 36
  - 1.4.2 Fries의 대안 ··· 40
- 1.5 두 대안의 문제점 ·· 44
  - 1.5.1 Jespersen의 경우 ·· 44
  - 1.5.2 Fries의 경우 ··· 44
  - 1.5.3 변형문법의 등장 ·· 45
- 1.6 품사 분류의 재음미 ··· 45
  - 1.6.1 문법 기술의 수단으로서의 품사 ······················ 45
  - 1.6.2 분류의 개념 ·· 46
  - 1.6.3 내용어와 기능어 ·· 46

1.6.4 닫힌 어류와 열린 어류 ·· 46
　　1.7 품사의 정의의 재음미 ··· 48
　　　1.7.1 정의의 재음미: 명사의 경우 ·· 48
　　　1.7.2 동사의 경우 ·· 51
　　1.8 잠정적 결론 ··· 53
　　　1.8.1 사전적 정의의 일면 ·· 53
　　　1.8.2 품사의 정의와 품사의 문법 ··· 53

2장 명사(Nouns) ··· 55

　　2.1 정의 ·· 55
　　2.2 분류 ·· 55
　　　2.2.1 분류의 예(1) ·· 55
　　　2.2.2 분류의 예(2) ·· 55
　　　2.2.3 분류의 예(3) ·· 56
　　　2.2.4 분류의 합리성과 편의성 ··· 57
　　2.3 명사의 특성과 용법 ·· 57
　　　2.3.1 보통명사 ·· 58
　　　2.3.2 집합명사 ·· 59
　　　2.3.3 고유명사 ·· 62
　　　2.3.4 물질명사 ·· 66
　　　2.3.5 추상명사 ·· 67
　　2.4 명사의 종류와 전환(Conversion) ····································· 68
　　2.5 고유명사와 파생형용사 ·· 70
　　　2.5.1 국명과 국어명 ·· 70
　　　2.5.2 파생형용사가 두 가지 이상인 경우 ······························· 71
　　　2.5.3 국민을 나타내는 고유명사 ·· 72
　　2.6 가산명사와 불가산명사 ··· 73
　　　2.6.1 가산명사와 불가산명사의 특성 ···································· 74
　　　2.6.2 하나의 낱말이 두 용법을 겸하는 경우 ·························· 75
　　　2.6.3 부정관사만을 허용하는 가산명사 ································ 79

IX

2.6.4 강의복수(Intensity Plural) ······················· 80
2.6.5 명사의 재분류(1) ····························· 80
2.7 불가산명사와 조수사 ····························· 81
2.7.1 조수사의 여러 가지 ························· 81
2.7.2 조수사의 유의할 용법 ······················· 82
2.8 명사의 재분류(2) ································ 83
2.9 수 ·· 86
2.9.1 규칙복수형 ······························· 86
2.9.2 불규칙복수형(Irregular Plural) ················· 88
2.10 외래복수(Foreign Plural) ························ 91
2.10.1 외래어와 복수형 ·························· 91
2.10.2 외래복수의 유형 ·························· 91
2.11 유의하여야 할 특수 복수형 ······················ 94
2.11.1 절대복수(Plural Tantum) ····················· 94
2.11.2 분화복수(Differential Plural) ················· 98
2.11.3 이중복수((Double Plural) ··················· 98
2.11.4 -s로 끝나는 단·복수형 ···················· 99
2.11.5 복합명사의 복수형 ······················· 99
2.12 복수형의 특별용법 ···························· 100
2.12.1 근사복수(Plural of Approximation) ············ 100
2.12.2 상호복수(Plural of Reciprocity) ·············· 101
2.12.3 강의복수 ······························ 101
2.12.4 their mouth vs. their mouths ················ 101
2.13 격(Case) ···································· 102
2.13.1 정의와 분류 ···························· 102
2.13.2 통격(Common Case) ······················ 103
2.14 속격 ······································· 103
2.14.1 철자와 발음 ···························· 103
2.15 속격의 의미 ································· 105
2.16 특정성과 속격 ······························· 106

2.17 -'s 속격과 of 속격 ·· 108
    2.17.1 -'s 속격 ··· 109
    2.17.2 of 속격 ··· 110
    2.17.3 두 형식의 차이 ··· 110
2.18 절대속격(Absolute Genitive) ·· 111
2.19 군속격(Group Genitive) ·· 112
2.20 이중속격(Double Genitive) ·· 113
    2.20.1 형식상의 제약 ·· 113
    2.20.2 의미 ··· 114
2.21 성(Gender) ··· 115
    2.21.1 정의와 분류 ··· 115
    2.21.2 남성과 여성의 어형 ·· 116
    2.21.3 성과 대명사 ··· 118

3장 관사(Articles) ·· 121

3.1 종류 ··· 121
3.2 부정관사(Indefinite Article) ·· 121
    3.2.1 a/an과 발음 ·· 121
    3.2.2 부정관사의 용법 ·· 122
3.3 부정관사 + 고유명사/물질명사/추상명사 ··· 125
3.4 부정관사 + 수량사 ··· 125
3.5 정관사(Definite Article) ··· 125
    3.5.1 발음 ·· 125
    3.5.2 정관사의 용법 ·· 125
3.6 무관사(Zero Article) ·· 132
    3.6.1 불가산명사와 무관사 ··· 132
    3.6.2 보통명사와 무관사 ·· 134
    3.6.3 (불특정) 복수 보통명사와 무관사 ································ 140
3.7 관사의 총칭적 의미 ·· 140
    3.7.1 총칭의 형식 ·· 140

3.7.2 총칭과 술부 141
   3.7.3 물질명사(와 추상명사)의 총칭 142
   3.7.4 기타 143
 3.8 관사의 위치 144
 3.9 관사의 반복과 생략 146
 3.10 관사와 한정사 148
   3.10.1 한정사의 여러 가지 148
   3.10.2 한정사의 분류 148
   3.10.3 전치한정사와 후치한정사 150

4장 대명사(Pronouns) 151
 4.1 정의 151
   4.1.1 전통적 정의 151
   4.1.2 정의의 문제점 151
   4.1.3 정의의 재음미 154
 4.2 분류 154
   4.2.1 전통적인 분류 154
   4.2.2 그 밖의 대명사 155
   4.2.3 대명사의 공통된 특성 155
 4.3 인칭대명사 155
   4.3.1 종류 155
 4.4 인칭대명사의 유의할 용법 156
   4.4.1 포괄적 'we'와 배타적 'we' 156
   4.4.2 you와 thou 156
   4.4.3 일반인을 나타내는 you, we, they 157
   4.4.4 he 158
   4.4.5 Editorial 'we' 158
   4.4.6 Paternal 'we' 158
   4.4.7 Royal 'we' 159
   4.4.8 인칭대명사의 격 159

4.5 It의 유의할 용법 ·· 160
   4.5.1 it가 가리키는 여러 가지 구조 ·· 160
   4.5.2 사람을 가리키는 it ·· 161
   4.5.3 비인칭 it(Impersonal 'it') ·· 162
   4.5.4 형식주어(Formal Subject)와 형식목적어(Formal Object) ········ 163
   4.5.5 분열문(Cleft Sentence) ·· 165
   4.5.6 관용적 표현에서 사용하는 상황의 it(Situation 'it') ············ 166
4.6 재귀대명사(Reflexive Pronoun) ·· 167
   4.6.1 형태 ·· 167
   4.6.2 용법 ·· 168
   4.6.3 재귀대명사를 사용하지 않는 경우 ···································· 171
4.7 상호대명사(Reciprocal Pronoun) ·· 172
   4.7.1 each other/one another ·· 172
4.8 대명사화(Pronominalization) ·· 174
   4.8.1 순행대명사화와 역행대명사화 ·· 174
   4.8.2 역행대명사화의 조건 ·· 175
   4.8.3 대명사화와 문맥 ·· 176
   4.8.4 역행대명사화와 부사구 ·· 177
4.9 소유대명사(Possessive Pronoun) ·· 177
   4.9.1 소유격과 소유대명사 ·· 177
   4.9.2 own의 용법 ·· 178
4.10 지시대명사(Demonstrative Pronoun) ·· 179
   4.10.1 this와 that의 대조적 용법 ·· 179
   4.10.2 전방조응과 후방조응 ·· 182
   4.10.3 기타용법 ·· 183
4.11 대명사와 그 밖의 대용형 ·· 184
   4.11.1 it와 so ·· 184
   4.11.2 so ·· 186
   4.11.3 that와 so ·· 187
4.12 부정대명사(Indefinite Pronoun) ·· 187

- 4.12.1 all ··· 187
- 4.12.2 both, either neither ·· 190
- 4.12.3. every, each ·· 191
- 4.12.4 some, any ··· 193
- 4.12.5 no, none ·· 197
- 4.12.6 one ·· 198
- 4.12.7 일반인을 가리키는 one ·· 200
- 4.12.8 other, another, ... ·· 202
- 4.12.9 부정대명사의 부분부정과 전체부정 ···················· 203

4.13 의문대명사(Interrogative Pronoun) ··························· 204
- 4.13.1 who와 what ··· 204
- 4.13.2 what와 which ·· 205
- 4.13.3 who와 whom ·· 205

4.14 관계대명사(Relative Pronoun) ·································· 206
- 4.14.1 기능과 형태 ··· 206
- 4.14.2 that의 특별용법 ·· 209
- 4.14.3 what ··· 211
- 4.14.4 복합관계대명사 ··· 212
- 4.14.5 제한적(Restrictive) 용법과 비제한적(Nonrestrictive) 용법 ·············· 212
- 4.14.6 선행사로 쓰이는 that/those ······························· 215
- 4.14.7 제한적 관계사절과 미래표현 ······························ 216
- 4.14.8 관계대명사와 부정구사 ······································· 216
- 4.14.9 관계사절과 분열문 ·· 217

4.15 의사관계대명사(Quasi-relative Pronoun) as, but ······ 217
- 4.15.1 as ··· 217
- 4.15.2 but ··· 218

5장 동사(Verbs) ·· 219
- 5.1 정의 ·· 219
- 5.2 분류 ·· 219

5.3 동사의 분류와 기본문형 ·· 220
5.4 완전자동사 ·· 222
    5.4.1 통사상 특성 ·· 222
    5.4.2 S + V + 부사구 ·· 222
    5.4.3 타동사의 전용 ·· 225
    5.4.4 목적어의 생략 ·· 227
5.5 자동사가 만드는 도치구문 ···································· 229
    5.5.1 there 구문 ··· 229
    5.5.2 (장소를 나타내는) 부사구 + 동사 + 주어 구문 ······· 233
    5.5.3 (방향) 부사 + 이동동사 + 주어 구문 ············· 233
    5.5.4 here로 시작하는 구문 ··································· 234
5.6 불완전자동사 ·· 235
    5.6.1 보어의 정리 ·· 235
    5.6.2 분류 ··· 236
5.7 용법상의 유의점 ·· 239
    5.7.1 동사의 전용 ·· 239
    5.7.2 get, become, turn, grow ······························· 239
    5.7.3 come, go, run, fall ······································· 240
    5.7.4 make ·· 241
5.8 보어의 특성 ·· 241
    5.8.1 보어가 될 수 있는 어구 ······························· 241
    5.8.2 보어가 되는 명사구 ······································ 242
    5.8.3 보어가 되는 형용사 ······································ 242
    5.8.4 보어가 되는 부사 ·· 242
    5.8.5 의사보어 ··· 243
5.9 완전타동사 ·· 243
    5.9.1 목적어의 정의 ·· 243
    5.9.2 분류 ··· 244
    5.9.3 목적어가 될 수 있는 어구 ··························· 244
    5.9.4 타동사 + 목적어 + 의무적 부사(구) ············ 245

5.10 타동사 + that ... 구문 245
5.11 타동사와 목적어의 의미관계 249
5.12 동족목적어(Cognate Object) 250
5.13 재귀대명사 251
5.14 목적어의 생략 252
5.15 일상동사 + 목적어 구문 252
 5.15.1 252
 5.15.2 254
5.16 타동사 + 목적어 + 부사구 구문 256
 5.16.1 catch a person by the arm 256
 5.16.2 plant the garden with roses 257
 5.16.3 clear the pavement of snow 258
5.17 한국어와 영어 목적어 구문 258
5.18 수여동사 260
 5.18.1 직접목적어(Direct Object)와 간접목적어(Indirect Object) 260
 5.18.2 문장의 전환 260
 5.18.3 to가 필요한 동사 261
 5.18.4 for가 필요한 동사 262
 5.18.5 기타의 전치사를 필요로 하는 동사 264
 5.18.6 S + V + O + O 구문 264
 5.1.8.7 직접목적어의 생략 265
 5.18.8 that가 이끄는 직접목적어 266
 5.18.9 S + V + IO + wh-절 267
 5.18.10 S + V + IO + 의문사 + 부정사 구문 267
 5.18.11 S + V + IO + 부정사 구문 268
5.19 그 밖의 유의할 관련 구문 268
5.20 어순의 문제 269
5.21 불완전타동사 271
 5.21.1 목적보어의 여러 가지 구조 271
 5.21.2 목적어와 목적보어의 의미관계 275

XVI

5.22 여러 가지 유의할 구문 ··· 275
    5.22.1 사역동사: make, let, have, get ································· 275
    5.22.2 have/get + O + 분사 ·· 277
    5.22.3 have + someone + doing ... ·································· 277
    5.22.4 have + O + 과거분사 ·· 277
    5.22.5 push the door open ·· 278
    5.22.6 consider A to be와 consider A B ·························· 278
5.23 S + V + O + OC의 재음미 ··· 279
5.24 문장의 5형식의 재음미 ··· 283
5.25 구동사(Phrasal Verb) ·· 285
5.26 자동사적 구동사 ·· 286
5.27 타동사적 구동사 ·· 286
5.28 전치사 수반동사 ·· 288
5.29 전치사 수반 구동사 ··· 290
5.30 구동사의 다의성(多義性) ·· 291
5.31 구동사와 일상체 ·· 291
5.32 의미와 동사의 분류 ··· 292
5.33 상태동사와 비상태동사 ·· 293
    5.33.1 상태동사의 특성 ·· 293
    5.33.2 상태동사에 속하는 동사들 ··· 293
    5.33.3 상태동사와 비상태동사의 통사상 차이 ······················ 294
    5.33.4 상태동사의 비상태동사로의 전용 ······························· 295
5.34 사실전제동사 ··· 296
    5.34.1 전제와 단정 ··· 296
    5.34.2 사실전제동사의 통사상 특성 ····································· 299
5.35 함의동사 ·· 301
    5.35.1 의미와 특성 ··· 301
    5.35.2 부정적 함의동사 ·· 303
    5.35.3 두 용법을 겸하는 동사 ··· 303
5.36 활용-(Conjugation) ·· 305

5.36.1 '활용'의 정의 305
5.36.2 규칙동사와 불규칙동사 305
5.36.3 Spelling상의 유의점 306
5.36.4 불규칙동사의 활용 308

6장 조동사(Auxiliary Verbs) 313

6.1 정의와 기능 313
6.2 분류 313
6.3 조동사의 특성 315
6.3.1 Negation(부정) 315
6.3.2 Inversion(도치) 316
6.3.3 Code(대용형) 316
6.3.4 Emphasis(강조) 317
6.3.5 Operator(조작자) 317
6.4 Can 318
6.4.1 능력(Ability) 318
6.4.2 허가(Permission) 319
6.4.3 가능성(Possibility) 321
6.4.4 강한 의문과 부정 321
6.5 Could 322
6.5.1. 종속절에서 322
6.5.2. 법과거 322
6.5.3 가정법에서 323
6.5.4 추측 323
6.5.5 Could와 실현여부 324
6.6 May 325
6.6.1 허가(Permission) 325
6.6.2 사실상의 가능성(Factual Possibility) 327
6.6.3 기원(Exclamatory Wish) 329
6.6.4 May/Might가 만드는 특수구문 330

6.7 Might 331
    6.7.1 May의 과거형 331
    6.7.2 확실하지 않은 추측 332
    6.7.3 May가 나타내는 뜻의 완곡한 표현 332
    6.7.4 가정법에서 333
6.8 Must 333
    6.8.1 의무와 필요(Obligation and Necessity) 333
    6.8.2 확실한 추측(Certainty) 334
    6.8.3 종속절에서 335
6.9 의문문과 Must 335
6.10 Must와 Have to 336
6.11 Must와 Should/Ought to 337
6.12 Will 338
    6.12.1 (단순한) 미래표현 338
    6.12.2 주어의 의사, 의지, 의도 338
    6.12.3 추측, 예측(Prediction) 340
    6.12.4 주어의 습성 340
    6.12.5 현재의 습관적 동작 341
    6.12.6 가벼운 명령 341
6.13 Would 342
    6.13.1 종속절에서 342
    6.13.2 기타 용법 342
    6.13.3 과거의 반복된 동작 344
    6.13.4 가능성, 추측 344
    6.13.5 가정법의 주절에서 344
6.14 Shall 345
    6.14.1 단순미래 345
    6.14.2 화자의 강한 의지 345
    6.14.3 (제3자의 행위를 통제, 지배하려는) 화자의 의지 346
    6.14.4 법규와 규정 346

  6.14.5 '상대방의 의사'를 묻는 의문문 346
 6.15 Should 347
  6.15.1 종속절에서 347
  6.15.2 마땅한 의무(Moral Obligation) 347
  6.15.3 (논리적인) 추측(Deduction) 348
  6.15.4 가정 348
  6.15.5 화자의 감정 또는 주관적 판단의 반영 349
  6.15.6 술어동사로 의지동사가 쓰인 종속절에서 349
  6.15.7 Should가 쓰이는 기타 구문 349
 6.16 Need, Dare 350
  6.16.1 특성 350
  6.16.2 Need의 유의할 용법 351
  6.16.3 do를 필요로 하는 Need와 Dare 352
 6.17 법조동사와 Not의 적용범위 353
 6.18 Used to 355
  6.18.1 주요 용법 355
  6.18.2 Used to와 Would 355
  6.18.3 의문형과 부정형 357
 6.19 법조동사와 법성 358
  6.19.1 인식양태적 법성과 의무적 법성 358
  6.19.2 법성과 통사상의 특성 359
  6.19.3 조동사의 의미 해석 361
  6.19.4 생략구 364
 6.20 Do 364

7장 형용사(Adjectives) 369
 7.1 정의와 분류 369
  7.1.1 정의 369
  7.1.2 분류 370
 7.2 한정적 용법(Attributive Use)과 서술적 용법(Predicative Use) 371

7.3 한정적으로만 쓰이는 형용사 372
7.4 서술적으로만 쓰이는 형용사 376
7.5 그 밖의 경우 377
7.6 전위수식(Premodification)과 후위수식(Postmodification) 378
 7.6.1 후위수식 378
 7.6.2 전위수식과 후식수식에 따른 의미 차이 379
 7.6.3. 서술적 용법과 후위수식 380
 7.6.4. 부사와 전위수식 380
 7.6.5 수식상의 제약 381
7.7 전위수식 형용사의 순서 382
7.8 비교(Comparison) 384
 7.8.1 원급, 비교급, 최상급 384
 7.8.2 규칙동사와 불규칙변화 385
7.9 규칙적인 어형 변화 385
 7.9.1 단음절 형용사 385
 7.9.2 2음절 형용사의 일부 386
 7.9.3 다음절 형용사 387
 7.9.4 more safe와 safer 387
 7.9.5 like와 real 388
7.10 불규칙적인 어형 변화 388
7.11 비교를 나타내는 기타 형식 389
7.12 단계형용사(Gradable Adjective)와 비단계형용사(Nongradable Adjective) .. 390
 7.12.1 단계형용사 390
 7.12.2 비단계형용사 391
7.13 비교 구문의 여러 가지 392
 7.13.1 동등비교 구문(Comparison of Equality) 392
 7.13.2 우월비교 구문(Comparison of Superiority) 395
 7.13.3 no more ... than ... 기타 399
 7.13.4 최상급을 포함하는 비교 구문 400
 7.13.5 최상급의 형식과 의미 401

- 7.13.6 (The + 비교급...), the + 비교급 402
- 7.13.7 more proud than vain 403
- 7.13.8. more than happy 405
- 7.13.9 than + 수량 표현 405
- 7.13.10 비교급 and 비교급 406
- 7.14 절대비교급(Absolute Comparative)과 절대최상급(Absolute Superlative) 406
- 7.15 How + 형용사로 시작하는 의문문 407
- 7.16 명령문과 진행형 409
- 7.17 전치사구를 수반하는 형용사 411
- 7.18 형용사 + 부정사 구문 412
  - 7.18.1 You're foolish to spend too much 412
  - 7.18.2 John is hard to convince 412
  - 7.18.3 He was slow to react 413
  - 7.18.4 He is happy to see her 414
  - 7.18.5 He is likely to come 414
  - 7.18.6 He is anxious to come 415
  - 7.18.7 He is able to speak English 415
  - 7.18.8 It is essential to spray the trees every year 415
- 7.19 형용사 + that ... 구문 417
  - 7.19.1 직설법이 사용되는 형용사 417
  - 7.19.2 동사의 원형이 사용되는 형용사 417
  - 7.19.3 'emotive' should를 필요로 하는 형용사 418
- 7.20 통합적인 관점 419
  - 7.20.1 의미상 하나의 문장이 주어가 되는 경우 420
  - 7.20.2 의미상 하나의 문장이 술부의 일부가 되는 경우 423
- 7.21 형용사와 다른 품사 425
  - 7.21.1 명사의 구실을 하는 형용사 425
  - 7.21.2 silk vs. silken 427
  - 7.21.3 형용사와 분사 427

7.21.4 형용사와 부사 ………………………………………………………… 429

8장 부사(Adverbs) ………………………………………………………… 431
8.1 정의 ……………………………………………………………………… 431
8.2 기능상의 분류 ………………………………………………………… 431
8.2.1 전통적인 분류의 예 ……………………………………………… 431
8.2.2 최근의 시도 ………………………………………………………… 432
8.3 의미상의 분류 ………………………………………………………… 434
8.3.1 Curme …………………………………………………………………… 434
8.3.2 Quirk et al. …………………………………………………………… 436
8.4 부사의 위치 ……………………………………………………………… 438
8.4.1 위치의 구분 …………………………………………………………… 438
8.4.2 개별부사와 위치 …………………………………………………… 439
8.4.3 부사(구)의 위치에 관한 유의사항 …………………………… 441
8.5 부사의 종류와 위치 …………………………………………………… 443
8.5.1 양태부사와 관점부사 ……………………………………………… 444
8.5.2 양태부사와 문장부사 ……………………………………………… 444
8.5.3 양태부사, 빈도부사, 문장부사 ………………………………… 445
8.5.4 양태부사와 강의부사 ……………………………………………… 445
8.5.5 양태부사, 강의부사, 주어지향부사(1) ……………………… 446
8.5.6 양태부사, 강의부사, 주어지향부사(2) ……………………… 446
8.5.7 양태부사, 강의부사, 문장부사 ………………………………… 447
8.5.8 강의부사, 문장부사 ………………………………………………… 448
8.6 부사의 형태 ……………………………………………………………… 448
8.6.1 -ly로 끝나는 부사 …………………………………………………… 448
8.6.2 late vs. lately ………………………………………………………… 449
8.6.3 slow vs. slowly ……………………………………………………… 450
8.6.4 big, frankly, friendly ……………………………………………… 452
8.6.5 명사 + -ly ……………………………………………………………… 453
8.7 부가사(Adjunct) ………………………………………………………… 453

8.8 공간부사 454
    8.8.1 의미 454
    8.8.2 어순 455
8.9 시간부사 457
    8.9.1 의미 457
    8.9.2 어순 457
    8.9.3 시간부사의 유의점 458
8.10 과정부사 460
    8.10.1 의미 460
    8.10.2 어순 461
    8.10.3 유의할 용법 461
8.11 관련부사 461
8.12 하접사(Subjunct) 461
8.13 관점부사 462
    8.13.1 관점부사와 관련부사 462
8.14 격식부사 462
    8.14.1 의미 462
    8.14.2 격식부사와 양태부사 463
    8.14.3 please와 kindly 463
8.15 주어지향부사 464
    8.15.1 주어지향부사와 양태부사 464
    8.15.2 주어지향부사의 풀어쓰기 464
8.16 동사구 관련부사 465
8.17 시간관련부사 465
    8.17.1 already와 yet 465
    8.17.2 yet 466
8.18 강조부사 466
    8.18.1 기능 466
8.19 강의부사 467
    8.19.1 기능 467

8.19.2 구분 ··· 467
8.20 확대부사와 주요 용법 ··· 468
 8.20.1 very와 much를 중심으로 ··································· 468
 8.20.2 확대부사와 동사의 공기관계(Co-occurrence) ············ 469
 8.20.3 really와 부정문 ··· 470
8.21 완화부사의 주요 용법 ··· 471
 8.21.1 quite ··· 471
 8.21.2 just ··· 472
 8.21.3 rather와 fairly ··· 473
 8.21.4 의문문과 ever ··· 474
 8.21.5 부정문과 완화부사 ··· 475
8.22 초점부사 ·· 476
 8.22.1 제한적 초점부사와 부가적 초점부사 ······················ 476
 8.22.2 어순: even의 경우 ··· 476
 8.22.3 only와 also ·· 477
 8.22.4 too와 as well ·· 478
8.23 이접사(문장부사)(Disjunct) ·· 479
8.24 문체부사 ·· 479
8.25 내용부사 ·· 480
 8.25.1 기능 ··· 480
 8.25.2 확실성의 정도 ··· 480
 8.25.3 내용부사와 가치평가 ······································· 481
8.26 이접사(문장부사)와 풀어쓰기 ······································ 482
8.27 합접사(접속부사)(Conjunct) ··· 489
8.28 접속부사의 의미 ·· 490

9장 전치사(Prepositions) ··· 493
9.1 정의 ··· 493
9.2 전치사구 ··· 493
9.3 전치사의 목적어 ·· 494

9.4 형태상의 분류 496
9.4.1 단일전치사와 복합전치사 496
9.4.2 이중전치사 497
9.4.3 분사형 전치사 497
9.4.4 기타 497
9.5 전치사의 용법 498
9.5.1 <장소>와 <위치>를 나타내는 at, on, in 498
9.5.2 상대적인 위치: above, over; below, under ... 502
9.5.3 앞/뒤의 상대적인 위치: before, in front of, behind, after 504
9.5.4 근접: by, beside, near (to), close (to) 505
9.5.5 방위와 관련된 위치: on, to 505
9.5.6 between, among 506
9.5.7 across, along 507
9.5.8 이동의 방향: to, onto, into 507
9.6 때를 나타내는 전치사 508
9.6.1 at, on, in 508
9.6.2 기간: for, during, in 509
9.6.3 기한과 계속: by, till 510
9.6.4 과정과 완료: for, in 512
9.7 주제: about, on, of 513
9.8 재료: from, of, out of, with 515
9.9 직업, 직장과 소속: at, of, to, in, for, with, on ... 516
9.10 상태: at, in, on, under 517
9.11 목표, 방향: at, to, for 519
9.12 수단, 도구: by, with 520
9.13 제외: except, except for, but 522
9.14 자극(감정 변화의 원인과 대상): at, about, of, with ... 523
9.15 대가: at, for 525
9.16 양보: in spite of, with all, for all 525
9.17 대항: against, with 526

9.18 원인, 이유: for, with, from, through, because of, owing to,
　　　on account of 527
9.19 비교, 비유: with, to 528
9.20 동사/형용사 + 전치사 구문과 명사 + 전치사 구문 528
9.21 전치사의 생략 530
9.22 전치사의 수반 여부와 의미 차이 532
9.23 전치사와 다른 품사 533
　　9.23.1 전치사와 부사 533
　　9.23.2 전치사와 형용사 535
　　9.23.3 전치사와 접속사 536
9.24 전치사의 후치 536
9.25 전치사의 비유적 의미 538

10장 접속사(Conjunctions) 541
10.1 접속사의 기능과 종류 541
　　10.1.1 기능 541
　　10.1.2 종류 541
10.2 and 542
　　10.2.1 기본용법 542
　　10.2.2 A and B의 여러 가지 의미 543
　　10.2.3 문접속과 구접속 544
　　10.2.4 문장과 문장을 연결하는 and 545
　　10.2.5 and가 만드는 특수구문 546
10.3 but 547
　　10.3.1 기본용법 547
　　10.3.2 but가 만드는 여러 가지 구문 547
　　10.3.3 종속접속사로 쓰이는 but 548
　　10.3.4 다른 품사 구실을 하는 but 549
10.4 or 550
　　10.4.1 기본용법 550

XXVII

10.4.2 or를 포함하는 상관접속사 ………………………………………… 550
10.4.3 or가 만드는 특수구문 ……………………………………………… 551
10.4.4 or의 또 다른 의미 …………………………………………………… 552
10.4.5 and/or가 만드는 부정문 …………………………………………… 552
10.4.6 nor …………………………………………………………………… 553
10.4.7 and/or/but가 만드는 생략 구문 …………………………………… 553
10.5 for ………………………………………………………………………………… 554
10.6 명사절을 이끄는 종속접속사 ……………………………………………… 555
    10.6.1 that …………………………………………………………………… 555
    10.6.2 whether, if ……………………………………………………………… 557
10.7 부사절을 이끄는 종속접속사 ……………………………………………… 559
    10.7.1 시간 ……………………………………………………………………… 559
    10.7.2 이유, 원인 ……………………………………………………………… 565
    10.7.3 목적 ……………………………………………………………………… 568
    10.7.4 결과 ……………………………………………………………………… 569
    10.7.5 조건 ……………………………………………………………………… 571
    10.7.6 가정 ……………………………………………………………………… 575
    10.7.7 양보 ……………………………………………………………………… 576
    10.7.8 양태 ……………………………………………………………………… 579
    10.7.9 비교 구문을 만드는 as, than ………………………………………… 580
    10.7.10 (범위와 정도를 나타내는) as far as, so far as, as long as, so long as …………………………………………………………………… 580
    10.7.11 비율을 나타내는 the …………………………………………………… 580
10.8 종속접속사와 무동사절 ……………………………………………………… 580
10.9 접속사와 접속부사 …………………………………………………………… 582
10.10 의사등위접속사(Quasi-coordinator) ……………………………………… 588
10.11 접속사와 다른 품사 ………………………………………………………… 589

11장 간투사(Interjections) ……………………………………………………… 591
    11.1 정의 ………………………………………………………………………… 591

11.2 분류 ··· 591
    11.2.1 제1 간투사(Primary Interjection) ··· 591
    11.2.2 제2 간투사(Secondary Interjection) ····································· 592
11.3 제1 간투사의 의미와 용법 ·· 592
    11.3.1 강한 감정 ··· 592
    11.3.2 부름, 인사, 명령 ··· 594
11.4 제2 간투사의 의미와 용법 ·· 595
    11.4.1 감정의 표출 ··· 595
    11.4.2 저주, 욕설과 악담 ··· 596
    11.4.3 간투사 상당어구 ··· 596
11.5 간투사의 의미의 재음미 ·· 598

참고문헌 ·· 599

색인 ··· 602
    한·영 색인 ··· 602
    영·한 색인 ··· 614

1장 서론

1.1 품사 설정의 의의

가령 book, boy, pen, table과 같은 낱말은 부정관사 'a'를 부가할 수 있고 복수형을 만들 수 있다. 한 문장에서 주어나 목적어가 될 수도 있다. 한편 buy, come, go, sell 등은 과거형을 만들고, 한 문장에서 술어동사의 구실을 한다.

그런데 낱말들의 이러한 특성을 기술할 때, 'book는 ... 부정관사 'a'를 부가할 수 있고 복수형을 만들 수 있으며, boy는 ...' 하는 식으로 낱말 하나 하나의 특성을 기술해 나간다는 것은 더 말할 나위 없이 비효율적이다. 영어는 어림잡아 70만 이상의 어휘를 갖고 있다.

이와 같은 비효율성을 피할 수 있는 방법은 이 70만 이상의 낱말을 그 특성을 기준으로 한정된 종류로 분류하는 일이다.

예를 들어, a, b, c, d, e란 낱말을 하나로 묶어 X라는 이름을 붙여 'a, b, c, d, e는 X에 속한다. X는 ...한 특성을 갖는다'라는 설명을 덧붙인다면 낱말 하나 하나의 특성을 기술하는 데서 생기는 비효율성과 번잡함을 피할 수 있다.

'품사(parts of speech)'란 바로 이렇게 낱말의 문법 설명을 일반화하기 위해서 특성이 같은 낱말들을 묶어 어휘를 분류한 낱말의 범주를 가리킨다. 용어상으로는 품사라는 말 대신에 '어류(word classes)'라는 말도 쓰인다.

1.2 품사 설정의 역사

1.2.1 Plato와 Aristotle

역사적으로 따진다면 당초 품사의 분류는 철학과 논리학의 대상이었다.
Lyons(1971: 10-12)에 의하면 '명사(noun)'와 '동사(verb)'라는 품사를 최초로 구별한 철학자는 Plato이며, 이 두 품사에 덧붙여 '접속사(conjunction)'라는 또 하나의 품사를 새로 설정한 것은 Aristotle이었다.

그런데 Aristotle이 의미했던 '접속사'란 명사와 동사에 속하지 않는 모든 낱말을 묶어서 부른 명칭이었다.

Aristotle은 동사를 다루는데 있어 <시제>라는 범주를 인정한 최초의 철학자이기도 하다.

1.2.2 스토아(Stoic) 학파

희랍 철학사에서 언어에 특히 관심이 많았던 학파는 스토아(Stoic) 학파였다. 스토아 학파는 일단 명사, 동사, 접속사, 관사(article)라는 네 가지의 품사를 인정했는데 후에 명사를 고유명사와 보통명사로 나누어 모두 다섯 가지의 품사를 설정했다. 형용사(adjective)는 명사와 동일한 종류에 속하는 것으로 간주되었다.

명사의 격, 동사의 굴절 등의 문법 범주를 이론적으로 발전시킨 것도 스토아 학파였다. 스토아 학파는 능동성과 수동성을, 그리고 타동사와 자동사를 구별하기도 했다.

1.2.3 Dionysius Thrax

스토아 학파가 이룩한 문법론상의 업적은 알렉산드리아 학파에 의해서 계승되었다. 알렉산드리아 학파란 이름은 이 학파에 속하는 학자들이 알렉산드리아에 거주하고 있었던 데에서 비롯되는데, 이 학파에 속하는 Dionysius Thrax(B. C. 2세기 후반기)가 쓴 문법서는 오늘날 서방 세계에서 출판된 최초의 체계적이며 종합적인 문법서로 인정을 받고 있다. Dionysius는 스토아 학파가 인정한 다섯 가지의 품사에 덧붙여 부사(adverb)와 분사(participle - 분사는 이에 속하는 낱말이 명사적인 특성과 동사적인 특성을 나누어 갖고 있다 해서 그렇게 명명되었다) 및 대명사(pronoun)와 전치사(preposition)를 새로이 인정하였다.

1.2.4 로마시대

희랍이 멸망하고 로마 제국이 일어선 다음에도, 학문 분야에 있어 희랍의 영향은 지대하였다.

로마시대에도 문법에 관한 연구는 철학과 문학비평과 수사학의 일부로 행해졌다. 품사를 다루는 데 있어서는 희랍어와 라틴어의 차이에 따른 작은 수정이 가해졌을 뿐, 희랍의 철학자들에 의해서 이루어진 업적이 대부분 그대로 계승되었다.

그런데 희랍어와 라틴어의 차이라고는 하지만, 실제에 있어서 두 언어의 구조는 차이점보다는 유사점이 많았기 때문에, 희랍의 철학자들이 설정한 여러 품사와 격, 수, 시제 등은 로마의 학자들에 의해서 보편적이며 불가결한 범주로 받아들여졌다.

로마시대의 대표적인 문법학자로는 Donatus(A. D. 400)와 Priscian(A. D. 500)이 꼽히는데, 이들은 당시 통용된 <말>에 덧붙여서 Cicero와 Virgil 등 당대의 명문가들이 쓴 <글>을 문법 기술의 보기로 삼았다.

1.2.5 영문법의 이론적 성장

Gleason(1965:67)에 의하면 현대 영문법은 희랍 철학자의 사색에서 기원을 찾을 수 있으며, 희랍문법의 성과를 이어 받은 라틴문법을 토양으로 삼아, 언어에의 관심이 고조된 문예부흥기에 성장을 하였다.

영어에 대한 영국인의 관심이 절정에 다다른 것은 18세기에 이르러서이다. 영어가 예술과 학문의 매개 언어로 대우를 받게 되고, 과학 분야에서도 제 자리를 찾기 시작한 것이 18세기이다.

영어에 대한 연구가 영어사전의 편찬과 문법서의 출간으로 구체화된 것도 18세기다. 실질적인 영어사전으로서는 최초의 것으로 인정받고 있는 Samuel Johnson의 *Dictionary of the English Language*가 출간된 것이 1755년이며, Joseph Priestley의 *The Rudiments of English Grammar*가 출간된 것은 1761년, Robert Lowth의 *A Short Introduction to English Grammar*가 출간된 것은 1762년의 일이다.

Priestley의 *The Rudiments of English Grammar*에 관해서는 Fries(1952: 66)가 "오늘날 통설처럼 되어 있는 8품사에 의한 영어 어휘의 분류는 Priestley와 더불어 시작되어 1850년 이후에 일반화된 것 같다"라는 언급을 하고 있다.

Fries(1952)를 재인용하면 J. Priestley(1761, 1765:3)의 첫머리에 다음과 같은 구절이 보인다.

"I shall adopt the usual distribution of words into eight classes... All the innovations I have made hath been to throw out the Participle, and substitute the Adjective, as more evidently a part of speech."

(필자는 영어의 낱말을 여덟 가지 종류로 분류한 통례를 그대로 받아들일 것이다. ...다만 이 팔 품사 가운데서 분사를 제외시키고 형용사를 새로이 도입한 정도의 수정을 가한다.)

오늘날 통용되고 있는 이 여덟 가지의 품사에 품사를 하나 더 첨가하자면, 새로운 품사의 후보가 됨직한 것은 무엇보다도 관사이다. J. Priestley와 거의 동시에 출판되어 그 후 영문법의 이론 정립에 크게 기여한 Robert Lowth의 *A Short Introduction to English Grammar*는 바로 이렇게 아홉 가지의 품사를 설정하고 있다.

1.3 품사 분류의 문제점

1.3.1 전통적인 관점

오늘날 학교문법에서 일반화되고 있는 여덟 개의 품사와 그 정의는 다음과 같다.

명 사: 사람이나 사물의 이름을 가리키는 낱말을 말한다.
대명사: 명사를 대신해서 쓰이는 낱말을 말한다.
형용사: 명사를 수식하는 낱말을 말한다.
동 사: 어떤 상태나 동작을 가리키는 낱말을 말한다.
부 사: 동사나 형용사 또는 다른 부사를 수식하는 낱말을 말한다.
접속사: 낱말과 낱말, 구와 구, 절과 절을 연결하는 낱말을 말한다.
전치사: 명사 앞에서 쓰이는 낱말을 말한다.
간투사 (또는 감탄사): 강한 감정을 나타내는 낱말을 말한다.

명사, 동사, 간투사의 정의는 의미를 기준으로 하고 있으며, 대명사, 형용사, 부사, 접속사의 정의는 기능을 기준으로 하고 있다. 전치사는 통사상의 특성이 정의의 기준이 되고 있다.

1.3.2 전통적인 품사론에 대한 비판

그런데 위에 제시한 바, 품사를 여덟 가지로 분류한 방식이나 정의는 다음과 같은 비판을 받아왔다.

(1) 위에서 밝힌 것처럼 품사 정의의 기준이 일정하지가 않다. 기준이 동일하지 않은 분류는 합리적일 수가 없다.

예를 들어 어떤 집단을 분류할 때, 성을 기준으로 남성과 여성으로 구분한다던가 연령을 기준으로 청년층, 장년층, 노년층으로 구분한다면 합리적인 분류가 이루어지겠지만, 가령 여성과 장년층과 중산층으로 분류를 했다면 그런 분류는 합리적이 아니다.

(2) 의미에 기준을 둔 정의(notional definition)는 다음과 같은 문제가 있다. She is dressed in white.에서 색깔의 이름을 나타내기 때문에 white가 명사라면 blue sky의 blue도 명사이어야 한다. 똑같이 색깔의 이름을 나타내기 때문이다. 하지만 blue sky의 blue는 형용사로 친다. 동사는 <동작>을 나타내는 낱말을 말한다. act는 동사이다. 의미상 동작을 나타내기 때문이다. 그렇다면 action도 동사이어야 한다. action 역시 동작을 뜻하기 때문이다. 하지만 action은 명사이지 동사가 아니다.

(3) 기능을 기준으로 하는 정의(functional definition)도 문제가 있다. 명사를 수식하는 낱말을 형용사라고 한다면 boy's hat의 boy's도 형용사이어야 한다. 대명사가 명사를 대신하는 낱말을 가리킨다면 John and Mary married를 The two married로 바꾸었을 때 John and Mary를 대신하는 The two도 대명사이어야 한다.

이와 같은 품사의 분류와 정의의 약점을 지양하기 위해서 여러 문법학자들이 대안을 제시해왔다. 그 가운데에서 대표적인 것으로 Jespersen과 Fries의 주장을 소개해보면 다음과 같다.

1.4 대표적 대안

1.4.1 Jespersen의 품사론

Jespersen(1933/1956:66-77)은 품사를 다음과 같이 분류하고 있다.

(1) 실사(Substantives)
'실사'는 흔히 '명사'로 통용되는 품사를 가리킨다.
(2) 형용사(Adjectives)
(3) 동사(Verbs)
(4) 대명사(Pronouns)
(5) 불변화사(Particles)

이와 같은 분류와 관련해서 Jespersen(1965:58-63)은 전통적인 품사의 정의와 분류에 관해서 (1.3.1-2)에서 지적한 것과 유사한 비판을 하고 있는데, 이 비판에 이어서 품사 분류의 기준으로는 형태(form)와 기능(function)과 의미(meaning)가 모두 고려되어야 하지만 가장 중요한 기준이 되어야 하는 것은 <형태>라는 주장을 하고 있다.

위에 제시한 Jespersen이 설정한 다섯 가지의 품사는 바로 다음과 같은 형태상의 특성이 기준이 된다.

품 사	형태상의 특성
실 사	다음과 같이 어미가 굴절한다.
	속격 : wife's 복수 : wives 복수속격 : wives'
형용사	다음과 같이 어미가 굴절한다.
	비교급 : longer 최상급 : longest
대명사	격에 따라 다음과 같이 어형이 변한다.
	단수 주격 : I he she who 목적격 : me him her whom 복수주격 : we they (who) 복수목적격: us them (whom)

동 사	다음과 같은 어형을 갖는다.	
	부정형 :	(I may) drink, (I want) to drink
	명령형 :	Drink this!
	직설법 현재 :	I drink.
	가정법 현재 :	(If he) drink
	3인칭 단수 현재:	drinks
	과거 :	drank
	과거분사 :	drunk
	현재분사 :	drinking
	동명사 :	drinking
불변화사	(위에서 언급한 것을 제외한) 어미가 굴절하지 않는 모든 낱말이 여기에 속한다.	

 그런데 Jespersen은 <어미의 굴절>을 주요 기준으로 한 분류와는 별도로, 낱말과 낱말이 연결되어 사용될 때의 낱말의 <기능>을 기준으로 삼아 낱말을 다시 분류하고 있다.

 Jespersen은 낱말과 낱말이 연결되어 사용되는 예로 우선 다음을 들었다.

(a) furiously barking dog

 (a)에서 '중심어(head word)'가 되는 것은 당연히 dog이다. barking이 dog를 수식하고 있기 때문이다. 이런 근거에서 dog를 1차어(primary word)라고 부른다면, dog를 수식하는 barking은 2차어(secondary word)에 해당하고 barking을 수식하는 furiously는 3차어(tertiary word)에 해당한다.
 다음 (b)는 (a)와 의미상 유기적 관계를 갖는다.

(b) dog barks furiously

 (b)에서도 dog는 역시 1차어가 되고, bark는 2차어, furiously는 3차어가 된다. (a)나 (b)의 첫머리에 관사 'a'가 부가된다면 'a'는 1차어인 dog를 수식하므로 2차어가 된다.

위에서의 설명을 정리해보면 다음과 같다.

(c) a furiously barking dog
    (2)   (3)   (2)   (1)

(d) A dog barks furiously.
   (2) (1) (2)   (3)

전통적인 품사분류의 대안으로 Jespersen은 이와 같이 <형태>와 <기능>이라는 두 가지 기준에 의한 이원적인 분류를 내세웠던 것인데, 특히 어미 굴절을 분류의 주요 기준으로 삼은 다섯 가지의 낱말의 종류를 '어류(Word Class)'라는 명칭으로 불렀고, 기능을 중심으로 한 낱말의 분류에는 '위계(rank)'라는 명칭을 사용하였다.

또 하나 예를 들어 the red rose 및 이와 유기적인 의미관계를 갖는 The rose is red를 구상하는 낱말의 '위계'는 다음과 같다.

(e) the red rose
    (2) (2) (1)

(f) The rose is red.
    (2)   (1)   (2)

위에 나오는 (c)-(d)와 (e)-(f)의 예는 실사(명사)가 1차어를, 동사와 형용사가 2차어를, 그리고 부사가 3차어의 기능을 가지고 있음을 보여준다.
하지만 다음 예가 보여주듯이 이 세 가지 '위계'는 그 밖의 여러 어류에 의해 나타날 수 있다.

1차어   One must bow to the **inevitable**. ⋯ 형용사
          We shall leave **here** tomorrow. ⋯ 부사

	Here is your hat, but where is **mine**? ⋯ 소유대명사
2차어	**gold** coin, **stone** wall, **cannon** ball ⋯ 실사
	my book ... 대명사
	The **above** remark/In a **far-off** country ⋯ 부사
3차어	The sea went **mountains** high. ⋯ 실사
	(산처럼 높이 물결이 일었다.)
	The **new**-laid eggs ⋯ 형용사
	The sooner, **the** better. ⋯ 관사

1.4.2 Fries의 대안

Fries(1952)는 제 5장의 표제가 Parts of Speech로 되어 있는데 Fries는 이 5장에서 전통적인 품사 분류와 정의의 불합리성에 대해서 역시 앞에서 언급한 바와 유사한 비판을 가하고 나서, "우리는 품사 분류에 일관성있게 적용할 수 있는 기준을 마련하여야 한다"고 주장하였다.

그렇다면 일관성있게 적용할 수 있는 품사 분류의 기준은 무엇인가?

Fries에 의하면 우리는 다음 (a)-(c)에서 낱말의 구체적인 뜻은 모르더라도 woggles, diggles, uggs, diggs, woggs, uggles는 사물을 나타내고 ugged, woggled, diggled는 동작을 나타낸다는 것을 쉽게 판단할 수 있다. 그런데 이러한 판단을 가능하게 해주는 것은 문장 내에서 이 낱말들이 차지하는 <위치(position)>이다.

(a) Woggles ugged diggles
(b) Uggs woggled diggs
(c) Woggs diggled uggles

다른 예를 또 하나 든다면, 다음 (d)의 빈칸은 concert, food, coffee, taste, container, ... 등으로 메울 수 있다. 이 낱말들이 동일한 빈 칸, 그러니까 동일한 위치를 차지할 수 있는 것은 이 낱말들이 어떤 공통된 특성을 지니고 있기 때문이며, 이 공통된 특성을 기준으로 이 낱말들은 하나의 품사로 묶일 수 있다.

    (d) The _____ was good.

이와 같이 한 문장에서 낱말이 차지하는 <위치>를 품사 설정의 기준으로 삼는다면, 당장 문제가 되는 것은 이 기준이 되는 위치를 <어떻게>, 그리고 <몇 개>나 설정해야 하느냐 하는 것이다.
Fries는 품사 설정의 틀이 되는 문장으로 다음을 제시하고 있다.

Frame A	The concert was good.
Frame B	The clerk remembered the tax.
Frame C	The team went there.

그리고 위와 같은 문장을 틀로 삼아, '품사'란 용어를 '유어(class word)'란 용어로 대체하여, 이 유어를 Class 1, 2, 3, 4의 네 가지로 나누었다. 이 네 가지 유어는 Frame A, B, C의 각각 다음 빈칸을 차지할 수 있는 낱말을 말한다.

Class 1   words
    The _____ was good.
    The _____ remembered the _____ .
    The _____ went there.

Class 2   words
    The concert _____ good.
    The clerk _____ the tax.
    The team _____ there.

Class 3   words
    The concert was _____.

Class 4 words
        The team went _____.

그러니까 전통적인 8품사의 개념을 적용시킨다면 Class 1 words는 명사, Class 2 words는 동사, Class 3 words는 형용사, Class 4 words는 (대체적으로) 부사에 해당한다.

Fries에 의하면 이 네 가지 유어는 영어 어휘의 93%을 차지한다.

Fries는 이 93%을 제외한 나머지 낱말들을 역시 문장에서 이 낱말들이 차지하는 위치를 근거로, 다음과 같이 Group A부터 Group O까지 15개의 종류로 분류하였다. 그리고 이 낱말들을 묶어 기능어(function word)라고 불렀다.

기능어의 하위분류와 구체적인 예는 다음과 같다.

Group A: 유어 설정의 틀이 되는 The concert was good.에서 Class 1 word인 concert의 바로 앞자리를 차지할 수 있는 낱말.
the, a/an, every, no, my, each, all, few, more, most, much, many, one, two, ... 등이 여기에 속한다.
_____ concert was good.

Group B: Class 1 word와 Class 2 word 사이를 차지하는 낱말.
Can, may, must 등 전통문법에서 조동사로 일컬어지는 낱말이 여기에 속한다.
The concert _____ be good.

Group C: 부정문을 만드는데 쓰이는 not가 Group C에 속한다.
위치상 not는 Group B나 Class 2 word 다음에 온다.
The concert may <u>not</u> be good.
The concert was <u>not</u> good.

Group D: The concert was very good.의 very처럼 Class 3 word의 바로 앞자리를 차지할 수 있는 낱말.

very 외에도 quite, really, awfully, real, any, pretty, too, more, rather, most 등이 여기에 속한다.

The concert was _____ good.

Group E: Class가 동일한 어구와 어구를 연결해 주는 낱말.
(both) ... and, (either) ... or, (neither) ... nor, not ... but ... 등 전통문법에서 등위접속사로 일컬어지는 낱말이 여기에 속한다.

Group F: The concert at the school was at the top.에 나오는 at처럼 Group A + Class 1의 앞자리를 차지하는 낱말.
전통문법에서의 전치사가 여기에 해당한다.

Group G: 의문문이나 부정문을 만들 때 쓰이는 조동사 do(does, did)가 여기에 속한다.

Group H: 이른바 존재문을 만드는 there가 여기에 속한다.

Group I: Wh-의문문을 만드는데 쓰이는 의문사 when, why, where, how, who, which, what가 여기에 속한다.

Group J: after, because, ... 등 전통문법에서의 종속접속사가 여기에 속한다.

Group K: 흔히 응답문의 첫머리에서 쓰이는 well, oh, now가 여기에 속한다.

Group L: 응답에서 쓰이는 yes와 no

Group M: 상대방의 주의를 끌려는 문장을 시작하는 say, listen, look

Group N: 부탁이나 간청을 할 때 문장을 시작하는 please

Group O: 권유나 제의를 할 때 문장을 시작하는 let's

1.5 두 대안의 문제점

1.5.1 Jespersen의 경우

위에서 살펴보았듯이 Jespersen의 품사 분류는 낱말의 어미굴절을 주요 기준으로 삼는 어류(word class)와 기능을 주요 기준으로 삼는 위계(rank)란 <이원적> 체계로 이루어져 있다.

그런데 낱말의 특성을 일반화해서 영어에 관심이 있는 사람이나 영어 학습자로 하여금 낱말의 용법을 쉽게 이해하게 하려는 실용성과 편의성에 품사 분류의 목적을 둔다면, Jespersen이 제시한 이원성은 재고할 여지가 있다. 이론면에서는 어떻든간에 <이원성>은 그만큼 편리하여야 할 분류를 복잡하게 만들기 때문이다.

또한 다섯 가지로 분류한 어류만 해도, 낱말의 어미 굴절이 기준이 되어 있어 합리적인 분류로 보이지만, 문법상의 특성이 서로 다른 낱말들을 하나로 묶은 불변화사(particle)는 문법상의 특성에 따라 다시 하위 분류를 할 수밖에 없고, 하위 분류를 하다 보면 결과적으로는 전통적인 팔 품사의 설정과 크게 다를 바가 없는 것이 되어 버린다.

바로 이것이 Jespersen의 품사 분류의 문제점이다.

1.5.2 Fries의 경우

Fries의 분류 역시 이론적인 면에서는 어떻든, 실용적이고 편의적인 면에서는 바람직하지 못하다.

특히 기능어의 경우 100개가 조금 넘는 낱말이 15종으로 분류되어 있고, 그 가운데는 단 하나의 낱말이나 또는 두 개 내지 세 개가 하나의 종류를 구성하는 것도 적지 않으니, 이는 낱말의 특성을 일반화한다는 품사 분류의 대원칙과 맞지 않는다.

유어(class word)의 경우에는 이름만 바뀌었을 뿐, class 1, class 2, class 3은 각각 명사, 동사, 형용사와 다를 바가 없다.

1.5.3 변형문법의 등장

그런데 (이런 비판은 어떻든) 1950년대가 막을 내리면서 문법론에서 품사의 분류를 에워싼 논의는 논의 자체가 급격히 관심의 영역 밖으로 밀려나가 버렸다. 1958년 Chomsky의 *Syntactic Structures*가 출판되고 변형 문법이 등장함에 따른 여파였다.

Syntactic Structures 이후 문법론의 관심은 통사론에 집중되었고, 품사는 문장 구조를 기술하는데 있어 그저 전통적인 용어와 개념이 <느슨하게> 이용되고 있는 것이 현실이다.

1.6 품사 분류의 재음미

1.6.1 문법 기술의 수단으로서의 품사

단적으로 오늘날의 문법론에서 '품사'는 필요에 따라 문법 설명이나 기술에 이용되는 하나의 도구이다. 그 분류나 정의 자체가 문법론에서 목적이 되지 않는 것이다.

품사 분류나 정의를 하나의 편법이자 수단으로 이해할 때, 앞에서 지적했던 분류나 정의와 관련된 문제점은 절대적인 것이 못된다. 그리고 이 문제점을 절대적인 것으로 간주하지 않을 때, 전통적인 품사 분류는 나름대로 편리하고 그 유용성을 인정할 수 있다.

많은 학자들에 의해서 그 분류의 불합리성이나 약점이 지적되었고 대안이 제시되었으면서도 이 전통적인 품사 분류가 여전히 통용되고 있는 것도 그 편리성을 증명해준다.

1.6.2 분류의 개념

다만 유용하고 편리한 대로 이용할 뿐이기 때문에, '팔 품사'라는 분류의 개념은 경우에 따라서는 아주 융통성이 있다.

팔 품사라는 분류를 전제로 하면서도, '조동사'는 동사와는 별도로 다루어지는 것이 통례이고, 팔 품사와는 별도로 일부 낱말들은 '수사(numeral)' 또는 '수량어(quantifier)'란 명칭으로 설명되기도 한다.

팔 품사내에서라면, '관사'는 형용사의 일부에 속한다. 그러면서도 관사 역시 흔히 하나의 독립된 품사처럼 다루어지고 있다. 그런가하면 관사는 소유대명사와 지시대명사 및 일부 수량사와 함께 '한정사(determiner)'라는 이름으로 묶여 분류되기도 한다.

이 한정사는 대체적으로 앞에서 살펴보았던 Fries의 품사 분류에서 기능어의 Group A에 속하는 낱말들이다.

1.6.3 내용어와 기능어

영어의 어휘는 내용어(content word)와 기능어(function word)라는 두 종류로 분류되기도 한다. 내용어는 구체적인 의미 내용을 갖고 있는 낱말로, 대체적으로 Fries가 유어(class word)라고 불렀던 것과 일치한다. 기능어는 구체적인 의미보다 하나의 문장을 문법에 맞게 다듬는 등의 문법적 기능을 지니고 있는 낱말로 대체적으로 Fries가 의미했던 기능어와 일치한다.

1.6.4 닫힌 어류와 열린 어류

영어의 어류 (앞에도 나왔지만 '어류'는 '품사'의 또 다른 명칭이다)는 '닫힌 어류(closed class)'와 '열린 어류(open class)'로 이분되기도 한다.

'닫힌 어류'에 속하는 낱말들은 그 수가 극히 한정되어 있으며 새로이 그 어휘가 늘어날 가능성이 매우 희박하다. '닫힌 어류'라고 불리는 이유가 여기에 있다.

언어는 곧잘 생명체로 비유된다. 그것은 언어가 끊임없이 변하기 때문이다. 언어가 끊임없이 변하는 모습은 세상이 여러 모로 변함에 따라서 불필요한 낱말들이 사라지고 새로운 낱말들이 속속 만들어지는 현상에 현저하게 드러난다. 이렇게 만들어지는 낱말들은 구체적인 의미 내용을 갖고 있기 마련이기도 해서, 거의 예외 없이 '열린 어류'에 속한다.

Quirk et al.(1985:67)에 의하면 closed class와 open class는 다음과 같이 하위 구분된다.

(a) Closed Class

전치사	(preposition)	–	of, at, in, without, in spite of
대명사	(pronoun)	–	he, they, anybody, one, which
한정사	(determiner)	–	the, a, that, every, some
접속사	(conjunction)	–	and, that, when, although
법조동사	(modal verb)	–	can, must, will, could
기본동사	(primary verb)	–	be, have, do

(b) Open Class

명사	(noun)	–	John, room, answer, play
형용사	(adjective)	–	happy, steady, new, large, round
동사	(full verb)	–	search, grow, play
부사	(adverb)	–	steadily, completely, really

한편 Quirk et al.은 수사(numeral: one, two, three; first, second, third)와 간투사(interjection: oh, ah, ugh, phew)를 (a), (b)와는 별도의 소범주(minor category)로 설정했고, not와 부정사를 만드는 to만은 위에서 언급한 어느 어류나 범주에도 속하지 않는다고 보았다.

Quirk et al.이 말하는 '닫힌 어류'는 대체적으로 7.2에서 언급했던 기능어와, 그리고 '열린 어류'는 대체적으로 내용어와 일치한다.

그런데 이 두 어류를 <열 가지>로 하위 구분한 위의 (a), (b)는 전통적인 품사 개념이 역시 <느슨하게> 적용되고 있음을 보여준다.

1.7 품사의 정의의 재음미

1.7.1 정의의 재음미: 명사의 경우

앞에서 언급했던 품사의 정의의 문제도 다시 한번 짚고 넘어갈 필요가 있다.

전통적인 품사의 정의가 품사에 따라 그 기준이 여러 가지로 다르고, 정의 자체도 만족스럽지 못하다는 것은 이미 언급한 바와 같다.

이와 같은 문제를 동사와 명사를 중심으로 좀 더 자세하게 따져보면 다음과 같다.

(1) 반복이 되지만 명사의 정의로 흔히 통용되는 것은 "명사는 사람이나 장소 또는 사물의 이름을 가리킨다"란 <의미상의 정의(notional definition)>이다.

이와 같은 의미상의 정의에는 여러 가지 난점이 있다. '사물의 이름'이라고 할 때의 <사물>이라는 개념이 막연한 것도 문제다. computer, book, coffee, sugar, ... 등은 분명히 사물을 가리키지만, time이나 responsibility, ... 등이 무엇에 붙여진 이름이냐는 반문이 제기되면 해명이 쉽지 않다. 또한 red나 green은 색깔의 이름이 분명한데 왜 명사가 아니고 형용사냐라는 반문도 의미상의 정의로는 설명하기 어렵다. 원래 명사를 가리키는 noun은 라틴어의 nomen (=name)에서 유래한 말이다. 그렇다면 의미상의 정의는 결국 "name은 name이다."라는 순환론에 빠져 있기도 하다.

이렇게 본다면 하나의 문장에서 특정한 낱말이 명사인지 아닌지를 식별하는데 도움이 되는 정의는 의미상의 정의이기보다는 형태상의 정의 (formal definition) 또는 통사 내지 기능상의 정의(syntactic or functional definition)이다.

(2) 형태상으로는, 명사는 book - books - book's로 나타나는 복수형과 속격을 갖는 낱말을 가리키며, 일부 명사는 파생접미사로 명사임을 판별할 수 있다.
명사임을 판별할 수 있는 접미사로는 다음이 있다.

-(a)cy	:	accuracy, bankruptcy
-age	:	shortage, postage
-al	:	arrival, refusal
-ance	:	avoidance, abundance
-ant	:	assistant, defendant
-(a)tion	:	exploration, starvation
-dom	:	freedom, kingdom
-ee	:	employee, refugee
-er	:	teacher, foreigner
-(e)ry	:	cookery, machinery
-ese	:	Japanese, Chinese
-ful	:	mouthful, spoonful
-hood	:	manhood, likelihood
-ing	:	gathering, painting
-ion	:	creation, possession
-ism	:	racism, heroism
-ist	:	novelist, pianist
-ment	:	commitment, appointment
-ness	:	happiness, brightness
-ship	:	hardship, penmanship
-ster	:	gangster, youngster
-th	:	warmth, growth

-ty   :   sincerity, curiosity
-ure   :   departure, creature

(3) 통사상으로 명사는 다음과 같은 문장의 틀(frame)의 빈칸을 차지한다.

The _____ is good.
The _____ remembered the _____.
The _____ went there.

위의 틀에서 the의 자리는 the 이외에 a/an, every, no, my, our, this/these/that/those/each, some, any, much, ... 등이 차지할 수도 있다.

(4) 오늘날의 문법이론에서는 명사는 명사구(noun phrase)를 전제로 하지 않고는 기술할 수가 없다. 통사론에서 자세히 다루어질 것이므로 여기에서는 더 깊이 들어가지 않겠지만, 다음 예가 보여 주듯이 명사는 명사구에서 '중심어(head word)'가 된다.

the **girl**
the blonde **girl**
the blonde **girl** in blue jeans
the blonde **girl** wearing blue jeans
the blonde **girl** who is wearing blue jeans

(5) 기능상으로는 명사는 하나의 문장에서 다음의 구실을 한다.

(a) 주어
(b) 타동사 및 전치사의 목적어
(c) 보어
(d) 기타: 형용사적 용법: a **stone** bridge

부사적 용법 : He left this **morning**.
접속사적 용법: I recognized her the **instant** I saw her.
간투사적 용법: **Shame** on you!

(6) 앞에서 언급한 것처럼 하나의 문장에서 특정한 낱말이 명사인지 아닌지를 식별하는데 도움이 되는 기준은 의미보다는 형태 또는 통사 내지 기능상의 특성이다.

그런데 일례로 형태상의 특성이라고 하지만 모든 명사가 book - books 로 나타나는 복수형을 갖는 것은 아니다. sheep는 단수와 복수형이 똑 같다. 그렇다면 sheep의 경우 이 낱말이 명사임을 확인하기 위해서는 차라리 의미상의 기준이나 통사상의 특성을 필요로 한다.

통사상으로 명사는 The ____ is good.의 빈칸을 차지한다고 하지만 한정사를 필요로 하지 않는 명사의 경우는 특정한 낱말이 명사인지의 여부를 판별하기 위해서는 별도의 기준이 필요하다.

다시 말해서 어떤 낱말이 명사인지의 여부를 판별하고 기술하는데 있어서는, 기준을 달리 하는 여러 정의나 특성이 서로 보완적인 구실을 하는 셈이다.

의미상의 정의는 물론, 형태, 통사 또는 기능상의 특성 하나만으로 명사를 정의하고 판별하는 일은 어렵다기보다도 불가능한 것이다.

1.7.2 동사의 경우

(1) 의미상으로는 동사는 흔히 "동작, 행위, 사건 또는 상태를 나타내는 낱말을 말한다"고 정의된다. 이 정의에 따른다면 다음 (a)에 속하는 낱말들이 동사인 것은 틀림이 없지만 (b)에 속하는 낱말들도 동사라고 부를 수밖에 없다. (b)도 (a)와 똑같이 동작, 행위, 사건을 나타내기 때문이다.

a. to act, to behave, to happen, ...

b. action, behavior, happening, ...

하지만 (b)에 속하는 낱말들은 동사가 아니다. (a)에 속하는 낱말과 달리 과거, 과거분사, 현재분사, 동명사 등의 활용형을 갖지 못하기 때문이며, 한 문장에서 술어동사의 자리를 차지하지 않기 때문이다.

(2) (a)에 속하는 낱말들은 과거, 과거분사, 현재분사, 동명사 등의 활용형을 갖는다. 또한 3인칭 단수를 주어로 삼을 때 현재시제에서는 어미에 -s를 부가한다.
즉 형태상으로는 동사란 "이와 같은 활용형을 갖는 낱말을 가리킨다"고 정의할 수 있다. 하나의 낱말의 품사를 판별하는데 있어, 형태상의 정의가 유용한 것은 분명하다.
하지만, 일례로 cut라는 낱말의 품사는 무엇일까?
cut는 과거, 과거분사의 활용형을 별도로 갖지 않는다. 그러므로 형태상의 정의로 cut의 품사를 판별하기는 어렵다. 그러면서도 다음 문장에 나오는 cut를 우리는 동사라고 판별한다.

She **cut** the cake and gave me a piece.

cut를 동사로 판별하는 것은, cut가 술어동사의 자리를 차지하기 때문이다. 다시 말해서 위의 문장에서 cut의 품사를 판별하는데 결정적인 역할을 하는 것은 동사의 기능 내지 통사상의 정의이다.
기능 내지 통사상으로 동사는 "한 문장에서 술어동사의 자리를 차지하는 낱말을 가리킨다"라고 정의할 수 있다.

(3) 명사가 그랬던 것처럼 동사는 의미상으로나 형태상 또는 기능 내지 통사상으로 여러 정의가 가능하다.
그런데 실제에 있어 하나의 동사를 판별하는 데는, 한 가지 정의보다 이 세 가지 정의가 서로 보완적인 것을 알 수 있다.

1.8 잠정적 결론

1.8.1 사전적 정의의 일면

우리는 위에서 명사와 동사를 중심으로 품사 정의의 문제점을 살펴보았다.

비슷한 문제점은 형용사나 부사 또는 대명사의 정의에도 똑같이 적용된다.

이 서론에서는 명사와 동사의 정의에 관해서만 언급하고, 그 밖의 품사의 정의의 문제점은 필요에 따라 본론에서 언급할 것이다.

이야기가 좀 빗나가지만 우리는 <개>라는 동물을 알고 있다. 국어사전을 펼쳐보면 <개>는 대체적으로 "개[犬]과에 딸린 가축(또는 개과 짐승의 총칭)"이라고 정의가 나와 있다. "개는 개다"라는 순환론에 빠져 있는 설명과 다를 바가 없다.

우리가 수시 이와 같은 정의에 접하면서도 이를 이상하게 여기지 않고 그대로 넘기는 이유는 우리가 <개>에 대해서 가지고 있는 지식이 이런 정의에 앞서 있기 때문이다.

이런 정의는 우리가 <개>에 대해서 이미 알고 있는 바를 요약 정리해 줄 따름이지, <개>가 무엇인지 전혀 모르는 사람에게 <개>를 <개>로 인지하고 다른 동물과 구별할 줄 알게 설명해주지는 않는다.

1.8.2 품사의 정의와 품사의 문법

앞에서 살펴보았듯이 흔히 통용되고 있는 품사의 정의는 불완전하다. 품사를 제대로 정의하기 위해서는 의미와 형태와 기능 및 통사상의 정의의 상보 상조가 필요한 것이다.

그런데 이 상보 상조적인 정의도 (<개>의 정의가 그랬던 것처럼), 품사에 대해서 모르고 있었던 것을 깨우쳐주는 구실보다는 품사에 대해서 이미 알고 있는 바를 요약 정리해주는 구실을 한다고 보는 것이 마땅하다.

그렇다면 여러 관점에서의 품사의 정의가 어떻게 상보 상조하는지를 알기 위해서도, 우리는 그만큼 품사의 문법 자체를 알아야한다.

이제 우리는 이와 같은 품사의 문법 자체를 여러 모로 살펴볼 것이다.

2장 명사 (Nouns)

2.1 정의

(1.7.1 참조)

2.2 분류

2.2.1 분류의 예(1)

명사는 그 의미와 문법상의 특성을 고려하여 흔히 다음과 같이 다섯 종류로 분류된다. (Curme:1935:1-2)

(1) 보통명사(Common Nouns)
(2) 집합명사(Collective Nouns)
(3) 물질명사(Material Nouns/Mass Nouns)
(4) 추상명사(Abstract Nouns)
(5) 고유명사(Proper Nouns)

2.2.2 분류의 예(2)

명사는 하나, 둘 셀 수 있으며 복수형을 만들 수 있는 특성 여부에 따라 가산명사(countable nouns 또는 count nouns)와 불가산명사(uncountable nouns 또는 noncount nouns)로 분류되기도 한다.

2.2.3 분류의 예(3)

(2.1.1)에서 제시한 (학교문법에서 널리 채택되고 있는) 명사의 분류는 반드시 합리적인 분류는 아니다. 다섯 종류로 분류한 기준이 동일하지 않기 때문이다. 하나의 예로 구상성/추상성을 분류의 기준으로 삼는다면 명사는 다음과 같이 구상명사와 추상명사로 이분되어야 마땅하다.

명사 < 구상명사(concrete nouns)
　　　 추상명사(abstract nouns)

구상명사는 동일한 이름으로 부를 수 있는 대상의 수가 많은지 유일한 지의 여부에 따라 다음과 같은 하위구분이 가능하다.

구상명사 < 보통명사(common nouns)
　　　　　 고유명사(proper nouns)

보통명사는 동일한 이름으로 부를 수 있는 대상이 일정한 형체를 갖춘 개체로 이루어지고 있는지의 여부에 따라 다시 하위구분을 할 수 있다.

보통명사 < 종속명사(class nouns)
　　　　　 물질명사(material nouns)

종속명사는 다시 다음과 같은 하위구분이 가능하다.

종속명사 < 개별명사(individual nouns)
　　　　　 집합명사(collective nouns)

위에서 시도한 명사의 분류를 정리하면 다음과 같은 표가 만들어진다.

[도표 1] **명사의 분류**

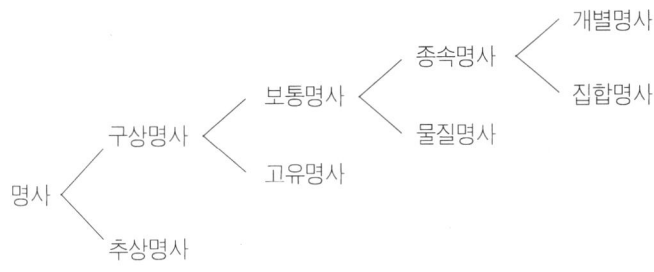

2.2.4 분류의 합리성과 편의성

일찍이 위의 도표(1)과 아주 유사한 명사의 분류를 시도한 것은 Henry Sweet(1891~1889: 54)이다. 그런데 일단은 합리적인 분류로 보이지만, 그러면서도 이 분류(도표 1)는 실질적으로 (2.2.1)에서 제시한 명사의 분류와 다른 바가 없다 (명칭상 도표(1)에서는 <보통명사>가 (2.2.1)에서 제시한 보통명사, 집합명사, 물질명사를 포괄하고 있고, <개별명사>가 (2.2.1)의 보통명사를 대신하고 있을 뿐이다).

(2.2.1)에서의 명사의 분류가 합리적이 아니라는 비판을 받으면서도 널리 통용되고 있는 것은 도표(1)의 분류를 간명하게 정리한 것으로 볼 수도 있는 그 편의성 때문이다.

2.3 명사의 특성과 용법

명사를 5종으로 분류할 때, 이와 같이 분류된 명사의 특성은 다음과 같다.

2.3.1 보통명사

(1) girl, pen, pencil, tree, teacher, ... 등 동일한 종류에 속하는 것에 공통적으로 쓰이는 낱말을 말한다.

(2) 부정관사 'a'를 붙이거나 복수형을 만들 수 있다. 다음도 보통명사에 속한다.

    (a) pants, scissors, glasses, ...

이 명사들은 대체적으로 복수형으로만 쓰이며, 수량을 나타낼 때는 a pair of의 형식을 이용하는데, 동일한 종류에 속하는 것에 공통적으로 쓰인다는 점에서는 girl, pen, ... 등과 같다.

    (b) idea, plan, remark, scheme, ...

추상성이 강해서 추상명사처럼 보이지만, 부정관사 'a'를 붙이거나 복수형을 만들 수 있다.

    (c) the sun, the earth, the sky, the moon, the universe, ...

보통 정관사를 붙여서 사용하며 그 낱말이 가리키는 대상이 오직 하나이고 첫 글자를 대문자로 시작하기도 하기 때문에 고유명사와 유사한 점이 있지만, 이런 낱말들을 고유명사로 치지 않는 것은 이 낱말들이 고유명사처럼 보통명사에 속하는 것 가운데서 특정한 하나를 나머지 것과 구별하기 위해서 붙인 이름이 아니기 때문이다.

보통 정관사를 붙여서 사용하지만 그 일면을 드러내고자 할 때는 부정관사와 함께 쓰기도 한다.

    a crescent moon, a new moon, a full moon

그밖에 다음과 같은 명사도 보통명사로 간주된다.

    (d) 여러 단위를 나타내는 것
        year, month, week, day, hour, inch, meter, word, sentence, ...

    (e) 동사에서 파생하였으며 부정관사가 붙으나 복수형으로는 쓰이지 않는 것
        (take) a look, (take) a rest, ...

2.3.2 집합명사

(1) family, committee, audience, army처럼 여러 개체가 모여서 하나의 집합체를 이룬 명사를 말한다.
    집합명사의 예를 좀 더 들면 다음과 같다.

    The younger **generation** only seem to be interested in pop music and clothes.
    A big **crowd** soon gathered at the scene of the accident.
    A **majority** voted in favor of the proposal.

(2) 집합명사는 크게 나누어 다음과 같은 두 가지 용법을 갖는다.

    (a) 집합체를 하나의 단일체로 간주한다. 이 경우 집합명사는 보통명사처럼 부정관사 'a'를 부가할 수 있고 복수형도 만든다.
        He has a large **family**.
        (그는 식구가 많다.)
        Eight **families** live in this apartment.

    (b) 의미상 그 집합체를 구성하는 개체 하나 하나를 전제로 한다. 이 경우 집합명사는 형태상으로는 단수이지만, 대체적으로 복

수동사와 함께 쓰인다.
The **family** were all sitting in the kitchen.

용법 (b)의 집합명사는 중다명사(noun of multitude)라고 불리기도 한다. family처럼 (a), (b)의 두 용법을 다 갖는 집합명사로는 audience, committee, class, group, jury, public, staff, team 등이 있다.

(a) The **audience** was very small.
The **committee** consists of thirteen members.

(b) The **audience** were raising their hands to signify their approval.
The **committee** were divided in their opinions.

audience를 예로 든다면 위의 예문에서 어형은 동일하지만 (a)에서는 단수동사가, (b)에서는 복수동사가 쓰이고 있다. 이런 사실을 근거로 '수(number)'란 문법범주의 관점에서 (a)의 audience를 '집합단수(collective singular)', (b)의 audience를 '집합복수(collective plural)'로 구별하기도 한다.

(3) police, vermin, cattle, ... 등은 (b)의 용법만 갖는다. 복수형을 갖지 않지만 술어동사로는 복수형이 쓰이는 것이다.

The **vermin** are animals, birds, and insects which are harmful to human beings and crops.
The **police** have caught the murderer.
The **cattle** were grazing.

이와 같은 집합명사들은 수사와 함께 쓰이지 않기 때문에, 일례로 보통명사인 cow의 경우 '스무 마리의 소'는 twenty cow라고 하지만, '스무 마리의 가축'은 twenty cattle보다 twenty head of cattle로 고쳐 쓰는 것이 바람직하다. police의 경우도 수사와 함께 쓰이기 위해서 **a police officer**, twenty policemen처럼 police를 police officer, policeman으로 고쳐 쓰는 것이 바람직하다.

crowd, swarm, school(물고기의 떼) 등은 원래가 많은 수의 집합체를 나타내는데 목적이 있기 때문에 (b)의 용법만을 갖기 마련이다.

(4) The public은 중다명사인데, 술어동사로는 단·복수형이 다 쓰인다.

The **public** is/are not allowed to enter the court room.

Quirk, *et al.*(1985:19)에 의하면 government와 같은 <기관>이 집합명사로 쓰이는 경우 Br. E.에서는 단·복수가 융통성 있게 쓰이지만, Am. E.에서는 단수동사를 사용한다.

The **government** is/are in favor of economic sanctions.

(5) people은 '국민'이란 뜻을 나타낼 때에는 (a)의 용법을 따르고, '사람들'이란 뜻을 나타낼 때에는 (b)의 용법을 따른다.

(a) the **peoples** of Africa
(b) Were there many **people** in the party?

(6) 다음 예문에 나오는 enemy는 보통명사이다.

Jane and Sarah used to be friends but now they are bitter **enemies**.
His arrogance made him many **enemies**.

하지만 "적군"을 뜻할 때는 집합명사로 정관사와 함께 쓰인다.

Three of the **enemy** were captured.

Library 역시 '도서관'을 뜻할 때는 보통명사이고, '장서(a collection of

books)'를 뜻할 때는 집합명사이다.

(7) furniture(가구)는 의미상으로 보면 집합명사에 가깝다. 하지만 부정관사를 부가하지 않으며 복수형을 만들지 않고 단수동사와 함께 쓰이는 통사상의 특성을 전제로 한다면 물질명사이다.

fruit는 문맥에 따라 다음과 같이 쓰인다.

> (a) The country exports tropical **fruits**.
> (b) Is a tomato a **fruit** or a vegetable?
> (c) Bananas, apples, and oranges are all **fruit**.
> (d) **Fruit** is eaten either raw or cooked.

복수형으로 쓰였거나 부정관사가 부가된 (a), (b)에서의 <종류>를 나타내는 fruit는 보통명사이다. 하지만 단수형으로 쓰였으면서도 부정관사가 붙지 않는 (c), (d)에서의 fruit는 furniture처럼 의미상으로는 집합명사지만, 통사적 특성을 고려한다면 물질명사이다.

2.3.3 고유명사

(1) 같은 종류에 속하는 것 가운데 특정한 하나를 나머지 것과 구별하기 위해서 붙인 다음과 같은 낱말을 말한다. 고유명사는 첫 글자를 대문자로 시작하고 부정관사나 정관사를 붙이지 않는다.

> (a) 인명: John Lennon, Shakespeare
> 　　인명 앞에는 흔히 칭호가 붙는다.
> 　　Mr. and Mrs. Johnson, General MacArthur, Lady Churchill
>
> (b) 국명과 지명: Korea, Seoul, New York, London
>
> (c) 천체명: Venus, Mars

(d) 요일, 달, 축제일: Monday, October, Christmas, New Year's Day
 - 요일은 복수형으로도 쓰인다.
 Everyone hates Mondays.

(e) 산, 호수, 섬: Mount Everest, Lake Michigan, Cheju Island

(f) 공원, 역, 공항, 도로, 학교: Hyde Park, Piddington Station, Kennedy Airport, Chong-ro Street, London University
 - 단 University of _____ 로 시작하는 대학 명은 the가 붙는다.
 cf. the University of London

(2) 그러나 다음과 같이 정관사를 필요로 하는 것이 있다.

(a) 복수형 고유명사
 the Netherlands, **the** United States(국가명)
 the Alps, **the** Rockies(산맥)
 the Smiths(부부 또는 가족 일가)
 - 다만 Niagara Falls는 정관사를 붙이지 않는다.

(b) 강, 바다, 운하, 해협, 반도
 the Danube, **the** Han River
 the Pacific Ocean, **the** Mediterranean
 the Suez Canal
 the English Channel
 the Korean Peninsula

(c) 호텔, 극장, 미술관, 박물관 등의 공공시설
 the Grand Hotel
 the British Museum

　　　　the House of Commons(영국의 하원의원)
　　　　the BBC(the British Broadcasting Corporation)

　(d) 신문
　　　　The Economist, **The** New York Times
　　　　— 신문 이외의 정기간행물에는 관사를 붙이지 않는다.
　　　　cf. Newsweek, Time, Language

(3) 고유명사는 관사와 함께 사용하지 않는 것을 원칙으로 하지만, 그 고유명사의 특정한 일면을 대조적으로 드러내려고 할 때는 부정관사 (또는 정관사)를 붙인다.

　　This was **a** very different Wilson from the one we used to visit in London.
　　We are hoping for **a** better Seoul.
　　This is **the** new South Korea that was built after the war.

(4) 그밖에 부정관사+고유명사는 다음과 같은 의미를 갖는다.

　(a) ...와 같은 사람 (또는 사물)
　　　　He wants to be **an** Edison.
　　　　He is **a** second Machiavelli.
　　　　Let's make this earth **an** Eden.

　(b) ...란 (성을 가진) 사람
　　　　I know **a** John Lennon, but not the famous one.
　　　　A Mrs. Robertson was trying to contact you this morning.

　(c) ...의 작품, ...의 제품
　　　　a Picasso (Picasso가 그린 그림)

a Ford (Ford 자동차)
He is proud of a Rembrandt he has.

(5) 칭호에는 보통 관사를 붙이지 않는다.

Dr. Waston, Lady Churchill, Mr. and Mrs. Johnson
Professor Chomsky, Admiral Nelson

하지만 다음의 경우는 the가 필요하다.

the Reverend Mr. Jones
the Reverend H. Jones (그러나 *the Reverend Jones)

또한 칭호가 영국 고유의 것이 아닌 경우 the가 붙는다.

the Emperor Napoleon, the Czar Ivan

(6) 정관사가 God에는 붙지 않지만 Lord에는 붙는다.

(7) Father, Uncle, ... 등 친족어가 특정인(my father, my uncle, ...)을 가리키는 경우에는 고유명사와 비슷한 자격이 생겨 관사 없이 사용하고 흔히 대문자로 시작한다.

Father (Daddy) is here.
I'll tell father.
Mother (Mummy) is out.
Uncle will come on Saturday.

다음은 친족어는 아니지만, 가족의 일원에 준해서 cook 앞에 관사가 생략된 예이다.

Please ask **cook** to have dinner ready in an hour.

(8) 고유명사와 파생형용사 (2.5 참조)

2.3.4 물질명사

(1) 물질명사는 계속적이며 동질적인 존재물을 나타내며, 보통명사처럼 일정한 형태를 갖춘 개체를 갖지 않는다.

재료(wood, paper, glass), 음식(sugar, meat, butter, wheat), 액체(water, beer), 기체(air, gas), 원소(oxygen, uranium) 등을 나타내는 명사가 물질명사에 속한다.

(2) 물질명사는 부정관사와 함께 쓰이지 않으며, much, little, a great deal 또는 some, any 등으로 양을 나타낸다. 수량을 나타낼 때는 조수사(numerative)를 이용한다. (2.7 참조)

(3) 물질명사에 부정관사가 부가되면 가산명사로 바뀌어 '종류', '제품', '부분', '사건' 등을 나타낸다.

I need several yards of **cloth** to make a long dress. — 옷감, 천
Clean the windows with **a** soft **cloth**. — 헝겊 조각
Fire burns. — 불
A fire broke out last night. — 화재
I cut my finger on some broken **glas**s. — 유리
Bring me **a** wine **glass**, please. — 술잔

(4) 물질명사는 특성상 복수형을 갖지 않는다.
하지만 예외적으로 dregs, oats, sweets, victuals, weeds, ...처럼 복수형을 취하는 것이 있다.

2.3.5 추상명사

(1) 추상명사란 kindness, happiness, honesty, action, judgment, decision 등과 같이 추상적 의미를 나타내는 명사를 말한다. peace, future처럼 파생어가 아닌 것도 있지만 추상성이라는 특성 때문에 동사나 형용사에서 파생된 것이 많다.

    (a) 형용사에서 파생된 것
        kindness, bravery, neutrality, honesty, width, freedom, falsehood

    (b) 동사에서 파생된 것
        arrival, hatred, forgery, movement, formation, omission, entreaty, assistance, understanding

    (c) 보통명사에서 파생된 것
        friendship > friend, childhood > child, slavery > slave

(2) 추상명사는 원칙상 관사와 함께 쓰이지 않으며 복수형도 만들지 않는다. 양을 나타내는 경우는 little, much, any, some 등을 쓴다.

    Necessity is the mother of invention.
    Knowledge is power.
    Little **knowledge** is a dangerous thing.

그러나 수식 어구를 수반하는 경우 정관사를 붙일 수 있다.

    He has **the** wisdom of Solomon.
    − cf. Wisdom is gained by experience.
    The rich envy **the** happiness of the poor.
    − cf. Happiness consists in contentment.

(3) 추상명사 역시 고유명사나 물질명사처럼 부정관사가 부가되면 가산명사로 바뀌어 '종류', '실례', '행위' 등을 나타낸다.

Silence is golden. − 침묵

There was **a** long **silence** in the room. − 침묵의 기간

Have you ever observed the **development** of a seed into a plant?
− 발전의 과정

This new rose is **a development** from a very old kind of rose.
− 새로운 품종

2.4 명사의 종류와 전환(Conversion)

위에서 이미 언급된 바와 같이 하나의 명사가 반드시 어떤 한 종류에만 속하지는 않는다.

kindness는 흔히 추상명사의 대표적인 예가 되지만 He has done me a kindness에서 kindness는 부정관사 'a'가 부가되어 있어 a kind act를 뜻하는 보통명사이고, pen은 보통명사로 쓰이지만 The pen is mightier than the sword에서의 the pen과 the sword는 추상명사이다.

이와 같이 어떤 종류의 명사가 다른 종류로 전환되는 구체적인 예를 추가해보면 다음과 같다.

(1) 보통명사 ⇒ 집합명사

The whole **village** were happy to hear the news.
(온 마을 사람들이 그 소식을 듣고 기뻐했다.)

(2) 보통명사 ⇒ 물질명사

Shall we have **chicken** for dinner?
(저녁에는 닭고기를 먹을까요?)

(3) 보통명사 ⇒ 추상명사

He forgot **the judge** in the father.
(그는 아버지로서의 정에 사로잡혀 재판관으로서의 책임을 망각했다.)

(4) 고유명사 ⇒ 보통명사

We toured Europe in **a Ford**.
(우리는 Ford 자동차로 구라파를 여행했다.)
I'm reading **a Hemingway**.
(나는 Hemingway가 쓴 소설 하나를 읽고 있다.)

(5) 물질명사 ⇒ 보통명사

You have some grey **hairs**.
(흰머리가 좀 났네요.)
Two **coffees**, please.
(커피 두 잔 주세요.)

(6) 추상명사 ⇒ 보통명사

She is **a beauty**. (=a beautiful woman)

(7) 추상명사/집합명사 ⇒ 보통명사

youth (청춘/젊은이들) ⇒ **a youth** (=a young man)

2.5 고유명사와 파생형용사

2.5.1 국명과 국어명

특히 국명과 관련된 고유명사와 파생 형용사로 대표적인 것은 다음과 같다.

고유명사	파생형용사	국어를 나타내는 말
Arabia	Arabic/Arabian/Arab	Arabic
Australia	Australian	형용사와 동일
Belgium	Belgian	〃
Brazil	Brazilian	〃
China	Chinese	〃
Denmark	Danish	〃
England	English	〃
Finland	Finnish	〃
France	French	〃
Germany	German	〃
Greece	Greek	〃
Holland (the Netherlands)	Dutch	〃
Israel	Israeli	〃
Ireland	Irish	〃
Italy	Italian	〃
Korea	Korean	〃
Norway	Norwegian	〃
Pakistan	Pakistani	〃
Poland	Polish	〃
Portugal	Portuguese	〃
Russia	Russian	〃
Scotland	Scots/Scottish/Scotch	Scottish

Spain	Spanish	형용사와 동일
Sweden	Swedish	〃
Switzerland	Swiss	〃
Turkey	Turkish	〃
Vietnam	Vietnamese	〃

2.5.2 파생형용사가 두 가지 이상인 경우

위에 나오는 고유명사의 파생형용사 가운데 그 형식이 둘 이상인 Arabic, Arabian, Arab은 각각 다음과 같은 문맥에서 쓰인다.

(a) Arabic: 문자, 문학 등을 수식한다.
    the Arabic language, Arabic literature, Arabic numerals

(b) Arabian: 지리적인 면에서 'Arabia의'란 뜻을 나타낸다.
    the Arabian nights, the Arabian Desert/Sea, an Arabian camel

(c) Arab: 국가나 정치적인 의미를 갖는다.

Scotch와 Scots, Scottish의 용법은 다음과 같다.

(a) Scotch: 여러 가지 생산품에서 쓰인다.
    Scotch whisky, Scotch wool

(b) Scots: 사람이나 법을 나타내는 명사 앞에서 쓰인다.
    Scots lawyer, Scots law

(c) Scottish: (a), (b)의 경우 이외의 명사를 수식할 때 쓰인다.
    Scottish university, Scottish accent

2.5.3 국민을 나타내는 고유명사

국민전체	단수	복수
the Arabs	an Arab	two Arabs
the Australians	an Australian	two Australians
the Belgians	a Belgian	two Belgians
the Chinese	a Chinese	two Chinese
the Danes (Danish)	a Dane	two Danes
the English	an Englishman	two Englishmen
the Finns	a Finn	two Finns
the French	a Frenchman	two Frenchmen
the Germans	a German	two Germans
the Greeks	a Greek	two Greeks
the Dutch	a Dutchman	two Dutchmen
the Israelis	an Israeli	two Israelis
the Irish	an Irishman	two Irishmen
the Italians	an Italian	two Italians
the Japanese	a Japanese	two Japanese
the Koreans	a Korean	two Koreans
the Norwegians	a Norwegian	two Norwegians
the Pakistanis	a Pakistani	two Pakistanis
the Poles	a Pole	two Poles
the Portuguese	a Portuguese	two Portuguese
the Russians	a Russian	two Russians
the Scots	a Scotsman	two Scotsmen
the Scotch	a Scot/a Scotchman	two Scots
		two Scotchmen
the Spaniards/	a Spaniard	two Spaniards
the Spanish		
the Swedes/Swedish	a Swede	two Swedes
the Swiss	a Swiss	two Swiss
the Turks	a Turk	two Turks
the Vietnamese	a Vietnamese	two Vietnamese

위의 예가 보여주듯이 '영국인'이나 '프랑스인'을 나타낼 때는 총칭과 복수를 나타내는 어형이 다르다. 하지만 '중국인'이나 '독일인'의 경우는 이 두 어형이 동일하다.

그러므로 (a), (b)는 오해의 여지가 없지만 (c)는 두 가지 의미로 해석된다.

    a. The **English/French** are industrious. – 국민 전체
    b. The **Englishmen** are industrious. – 특정한 영국 사람들
    c. The **Chinese** are industrious.
       (1) 중국인들은 (국민전체가) 부지런하다.
       (2) 그 중국인들은 부지런하다.

"나는 한국 사람이다."를 나타내는 영어 표현으로는 다음 두 가지가 모두 가능하다.

    (a) I am **Korean.**
    (b) I am **a Korean.**

2.6 가산명사와 불가산명사

이미 언급한 것처럼 명사는 가산명사와 불가산명사로 구분할 수도 있다.
가산성을 기준으로 명사를 가산명사와 불가산명사로 구분한 최초의 학자는 Jerspersen(1933:206-8)인데, 그는 가산명사를 사물어(thing word), 불가산명사를 질량어(mass word)라고 부르기도 했다.

오늘날 명사를 C(ountable Noun)와 U(ncountable Noun)로 분류하는 것은 대부분의 영영사전이나 영한사전에서도 관례가 되고 있다.

영문법에서 <수>는 명사의 가장 중요한 문법범주이다. 그러므로 가산성을 기준으로 하는 명사의 분류는 명사의 특성을 기술하거나 이해하는

데 큰 도움이 된다.

하기는 일단 다섯 종류로 나누어서 기술한 명사를 다시 가산성을 관점으로 설명한다면 관점을 달리할 뿐 같은 명사를 대상으로 하는 분류이기 때문에, 그 내용이 중복되기도 한다. 하지만 이와 같은 두 가지 관점은 명사의 특성을 좀 더 깊이 이해하는데 상보 상조적인 것도 사실이다.

2.6.1 가산명사와 불가산명사의 특성

가산명사와 불가산명사는 다음과 같은 특성을 갖는다.

(1) 가산명사

① 부정관사 'a(n)', 수사 one, two, ...와 함께 쓰인다.
a boy, one book

② 복수형을 만든다.
two boys, three books

③ How many로 시작하는 의문문에서 쓰인다.
How many { books do you have?
*money do you have?

④ many와 few의 수식을 받을 수 있다.

(2) 불가산명사

① 부정관사 'a(n)', 수사 one, two, ...와 함께 쓰일 수 없다.

② 복수형을 만들지 못한다.

③ How much로 시작하는 의문문에서 쓰인다.

$$\text{How much} \begin{Bmatrix} \text{money} \\ \text{water} \\ \text{gasoline} \\ \text{*books} \end{Bmatrix} \text{do you need?}$$

④ much와 little의 수식을 받는다.

2.6.2 하나의 낱말이 두 용법을 겸하는 경우

명사를 가산명사와 불가산명사로 구분한다지만, 하나의 낱말이 이 두 용법을 겸하는 경우가 흔히 있다.
다음에서 (a)는 가산명사로, (b)는 불가산명사로 쓰이고 있다.

(1) a. He's had many odd **experiences**.
　　b. This job requires **experience**.

우리말로는 똑같이 <경험>이라고 번역되지만 (a)의 experiences는 구체적으로 '겪었던 일'을, b)의 experience는 '경험'이란 추상적인 개념을 나타낸다.

(2) a. The **lambs** are eating quietly.
　　b. There is **lamb** on the menu today.

(a)의 lamb은 '새끼 양(young sheep)'을 뜻하고, (b)의 lamb은 '양고기'를 뜻한다.
참고로 다음은 동물과 그 동물고기를 뜻하는 낱말이 다른 예이다.

동물 (가산명사)	동물고기 (불가산명사)
a cow	beef
a pig	pork (또는 ham, bacon)
a sheep	mutton
a calf	veal

하지만 조류(birds)나 물고기(fish)를 나타내는 낱말은 lamb처럼 동물의 개체와 그 고기를 나타내는 낱말이 동일하다.

  a. He keeps **chickens** on his farm.
  b. Shall we eat **chicken**, duck or fish for dinner?

(3) a. Buy **an** evening **paper**.
  b. Wrap the parcel in brown **paper**.

(a)의 (an evening) paper는 '신문'이라는 뜻이고 (b)의 paper는 '종이'란 뜻이다. 이와 마찬가지로 재료를 나타내는 cloth, glass, iron, wood 등과 같은 불가산명사가 부정관사 'a'와 같이 쓰임으로써 가산명사가 되는 경우에는 그 재료로 이루어진 사물을 가리킨다.

  a cloth = a piece of cloth made to cover a table
  a glass = a drinking vessel or a mirror
  an iron = a metal object made for pressing clothes (다리미)
  a paper = a newspaper, memorandum, or set of examination questions
  a wood = a group of trees

(4) a. Wait! I have **a stone** in my shoes.
  b. The houses were built of **stone**.

(a)는 하나, 둘 셀 수 있는 '돌멩이'를 뜻하고 (b)는 건축 자재로서의 '돌'을 뜻한다. 비슷한 예에 다음도 있다.

a. He used **bricks** to build the house.
   b. The house is built of **brick**.

(5) a. It will be **a pleasure** to see him.
   b. I will come with **pleasure**.

a pleasure는 '즐거운 일'이라는 뜻이고 pleasure는 '즐거움'이라는 감정을 뜻한다.

(6) a. Physics is **a science**.
   b. This is the age of **science**.

a science는 '(과학의) 한 분야'를 가리키고 science는 특정한 분야를 전제로 하지 않는다.

(7) a. Your play was **a great success**.
   b. Most men want **success**.

우리말로는 똑같이 '성공'으로 통하지만 a success는 '성공적으로 이루어진 일'을 뜻하고 success는 '성공'이라는 추상적인 개념을 나타낸다.

(8) a. He runs **a small business**.
   b. He has gone to Pusan on **business**.

a small business는 '작은 사업체(a small shop)'라는 뜻이고, business는 '용무'라는 뜻으로 그 구체적인 내용은 문제가 되지 않는다.

(9) a. I have **a pain** in the knee.
   b. The baby cried with **pain**.

pain은 흔히 (b)처럼 불가산명사로 쓰이지만 (a)의 경우처럼 '국부적인 고통'을 나타낼 때에는 가산명사가 된다.

(10) a. Mother said she would bake **a cake** for my birthday.
　　 b. I enjoyed sitting down with friends over coffee and **cake**.

(a)의 a cake는 '(특정한) cake'를 뜻하고 (b)의 cake는 종류를 문제 삼지 않은 'cake류'를 뜻한다.

(11) a. Scott received **a** very strict **education**.
　　 b. In most countries, **education** is the responsibility of the state.

우리말로는 똑같이 '교육'으로 번역이 되지만 (b)에서의 education은 추상적인 개념을 나타내며, (a)에서는 very strict 의 수식을 받아 '(방식이 다를 수 있는 여러 교육 가운데서) 엄격한 교육'이란 종류를 나타냄으로써 가산명사가 되고 있다.

(12) a. One tea and two **coffees**, please.
　　 b. One cup of tea and two cups of **coffee**, please.

coffee나 tea는 원래 불가산명사이지만 흔히 restaurant에서는 (a)처럼 쓰이며, 그와 같은 관용이 굳어져 이제는 영영사전에도 uncountable은 물론 countable로도 기재가 되어 있다.

가산명사로 쓰일 때 coffee나 tea가 cup of coffee, cup of tea를 나타내듯이, 불가산명사인 sugar는 가산명사로 쓰이는 경우 cube or spoonful of sugar를 나타내고, beer는 can or bottle of beer, whisky는 glass of whisky를 나타낸다.

하지만 milk나 water가 가산명사로 전환되어 a glass of milk나 a glass of water의 뜻으로 쓰이지는 않는다. a glass of ...의 뜻으로 확대되지 않는 것은 milk나 water가 restaurant 등에서 손님이 흔히 주문하는 음료가 아닌 것과 관계가 있을 것이다.

(13) a. There were bright **lights** and harsh **sounds**.
　　 b. **Light** travels faster than **sound**.

(a)의 light는 '등잔, 불빛'을 가리키고 (b)의 light는 '광선'을 뜻한다. 또한 같은 '소리'지만 형용사의 수식을 받은 (a)의 sound는 특정한 상황에서 귀에 들려온 특정한 음질을 가진 소리를 가리키는데, (b)는 공기를 진동시키며 이동하는 물리적인 '음파(소리 자체)'를 가리킴으로써 특정성과는 관계가 없다.

2.6.3 부정관사만을 허용하는 가산명사

가산명사는 부정관사와 함께 쓰이며 복수형도 만들 수 있고 many, one, two ... 등과 함께 쓰이기도 한다. pen, book, star 등이 바로 이와 같은 가산명사의 조건을 충족시켜 준다. 그런데 가산명사 가운데는 <부정관사 a(n)와 함께 쓰인다>는 조건만을 충족시키는 것들이 있다.

I'll have **a think** about this before I give you an answer.
(대답을 하기 전에 좀 생각해 봐야겠다.)
It's **a pity** it's too cold to go swimming today.
You had **a** good **sleep**?
I heard **a babble** of voices.
(종알거리는 소리가 들렸다.)
There's sure to be **a fuss** when they find the window's broken.
(유리창이 깨진 것을 발견하게 되면 그들은 틀림없이 한 바탕 법석을 떨거야.)

위에 나오는 가산명사의 예는 명사에 따라 가산성의 정도가 다르다는 것을 보여준다.

2.6.4 강의복수(Intensity Plural)

또한 복수형이 반드시 두 개 이상의 <수>를 나타내는 것은 아닌 경우도 있다. 다음과 같이 자연(현상)과 관련이 있고 흔히 불가산명사로 쓰이는 낱말들이 만드는 복수형은 그 양(정도, 넓이)이 대단함을 나타낸다. 복수의 개념보다는 양(정도, 넓이)의 대단함을 강조하는 의미가 있기 때문에 '강의복수'라고 불리기도 한다.

문체상으로는 강의복수는 일상체보다는 문어적 문체(literary style)에 속한다.

the rains: (문맥에 따라) 열대지방의 우기, 폭우
the sands: 모래벌판
the waters of the Nile: 나일강의 물결

감정과 관련 있는 낱말로 다음 예문에 나오는 hopes도 강의복수로 봄 직하다.

She has high hopes. (그녀는 희망에 부풀어 있다.)

2.6.5 명사의 재분류(1)

위에서 설명한 가산명사는 대체적으로 명사를 다섯 종류로 분류했을 때의 보통명사와 집합명사에 해당하며, 불가산명사는 물질명사와 추상명사에 해당한다.

한편 고유명사는 그 수를 셀 수는 있지만, 원래가 단 하나임을 전제로 하기 때문에 가산명사에 소속시키는데는 난점이 있다. 그렇다고 불가산명사에 속하지도 않는다.

이와 같은 이유 때문에 Quirk, et al.(1985:247)은 일단 명사를 보통명사와 고유명사로 분류한 다음 보통명사를 다시 가산명사와 불가산명사로

구분한 다음과 같은 분류 방식을 제시하고 있다.

[도표 2]

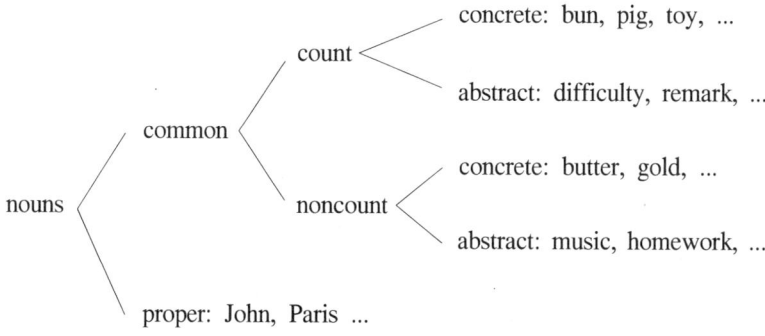

2.7 불가산명사와 조수사

2.7.1 조수사의 여러 가지

불가산명사의 수량은 다음과 같은 조수사(numerative)를 이용해서 나타낸다 (조수사란 용어 대신에 partitive(부분사)란 용어가 쓰이기도 한다).

    .... an **article** of clothing
    I bought a few **bits/pieces** of furniture.
    Any **item** of information can be accessed.
    (어떠한 정보든지 얻을 수가 있습니다.)

그 밖에 수량을 나타내는 조수사로는 다음이 있다.

    (1) 그 물체의 형체에 근거를 둔 것

a ball of string   a bar of chocolate/soap   a blade of grass
a block of ice   columns of smoke   a drop of water
a grain of corn/rice/sand/salt   a heap of earth
a loaf of bread   a lump of coal   a roll of cloth
a sheet of paper   a slice of meat/bacon/bread/cake
specks of dust   a stick of chalk   a strip of cloth/land

(2) 용기와 관계가 있는 것

a bag of flour   a bottle of ink   a basket of fruit
a bucket of water   a sack of coal

(3) 척도단위

a gallon of oil   a kilo of sugar   ten yards of velvet

2.7.2 조수사의 유의할 용법

그 밖에 조수사의 유의할 만한 용법으로는 다음이 있다.

(1) wink는 부정문에서만 쓰인다.

    A: Did you sleep well?
    B: No, I didn't get **a wink** (of sleep).

(2) 의미상 명사를 수식하여야 할 형용사가 조수사 다음에 오는 경우가 있다.

    a **hot** cup of coffee ⇐ a cup of **hot** coffee
    a **beautiful** pair of legs ⇐ a pair of **beautiful** legs

(3) 척도 단위 다음에 가산명사가 쓰이는 다음과 같은 문맥에서는 가산명사는 복수형이 알맞다.

*one kilo of apple ⇒ one kilo of **apples**

(4) 가산명사와 함께 쓰임으로서, 위에서 언급한 구조와 유사한 명사구를 만드는 조수사(부분사)로는 다음이 있다.

a **crowd of** people
a huge **flock of** birds/sheep
a **herd of** cattle
a **series of** incidents
a **bunch of** flowers/youngsters

2.8 명사의 재분류(2)

앞에서 우리는 명사를 다섯 종류로 분류해 보기도 하고, 가산명사와 불가산명사로 구분해 보기도 했다. 그런데 전자의 경우이건 후자의 경우이건, 특정한 종류로 분류된 낱말들의 문법적 특성은 반드시 동일하지만은 않았다.

예를 들어, 보통명사에 속하는 낱말은 부정관사 'a(n)'를 부가하고 복수형을 만들 수 있는 문법적 특성을 갖는다지만, 보통명사 가운데에는 언제나 정관사를 부가해서 사용하거나 복수형으로만 사용하는 낱말들이 있었다. 관사를 부가하지 않는 것을 원칙으로 하는 고유명사 가운데에는 언제나 정관사를 부가해서 사용하는 것들이 있고, 복수형을 만들지 못하는 물질명사 가운데에도 언제나 복수형으로 쓰이는 낱말들이 포함되어 있다.

가산명사 역시 부정관사 'a(n)'을 부가하고, 수사 two, three, ... 등과 함께 복수형을 만드는 문법적 특성을 공유하지만, 이미 살펴본 것처럼 부정관사 'a(n)'을 부가해서 쓰이기는 하지만, two, three, ... 등과 함께 쓰이지는 않는 것들이 있었다.

이와 같은 사실을 고려할 때, 최근에 발간된 영영사전들이 채택하고 있는 명사의 분류방식은 명사의 특성을 이해하는데 도움이 된다.

영영사전에서 명사를 가산성을 기준으로 C와 U로 분류해서 기술하는 것이 하나의 관례가 되었다함은 이미 언급한 바와 같다. 그런데 특히 영어를 외국어로 학습하는 학습자를 위해서 편찬된 대표적인 영영사전인 *Longman Dictionary of Contemporary English* (*LDCE*:1987)와 *Oxford Advanced Learner's Dictionary* (*OALD*:1989)에는 각각 명사가 다음과 같은 부호로 더욱 세분되어 기술되어 있다.

	(1) 부호표시 없음: 일반 가산명사	a **dog**/**dogs**
	(2) [C; U]: 가산명사와 불가산명사의 양쪽으로 쓰이는 명사	serious **illnesses** absent due to **illness**
	(3) [U]: 언제나 불가산명사로만 쓰이고 술어동사로는 단수동사가 쓰이는 명사	a roomful of **furniture** Here is the **information** you asked for.
L	(4) [P]: 복수의 의미를 갖고 있거나, 복수형으로 쓰이며, 언제나 복수동사와 함께 쓰이고 대명사도 복수형을 필요로 하는 명사	The **police** need public support. These **trousers** are new.
D C E	(5) [S]: 부정관사 'a(n)'와 함께 쓰이되, 복수형을 만들지 못하는 단수형 명사	I'll have a **think** about it.
	(6) [the]: 언제나 정관사와 함께 쓰이는 명사	the **Kremlin**, the **Renaissance**
	(7) [th́]: 정관사를 부가할 수 없는 명사	rumors from **Wall Street** Do you believe in **God**?
	(8) [thé + P]: 언제나 정관사 + 복수형으로 쓰이는 명사	This place gives me **the creeps**!
	(9) [(the) U]: 정관사의 부가가 수의적인 불가산명사	She's got the **measles**. She's got **measles**.

	(10) [+ sing/pl. v]: 단수형이 주어로 쓰일 때 단·복수 동사를 다 수반할 수 있는 명사	The **committee** has/have reached a decision.

O A L D	(1) C(ountable noun)	
	(2) U(ncountable noun)	
	(3) CGp (Countable Group Noun): 단·복수형을 만들 수 있고, 단수형이 주어로 쓰이는 경우도 단·복수동사를 다 취할 수 있는 명사	He is on the several **committees**. Two new **companies** have been set up. The **Council** meets/meet tomorrow.
	(4) Gp (Group Noun): 단수형만을 갖지만 단·복수동사를 다 취할 수 있는 (고유 집합)명사	The **Kremlin** has/have not yet reacted to the news.
	(5) sing v (plural noun with singular verb): 복수형으로 쓰이지만 단수동사를 수반하는 명사	**Dominoes** is a relaxing game. **Measles** is an infectious disease. **Physics** is my best subject.
	(6) pl v (singular noun with plural verb): 단수형으로 쓰이지만 복수동사를 수반하는 명사	The **police** have not made any arrests yet.
	(7) sing or pl v (plural noun with singular or plural verb): 복수형으로만 쓰이지만 단·복수동사를 다 수반하는 명사	The **barracks** has/have been empty for some time.
	(8) pl (plural noun with plural verb): 복수형으로만 쓰이고 복수동사를 수반하는 명사	These **scissors** are blunt.
	(9) sing (singular noun with singular verb): 부정관사 'a(n)'을 부가해서 단수형으로만 쓰이고 단수동사를 수반하는 명사	Let me have a **think**. An **abundance** of food was on display.

2.9 수

2.9.1 규칙복수형

(1) 대부분의 명사는 어미에 -(e)s를 붙여 복수형을 만든다. 이와 같은 복수형을 규칙복수형(regular plurals)이라고 한다.

  1) book - books, dog - dogs, rose - roses
  2) box - boxes, dish - dishes, watch - watches
  3) (어미의 -f를 -v로 바꾼 다음) knife - knives, wife - wives
  4) (어미의 -y를 -i로 바꾼 다음) city - cities, lady - ladies

(2) 그밖에 규칙복수에 속하는 것으로 발음과 철자상 유의할만한 것은 다음과 같다.

  1) -th [θ]로 끝나는 명사는 -s가 붙으면 [θ]가 [ð]로 바뀌며 따라서 발음은 [ðz]가 된다.
  mouth [mauθ] - mouths [mauðz]

  이와 같은 발음규칙은 oath, path, sheath, wreath 등에도 똑같이 적용된다. 단 <u>단모음 + -th</u>로 끝나는 낱말의 어미의 발음은 [θs] 이다.
  myth [miθ] - myths [miθs]

  2) house [haus]의 복수형인 houses의 발음은 [hauziz]이다.

  3) 어미가 -f로 끝나지만 -s만을 붙이는 낱말에는 hoof, chief, cliff,

belief, grief, safe 등이 있다. handkerchief와 roof는 -s만을 붙이되 어미의 발음은 [fs]와 [vs]의 두 가지가 있다.
다음 낱말은 -fs, -ves의 양쪽이 가능하다.
warf – warfs/war**ves**, dwarf – dwarfs/dwar**ves**

4) 모음 + y로 끝나는 낱말은 -s만을 붙인다.
day – days,　　boy – boys,　　journey – journeys

그밖에 stand-by도 -s만을 붙인다.
-y로 끝나는 대부분의 고유명사도 -s를 붙인다.
the Kennedys, Marys

그러나 산맥이나 군도의 고유명사 가운데는 -y를 -ies로 바꾸는 것도 있다.
the Rock**ies**, the Canar**ies**

5) 어미가 -o로 끝나는 것은 다음과 같이 분류된다.
　(a) -es를 반드시 붙여야 하는 것.
　　　echo - echo**es**, hero - hero**es**
　　　negro, potato, tomato, veto

　(b) -s만을 붙이는 것
　　　(i) (발음이나 글자가) <u>모음 + o</u>로 끝나는 낱말
　　　　　bamboo – bamboo**s**, embryo, kangaroo, radio, zoo
　　　(ii) 약어: kilo(=kilogram) – kilo**s**, memo, photo
　　　(iii) 음악용어: solo – solo**s**, piano, soprano, concerto
　　　(iv) 고유명사: Eskimo – Eskimo**s**, Filipino

　(c) -s, -es를 다 허용하는 것

cargo – cargoes/cargos, buffalo, motto, tornado, volcano

(3) 문자, 숫자, 약어의 복수형은 -'s로 나타낸다.

글자의 복수:
Your **3's** look like **8's**.
(네가 쓴 3이란 글자는 글자마다 8이란 글자 같구나.)
'Embarrassed' is spelled with two **r's** and two **s's**.
(Embarrassed란 단어의 철자는 r이 두 개, s가 두 개이다.)
숫자의 복수: in the 1990**'s** (1990년대)
약어의 복수: M.P**'s** (=Members of Parliament)

그런데 숫자와 약어의 복수의 경우 apostrophe ('s)가 생략되기도 한다.

1990s, MPs

2.9.2 불규칙복수형(Irregular Plural)

(1) 모음변화(mutation)에 의한 것

man – men, foot – feet, tooth – teeth,
woman – women [wimin]

(2) 어미에 -en을 붙이는 것

ox - ox**en**, child - child**ren**, brother - breth**ren**

brother가 '형제'를 뜻할 때의 복수는 brothers이지만, '동포; 교우'를 뜻할 때의 복수는 brethren이다.

(3) 불변복수(unchanged plural 또는 zero plural 또는 unmakred plural): 단수형과 복수형이 동일한 복수형을 말하며, 다음과 같이 분류된다.

(a) 동물, 어류 등의 일부: deer, sheep, ...
This is a **sheep**.
Sheep and sheep products are important exports of Australia.

(b) 종류를 나타내거나 분명한 수를 나타내려는 경우는 규칙복수형을 쓰고, 그렇지 않는 경우는 불변복수를 쓰는 것: fish, salmon, shrimp, herring, reindeer, antelope, greenfly

We went fishing for **fish**.
I caught **three** little **fishes**.
the **fishes** of the Yellow Sea
He caught several **salmon**.
He spoke about the Atlantic and Pacific **salmons**.

(c) 선박을 뜻하는 craft와 aircraft

one **aircraft**/two **aircraft**

(d) 어미가 /z/나 /s/로 끝나는 국민의 명칭: Vietnamese, Chinese, Japanese, Portuguese, Swiss

I met a **Japanese**/many **Japanese**.

(e) 수량을 나타내는 단위: hundred, thousand, million, dozen, score

(=20), gross(=144), stone(=14 pounds)

a **hundred** pages/two **hundred** pages
그런데 hundred, thousand, dozen 등은 그 앞에 분명한 숫자가 붙지 않는 경우에는 -s를 붙인다.
All that happened **thousands** of years ago.

또한 many hundreds/thousands는 그 다음에 of가 이끄는 전치사구를 수반할 수 있지만, two hundred pages를 *two hundred of pages로 바꿔 쓰지는 못한다.
two hundred 같은 구조 다음에 of가 이끄는 전치사구가 오기 위해서는 of가 이끄는 명사구가 한정되어야 한다.

many **hundreds of** victims/three **hundred victims**
three **hundred of** { those victims
                       them

(f) 신장을 나타내는 경우, foot는 다음과 같이 복수형과 단수형이 공히 쓰인다. 하지만 일상체에서 tall을 생략하는 경우는 feet를 쓴다. 그런가 하면 단위를 나타내는 낱말 앞뒤에 숫자가 올 때는 단수형을 쓴다.

George is six **foot/feet** tall./George is six **feet**.
The hole is eight **foot** two deep.

(g) 이 불변복수 가운데에는 격식어로 쓰이는 offspring(자손)도 있다.

She's the **offspring** of a scientist and a musician.
Their **offspring** are all very clever.

2.10 외래복수(Foreign Plural)

2.10.1 외래어와 복수형

외래복수란 라틴어와 희랍어 등에서 유래한 외래어의 복수형으로, 본래의 복수형이 그대로 존속되어 온 것을 가리킨다.

그런데 외래어의 복수형으로는 다음과 같은 세 가지 유형이 있다.

(a) -s를 붙여서 복수형을 만드는 것
(b) 외래복수형을 취하는 것
(c) 두 복수형이 병용되는 것

두 복수형이 병용되는 경우는 -s형은 일상적 문맥에서 쓰이며, 외래복수형은 학문적인 술어로서 쓰이는 것이 보통이다.

formula(공식) — formulas (일상용어)
　　　　　　　　formulae (수학 용어)
antenna(안테나, 촉각) — antennas (일상용어, 그밖에 전자학에서)
　　　　　　　　　　　antennae (생물학에서)

2.10.2 외래복수의 유형

(1) -us로 끝나는 명사(> Latin)

　(a) bonus — bonuses; campus, chorus, circus, virus
　(b) -us를 -i로 바꾼다.
　　　stimulus — stimuli; alumnus, locus
　(c) cactus — cactuses/cacti; focus, fungus, nucleus, radius, terminus, syllabus

(2) -a로 끝나는 명사 (> Latin)

   (a) area—areas; arena, dilemma, diploma, drama
   (b) -a를 -ae로 바꾼다.
      alumna—alumnae; lava
   (c) antenna—antennas/antenn**ae**, formula, vertebra

(3) -um으로 끝나는 명사 (> Latin)

   (a) album—albums; chrysanthemum, museum
      그 밖에 forum, stadium, ultimatum 등도 (a)형을 주로 사용한다.
   (b) -um을 -a로 바꾼다.
      stratum—strata; bacterium, erratum, ovum
   (c) medium—media/mediums; symposium, memorandum, curriculum, stratum

agenda는 원래는 agendum의 복수형이지만 흔히 단수형으로도 쓰인다.

Is there an **agenda** for the meeting?
(회의의 의사일정표가 있습니까?)

data는 원래 datum의 복수형이지만, 현재는 불가산 단수명사로도 쓰인다.

Many of these **data** are inconclusive.
Much of this **data** is inconclusive.
The results of the experiment are still uncertain; there is/are not enough **data**.

(4) -ex, -ix로 끝난 명사 (> Latin)

    (a) -ex(-ix)를 -ices로 바꾼다.
        codex – codices
    (b) index – indices/indexes; apex, appendix, matrix
        indices는 "지수"의 복수형으로, indexes는 "색인"의 복수형으로 쓰인다.

(5) -is로 끝나는 명사 (> Greek)

    (a) metropolis – metropolises
    (b) -is를 -es로 바꾼다.
        analysis – analyses; axis, basis, crisis, diagnosis, ellipsis, oasis, parenthesis, synopsis, thesis

(6) -on으로 끝나는 명사 (> Greek)

    (a) demon – demons: electron, neutron
    (b) -on을 -a로 바꾼다.
        criterion – criteria; phenomenon
    (c) automaton – automata/automatons

(7) -e(a)u로 끝나는 명사 (> French)

-e(a)u로 끝나는 명사는 -s를 붙이거나 본래의 복수형을 살려 -x를 붙여 복수형을 만든다.

    bureau – bureaux/bureaus; adieu, plateau

-eau를 -x로 바꿀 때, -x는 묵음이거나 [z]로 발음된다.

2.11 유의하여야 할 특수 복수형

2.11.1 절대복수(Plural Tantum)

명사 가운데는 복수형만을 갖는 것이 있다. 이와 같은 복수형을 절대복수라고 부른다. 절대복수는 다음과 같이 분류할 수 있는데 형태만 복수일 뿐 단수동사와 함께 쓰이는 것이 있는가 하면, 복수동사와 함께 쓰이는 것도 있다.

(1) 두 부분이 합쳐서 하나를 이루는 기구와 의복

  (a) 기구
    bellows(풀무); binoculars, glasses, spectacles; clippers, scissors, shears; forceps(집게), pincers, pliers, tongs(화젓가락)

  (b) 의복
    briefs, gloves, jeans, knickers, pants, pajamas(Am. E.)/pyjamas (Br. E), shorts, slacks, socks, suspenders, tights, trousers

하나가 두 부분이 합쳐서 이루어지기 때문에 합계복수(summation plurals)라고도 불리우는 이 복수형은 복수동사 및 복수지시 형용사와 함께 쓰이며 개수는 pair of ...로 나타낸다.

> **These trousers** are too tight for me.
> This **pair of trousers** is too tight for me.
> I need **two pairs of trousers**.

These trousers는 문맥에 따라 '한 벌'의 바지를 가리킬 수도 있고, '두 벌 이상'의 바지를 가리킬 수도 있다.

(2) 병명: measles, mumps, rickets, creeps, blues
병명은 보통 단수동사와 함께 쓰인다.

$\begin{Bmatrix} \text{Mealses} \\ \text{Mumps} \end{Bmatrix}$ is an infectious disease.

(3) 학과명, 학문분야명: linguistics, phonetics, mathematics, ethics, politics, economics, statistics

이 명사들은 '학과목(school subject)' 자체를 나타낼 때에는 단수동사와 함께 쓰이고, 다른 어구의 수식을 받아 '학과목' 자체보다 더 넓은 의미로 확대되어 쓰이는 경우에는 복수동사와 함께 쓰인다.

(a) 학과목을 나타내는 경우
Statistics *is* a branch of mathematics. (통계학)
Politics *is* what he studies at a university. (정치학)
Economics *is* an important subject at this school. (경제학)
Linguistics *is* not an exact science, as mathematics is. (언어학)

(b) 의미가 확대된 경우
These **statistics** *show* deaths per 1,000 of population. (통계)
His **politics** *are* rather conservative. (정치적 견해)
The **economics** of the situation *are* being studied by experts. (경제 상황)
His **mathematics** *are* rather weak. (계산적 두뇌)

학과/학문명 가운데서도 arithmetic, logic, rhetoric은 끝에 -s가 붙지 않는다.

(4) Game의 일부: billiards, bowls, checkers

이 명사들도 단수동사와 함께 쓰인다.
'당구'는 billiards이지만 '당구대'는 a billiard table이다.

(5) 복수고유명사: Athens, Brussels, Wales, the United Nations

(6) 신체의 부분, 장소, 건축물, 특정한 행위, 특정한 물질명사를 나타내는 다음 절대복수는 복수동사와 함께 쓰인다.

amends (보상)
arms (무기)
auspices (후원)
the Commons (영국의 하원)
damages (손해액, 배상금)
dregs (찌꺼기)
goods (상품)
letters (학문)
lodgings (하숙)
means (재산)
news
outskirts (교외)
particulars (명세서)
quarters (군대의 숙소)
remains (잔액)
spirits (기분)
stairs (계단)
valuables (귀중품)

archives (공문서)
ashes (유골)
bowels (내장)
customs (관세)
earnings (소득)
entrails (내장)
guts (내장)
looks (외모)
manners (예절)
the middle ages (중세기)
oats (연맥)
pains (수고)
premises (가옥, 구내)
regards (문안인사)
savings (저금)
surroundings (주위환경)
thanks (고마움)
wages (임금)

절대복수는 형태상으로는 복수지만, 대응하는 단수형을 갖지 않는다. 부정관사 'a(n)'나 복수를 나타내는 two, three, many, ... 등의 수사와 함께 쓰이지도 않는다. 절대복수는 불가산명사인 것이다.

절대복수에서 -(e)s가 빠져 있어 겉으로 보기에는 절대복수의 단수형으로 보이는 낱말들도 적지 않다. 다음 예의 (a)가 바로 그렇다. 하지만 이 단수형과 절대복수사이에는 단·복수의 차이로는 설명할 수 없는 의미 차이가 존재한다. 절대복수의 단수형처럼 보일 뿐 절대복수의 단수형이 아닌 것이다.

1. a. tobacco **ash**: 담뱃재
   b. **ashes**   : 유해
2. a. **custom** : 습관, 관습
   b. **customs** : 관세
3. a. **pain**   : 고통
   b. **pains**   : 수고
4. a. He was found guilty of causing **damage** to her property.
   (그는 그녀에게 재산상의 손해를 끼쳤다는 유죄 판결을 받았다.)
   b. He was ordered to pay **damages**.
   (그는 손해를 배상하라는 판결을 받았다.)
5. a. May I have a **look** at your magazine?
   b. He has good **looks**.
6. a. How much do you pay for board and **lodging**?
   (먹고 자는데 하숙비를 얼마나 냅니까?)
   b. Come round my **lodgings** and we'll have a party.
   (우리 하숙집으로 오게, 파티를 하세.)
7. a. I don't like his **manner** (=attitude).
   b. George has very good **manners** (=ways of behaving).
8. a. There is a **moral** to this story.
   (이 이야기에는 교훈이 담겨 있다.)
   b. She is a girl with no **morals**. (그녀는 품행이 단정치 못하다.)
9. a. He won her **regard**. (그는 그녀의 존경을 받았다.)

b. Give my best **regards** to your father.
   (아버님께 안부 전해주세요.)

2.11.2 분화복수(Differential Plural)

절대복수형은 단수형을 갖지 않는 복수형을 말하지만, 예를 들어 '무기'를 나타내는 arms나 '학문'을 나타내는 letters는 각각 '팔'을 나타내는 arm이나 '문자'를 나타내는 letter의 복수형으로도 쓰인다.

이와 같이 한편으로는 가산명사의 복수형으로도 쓰이고 또 한편으로는 절대복수로도 쓰이는 복수형을 '분화복수'라고 한다.

다음과 같은 예를 추가할 수 있다.

colors   : 1. color의 복수   2. 깃발
numbers : 1. number의 복수   2. 시구, 운문
quarters : 1. quarter의 복수   2. (군대의) 숙사, 막사

2.11.3 이중복수(Double Plural)

주지하는 바와 같이 하나의 낱말은 흔히 여러 복수의 의미를 지닌다. 예를 들어 brother에는 '형제'라는 의미 이외에 '(종교상의) 동지, 동일교회의 신자; (같은 조합의) 조합원, 동업자' 등의 의미가 있는데, 전자의 의미를 나타낼 때의 brother의 복수형은 brothers이지만, 후자의 의미를 나타내는 경우의 복수형은 brethren이다.

brothers, brethren처럼 brother라는 하나의 단수형에 의미의 차이에 따라 두 가지로 나타나는 복수형을 '이중복수'라고 한다.

이중복수의 예로는 다음이 있다.

die   : 1. dice (주사위)   2. dies (화인(火印), 형판(型版))
penny : 1. pennies (두 개 이상의 동전)

			2. pence (화폐단위로서의 penny의 복수)
index :	1. indexes (색인)		2. indices (지수)
genius :	1. geniuses (천재)		2. genii (수호신)

2.11.4 -s로 끝나는 단·복수형

명사 가운데는 단수와 복수의 어미가 똑같이 -s로 끝나는 것이 있다.

barracks : This **barracks** is new.
　　　　　These **barracks** are new.
crossroads : It was a **crossroads** in my life.
　　　　　There are several **crossroads** here.
series : This new **series** is beginning next month.
　　　　These **series** are beginning next month.
species : This **species** is now extinct.
　　　　These **species** are now extinct.

'공장'이란 뜻을 나타내는 works는 복합어를 만들 때, 단수형과 복수형이 동일하다.

An enormous **steelworks** is being built in this area.
Two **steelworks** are being built in this area.

2.11.5 복합명사의 복수형

(1) 복합명사의 첫 요소를 복수형으로 만든다.

　　notary public － notaries public (공증인)
　　passer-by － passers-by (통행인)

mother-in-law − mothers-in-law (장모, 시어머니)
grant-in-aid − grants-in-aid (보조금)

(2) 복합명사의 두 요소를 다 복수형으로 만든다.

man servant − men servants
woman doctor − women doctors

(3) 복합명사의 마지막 요소를 복수형으로 만든다 (대부분의 복합어가 이에 속한다).

boy friend − boy friends
fountain pen − fountain pens
grown-up − grown-ups
stand-by − stand-bys
forget-me-not − forget-me-nots
cf. mouthful − mouthsful/mouthfuls
    spoonful − spoonsful/spoonfuls

2.12 복수형의 특별용법

2.12.1 근사복수(Plural of Approximation)

가령 two books는 책이 두 권이라는 뜻이지만 1980's/1980s(1980년대)는 1980, 1981, 1982, ..., 1989의 집합을 나타낸다. 이와 같이 근사한 수의 집합을 나타내는 명사의 복수형을 '근사복수'라고 한다. 근사복수는 연대와 나이를 나타내는데 주로 쓰인다.

teens (십대), twenties (이십대)
1990's (1990년대)

2.12.2 상호복수(Plural of Reciprocity)

상호교환, 상호관계 등을 나타낼 때 쓰이는 복수형을 말한다.

Would you mind changing **seats** with me?
I am **friends** with him.
I shook **hands** with him.
I changed **trains** at Daejon.

2.12.3 강의복수

(2.6.4 참조)

2.12.4 their mouth vs. their mouths

다음 (1)의 (a), (b)는 의미가 다르지만 (2)의 (a), (b)는 똑같은 의미를 갖는다. 이는 '부친'은 두 사람에 의해서 공유될 수도 있지만 '입'은 각자가 하나씩 갖고 있기 마련이기 때문이다.

1. a. Jack and Gill gave their **father** a present. (=same father)
   b. Jack and Gill gave their **fathers** a present. (=different fathers)
2. a. Children like to put things in their **mouth**.
   b. Children like to put things in their **mouths**.

그런데 (2)의 (a), (b) 가운데서는 어느 쪽이 정용법에 속하는 것일까? Evans and Evans(1957:456)에 의하면 19세기 때만 해도 교양 있는 영어로 쳤던 것은 (a)였지만 현대 미국영어에서는 (b)의 형식이 선호되고 있다고 한다.

  Declerck(1991:239)에 의하면 특히 다음과 같이 주어를 나타내는 대명사의 소유격 다음에 오는 명사가 주어와 분리할 수 없는 것(이거나 주어로부터 물려받았거나 주어에게 필수적인 것)일 때 주어가 복수면 명사 역시 복수형이 쓰인다.

All the passengers lost their **lives** when the plane crashed.
These people were chased out of their **houses**.
The boys put on their **coats** before they went out.
Some men like showing their **wives** off.
Tell the children to blow their **noses**.

2.13 격(Case)

2.13.1 정의와 분류

  '격'이란 한 문장에서 명사(또는 대명사)가 다른 낱말과 갖는 문법상의 관계를 나타내는 형태 또는 기능상의 개념으로, 대명사의 경우 일례로 I, my, me는 각각 주격, 소유격, 목적격을 나타낸다.

I like you. − 주격 (주어 구실을 한다)
This is **my** book. − 소유격 (또는 속격) (book의 소유주를 나타낸다.)
He likes **me**. − 목적격 (like의 목적어 구실을 한다.)

  위의 예에서 보듯이 (대부분의) 대명사는 주격, 소유격, 목적격의 어형이 다르다.
  이와 같이 세 가지 형식을 갖는 대명사에 준해서 명사의 격도 흔히 세 종류로 분류한다.

The **child** was crying with hunger.
- 주격(subjective case) 또는 nominative case)
She is the **child's** mother.
- 속격(genitive case) 또는 소유격(possessive case)
She loves the **child** so much./Who takes care of **the child**?
- 목적격 (objective case)

2.13.2 통격(Common Case)

명사는 대명사와 달리 주격과 목적격의 어형이 동일하다. 이런 점을 감안하여 명사의 주격과 목적격을 묶어서 통격이라 부르기도 한다.

2.14 속격

2.14.1 철자와 발음

(1) 속격은 명사에 -'s를 부가해서 만든다. 다만 복수형의 속격은 아래와 같이 복수형에 -'만을 부가한다.

> father's car, the boy's coat, Charles's wife
> boys' coats, foxes' tails

(2) 속격의 발음은 -s를 붙여서 만드는 복수형의 발음에 준한다.

> dog's [dogz], dentist's [dentists]

다만 wife의 복수형은 wives [waivz]이지만 wife의 속격은 wife's이고, 그 발음은 [waifs]가 된다. Fox의 속격은 fox's인데, fox's의 발음은 복수형인 foxes와 똑같이 [faksiz]이다. Foxes의 속격은 foxes'인데, 발음은 역시 [faksiz]이다.

(3) -s로 끝나는 고유명사는 특히 Latin이나 Greek의 고전적인 명칭의 경우 보통 -'만을 붙인다. 그 밖에 유명인이나 종교와 관련 있는 명칭의 경우에도 이런 규칙이 적용되기도 한다.

> Aeschylus'(s) audience, Apax'(s) relatives
> Keats'(s) poems, Dickens'(s) novels, Burns'(s) works
> St. James' church

또한 -sus, -ses 등으로 끝나는 고유명사도 보통 -'만을 붙인다.

> Jesus' disciples
> Moses' Ten Commandments

(4) for ... sake를 사용한 숙어적 표현에서도 -ce, -ss로 끝나는 명사 다음에서는 (-')만을 붙인다.

> for appearance' sake (체면상)
> for goodness' sake (제발)
> for convenience' sake (편의상)
> cf. for god's sake

(5) 복합어의 속격은 마지막 낱말에 -'s를 붙인다.

> my brother-in-law's house

somebody else's business

2.15 속격의 의미

속격은 글자 그대로 소유를 나타내는 의미 이외에도 다음과 같은 여러 의미를 갖는다 (속격이 나타내는 뜻은 경우에 따라서 of + 명사구로도 나타낼 수 있으므로 필요에 따라서는 이 두 형식을 함께 예시하기로 한다).

(1) 소유관계

 Mrs. Johnson's books (> Mrs. Johnson has books.)
 the gravity of the earth (> The earth has gravity.)

(2) 의미상의 주어 (subjective genitive - 주어 속격)

 Mary's protest (> Mary protests.)
 the rise of the sun (> The sun rises.)

(3) 의미상의 목적어(objective genitive - 목적어 속격)

 the prisoner's release (> ... release the prisoner)
 the king's assassination (> ... assassinate the king)
 the statement of the fact (> ... states the fact)

그런데 위에서 예시했듯이 ... release the prisoner의 뜻을 the prisoner's release로 나타낼 수는 있지만 ... love power(권력을 탐하다)의 뜻을 속격을 써서 *power's love로 표현하지는 못한다. 목적어 속격을 만들기 위해서는 속격 다음의 명사가 <행동>을 나타내야 하기 때문이다. love는 감정상의 상태를 나타내지 <행동>을 나타내지는 않는다. 반면에 the love of power는 가능하다.

(4) 기원・출처・저자 (genitive of origin)

Hemingway's novels (> novels written by Hemingway)

(5) 수식과 설명 (descriptive genitive)

a summer's day (> a day in the summer)
a doctor's degree (> a doctoral degree)

(6) 도량과 척도

ten day's absence (> the absence lasted ten days)
a dollar's worth (> ... is worth a dollar)

(7) 그 밖에 명사's + 명사가 하나의 숙어를 만드는 예로 다음이 있다.

a sheep's eyes(추파), a stone's throw(아주 가까운 거리), a clergyman's week(일요일이 두 번 낀 휴가), the lion's share(제일 좋은 몫, 단물), a cat's paw (앞잡이), widow's weeds(미망인의 상복)

2.16 특정성과 속격

속격은 특정성을 기준으로 다음과 같이 분류하기도 한다.

A. 특정 속격(defining genitive)
George's book: George가 가지고 있는 어떤 특정한 책

B. 종별 속격(classifying genitive)
a children's book: 책의 종류를 말할 뿐 특정한 책을 가리키지는 않는다.

특정 속격과 종별 속격 사이에는 다음과 같은 차이가 있다.

(1) 종별 속격은 속격과 중심어 (속격어 다음의 명사)의 관계가 긴밀해서 그 사이에 형용사 등을 끼어 넣을 수 없다. 하지만 특정 속격의 경우는 형용사를 자유롭게 끼어 넣을 수 있다.

*a children's old book
George's old book

(2) 종별 속격은 흔히 다음과 같이 부정관사로 시작한다.

a women's college, a mother's heart(모정)

(3) 특정 속격 앞에 위치하는 한정사와 형용사는 속격에만 걸린다.

my old father's new car

your neighbour's house

종별 속격 앞에 위치하는 한정사는 명사구 전체에 걸린다.

```
    that women's college
    └──────┘ ▲
         └──────┘
```

   his child's face는 문맥에 따라 특정 속격으로 볼 수도 있고, 종별 속격으로 볼 수도 있다.

1) his가 child에 걸리는 경우는 특정 속격의 예가 된다.
2) his가 child's face에 걸리는 경우는 종별 속격의 예가 되며 '그의 앳된 얼굴'이란 뜻을 나타낸다.

   (4) 종별 속격의 경우, 그 앞에 위치하는 형용사는 (a)처럼 명사구 전체에 걸릴 수도 있고, (b)처럼 속격에만 걸릴 수도 있는데, (a)와 (b)는 의미가 다르다.

   (a) an <u>old man's</u> coat: a man's coat that is old
            └──┘▲
              └──┘

   (b) an <u>old man's</u> coat: a coat designed for an old man
            └──┘▲
              └──┘

   (2.15)에서 다룬 속격 가운데 (1), (2), (3), (4)의 속격들은 특정 속격에 속하고, (5), (6), (7)은 종별 속격에 속한다.

2.17 -'s 속격과 of 속격

   명사 가운데에는 -'s 속격과 of 속격 가운데에서 하나의 형식만이 가능한 것과 두 가지 형식이 모두 가능한 것이 있다.

2.17.1 -'s 속격

다음 명사는 원칙적으로 -'s 속격을 택한다.

(1) 사람을 나타내는 명사

    Hemingway's new book
    my father's sister
    Jack's girl friend

(2) 고등동물을 나타내는 명사

    the horse's tail, the dog's kennel
    cf. the sound of the mosquito

(3) (사람의 집단과 관계 있는) 집합명사

    the government's proposal, the nation's social security

(4) 지명과 기관

    Europe's future, London's water supply, the school's history

(5) 시간, 거리 및 가격과 관계 있는 명사

    a moment's thought, a week's holiday, today's newspaper
    keep someone at arm's length, a hair's breadth
    three dollars's worth of beer

(6) 인간의 활동과 관계 깊은 명사

the board's decision, the government's plans, the book's author, the report's conclusions

2.17.2 -of 속격

무생물은 원칙적으로 -of 속격을 택한다.

the title of the book
the window of the house
the leg of the table

위의 예에서 the title of the book은 the book이 인간의 활동과 관계 깊은 명사여서 the book's title로 바꿀 수도 있지만, the window of the house를 *the house's window로 바꾸지는 못한다.

2.17.3 두 형식의 차이

-s'속격과 - of 속격의 두 형식이 가능한 경우 두 형식 사이에는 용법상 다음과 같은 차이가 있다.

(1) 초점이 다를 수 있다. 즉 the novels of Charles Dickens는 Charles Dickens쪽에 초점이 주어져 있고 Dickens' novels는 novels 쪽이 의미상의 비중이 크다.

(2) 다음의 경우는 이른바 end-weight의 원칙(길이가 길거나 구조가 복잡한 요소가 어순상 상대적으로 뒷자리를 차지한다는 원칙)에 따라 (a)가 (b)보다 바람직하다.

(a) He's the son of the well-known politician.
(b) He's the well-known politician's son.

(3) (at) arm's length는 -'s 속격이 가능하지만 the skin of his arm을 *his arm's skin으로 바꾸지는 못한다. (at) arm's length의 경우 -'s 속격이 가능한 것은 이 어구가 '팔의 길이'라는 뜻이 아니라 '팔을 뻗친 정도의 (안전) 거리를 두고'라는 뜻의 숙어이기 때문이다.

A needle's eye 역시 '아주 작은 구멍'이라는 숙어이다. 그러므로 숙어와는 관계가 없는 '바늘 귀'를 뜻할 때는 the eyes of a needle의 형식이 알맞다.

2.18 절대속격(Absolute Genitive)

(1) 절대속격이란 속격 다음의 명사가 생략된 명사구를 말한다. 속격 다음의 명사는 문맥상 그 명사가 무엇을 가리키는지가 분명한 때 생략할 수 있다.

My car is faster than John's.
His memory is like an elephant's.
(그는 기억력이 비상하다. — 코끼리는 기억력이 좋다는 속설이 있다.)

(2) 다음에 나오는 예문에서 my uncle's는 where my uncle lives를 뜻하며 문맥에 따라서 그 다음에 house나 apartment 또는 flat를 보충할 수 있다.

I shall be at my uncle's.

그러나 a butcher's는 a butcher's shop를 의미하고 the dentist's는 '치과병원'을 의미할 뿐 그 다음에 house나 apartment 등을 보충할 수는 없다. 특정인으로 시작한 (a)와 같은 절대속격은 문법상 하자가 없지만 (b)처럼 부정관사로 시작한 절대속격은 문법상 올바르지 못하다.

(a) He will be staying at his friend's.
(b) He will be staying at *a friend's.

(3) 건물의 경우 너무나 잘 알려져 있어 중심어가 생략된 절대속격의 예로는 다음이 있다.

St. Paul's (Cathedral), St. James's (Palace), Madam Tussaud's (Museum)

그런데 공원이나 가로를 가리키는 중심어는 생략이 되지 않는다.

St. James's Park, King's Road

(4) 대기업체나 백화점은 흔히 -'s를 생략한 복수형이 절대속격으로 쓰인다.

Woolworths (Woolworth 백화점), Longmans (Longman 출판사), Barclays (은행)

2.19 군속격(Group Genitive)

(a) **someone else's** business
(b) **the teacher of music's** room

위의 (a), (b)에서 속격 -'s는 각각 someone else, the teacher of music에 걸리지 else나 music에 걸리지는 않는다. 이와 같이 명사구에 걸리는 속격이 군속격이다. 다음과 같은 예를 추가할 수 있다.

King Henry the Eighth's reign (Henry 8세의 통치)
What's his name's foolish remark
(이름이 무엇이던가 그 아무개의 어리석은 발언)
Another hour or two's snow can make the road impassable.
(한두 시간 더 눈이 오면 그 길은 통행이 불가능할 것이다.)

다음과 같은 예도 유의할 만하다.

the son **of a man I know**

2.20 이중속격(Double Genitive)

2.20.1 형식상의 제약

(1) 이중속격이란 형식상 -of 속격과 -'s 속격이 겹친 형식의 속격을 가리킨다.

  an opera **of** Verdi**'s**
  this book **of** yours

(2) 이중속격은 -'s + 명사를 다시 a, any, this, these, those, that, some, any, no, which, what 등으로 수식할 때 쓰인다.

  a + Brown's book
  ⇒ *a Brown's book
  ⇒ a book of Brown's
  This book of Hemingway's is interesting.
  Any friend of your brother's is welcome.

It is **no business of yours**.
Which house of your neighbour's was burned down?

(3) 이중속격을 만드는 -'s 속격은 특정인을 전제로 하여야지 부정관사로 시작할 수 없다.

an opera of **my friend**'s
*a sonata of **a violinist**'s

(4) 반면에 이중속격의 중심어(즉 of 앞자리를 차지하는 명사구)는 비특정적이어야 한다. 정관사 + 명사가 of 앞에 올 수 없다.

A friend of the doctor's
***the** daughter of Mrs. Brown's

단, 관계대명사의 선행사가 되는 경우에 한해서 이중속격은 정관사로 시작할 수 있다.

This is **the** friend of Mr. Brown's **who** wants to see you.

2.20.2 의미

(1) 다음 (a)는 문맥에 따라 다음 세 가지 의미로 풀이할 수 있다.

 a. my father's picture
    1) 아버지가 소유하고 있는 그림
    2) 아버지를 그린 그림
    3) 아버지가 그린 그림

한편 (b)는 (2)의 의미로만 풀이되고, (c)는 (1)과 (3)의 의미로 풀이된다.

    b. a picture of my father
    c. a picture of my father's

John's picture of his daughter는 'John이 그의 딸을 그린 그림'을 뜻한다.

(2) 이중속격을 만드는 that/those와 this/these 사이에는 미묘한 의미 차이가 있다. that/those는 화자의 불만, 경멸, 노여움, 짜증같은 심리적 거리감을 반영하고, 반대로 this/these는 애정, 찬양, 자랑 등을 함축한다. (4.10.3 참조)

    That dog of yours has trampled down my flowers again.
    How cute she is, **this darling little baby of yours**!

(3) 다음 이중속격에서의 of는 동격관계를 나타낸다.

    that nose of hers
    that wife of his

2.21 성(Gender)

2.21.1 정의와 분류

문법상의 성의 구별을 gender라고 하며, 다음과 같이 4종류로 분류된다.

(1) 남성(masculine gender): boy, father, king, son, ...
(2) 여성(feminine gender): daughter, girl, queen, mother, ...
(3) 통성(common/dual gender): child, cousin, parent, ...
(4) 중성 또는 무성(neuter gender): garden, house, tree, ...

2.21.2 남성과 여성의 어형

(1) 남성과 여성에 따라 전혀 다른 용어를 사용하는 경우

남성	여성
bachelor	spinster
boar (수퇘지)	sow (암퇘지)
bull	cow
dog	bitch
gentleman	lady
man	woman
monk	nun
nephew	niece

man이 woman과 대립적으로 쓰이는 경우는 '남자'를 나타내지만 그렇지 않은 경우는 (남·여성을 합친) '사람'을 나타내듯이, dog도 bitch와 대립하는 경우에는 '수캐'를 뜻하지만, 그렇지 않은 경우는 '(성을 가리지 않은) 개'를 뜻한다.

(2) 남성명사에 -ess, -ine 등의 접미사를 붙여 여성명사를 만드는 경우

남성	여성
actor	actress
emperor	empress

god	god**dess**
hero	hero**ine**
host	host**ess**
prince	princ**ess**
steward	steward**ess**
usher	usher**ette**
waiter	wait**ress**
widower	widow

(3) 남성 또는 여성을 나타내는 (대)명사를 첨부하는 경우

boy-friend	**girl**-friend
he-goat	**she**-goat
man-servant	**woman**-servant/**maid** servant
pea**cock**	pea**hen**

(4) gender의 구별에 있어서 doctor, author, poet 등에 -ess를 붙여 여성 명사를 만드는 방식은 점차 사라지고 있다.

이와 같은 경향이 생긴 것은 여성의 입장에서 보았을 때 poet에 -ess를 붙여 poetess를 만드는 방식은 시인은 남성이기 마련이며 여류시인은 특수한 존재라는 여성 경시적 발상으로 받아들여질 수 있었기 때문이다.

오늘날 artist, chairman, cook, criminal, doctor, friend, guest, musician, neighbour, novelist, parent, professor, speaker, student, teacher, writer, ... 등이 남녀를 가리지 않는 '통성'으로 쓰이고 있다.

남녀를 가리지 않는다지만, chairman이 chairperson으로 대체되고 있는 것도 최근의 경향이다. 여성의 입장에서 본다면 chair에 man이 붙은 chairman은 남성 우위적 발상에서 나온 낱말로 받아들여질 수 있는 것이다. chairman 대신 chairperson을 쓰려는 경향을 반영하는 다른 예로는 다음과 같은 것들을 들 수 있다.

foreman ⇒ supervisor		fisherman ⇒ fisher	
fireman ⇒ firefighter		mailman ⇒ mail carrier	
usherette ⇒ usher		spokesman ⇒ spokesperson	
housewife ⇒ homemaker		Congressman ⇒ Member of Congress	

그러나 남·여성을 구별하여야 할 때는 boy friend/girl friend, man student/woman student와 같은 표현이 쓰일 수밖에 없고, nurse는 대체적으로 여성이기 마련이어서 특히 남성의 경우에 male을 붙여 male nurse로 나타내기도 한다.

2.21.3 성과 대명사

성을 관점으로 하여, 명사와 그 명사가 가리키는 대명사(및 관계대명사와 인칭대명사)의 결합관계를 살펴보면 다음과 같다.

(1) 인간명사

성	예	관계대명사 - 인칭대명사
남성	uncle	who - he
여성	aunt	who - she
통성	doctor	who - he/she
	baby	who - he/she/it which - it
	cousin	who - he/she
	anyone	who - he/he or she

위에 나타나 있듯이 doctor (또는 cousin, parent, student, ...)는 문맥에 따라 실제의 성을 근거로 he나 she를 선택한다.

His cousin refused to tell **his/her** name.

anyone의 대명사로는 he or she가 쓰인다. 그러나 굳이 성의 구별이 필요없는 경우에는 흔히 남성 대명사를 쓴다.

If any student calls, tell **him** I'll be back soon.

baby (또는 child)는 그 성이 불분명할 때나 그 성별이 관심사가 아닌 경우에는 대명사로 which와 it를 쓸 수 있다.

Here is the baby **which** needs innoculation.
(여기 이 아이가 예방 접종이 필요해요.)
A child learns to speak the language of **its** environment.

하지만 원래 which나 it는 물건이나 동물을 전제로 하는 대명사로 극히 객관적인 과학 논문이라면 몰라도, 그 갓난이의 부모나 그 갓난이에 대해서 애정을 느끼고 있는 이가 그 갓난이를 부를 때에는 관계대명사로 it나 which를 쓰지는 않을 것이다.

(2) 동물·기타

성	예	관계대명사 − 인칭대명사
남성고등동물	bull	which − it
		(who) − he
여성고등동물	cow	which − it
		(who) − she
국가기관	Korea	which − it/she
하등동물·기타	ant	which − it

고등동물은 경우에 따라 it 대신에 he/she를 쓰기도 한다.
하지만 he/she를 쓰는 경우에도 관계대명사 who는 어색하다. 고등동물을 가리키는 경우 he/she는 동물에 대한 화자의 애정을 반영하는데, 실제의 성을 전제로 하기도 하고 **lion, dog, horse, eagle, hawk** 등은 he로, cat,

2장 명사 119

parrot, hare, dove, sparrow 등은 she를 쓰기도 한다.

    I have a dog. **His** name is Lucky.
    I had a cat. **She** was very sly.

국가를 나타내는 명사는 대체적으로 그 국가명이 지리적 단위를 뜻할 때는 it를, 정치·경제적 단위를 나타낼 때는 she를 쓴다.

    Looking at the map, we see France here. **It** is one of the largest countries of Europe.
    Korea had been able to increase **her** exports by 10 percent over the last six months.
    England is proud of **her** poets.

그 밖에 ship, boat, train, airplane 등을 대신하는 경우, 이와 같은 교통기관의 조종(운전)사는 일상체에서 자신이 조종(운전)하는 기관에 대한 애정을 흔히 she로 나타낸다.

    That's a lovely ship. What's **she**(=it) called?

ship나 car를 he나 she로 호칭하는 것은 일종의 의인화(personification)로 볼 수 있다.

시가 등의 문학작품에서는 흔히 다음과 같은 명사가 각각 남성·여성으로 비유되기도 한다.

1) 남성으로 비유되는 명사: the sun, time, death, sleep, fate, thunder, wind, mountain, ocean, cruelty, vice, law, hatred, anger
2) 여성으로 비유되는 명사: the moon, spring, the earth, the world, soul, church, music, art, nature, health, liberty, religion, fortune, hope

3장 관사 (Articles)

3.1 종류

관사에는 부정관사(indefinite article)와 정관사(definite article)가 있다. 그 밖에 관사의 한 종류로 무관사(zero article)가 설정되기도 한다.

부정관사 : **a** boy, **an** honest man
정관사　 : **the** boy, **the** honest man
무관사　 : ∅ boys, ∅ honest men

3.2 부정관사(Indefinite Article)

3.2.1 a/an과 발음

부정관사 a(n)는 원래 one이라는 뜻을 나타내며 하나, 둘, … 수를 셀 수 있는 가산명사 앞에 붙인다. 부정관사는 발음이 자음으로 시작하는 명사 앞에서는 a를 사용하며, 모음으로 시작하는 명사 앞에서는 an을 사용한다.

a boy, **a** university, **a** European
an onion, **an** hour, **an** L. P., **an** SOS, **an** X-ray

a, an은 통상 [ə], [ən]으로 발음되나, 다른 낱말과의 대조를 드러내기 위하여 강하게 발음하거나 천천히 발음할 때는 [éi], [ǽn]으로 발음된다.

3.2.2 부정관사의 용법

(1) One이라는 뜻을 나타낸다.

    Rome was not built in **a** day.
    He didn't say **a** word.
    May I have **an** apple?

(2) 어느 종류의 하나(one member of a class)임을 나타낸다.

    This is **an** apple, not **a** pear.
    Paganini was **a** great violinist.
    I want **a** newspaper, not **a** magazine.

a(n)가 one의 뜻을 갖는다고는 하지만, 위의 예문에 나오는 부정관사는 one으로 바꾸지 못한다.

예를 들어, May I have an apple?에서의 an은 one으로 바꿀 수도 있다. 하지만, This is an apple, not a pear에서의 an은 '이 과일이 사과란 <종류>에 속하는 과일(one member of a class)'이라는 뜻이어서 one으로는 바꿀 수 없는 것이다.

또한 May I have an apple?에서 an apple의 복수형으로는 May I have apples 보다는 May I have some apples?가 자연스럽다. 하지만 This is an apple의 an apple의 복수형은 These are apples이지, *These are some apples 는 아니다.

다음 (a)와 (b) 역시 의미가 서로 다르다.

    a. I gave him **an** apple.
    b. I gave him **one** apple.

(a)는 '나는 그에게 사과를 하나 주었다'는 뜻이지만 의미의 초점은 '하나' 보다는 사과'에 있다. 즉 (a)는 '나는 그에게 배나 감을 준 것이 아니라 사과를 주었다'는 뜻이고, (b)는 '나는 그에게 사과를 둘이나 셋이 아닌 하나(=only one/not more than one)를 주었다'는 뜻이다.

(3) 처음으로 화제에 오르는 명사 앞에 붙인다.

    Once upon a time, there lived a king.
    I had a letter from an old friend yesterday.
    We stayed at a hotel in the center of the city.

위의 예문에 나오는 부정관사 a는 a certain (어떤 ....)이라는 뜻을 나타낸다. 화자(speaker)의 입장에서는 특정한 사람이나 사물을 염두에 두고 있으면서도, 부정관사가 쓰인 것은 그 사람이나 사물이 상대방(hearer)에게는 신정보(new information)가 되기 때문이다.
  다음 (a), (b)의 관사의 차이도 상대방이 가지고 있는 정보가 신정보인지 구정보인지의 여부와 관계가 있다.

    a. This is a book I bought yesterday.
    b. This is the book I bought yesterday.

'내가 책을 샀다'는 사실을 전혀 모르는 상대방에게 책을 보이며 말할 때의 문장이 (a)라면, (b)는 상대방이 '내가 책을 한 권 샀다'는 사실을 알고 있는 경우에 쓰인다.
  부정관사란 용어는 특히 용법(3)의 경우 오해할 소지가 없지 않다. 처음으로 화제에 올라 상대방에게 신정보에 속할 따름이지 부정관사 'a' 다음의 명사는 특정적이기 때문이다.
  다음에서 (c)의 a dentist는 불특정적이다.
  하지만 (d)의 a dentist는 특정적일 수도 있고, 불특정적일 수도 있다.

c. I want to be **a** dentist.
　　d. I am going to see **a** dentist.

(4) 어느 종류나 종족의 총칭으로 쓰인다.
이와 같은 관사의 용법을 흔히 관사의 총칭적 용법(generic use)이라고 한다. (3.8 참조)

　　A cat can see in the dark.
　　An insect has six legs.
　　An oak is harder than **a** pine tree.

(5) 배분적 의미(per)를 나타낸다.

　　six times **a** day
　　The car ran at the speed of 80 miles **an** hour.

상업 영어에서는 이 배분적 의미를 갖는 부정관사는 **per**로 대치된다.

　　These potatoes are 3000 won **per**(=a) kilo.

(6) the same이라는 뜻을 나타낸다.

　　Birds of **a** feather flock together.
　　(유유상종)
　　They are all of **a**(=the same) size.

The same이라는 뜻을 나타내는 부정관사 a(n)는 현대 영어에서는 사용 빈도나 범위가 크게 줄고 있다.

3.3 부정관사 + 고유명사/물질명사/추상명사

(2.3.3 – 2.3.5 참조)

3.4 부정관사 + 수량사

부정관사는 다음과 같은 수량사(quantifier)와 함께 쓰인다.

a few weeks, **a little** water, **a great many**, **a good many**, **a bit**, **a dozen** (eggs), **a score** (of people), **a hundred** books

3.5 정관사(Definite Article)

3.5.1 발음

정관사 'the'는 부정관사와 달리, 불가산명사와 명사의 단·복수형에도 부가할 수 있다. 발음이 자음으로 시작하는 낱말 앞에서는 [ðə]로, 모음으로 시작하는 낱말 앞에서는 [ði]로 발음되며, 다른 낱말과의 대조를 드러내기 위해서 강하게 발음하거나 찬찬히 발음할 때는 [ði:]가 된다.

3.5.2 정관사의 용법

(1) 앞에 나온 <u>부정관사 + 명사</u>를 가리킨다.

Here is **a** glass, some water, three coins. Watch! I put **the** water into **the** glass, then drop **the** coins one by one into **the** water.

위의 예문에서 정관사 the는 그 다음에 나오는 glass, water, coins가 각각 앞에 나온 a glass, some water, three coins를 가리킨다는 것을 분명히 한다.

이와 같이 앞에 나온 사람이나 사물을 가리키는 경우에 사용되는 정관사의 용법을 '전방조응적(anaphoric)' 용법이라고 한다.

(2) 다음과 같이 그 다음에 나오는 어구에 의해서 한정되거나 특정화한 명사 앞에서 쓰인다.

> The light is on in the dining room.
> The wood this table is made of is oak.
> The girl who dated him last night was nasty to him.
> He is amazed by the fact that there is so much life on earth.

그런데 다음 (a)에서 room 앞에 the가 붙어 있는 것은 상대방의 우측에 방이 하나뿐이어서, on your right가 room을 한정시켜 줄 수 있기 때문이다. 만약 상대방의 우측에 방이 여러 개가 있다면 (a)는 (b)로 바꿔야 한다.

> a. My office is **the** room on your right.
> b. My office is **a** room on your left.

다음 (c)에서도 coat 앞에 the가 붙은 것은 three coats 가운데 grey coat는 하나이기 때문이다.

> c. A: There are three coats here. Which is yours?
> B: Mine is **the** grey one.

이와 같이 명사 다음에 나오는 어구가 명사를 한정시킴으로서 명사 앞에 the가 부가된 경우의 정관사의 용법을 '후방조응적(cataphoric)' 용법이라고 한다.

다음 (d)는 동격절의 제한을 받고 있으면서 **rumour** 앞에 부정관사가 붙어있는데, 이는 의미상으로는 여러 가지 **rumour**의 가능성이 전제가 되고 있기 때문이다 (구문 상으로 There is로 시작하는 구문의 주어를 정관사로 시작할 수 없기도 하다).

    d. There is **a** rumor that President will resign.
    cf. **The/*A** rumour is that President will resign.

다음은 원칙상 무관사로 쓰이는 명사가 <u>of + 명사구</u>의 수식을 받아 the 가 붙은 예이다.

the history of Korea	cf. Korean history
the paper of Canada	cf. Canadian paper
the literature of America	cf. American literature
the literature of the 18th century	cf. Literature in the 18th century

    Elections were held under **the** supervision of the United Nations.
    cf. under United Nations supervision

그러나 <u>of + 명사</u>의 수식을 받은 명사도 얼마만큼 한정되느냐에 따라, 정관사의 부가여부는 달라질 수 있다.

    The result of the competition will soon be announced.
    cf. as **a** result of the war
    I was in the bath, with **the** result that I didn't hear the telephone.
    cf. He was late as **a** result of the snow.

(3) 문맥이나 상황으로 미루어 가리키는 대상이 분명한 명사 앞에 부가한다.

A. There's someone at **the** door.
   Don't you hear **the** bell?
B: Perhaps it's **the** milkman.
   No, its **the** postman.

위의 예문에서 door와 bell 앞에 the가 쓰인 것은 이 명사가 앞에 나오거나 뒤에 나온 어구에 의해서 한정되어 있기 때문이 아니라, A와 B 사이에서 어느 door와 bell을 가리키는지 양해가 성립되어 있기 때문이다. 또한 milkman과 postman 앞에 the가 붙은 것은 이 milkman과 postman이 누구인지를 A와 B가 다 잘 알고 있기 때문이다.
유사한 예를 추가하면 다음과 같다.

He is in **the** garden, watering **the** flowers.
I'll meet you at **the** post office, or at **the** bank.

이와 같은 정관사의 용법을 '외계조응적(exophoric)' 용법이라고 불린다. 위에서 관사의 용법과 관련해서 언급한 전방조응, 후방조응, 외계조응이란 개념은 정관사의 용법 외에도 대명사와 대동사 등 대용형의 용법과 문장 요소의 생략 등을 설명하는 경우에도 똑같이 쓰인다. (4.1.2 참조)

(4) 또한 명사가 특정화가 되어 있지 않는 경우에도 유명하거나 우월함이 전제가 될 때 그런 명사 앞에는 the가 붙을 수 있다.

Brussel claims to be **the** business center of Europe.
(Brussel은 유럽의 바로 상업중심지임을 자처하고 있다.)
You are **the** Judge Atkinson, aren't you?
(바로 그 유명한 Atkinson판사시죠?.)

(5) 형용사의 최상급, 서수(first, second, third, ...), next, same, only, ... 등으로 특정화한 명사 앞에 부가한다.

New York is **the largest** city in the world.
That's **the third** time you've trodden on my toe.
The same thing happened to me yesterday.

다음 (a), (b)에서는 (a)는 <금주>를 기준으로 하고 (b)는 <금주 아닌 특정한 시점>을 기준으로 한다.

    a. next week
    b. **the** next week

다음 (c), (d)에서 (c)의 last week는 '지난 주'란 뜻이고, (d)의 the last week는 '(현재를 시점으로) 지난 7일간'이란 뜻이다.

    c. I bought it only last week.
    d. I've had influenza for **the** last week.

다음 예문에서 best-seller나 first prize 앞에 부정관사가 쓰인 것은, 이 명사들이 복합어적인 보통명사가 되었기 때문이다.

    His novel is **a** best-seller.
    I have never won **a** first prize in my life.

다음 예문에서도 only child 앞에 부정관사가 쓰인 것은 only가 child를 한정시키고 있다기보다 only child가 역시 '독자'라는 뜻을 갖는 복합어적인 보통명사로 사용되었기 때문이다.

    He is **an** only child.
    cf. He is **the** only student who can do so.

다음에서 most 앞에 부정관사가 쓰인 것은 most가 very의 뜻을 가질 뿐 '가장 .... 한' 이라는 뜻을 가지고 있지는 않기 때문이다.

I met **a** most fascinating woman at the party.

(5) 어떤 종류나 종족전체를 나타낸다. (3.7 참조)

The dog is a faithful animal.
The eagle is the king of birds.

(6) 동일 종류에 속하는 것이 하나뿐인 명사 앞에서 쓰인다.

the sun, **the** moon
the Lord, **the** Pope, **the** Devil(=Satan), **the** Bible
cf. a Bible(=a copy of the Bible)

이와 같은 용법의 'the'는 유일관사(unique article)라고 불리운다.

(7) 보통명사와 결합해서 추상적 의미를 나타낸다. (2.4참조)

... succeed to **the** crown
(왕위를 계승하다)
... be destined for **the** church
(목사가 될 운명이다)
The pen is mightier than **the** sword.
All **the** mother in her awoke.
(그녀의 가슴속에 잠재해 있던 모든 모성적 감정이 눈을 떴다.)

일상적인 어휘에 속하는 a movie는 '(한편의) 영화'를 의미하는 반면에 **the** movies는 Am. E.에서는 '(그저 막연히) 영화; 영화관(movie house, movie theater); 영화 산업'을 의미한다.

go to see **a** movie
go to **the** movies

Br. E.에서는 the movies에 대응하는 낱말로 the cinema, the pictures가 쓰인다.

(8) 서로 대조를 이루는 명사 앞에 부가한다.

the sea vs. **the** land
living in **the** town vs. living in **the** country
the left vs. **the** right
The child is father of **the** man.

계절을 나타내는 명사는 흔히 관사를 붙이지 않지만, 대조를 드러내기 위해서 관사를 붙이기도 한다.

Birds fly north in **the** summer and south in **the** winter.

(9) 배분적 의미를 나타낸다.
배분적 의미를 나타내는 정관사는 보통 전치사와 함께 쓰인다. 전치사 다음이 아닌 경우는 부정관사가 쓰이는 것이 보통이다. (3.2.2 (5)참조)

Eggs are usually sold by **the** dozen.
This rope is sold by **the** yard or by **the** meter.
cf. 우리 차는 기름 한 gallon으로 30 miles을 주행한다.
  ⇒ a. Our car does 30 miles to **the** gallon.
     b. Our car does 30 miles **a** gallon.

(10) 다음과 같은 구문에서 소유격을 대신한다.

3장 관사   131

I slapped him in **the** (=his) face.

She held me by **the** (=my) sleeve, and wouldn't let me go.

정관사가 소유격을 대신하는 예로는 다음도 있다.

Is **the** arm (=your arm) better today?

(11) 그 밖에 the는 부사적으로도 쓰인다.

   a. I love him all **the** better for his faults.
   b. **The** sooner, **the** better.

위의 예문에서 sooner 앞의 the는 '...한 정도에 따라 (=to the extent that ...)'라는 뜻을, better 앞의 the는 '그 정도만큼 더 (=to that extent)'라는 뜻을 나타낸다.

3.6 무관사(Zero Article)

3.6.1 불가산명사와 무관사

불가산명사 앞에는 부정관사를 붙이지 못한다. (2.3.3, 2.3.4, 2.6.1 참조) 2장에서 언급하지 않은 불가산명사로서 관사의 용법과 관련해서 유의할 만한 것에는 다음과 같은 것들이 있다.

다음 명사 앞에는 부정관사를 붙이지 않는 것을 원칙으로 한다.

(1) 식사명

   Breakfast is ready.
   At what time is **dinner**?

그러나 (특정한 경우를 전제로 하는) 식사의 질에 관해서 언급할 때는 관사를 붙인다.

    We had lunch — **a** very good lunch.
    The dinner was **a** very frugal one.
    (그날 저녁 식사는 아주 검소했다.)

(2) 병명

    anemia (빈혈)
    dysentery (이질)
    smallpox (천연두)

cold(감기) 앞에는 부정관사가 붙지만, 이 부정관사는 생략할 수 있다.

    I caught **(a)** cold.

headache는 가산명사로 부정관사 'a'가 붙기도 하고 복수형도 만든다. 반면에 toothache, earache 등은 (주로 **Am. E.**에서 가산명사로 쓰이기도 하지만) 관사 없이 쓰이기도 한다.

    I have **a** headache.
    I often have **headaches**.
    Why don't you go to a dentist if you have **toothache**.
    cf. I've had **a** toothache three times this year.

다음 병명 앞에는 흔히 정관사가 붙는다.

    the plague, **(the)** flu, **(the)** measles

(3) 국어명

English, Korean
standard **Korean**, spoken **Chinese**, correct **English**
cf. the Korean language
　　the King's English

3.6.2 보통명사와 무관사

(1) 의미의 초점이 명사 자체보다는 그 명사의 기능에 있을 때 부정관사는 생략된다.

School begins at 8 o'clock.
cf. drive past the school.
The boys are still in **class**. (수업중)
They had led him out of **prison** the day before.
(그를 전날 출옥시켰다.)
He is in **hospital**. (입원중이다. ― 특히 Br. E.에서)
They are at **table**. (=They are having meals. ― 특히 Br. E.에서)
She put the children to **bed**. (그녀는 어린애들을 잠재웠다.)
go to **market** (장보러 가다.)
go to **sea** (선원이 되다.)
cf. look out towards the sea
take **office** (취임하다)

(2) 보통명사가 고유명사처럼 쓰이는 다음 문맥에서는 관사를 붙이지 않는다.

In 1861, Lincoln became **President**. (=the president of the United States)
Mr. Hall was **Director** of the National Bank.

- Director란 title을 가진 사람이 단 한 명인 경우

(3) 호칭으로 쓰일 때

Don't worry, **father**.
Waiter, may I have another glass of water, please?

(4) 계절명 앞에는 정관사가 붙기도 하고 생략되기도 한다.

Spring comes before **summer**.
Swallow fly south in **(the)** winter and come back in **(the)** summer.

하지만 특정한 해의 계절을 나타낼 때의 정관사는 부가하여야 한다.

The summer of 1996 was a very hot one.

(5) Morning, evening, day, night 등은 이와 같은 명사를 단순한 자연현상으로 파악할 때는 관사를 붙이지 않는다.

Morning is the best time for study.
Day (dawn) was breaking.
Night fell.

in the morning, in the evening에서의 the는 <대조적 용법>을 나타내는 the로 간주할 수 있고, on the morning of the 10th 등에 관사가 붙는 것은 morning이 of the 10th에 의해서 한정되기 때문이다.

(6) 다음과 같이 하루의 어느 부분을 나타내는 명사는, at나 by와 함께 (숙어적인) 전치사구를 만드는 경우 관사를 붙이지 않는다.

I left there **at** dawn/daybreak/sunrise/sunset/noon/midday/midnight/dusk/

nightfall/twilight.
They hunt **by night** and sleep **by day**.
cf. The children never wake up during **the** night.
　　I could see nothing in **the** dusk.

다음 명사 앞에 the가 붙은 것은 이와 같은 명사가 특정한 날의 일출이나 일몰을 말하고 있기 때문이다.

We admired **the** sunrise/**the** sunset.

(7) 다음과 같은 이른바 문장의 5형식과 그 수동형에서 목적보어에 해당하는 명사구에는 관사를 부가하지 않는다.

They crowned her **Queen of England**.
Who was appointed **captain** of the team.
They elected Mr. Forrest **president** of the company.

단, 그 직책이나 자리가 복수인 경우는 목적보어 앞에 부정관사를 부가한다.

They elected Mr. Forrest **a** director of the company.

다만 다음과 같이 '직책'을 나타내는 주격보어가 <u>of 전치사구</u>의 수식을 받을 때 정관사 the의 사용은 수의적이다.

He is **(the)** captain of the team.
De Gaul wasn't **(the)** king of France.

(8) 동격 앞에서의 정관사는 생략할 수 있다.

Hemingway, **(the)** author of *Farewell to Arms*, ...
(The) author of *Farewell to Arms*(,) M. Hemingway, ...

(9) 대구(對句)적 표현

    Mother and child are doing well.
    Father and son were both soldiers.
    They kept the treasure under **lock and key, day and night**.

대구적 표현으로는 그 밖에 다음과 같은 예를 들 수 있다.

    from beginning to end, from hand to mouth, from morning till night, from right to left, from west to north, day by day, face to face, as man to man, step by step, year after year, keep body and soul together

대구적 표현인 (a)와 달리 (b)와 같은 표현은 정관사가 필요하다.

    a. from beginning to end
    b. from the beginning of the day, to the end of it

(10) half와 part는 of 전치사구의 후위수식을 받는 경우도 형용사의 수식을 받지 않으면 무관사로 쓰인다.

    He spent **half/part** of the summer in Devon.
    cf. He spent **a** large part of the summer in Devon.

(11) 형용사적 의미가 강한 명사 앞에서

    He was **fool** enough to give in.
    (=He was foolish enough to give in.)

위의 예문에서 fool이 명사면서도 형용사적인 의미가 강한 것은 enough가 명사 다음에 위치해 있는 것으로도 알 수 있다.

다음도 유의할 만하다.

    the woman with **a** child
    (어린애와 함께 있는 여인)
    the woman with **child** (> The woman is with child (=pregnant).)
    (임신을 한 여인)

 (12) <여행> <통신>의 방법을 나타내는 다음 숙어적 표현에서도 명사 앞에는 관사가 붙지 않는다.

    by air, by bus, by car, by land, by plane, by sea, by ship, by cable, by hand, by letter, by post, by radio, by telegram

위의 예에서 <여행>, <통신>의 방법은 전치사 by로 나타나 있는데, 위의 예와 대립되는 다음의 용법은 유의할 만하다.

    sleep in **the** car
    take **a** train
    We went by **the** 2:15 train.

'텔레비젼을 보다', '영화를 보다', '라디오를 듣다'의 경우도 정관사의 부가여부는 다르다.

    watch **television**/see **a** movie/listen to **the** radio

 (13) 동사 + 목적어(기타 유사구조)가 숙어처럼 사용된 경우

    beg pardon, declare war, take care of, make room for, take part in, take place, give way, do harm, lose sight of

(14) 다음과 같은 숙어적 전치사구

at ease, at first, at hand, at heart, at short notice, at once, at peace, at play, at present, at rest, at sight, at sea, at war, at work, by accident, by chance, by design, by degrees, by good fortune, by heart, by mistake, by name, by rights, by sight, by surprise, in brief, in case, in common, in due course, in fact, in half, in general, in love, in name, in need, in order, in particular, in pieces, in private, in public, in reply, in secret, in short, in sight, in stock, in tears, in time, in turn, on business, on duty, on fire, on foot, on guard, on holiday, on horseback, on purpose, on time, out of control, out of danger, out of date, out of doors, out of hearing, out of order, out of place, out of reach, out of sight, out of stock, out of turn, under control, up to date, within hearing, within reach, within sight

(15) 광고문과 게시문, 전문, 신문, 잡지의 headline 등에서

PRIVATE ROAD (게시문)
PLANE CRASHES ON MOTORWAY (신문의 headline)
FILM STAR MARRIES EX-PRIEST (신문의 headline)
Pocket Oxford Dictionary (책명)

(16) (일상적 회화 등에서) 문장의 앞자리를 차지하는 명사나 <u>주어 + be 동사</u>가 생략된 보어 앞에서

Fact (=The fact) is he knows nothing.
Dinner (=The dinner) was nice. Please tell the cook.
(It's) **Great party**, isn't it?

(17) 다음과 같은 양보구문에서

Child as he was (=Though he was a child), he had more sense than his father.

3.6.3 (불특정) 복수 보통명사와 무관사

관사가 붙지 않은 복수 보통명사는 문맥에 따라 총칭적 의미로 쓰이거나 부분적 의미를 나타낸다.

(1) 총칭적

　　Cats like fish, don't they?
　　I don't like **cats**. I like **dogs**.

특히 like의 목적어가 되는 보통명사가 총칭적 의미를 나타내기 위해서는 복수형이 쓰이어야 한다.

(2) 부분적

　　I saw **children** playing on the street.
　　Don't stand in the doorway. There are **people** waiting.

무관사+복수명사가 부분적 의미를 가질 때에는 복수명사 앞에 some 을 붙일 수 있다.

3.7 관사의 총칭적 의미

3.7.1 총칭의 형식

(1) 이미 지적한 것처럼 (특히 보통명사인 경우) 명사의 총칭은 부정관사와 정관사를 이용해서 나타낼 수 있고 또한 명사의 복수형으로도 나타낸다.

a. **A** fox is a cunning animal.
b. **The** fox is a cunning animal.
c. **Foxes** are cunning animals.

용법상 (a-c) 사이에는 다음과 같은 차이가 있다.

(a)는 여우 가운데 어느 여우이건 그 한 마리를 예로 들어 여우 전체의 특성에 언급하는 의미를 갖는다.

(b)는 fox라는 말이 마음속에 환기시키는 'fox라는 동물은 이러이러한 동물이다'라는 image를 나타낸다.

(c)는 막연히 '여러(많은) 여우'라는 표현으로 여우 전체를 나타내려는 의미를 갖는다.

(a-c)의 세 형식 가운데 가장 일상적인 것은 (c)이며, (b)는 추상성이 가장 강해서 과학논문 등에서 선호된다.

(2) '국민'의 총칭으로는 정관사 + 복수명사가 쓰인다.

The Koreans are an industrious people.

The Koreans가 '한국사람들'을 총칭적으로 가리키는데 반해서 동물의 총칭은 이미 언급한 세 가지 형식이 쓰일 뿐, the tigers나 the dogs는 '(어떤 특정한 복수의) 호랑이나 개'를 가리킨다.

3.7.2 총칭과 술부

"호랑이라는 동물이 한국에서 점점 사라져 가고 있다"란 문장의 주어로는 tigers는 좋지만 a tiger나 the tiger는 비문법적이다.

Tigers are
***A** tiger is   } disappearing in Korea.
***The** tiger is

위의 예문에서 a tiger나 the tiger가 비문법적인 것은 총칭적 의미를 나타내는 명사(구)가 주어가 되는 경우, 술부는 이 명사의 일반적 속성을 나타내야 하는데 위 예문의 술부는 그렇지 못하기 때문이다. '사라져 가고 있다'와 같이 일시적 동작이나 상태를 나타내는 술부가 총칭적 명사(구)를 주어로 삼지는 못한다.

    a. **An** elephant likes peanuts.
    b. **An** elephant stepped on my car.

(a)의 an elephant를 총칭적 의미로 풀이할 수 있는 것은 땅콩을 좋아하는 것이 코끼리의 속성과 일치하기 때문이다. 그런데 (b)의 술부인 stepped on my car는 코끼리의 속성과는 전혀 무관하다. 따라서 (b)의 an elephant는 총칭적 의미를 나타낼 수 없다.

다음 (c), (d)에서 (c)의 container는 a box의 속성을 나타내지만 '눈에 들어왔다'는 (d)의 술부는 a box의 속성을 나타내지는 않는다. (c)의 a box는 총칭적인 의미를 가지며, (d)의 a box는 특정한 box를 가리킨다.

    c. **A** box is a container.
    d. **A** box came into sight.

3.7.3 물질명사(와 주상명사)의 총칭

물질명사(나 추상명사)는 <u>무관사 + 명사</u>로 종류 전체를 나타낸다.

Gold glitters.

하기는 물질명사는 종류 전체를 가리키는 경우가 아니더라도 관사를 붙이지는 않는다. 다음에서 (a)는 총칭적 의미를, (b)는 부분적인 의미를 나타낸다.

a. **Copper** is a precious metal.
b. Give me **water** to drink.
   I had **bread** and **milk** this morning.

총칭적으로 쓰인 명사는 우리말로는 "...라는 것"으로 번역할 수 있으며, 부분적 의미를 나타내는 명사는 그 앞에 some ...을 부가해서 풀이할 수 있다.

3.7.4 기타

(1) '인간' (또는 '남자'와 '여자')을 총칭적으로 나타낼 때는 흔히 관사를 부가하지 않는다.

Man is a social animal.
Man is a hunter; **woman** is his game.
(여자가 꽃이라면 남자는 벌)

하지만 '남성'과 '여성'의 총칭으로는 부정관사 + 명사나 복수형이 쓰이기도 한다.

a. It's difficult for **a** man to do anything when he is physically attacked by **a** woman.
b. In general, **men** like football more than **women** do.

(a)는 한 '남성'과 한 '여성'을 통해서 남성과 여성의 전형적인 예를 제시한다는 의미를 함축하며, (b)는 복수형이 사용됨으로써 여러 남성과 여성 나아가서는 남성과 여성 전체에 해당된다는 뜻을 나타내준다

형용사의 수식을 받는 경우, 총칭적인 의미로 쓰이는 man과 woman은 보통 정관사와 함께 쓰인다.

The liberal-minded woman will not accept discrimination in favor of men.
(진보적 생각을 가진 여성들은 결코 남성위주의 남녀 차별을 받아들이지는 않을 것이다.)

Human being(s)은 동물이나 사물과 대조시켜 '인간'을 말할 때 쓰인다.

I can not describe the feeling I had when I was released from prison and was treated as a **human being** again.

(2) 다음은 the+집합명사가 총칭적인 의미를 나타내는 유의할만한 예들이다.

the police, **the** aristocracy(귀족계급), **the** majority(다수파)
the minority(소수파), **the** people(민중)

(3) the+형용사도 총칭적 의미를 갖는다.

The blind cannot see.
The rich are not always happier than the poor.

하지만 문맥에 따라서는 the+형용사는 특정한 단수를 가리키기도 한다. (7.21.1 참조)

The accused was acquitted.
(피고는 무죄방면 되었다.)

3.8 관사의 위치

(1) All, both, half, double, twice, ... 등이 명사를 수식할 때는 관사는 이

들 낱말의 다음에 부가된다.

    all **the** time
    half **an** hour

(2) How, as, too, so 등 부사가 형용사를 수식하는 구문에서는 부정관사는 형용사 다음에 부가한다.

    You don't know **how big a** mistake you have made.
    This is **as good a** book as any.
    This is **too good a** chance to lose.
    I cannot get ready in **so short a** time.

말을 바꾸면 how/as/too/so + 형용사는 그 다음에 반드시 부정관사가 부가된 명사만을 수반할 수 있다. 불가산명사나 부정관사가 붙지 않는 복수명사를 수반할 수 없는 것이다.

    *How big feet she has!
    They are *so timid boys.

위의 예문을 문법상 하자가 없는 문장으로 고치기 위해서는 how와 so는 각각 what와 such로 바꿔야 한다.

(3) What로 시작하는 감탄문이나 또는 such가 명사를 수식할 때는 부정관사는 what나 such의 바로 다음에 부가한다.

    What a nice day!
    You can't master English in **such a** short time.

What a nice day!와는 대조적으로 What nice weather!의 경우 nice

weather 앞에는 부정관사가 붙지 않는다. weather가 불가산명사이기 때문이다. 감탄문을 만드는 what은 What nice people!처럼 복수명사를 수반하기도 한다.

(4) 부사 quite, rather 등과 같이 쓰일 때는 관사는 그 앞에 부가하기도 하고 뒤에 부가하기도 한다.

    a. It is quite **a** good picture.
       He is rather **an** old man.
    b. It was **a** quite useless meeting.
       He is **a** rather old man.

위의 예문에서 관사 앞에 위치하는 quite와 rather는 각각 명사구 a good picture, an old man을 수식하고, 관사 다음의 quite와 rather는 useless와 old를 수식한다.
(a), (b) 가운데서는 (b)가 일상적으로 더 자주 쓰인다.

3.9 관사의 반복과 생략

(1) 다음과 같이 두 명사가 동일인이나 동일물을 나타내거나 또는 두 형용사가 동일인이나 동일물을 나타내는 명사를 수식할 때는 관사는 첫 번째 명사나 형용사 앞에만 붙인다.

    Maugham is **an** English novelist and playwright. (동일인)
    I met **a** novelist and **a** playwright. (두 사람)
    a red and white rose (한 송이)
    a red and **a** white rose (두 송이)

(2) 두 명사가 밀접한 관계를 나타내거나 두 명사가 합쳐서 한 쌍을 이

루는 사물인 경우에도 두 번째 명사 앞의 관사는 생략한다.

> **a** watch and chain (줄이 달린 시계)
> **a** horse and cart (마차를 단 말)
> **a** needle and thread (실을 꿴 바늘)
> **a** cup and saucer (받침 접시로 받친 찻잔)
> **the** bread and butter on the plate
> **the** body and mind

그러나 이와 같은 관사의 반복과 생략의 규칙은 절대적인 것은 아니다. 다음과 같은 경우에도 두 번째 정관사는 흔히 생략된다. the가 반복되지 않아도 의미상 오해의 소지가 없기 때문이다.

> **the** English and the German languages
> The researchers were struck by **the** intelligence and the communicativeness of the dolphins.

다음과 같이 여러 사물을 열거할 때에도 관사는 흔히 생략된다.

> The whole house has been given a facelift: **dining room, kitchen, drawing room, bedrooms**, everything has been redecorated.
> (집안 전체를 다시 뜯어 고쳤다. 식당, 주방, 거실, 침실 등 모든 곳을 다시 단장했다.)

반대의 경우로 다음은 동일인을 나타내지만, 관사를 반복함으로써 <일인다역>의 뜻이 강조되어 있는 예이다.

> I am **a** Southerner and **an** American. I am **a** farmer, **an** engineer, **a** father and husband, **a** Christian, **a** politician and former governor, **a** planner, **a** businessman, **a** nuclear physicist, **a** naval officer, **a** canoeist, and among other things, **a** lover of Bob Dylan's song and Dylan Thomas' poetry.
> - *Why Not the Best*, Jimmy Carter

3.10 관사와 한정사

3.10.1 한정사의 여러 가지

앞에서 살펴보았듯이 관사 a(n)와 the는 boy, book, glass, ... (또는 정관사의 경우는 books, kindness, money, ...) 등의 낱말 앞에 부가됨으로써 이들 명사를 한정하거나 특정화한다.
하지만 관사만이 명사를 한정하고 특정화하는 기능을 갖는 것은 아니다. 예를 들어 관사처럼 명사 앞에 부가해서 명사를 한정시키거나 특정화시키는 낱말로는 다음이 있다.

some, any, no, each, every, either, neither, this/these, that/those, which(ever), what(ever), enough, my, your, his, John's

그리고 관사를 포함해서 이와 같은 낱말들은 상호배타적인(mutually exclusive) 특성을 가지고 있다. 위에 나오는 낱말 가운데 두 개가 동일한 명사 앞에 부가될 수 없는 것이다.
*a no book/*no a book나 *the either book/*either the book 등은 모두 비문법적이다.
이와 같은 이유로 (관사를 포함해서) 이 낱말들은 흔히 '한정사(determiner)'란 이름으로 불린다. (1.6.2 참조)

3.10.2 한정사의 분류

다시 한번 간추린다면 명사 앞에 부가하는 부정관사와 정관사는 각각 다음과 같이 도표화할 수 있는 특성을 갖고 있다 ((+)는 부가할 수 있음을 표시하고 (−)는 부가할 수 없음을 표시한다.

	단수가산명사	복수가산명사	불가산명사
A: a(n)	+	−	−
B: the	+	+/−	+

그런데 (3.10.1)에서 예시한 한정사 가운데에서 명사와의 결합관계가 위의 도표에 나오는 A(부정관사), B(정관사)와 특성이 각각 동일한 한정사는 다음과 같다.

A: a(n), every, each, either, neither
   a student/*students/*money
   every student/*students/*money
B: the, no; my, his, your, ...; whose(ever), which(ever), ...
   the problem/problems/money
   no problem/problems/money
   my chair/chairs/furniture

그 밖에 명사와의 결합관계가 (A), (B)와 다른 한정사는 다음과 같이 (C), (D), (E)로 분류할 수 있다.

	단수가산명사	복수가산명사	불가산명사
C:	−	+	+
D:	+	−	+
E:	−	+	−

이 (C), (D), (E)에 속하는 한정사는 각각 다음과 같다.

C: some, enough
   enough *book/books/money

Do you have **some** *pen/pens/money?
D: **this, that**
this book/*books/furniture
E: **these, those**
these *book/books/*money

3.10.3 전치한정사와 후치한정사

앞에서 밝힌 바와 같이 (3.10.1)에 예시했던 한정사는 상호배타적인 특성을 가지고 있다.

반복이 되지만 *a no book/*no a book나 *the either book/*either the book 등은 모두 비문법적인 것이다.

하지만 명사를 한정시키는 기능을 가지면서도 다음처럼 앞에서 언급했던 한정사와 함께 쓰이는 낱말들이 있다.

(a) **all** the girls, **both** those cars, **half** an hour,
   twice my salary, **one-third** the salary
   such a surprise! **what** a fine day!
(b) my **three** children, the **first** day, a **few** mistakes

(3.10.1)에 예시했던 상호 배타적인 분포를 보이는 한정사를 중심적 한정사라 부른다면, 그렇지 않은 (3.10.3)의 (a)와 (b)는 주변적 한정사라 할 수 있다. 그리고 중심적 한정사에 선행하는 (a)에 속하는 주변적 한정사는 '전치한정사(predeterminer)'라 불리고, (b)는 '후치한정사(postdeterminer)'라 불리기도 한다.

4장 대명사 (Pronouns)

4.1 정의

4.1.1 전통적 정의

대명사에 대해서는 <앞에 나온 명사를 대신하는 낱말을 가리킨다>라는 정의가 일반화되어 있다.

4.1.2 정의의 문제점

이와 같은 전통적 정의에는 다음과 같은 문제점이 있다.

(1) 대부분의 경우 대명사가 대신하는 것은 <명사>가 아니라 명사구이다.

    a. **My brother** is afraid that **he** will fail the test.
    b. **The young girl** just stared at me. **She** said nothing.

위의 예문에서 (a)의 he는 My brother를, (b)의 she는 The young girl을 대신한다.

다음 (c)의 one도 명사구인 a drink를 대신하고 있다.

    c. I'm having **a drink**. Would you like **one**, too?

단 one은, 형용사의 수식을 받는 경우 (d)처럼 명사만을 대신하기도 한다.

d. I'd like a <u>drink</u>, but just a small **one**.

(2) <앞에 나온> 명사를 대신한다지만, 대명사는 앞에 나왔던 명사뿐만 아니고, 뒤에 나오는 명사(구)를 가리키기도 한다.
　다음에서 (e)의 he는 Dr. Hong을, (f)의 her는 the woman을, (g)의 him은 Tony를 가리킨다.

e. Before **he** died, <u>Dr. Hong</u> was awarded a medal.
f. Whoever helps **her** will be rewarded by <u>the woman</u>.
g. For you to give **him** a present would please <u>Tony</u>.

대명사가 가리키는 명사가 그 대명사의 앞이나 뒤에 전혀 나타나지 않을 수도 있다.
　예를 들어 직장에서 늦게 돌아온 남편이 아내에게 아이들의 침실을 턱으로 가리키면서 아이들에 관해서 물을 때, 남편은 (h)와 같이 대명사로 문장을 시작할 수도 있다.

h. Are they asleep?

(a-d)처럼 앞에 나온 명사(구)를 대신하거나 가리키는 대명사의 용법은 전방조응적 용법에 해당하며 (e-g)처럼 대명사가 그 대명사가 가리키는 명사(구)보다 먼저 나올 때, 이와 같은 대명사의 용법은 후방조응적 용법에 해당한다. (h)처럼 대명사가 가리키는 명사(구)를 문장 밖에서 찾아야 할 때, 이와 같은 대명사의 용법은 외계조응적이다.

(3) <명사를 대신한다>는 정의에 따르면, 다음 예문에서 (i)의 one은 a pen을, (j)의 He is a sailor를 <대신>한다.

i. I need <u>a pen</u>. Do you have **one**?
j. I met <u>a sailor</u> on the street. **He** was drunk.

하지만, (i)는 (i')로 풀어 쓸 수 있지만, (j)를 (j')로 풀어쓰지는 못한다. (j)는 (k)로 풀어 써야 한다.

    i. I need a pen. Do you have **one**?
    ⇒ i'. I need a pen. Do you have a pen?
    j. I met a sailor on the street. **He** was drunk.
    ⇒ j'. *I met a sailor. A sailor was drunk.
    ⇒ k. I met a sailor on the street. The sailor (I met on the street) was drunk.

즉 one은 a pen을 <대신>하지만, He는 '내가 길에서 만났던 a sailor'를 가리키지, a sailor를 대신하지는 않는다.

Halliday and Hasan (1976)은 이러한 현상과 관련하여 one의 기능을 substitution(대용), he의 기능을 'reference'(동일물 지시)로 구별하고 있다.

(4) 경우에 따라서는 대명사가 명사(구) 아닌 동사구나 절을 대신하기도 한다.

    l. A: When are you going to mow the lawn?
       B: I will do **it** tomorrow. (동사구 mow the lawn을 대신)
    m. Our garden is bigger than his. I did not notice **that** before.
       (앞에 나온 절 전체를 대신)

(5) '명사(구)를 대신하거나 가리킨다'는 말은 어떤 <특정한> 명사(구)를 전제로 한다.

하지만 일부 부정대명사나 의문대명사는 어떤 특정한 명사(구)를 전제로 하지는 않는다.

또한 이른바 '비인칭 it'라는 명칭으로 설명되는 대명사 it는 명사(구)의 대용과는 아무 관계가 없다.

4.1.3 정의의 재음미

이와 같은 문제점에 비추어, <앞에 나온 명사를 대신하는 낱말을 가리킨다>란 대명사의 정의는 합리적이라기보다 대명사를 이해하는데 출발점이 되는 하나의 <편의적인 정의>로 '양해'하여야 할 것이다.

4.2 분류

4.2.1 전통적인 분류

대명사는 흔히 다음과 같이 분류된다.

(1) 인칭대명사(Personal Pronoun)

   I, you, he, she, it, we, they

(2) 지시대명사(Demonstrative Pronoun)

   this, that, these, those

(3) 부정대명사(Indefinite Pronoun)

   one, some, any, another, both, all

(4) 의문대명사(Interrogative Pronoun)

   who, which, what

(5) 관계대명사(Relative Pronoun)

who, which, that, what, ...

4.2.2 그 밖의 대명사

다른 품사의 경우도 그랬듯이, 학자들에 따라 대명사의 분류는 그 방식이 여러 가지로 다르다.
위에 제시한 분류는 전통적으로 여러 문법서에 채택되어 왔던 분류의 한 보기이다.
이 밖에 재귀대명사(reflexive pronoun) (4.6 참조), 상호대명사(reciprocal pronoun) (4.7 참조), 소유대명사(possessive pronoun) (4.9 참조) 등이 따로 설정되기도 하고, 지시대명사와 부정대명사는 명사와 함께 쓰이는 경우에는 관사, 수사 등과 함께 한정사란 명칭으로 묶이기도 한다. (1.6.2 참조)

4.2.3 대명사의 공통된 특성

대명사를 일단 (4.2.1)처럼 분류했을 때, 이렇게 분류되는 대명사들은 그 특성이 서로 크게 다르다.
하지만 특성이 서로 다르면서도, 모든 대명사는 한가지 공통된 특성을 지닌다. 명사(구)와 똑같이 하나의 문장에서 주어나 목적어가 될 수 있는 것이다.

4.3 인칭대명사

4.3.1 종류

인칭대명사는 다음과 같은 세 가지 인칭으로 나타난다.

		주격	소유격	목적격
1인칭	단수	I	my	me
	복수	we	our	us
2인칭	단수	you	your	you
	복수	you	your	you
3인칭	단수	he/she/it	his/her/its	him/her/it
	복수	they	their	them

1인칭은 '화자(speaker)'를 가리키며, 2인칭은 '청자(hearer)'를 가리키고, 3인칭은 '1인칭과 2인칭 사이에서 화제가 되는 제3자'를 가리킨다.

4.4 인칭대명사의 유의할 용법

4.4.1 포괄적 'we'와 배타적 'we'

we는 화자인 I를 포함하는 일인칭 복수를 나타낸다.
  그런데 다음 (a)에서는 we(의 목적격인 us)가 상대방인 you를 포함하고 있고, (b)에서는 you를 제외시키고 있다. you를 포함하는 (a)의 we를 '포괄적 we(Inclusive 'we')'라고 부르고, you가 제외된 (b)의 we를 '배타적 we(Exclusive 'we')'라고 부른다.

a. Let's go to the dance.
b. Let us go to the dance.

4.4.2 you와 thou

종교상의 의식 등과 관련된 문맥에서는 you 대신에 you의 고어에 해당하는 thou(주격), thee(목적격), thy(=your), thyself(=yourself), thine(=yours)이 쓰인다.

4.4.3 일반인을 나타내는 you, we, they

you, we, they는 특정한 사람을 가리킬 뿐만 아니라, 일반 사람(people in general)을 가리키는 데도 쓰인다.

You never know what may happen.
You can't learn English just by reading books about it.
cf. **One** never knows what may happen. (4.12.7 참조)

they는 you and I를 그 지시 대상에서 제외하는 점이 you와 다르다.

They(=people) say it's going to rain tomorrow.
Do **they** speak English in Australia?

좀 더 구체적으로, 다음에서 (a)는 화자가 서울 사람인 경우에 쓰이고, (b)는 청자가 서울에 사는 사람인 경우에 쓰인다. (c)는 화자나 청자가 다 서울에 살지 않는 경우이다.

a. **We** have a great deal of snow in Seoul.
b. **You** have a great deal of snow in Seoul, don't you?
c. **They** have a great deal of snow in Seoul.

앞에서 언급했듯이 we는 you를 포함하기도 하고 배제하기도 한다. 일반인을 나타내는 (a)의 we는 you가 배제되어 있지만, 다음 (d)의 we는 you를 포함하고 있다.

d. Do **we** have the right to destroy the world in which **we** live?

일반 사람을 가리키는 you는 문맥에 따라서는 화자 자신을 객관화하는 구실을 한다.

You can never tell.
(글쎄 .... 장담은 못하지요.)

4.4.4 he

일반사람을 나타내는 he는 문어체나 격언 등에서 쓰인다.

He whom god loves dies young.
(신의 사랑을 받는 이는 오래 살지 못한다.)

4.4.5 Editorial 'we'

필자(writer)가 자신을 표면에 내세우지 않기 위해서 I 대신에 쓰는 we를 Editorial 'we'라고 한다. Editorial 'we'는 필자가 본인과 독자를 묶어 부름으로써, 그에 대한 독자의 친밀감을 일으키게 하려는 의도도 갖는다.

We are convinced that this book supplies a long-felt want.
(저자는 이 책이 그 동안 많은 사람이 품어왔던 소망을 충족해 주리라 확신하는 바이다.)
As **we** have said above, the book deals with the history of language.

4.4.6 Paternal 'we'

어버이가 그의 자식에게, 또는 교사나 의사가 학생이나 환자에게 you 대신 사용함으로써, 상대방에게 부담감을 주지 않으려는 we를 말한다.

How are **we**(=you) feeling this morning?
We(=You) have to get up early, don't we?

4.4.7 Royal 'we'

군주나 권력자에 의해서 공식적으로 I 대신에 쓰이는 we를 말한다. Royal 'we'는 고문체(archaic)에 속한다.

4.4.8 인칭대명사의 격

(1) be 동사 다음의 주격보어로는 극히 격식적인 경우를 제외하고는 목적격이 쓰인다.

What would you do if you were **he**? — 극히 격식적인 경우
What would you do if you were **him**?

A: Who's that?   B: It's **me**.

I saw her with them; at least I thought it was **her**.
(나는 그녀가 그들과 함께 있는 것을 보았다. 적어도 나는 그들과 함께 있는 여자가 그녀라고 생각했다.)

(2) 목적격은 다음과 같이 하나의 낱말이 만드는 생략문에서도 주격을 대신한다.

A: Who broke the window?
B: **Me**.

위의 예문에서 Me를 I로 바꾸지는 못한다. I를 사용한다면 B의 응답은 I did.가 되어야 한다.

다음과 같은 생략문에서도 not 다음에는 목적격이 자연스럽다.

    A: Bob will lend you some money.
    B: No, not **him**. (=No. He will not lend me any money.)
    It was she who insulted us, not **him**.

(3) (정형절과 달리) 부정사구문을 이용한 감탄문에서도 주어의 자리에는 목적격이 쓰인다.

    Him insult me in front of the others!
    (아니 다름 아닌 그가 남들 앞에서 나를 모욕하다니!)

(4) as, but(=except), than 다음에서도 일상체에서는 목적격이 흔히 쓰인다.

    She is as intelligent as { **he**. ... 격식체 / **him**. ... 일상체 }
    A: Who could do a thing like that?
    B: Nobody but/except { **she**. / **her**. }
    Bill can speak English more fluently than { **I**. / **me**. }

4.5 It의 유의할 용법

4.5.1 it가 가리키는 여러 가지 구조

It는 (a-c)에서처럼 밑줄 친 명사구를 가리는 대명사로 쓰이는 이외에도, (d-f)에서처럼 구와 절을 가리킨다.

a. He took a stone and threw it.
b. Look at that bird. It always comes to my window.
c. The committee met soon after it had been appointed.
d. A: I'm trying to get a taxi.
   B: You won't find it easy.
e. John did not come, as Mary had expected it.
f. Many students never improve. They get no advice and therefore keep repeating the same mistakes. It's a terrible shame.

4.5.2 사람을 가리키는 it

(1) <신원>을 묻고 밝혀야 할 상황에서는 사람을 가리키는데도 it가 쓰인다.

    a. There's somebody at the door. Go and see who it is.
    b. Who's there? Oh, it's you.

예문 (a-b)와 달리 (c)에서 it를 쓰지 못하는 것은 (c)가 제3자의 <외모>를 문제 삼고 있기 때문이다.

    c. A: There's someone at the door.
        B: What is he/*it like?

(2) 사람을 가리키는 대명사에는 this와 that도 있다.
사람을 가리키는 this/that와 it는 다음과 같은 차이가 있다.

    (a) 눈앞에 보이는 사람을 가리키며 소개하거나 신원을 묻고 밝힐 때에는 this와 that가 쓰인다. (4.10 참조)
    This is Mary.
    That is my teacher.

사람을 나타내는 this/that는 목적어가 되지 못한다.
He is going to marry *this/*that.

(b) 다음에서 It was a policeman.은 It was a policeman that knocked the door impatiently.로 그 뜻을 풀어 쓸 수 있다.
이를 근거로, 사람을 가리키는 It가 이끄는 구문은 that 이하가 생략된 분열문(4.5.5 참조)으로 간주할 수도 있다.
Somebody knocked the door impatiently. She went to the door and peered through the key hole. It was a policeman.

(c) It는 눈앞에 보이는 사람을 가리키며 신원을 묻는 질문에 대한 <응답>으로 that man이나 that를 대신하기도 한다.
A: Who is that (boy) over there?
B: It's(=That's) my brother.

(2) 그 성이 알려져 있지 않거나 성의 구별이 중요하지 않은 갓난아이 등을 가리킬 때는 he/she 대신에 it가 쓰일 수 있다.

Her baby's due next month. She hopes it will be a boy.
The baby next door kept me awake. It cried all night.

4.5.3 비인칭 it(Impersonal 'it')

날씨, 명암, 시간, 날짜, 거리 등을 나타내는 it를 말한다.

It is raining.
It was dark.
It is ten o'clock.
It's Monday today.

It's my birthday tomorrow.
It is twenty miles to Seoul Station.

It를 주어로 하고 blow를 술어동사로 하여 '바람이 불다'라는 뜻을 나타낼 때, blow는 명사나 부사를 수반하여야 한다.

On the night of the 15th, it blew a heavy gale.
(15일 저녁에는 강풍이 불었다.)
It was blowing very hard.
(바람이 몹시 세게 불고 있었다.)

4.5.4 형식주어(Formal Subject)와 형식목적어(Formal Object)

(1) 형식주어
다음에서 주어의 자리를 차지하는 it는 밑줄 친 부분을 대신함으로써 형식주어(formal subject)의 구실을 한다.

How does it feel to be home again?
(다시 집에 돌아온 기분이 어때요?)
It was nice seeing you.
It's convenient living so close to the station.
It's too bad you couldn't have been there.
He wondered if it was true what she said.
It matters little to me where you may go.

부정사구, 동명사구, 명사절 등의 비교적 긴 어구가 주어가 될 때, It를 형식주어로 내세우고 긴 주어를 문장의 뒷부분으로 돌리는 어순의 변환을 '외치변형(extraposition)'이라고 한다.
영어에는 어순상 하나의 문장에서 길이가 길거나 구조가 복잡한 요소는 문장의 뒷자리를 차지하는 규칙이 있다. 이를 'end-weight의 원칙'이라 부른다. 외치변형은 이 end-weight의 원칙에 따른 어순 변환으로 설명될 수 있다.

한편 얼핏 보기에 외치변형으로 보이지만, 그 기능이 약간 다른 구문에 다음이 있다.

> **It**'s astonishing, the size of his head.
> (그것은 정말 놀라웠어. 그 친구 머리의 크기 말이야.)

위의 예문은 '우변전이(right dislocation) 구문'으로 불린다. 우방전이구문은 일단 대명사로 문장을 시작했다가, 그 대명사가 무엇을 가리키는지를 상대방에게 다시 확인시켜 주거나 부연하는 기능을 갖는다. 우방전이구문에서는 반복되는 명사구 앞에 (,)가 붙는다.

다음 (a), (b)에서 (a)는 It를 형식주어로 삼은 외치변형의 예가 되고 (b)는 우방전이구문의 예가 된다.

> a. **It**'s been a great pleasure showing you the sights of Seoul.
> b. **It** was a real shock, seeing her picture in that gossip paper.

참고로 It가 쓰이지 않은 외치변형과 우방전이구문의 예도 들어보면 다음과 같다.

> a. All of us were frightened **except the captain**.
> (< All of us except the captain were frightened.)
> b. He's always late, **John**.
> (그 친구는 언제나 늦단 말이야. 그 John이란 친구.)

(2) 형식목적어

다음에서 it는 목적어의 자리를 차지함으로써 end-weight의 원칙에 따라 문장의 뒷자리로 이동한 진목적어(예문에서 밑줄 친 부분)를 대신한다.

I find **it** difficult to talk to him about anything serious.
George made **it** clear that he disagreed.

(3) 예외적 구문
더러는 다음과 같은 예외적인 구문도 있다.

After ten years' devotion he **thought fit** to discharge her without a pension.

to 이하가 목적어에 해당하고 fit가 목적보어라면 thought 다음에는 당연히 형식목적어 it가 필요하다. 하지만 숙어처럼 쓰이는 think fit to ...는 think 다음에서 it를 생략한다. think fit (또는 right/proper) to ...는 '바람직하지 않는 난처한 일을 하고도 그것을 당연한 일처럼 여긴다'란 뜻을 갖는다.
한편 see to it that ... (=make sure that .../...토록 다짐한다) 구문에서는 that를 가리키는 형식목적어를 포함하는 to it의 생략이 수의적이다.

We'll see **(to it)** that all necessary precautions are taken.
(필요한 예방 조처를 다 취했는지 확인하겠습니다.)

(4) 형식주어와 형식목적어는 가주어, 가목적어라고도 불리며 또한 '예비의 it(preparatory 'it')'란 명칭으로 설명되기도 한다.

4.5.5 분열문(Cleft Sentence)

(1) It는 It ... that ...의 틀을 이용한 분열문(cleft sentence)을 만든다.

You are mistaken.
⇒ **It** is you that are mistaken.
　　　초점　　전제

강조구문의 일종으로 설명되기도 하는 분열문은 that 이하를 <전제>로 삼고 It + be 다음에 오는 요소가 <초점>이 된다.
 어떤 정보를 <전제>로 삼는다는 것은 화자나 청자가 그 정보를 기정 사실로 받아들여 그 진위를 문제삼지 않는다는 뜻이며, 어떤 정보가 <초점>이 된다는 것은 그 정보가 청자의 당초의 기대에 어긋남으로써 화자가 특히 강조하고자 하는 요소에 속한다는 뜻이다.

(2) 구조상 분열문의 초점이 되는 것은 명사(구)와 부사(구)이다.
다음에서 밑줄 친 (a-d)는 모두 분열문의 초점이 될 수 있다.

   John wore his best suit to the dance last night.
   (a)   (b)   (c)   (d)

(3) 분열문(cleft sentence)의 경우에만은 초점의 자리에 대명사의 주격이 상대적으로 자연스럽게 쓰인다.

   It is I that (또는 who) had persuaded him. (> I persuaded him.)

격식성이 아주 낮은 일상체에서는 초점의 자리에 주격 대신 목적격이 쓰이기도 하지만 이런 경우에는 that를 who로 대체하지는 못한다.

   It was me that (*who) did it.

4.5.6 관용적 표현에서 사용하는 상황의 it(Situation 'it')

(1) 주어

   How is it with him? (=How is he?)
   It's well with him. (=He is well.)

위의 예문에서 it는 굳이 따지자면 '막연한 상황'을 가리킨다. 다음과 같은 예를 추가할 수 있다.

It is all over with him. (그는 이제 끝장이야.)
As it happens, ... (공교롭게도)
If it hadn't been your help, ...
As it is, there is no alternative but to yield. (현실이 이러하니, ...)

(2) 목적어

Fight it out. (끝까지 싸워라.)
You can't help it. (=별 도리가 없어.)
How do you like it here? (이곳이 마음에 드십니까?)

'상황의 it'은 '부정의 it(indefinite 'it')'라는 명칭으로 불리기도 한다.

4.6 재귀대명사(Reflexive Pronoun)

4.6.1 형태

재귀대명사는 대명사 1, 2인칭의 소유격과 3인칭의 목적격에 self(selves)를 부가해서 만든다.

인칭	단수	복수
1인칭	myself	ourselves
2인칭	yourself	yourselves
3인칭	himself/herself	themselves

4장 대명사   167

4.6.2 용법

(1) 재귀용법(reflexive use): 동사(구)의 목적어가 주어와 동일한 경우

>History repeats **itself**.
>I cut **myself** shaving this morning.
>Talking to **yourself** is the first sign of madness.
>She knew him better than he knew **himself**.

바로 위의 예문에서 himself 대신에 him을 쓴다면, 이 him은 주어 he와는 다른 제3자를 가리킨다.

>He behaved **himself**. (그는 얌전하게 행동했다.)
>I expect you to behave $\begin{cases} \text{*myself.} \\ \text{*you.} \\ \text{yourself.} \end{cases}$

위의 예문에서 yourself가 문법에 맞는 것은 to behave의 의미상의 주어가 you이기 때문이다.

behave oneself처럼 동사 + 재귀대명사가 하나의 숙어처럼 쓰이는 예로는 다음이 있다.

>He **absented himself** from the meeting.
>He **applied himself** to his new job.
>(그는 새로 얻은 일에 헌신적으로 전념했다.)
>You should **avail yourself** of every chance to improve your English.
>(너는 영어 실력을 향상하기 위해서는 모든 기회를 이용하여야 한다.)
>She **busied herself** cooking the dinner.
>He refused to **commit himself**.
>(그는 언질을 주지 않았다.)

He **avenged/revenged himself** on the murderer.
(그는 살인자에게 복수를 했다.)
Did you **enjoy yourself** at the party?
(파티에서는 흥겨웠습니까?)

위의 예문에 나오는 재귀대명사는 생략이 불가능하다. 하지만 다음과 같은 동사 다음에서는 생략된다.

How long will it take you to **wash, shave and dress**?
That looks like a nice place to **hide**.

재귀대명사는 (동사)+전치사의 목적어가 될 뿐만 아니라, 주격보어의 자리를 차지하기도 한다.

Take care of **yourself**.
He is not quite **himself** these days.
(=He is not in normal state of body or mind these days.)

(2) 강조용법: 주어 또는 목적어를 강조하는 경우

What does William **himself** think of it?
(William 자신은 그것을 어떻게 생각하나요?)
I offered to carry the parcel **myself**.
(나는 내가 그 짐을 직접 들고 가겠다고 나섰다.)
The girl was simplicity **itself**.
(=The girl was very simple.)

강조구문에서 쓰이는 재귀대명사는 어순상 다음과 같은 융통성이 있다.

I have never been there **myself**.

⇒ I **myself** have never been there.
⇒ I have never **myself** been there.

재귀대명사가 인칭대명사를 강조하는 경우에는 주어의 경우를 제외하고는 인칭대명사는 생략되어야 한다.

He isn't any better informed than **myself** (*me myself).

(3) <u>전치사 + 재귀대명사가 만드는 관용구</u>

The door opened **of itself**.
(문이 저절로 열렸다.)
I want to make it **for myself**.
(나는 내 힘으로 그것을 이룩하고 싶다.)
It is not good nor bad **in itself**.
(그것은 그 자체는 본래 좋은 것도 나쁜 것도 아니다.)
Between ourselves, I don't like to go.
(우리끼리 이야기지만 나는 가고 싶지 않아.)
I went all **by myself**. (=I went alone.)
She was **beside herself** with rage.
(=She was almost mad with rage.)

다음과 같은 의미 차이도 유의할 만하다.

a. I cooked it **by myself**.
b. I cooked it **for myself**.

(a), (b)가 똑같이 '나 혼자서 그것을 요리했다'라는 뜻이지만, (b)는 '내가 요리해서 내가 먹었다'라는 뜻을 분명히 한다. for oneself가 for the benefit of oneself라는 뜻을 내포하기 때문이다.

4.6.3 재귀대명사를 사용하지 않는 경우

above, about, on, beside, in front of와 같은 공간 관계를 나타내는 전치사(구) 다음에서는 주어와 일치하는 경우에도 재귀대명사가 쓰이지 않는다.

He kept the door open behind **him**.
He looked about **him**.
Have you any money on **you**?
She had her fiance beside **her**.
They placed their papers in front of **them**.

위와 같은 예문을 전제로 할 때, 다음에 나오는 재귀대명사의 용법은 유의할 만하다.

a. John ignored the oil on { **him** (=John).
                                        ***himself**.

b. John smeared the oil on { **himself**.
                                        ***him** (=John).

(a)나 (b)에서 him과 himself가 똑같이 John을 가리키건만 (a)에서는 him이 알맞고 (b)에서는 himself가 알맞은 것은 (a)에서의 on him은 the oil의 위치를 설명해주는 형용사구의 구실을 하고 있는 데 반해서, (b)에서는 smeared the oil on ...이 의미상 타동사와 비슷한 구실을 하고 himself가 목적어와 비슷한 구실을 하고 있기 때문이다.

다음에서도 (c)와는 달리 (d)에서 재귀대명사가 필요한 것은 have control over ...가 의미상 타동사와 비슷한 구실을 하고 있기 때문이다.

c. John has no covering over { **him**.
                                     ***himself**.

(John은 아무 것도 덮고 있지 않다.)

d. John has no control over $\begin{cases} \text{*him.} \\ \text{himself.} \end{cases}$

(John은 자제할 줄을 모른다.)

다음은 him/himself를 다 쓸 수는 있지만, 의미가 다른 예이다.

e. John has many books about $\begin{cases} \text{himself.} \\ \text{him (=John).} \end{cases}$

(e)에서 books about him은 '남이 그에 대해서 쓴 책'을 뜻하고 books about himself는 'John 자신이 자기에 관해서 쓴 책'을 뜻한다.

4.7 상호대명사(Reciprocal Pronoun)

4.7.1 each other/one another

(1) 상호대명사는 '서로'라는 뜻을 갖는 each other, one another를 말한다. 규범적인 학교문법에서는 선행사가 두 사람(사물)인 경우는 each other를, 세 사람(사물)인 경우는 one another를 사용한다고 설명하지만, 실제로는 each other는 일상체에서 흔히 쓰이고, one another는 격식체에서 흔히 쓰인다는 차이 외에는 용법상 차이가 없다.

John and Mary like **each other/one another**.
The four children are fond of **each other/one anothe**r.

상호대명사인 each other/one another는 의미상 각각 다음 구문과 유기적 관계를 갖는다.

They **each** blamed **the other**.

The passenger disembarked **one after another**.

(2) 상호대명사는 소유격을 만들 수 있고 전치사의 목적어가 될 수도 있다.

The students borrowed **each other's** books.
Their letters to **each other** were delivered by their common friend.

(3) 다음 (b)는 each other 없이도 (a)와 뜻이 같다.

    a. John and Mary kissed **each other**.
⇒ b. John and Mary kissed.

하지만 (c)의 경우는 each other를 생략하지 못한다.

    c. John and Mary hit **each other**.
⇒ d. *John and Mary hit.

kiss처럼 '서로 .... 하다'란 뜻을 나타낼 때 each other를 생략해도 좋은 동사 (또는 형용사)에는 meet, quarrel, resemble (또는 be similar, be identical)이 있다.
fight도 each other는 생략할 수 있다. 하지만 다음 (e)와 (f)에서의 fight는 의미가 다르다.

    e. John and Mary **fought** every day.
    f. John and Mary **fought** to save their marriage.

(e)는 John and Mary fought <u>each other</u>.에서 each other가 생략된 문장으로 해석할 수 있지만, (f)는 John and Mary fought <u>together</u> ...의 뜻을 내포한다.

4.8 대명사화(Pronominalization)

4.8.1 순행대명사화와 역행대명사화

다음 두 문장을 살펴보면 (a)는 아무래도 어색하다. 동일인인 my aunt가 되풀이되고 있기 때문이다. (b)처럼 되풀이된 my aunt를 she로 바꿀 때 비로소 두 절은 밀접한 관계를 갖는 자연스런 문장이 된다.

   a. <u>My aunt</u> saw us, and **my aunt** waved at us.
   b. <u>My aunt</u> saw us, and **she** waved at us.

그런데 (a)를 (b)로 바꾸어 쓸 수는 있지만 (c)로 바꾸지는 못한다. (c)에서는 she와 my aunt가 동일인이 될 수 없는 것이다.

   c. **She** saw us and <u>my aunt</u> waved at us.

그러나 (d-e)의 경우는 Bob과 he는 어느 쪽이 선행하건 동일인일 수 있다.

   d. When <u>Bob</u> looked out the window, **he**(=Bob) saw that it was snowing.
   e. When **he**(=Bob) looked out the window, <u>Bob</u> saw that it was snowing.

(d)처럼 동일인을 가리키는 두 명사 가운데 두 번째 명사를 대명사로 바꾸는 대명사화를 '순행대명사화(forward pronominalization)'라고 하고, (e)처럼 앞의 명사를 대명사로 바꾼 대명사화를 '역행대명사화(backward pronominalization)'라고 한다 (순행대명사화는 앞서 3.5.2, 4.10.2, 4.12 등에서 사용했던 용어를 빌리자면 전방조응의 표현의 예가 되고, 역행대명사화는 후방조응표현의 한 예가 된다).
   그런데 (e)는 역행대명사화가 가능했지만, 다음 (g)의 경우는 (c)의 경우처럼 역행대명사화가 불가능하다. (g)에서의 he는 Bob을 가리킬 수 없는 것이다.

f. Bob saw that it was snowing when **he**(=Bob) looked out the window.
g. **He** saw that it was snowing when Bob looked out the window. (He ≠ Bob)

4.8.2 역행대명사화의 조건

그렇다면 역행대명사화는 어떠한 조건하에서 가능한 것일까?

한 문장에 동일인(물)을 가리키는 명사가 되풀이될 때, 종속절(비정형 절로 간주할 수 있는 부정사구와 동명사구 포함)에 나오는 명사는 순서에 관계없이 대명사로 바꿀 수 있다.

그렇기 때문에 위의 예문에서 (e)는 역행대명사화가 가능했지만, (c)나 (g)는 그렇지 못했던 것이다.

다음 (h-k)의 경우에도 (h-i)의 he/him과 Tony는 동일인일 수 있는 반면, (j-k)의 he/him은 그렇지 못하다.

h. If **he** feels good, Tony will go. (he = Tony)
i. For you to give **him** a present would please Tony. (him = Tony)
j. **He** will go if Tony feels good. (he ≠ Tony)
k. It would please **him** for you to give Tony a present. (him ≠ Tony)

참고로 위에서 설명했던 역행대명사화의 조건은 부정대명사 one, 동사구의 대용형 (do so)에도 똑같이 적용된다.

(1) a. If I see **one**, I will buy you a hot dog. (one = a hot dog)
    b. I will buy you **one**, if I see a hot dog. (one ≠ a hot dog)
    ⇒ c. I will buy you a hot dog if I see **one**.

(a)의 경우 종속절의 one은 주절에 나오는 a hot dog를 가리킬 수 있지만, (b)는 (c)로 고쳐야 한다.

(2) a. After Henry **did so**, Bill touched the sword.
   (did so = touched the sword)
   b. Bill **did so** after Henry touched the sword.
   (did so ≠ touched the sword)
   ⇒ c. Bill touched the sword after Henry **did so**.

종속절의 did so는 그 다음에 나오는 동사구를 가리킬 수 있지만, (b)는 (c)로 고쳐야 한다.

4.8.3 대명사화와 문맥

그런데 위에서 설명한 대명사화의 규칙을 전제로 한다면 다음 (a), (b)는 모두 he와 John이 동일인일 수 있으며 문법상 하자가 없다.

a. If he can, John will do it.
b. If John can, he will do it.

하지만, (c)처럼 A가 말한 선행 문장을 전제로 했을 때의 대명사화는 사정이 다르다.
특정한 문맥을 전제로 하지 않는 경우에는 문법상 역행대명사화가 가능하지만, who로 시작하는 의문문 다음에서는 (상대방이 요구하는 새로운 정보인) 특정명사(구)가 선행하는 순행대명사화가 알맞은 것이다.

c. A: Who will do this for me?
   B: If John can, **he** will do it.
   *If **he** can, John will do it.

(d)는 (c)와는 반대가 되는 경우이다.

d. A: What will John do this Sunday?
　B: If **he** can, John will go to see a movie.
　*If John can, **he** will go to see a movie.

　If John can, he will go to see a movie.는 문맥을 전제로 하지 않는 경우는 문법상 잘못이 없지만, A가 전제가 되는 경우는 My aunt saw us, and my aunt waved at us 만큼이나 어색하다.
　언어의 활용이란 관점에서 대명사화를 살피는 경우, 문맥의 고려는 이렇게 아주 중요하다.

4.8.4 역행대명사화와 부사구

역행대명사화의 예는 부사구에서도 발견된다.

In **his** memoirs, <u>Winston Churchill</u> tells us ...
Because of **his** ill health, <u>Tony</u> had to give up his job.
In **her** pink dress, <u>Susan</u> was like a princess.

4.9 소유대명사(Possessive Pronoun)

4.9.1 소유격과 소유대명사

(1) 소유대명사는 다음 예에 나오는 hers나 mine처럼 <u>대명사의 소유격 + 명사</u>를 대신하는 대명사를 말한다.

　This is <u>her book</u>. = This (book) is **hers**.
　This is <u>my watch</u>. = This (watch) is **mine**.

(2) 소유대명사는 흔히 이중속격을 만든다.

I met **an old friend of mine**.
It was **no fault of hers**.

4.9.2 own의 용법

(1) 소유의 뜻은 흔히 own에 의해서 강조된다.

It was her **own** idea.
I will not be dictated in my **own** house.
(남의 집도 아닌 바로 나의 집에서 남의 명령을 받을 수는 없어.)

(2) 문맥상 own 다음에 오는 명사는 쉽게 짐작되는 경우 흔히 생략한다.

They treated the child as if she were their **own**.

(3) 또한 대명사의 소유격+own은 이중속격에도 쓰인다.

She had always wanted **a room of her own**.
As they had **no children of their own**, they adopted an orphan.

(4) own은 '소유'의 뜻 대신에 '직접적 행위'를 나타내기도 한다.

She cooks her **own** meal.
(그녀는 자기 식사를 자기가 직접 요리한다.)
Can't I choose my **own** wife?
(내 아내를 내가 직접 고를 수 없다는 말입니까?)

4.10 지시대명사(Demonstrative Pronoun)

4.10.1 this와 that의 대조적 용법

지시대명사란 this(these)나 that(those)와 같은 대명사를 가리킨다. this (these)는 공간적으로나 시간적으로, 또는 심리적으로 화자 쪽에 가까운 사람이나 사물을 가리키고, that(those)는 화자로부터 먼 사람이나 사물을 가리킨다.

(1) 공간적

> **This** is my friend Charlie Brown.
> **That** is my friend Charlie Brown.

남을 소개할 때 소개할 대상은 화자나 청자 가까이 있기 마련이어서 지시대명사로는 this가 쓰이고, 멀리 있는 사람을 가리키며 그 신분을 밝힐 때는 that가 쓰인다.
　this와 that는 this picture나 that flower에서처럼, 명사를 수반하는 경우에는 지시형용사(demonstrative adjective)라고 불리는데, 한정사의 일종으로 다루어지기도 한다 (1.6.2 참조). (지시대명사와 지시형용사는 그 용법이 원칙적으로 동일하므로, 이 장에서는 필요에 따라 지시형용사에 관해서도 아울러 언급하기로 한다).

(2) 시간적

　this morning은 the morning of today를, that morning은 the morning of a day some time ago를 뜻한다. this는 시간적으로 가까운 미래를, that는 과거를 나타내기도 한다.

We're going to the opera tonight. **This** will be our first outing for months.
(우리는 오늘밤 opera를 보러 갈거야. 오늘밤의 나들이는 몇 달만에 처음이지.)
We went to the opera last night. **That** was our first outing for months.
(우리는 어젯밤 opera를 보러갔지. 어젯밤의 외출은 모처럼 몇 달만에 처음이었어.)

(3) 심리적

심리적으로 this는 '애정'과 '자랑' 등 긍정적 감정을 반영하고, that는 '경멸' 등 부정적 감정을 반영한다.

This firm of ours is becoming one of the biggest in the country.
(본사는 우리나라 굴지의 회사로 발돋움을 하고 있습니다.)
Damn. There's **that** inspector again!
(제기랄. 저 감독관이 또 나타났어!)

위의 (3)의 설명과 예문은 Declerk(1991:279)에서의 인용인데, Evans and Evans(1957:510)에는 다음과 같은 언급이 있다.
"... this와 that는 어떤 대상을 <지시>하는데 쓰이는데, 그렇게 지시할 필요가 없거나 지시할 의도와는 달리 쓰일 때, 예를 들어 that woman!, this son of yours 등은 경멸 적인 뜻을 지닌다. that가 this 보다 경멸의 뜻이 더 강하다. those도 간혹 경멸적인 뜻을 함축하는데, these는 그렇게 쓰이지 않는다."

this (these)는 친근한 사람끼리 격식을 차리지 않고 이야기를 나눌 때, 명사 앞에 붙이기도 한다.

I was walking along the street when this girl came up to me, ...
(this girl = a girl I'm going to tell you about)

위의 예문에서의 girl 앞에 this가 쓰인 것은 this girl이 지금 눈앞에 있기 때문도 아니고 앞 문장에 등장했기 때문도 아니다.

상대방에게 신정보에 속하는 girl에 부가한 this는, 화자의 마음속에 존재하는 girl을 상대방과의 공동 관심사로 끌어들이려는 심리를 반영한다.

(4) 기타 용법

앞에 나온 두 명사구를 대조적으로 가리키는 경우 this(these)는 후자(=the latter)를, that(those)는 전자(=the former)를 가리킨다.

> Dogs are more faithful animals than cats; **these** attach themselves to places, **those** to persons.
> The generals decided that it was time to put their plans into operation.
> { **They** ...
> { **These** ...

위의 예문에서 두 번째 문장을 They로 시작하는 경우 they는 the generals를 가리키고, These로 시작하는 경우 these는 their plans를 가리킨다.

다음 예문에서 these와 those는 똑같이 the lions and the polar bears를 가리킨다.

> a. A: I like the lions, and I like the polar bears.
>   **These** are my favorites.
> b. A: I like the lions, and I like the polar bears.
>   B: **Those** are my favorites, too.

그런데 (a)에서 these가 쓰인 것은 이 두 문장이 동일한 화자가 한 말이기 때문이고, (b)에서 those가 쓰인 것은 첫 문장과 그 다음 문장은 화자가 다르기 때문이다.

these가 쓰인 (a)의 경우, A는 the lions and the polar bears와 자신의 관

계를 가깝게 보고 있고, 상대방이 한 말을 듣고 맞장구를 친 (b)의 경우, B는 the lions and the polar bears와 자신의 관계를 상대적으로 멀게 보고 있다.

신호가 울려서 전화를 받을 때 "누구시지요?"에 대응하는 표현으로는 (a)와 (b)가 있다.

  a. Who is **that**, please?
  b. Who is **this**, please?

(a)는 전화를 건 <상대방>에, (b)는 <지금 귀에 들려오는 목소리>에 초점을 둔 표현으로 볼 수 있다.

Br. E.에서는 자기를 소개하는데는 this를, 상대방이 누군지를 묻는데는 that를 사용한다.

  Hello! **This** is Carter. Is **that** Mildred?

4.10.2 전방조응과 후방조응

(1) this와 that는 다 같이 문맥상 앞에 나왔던 특정한 낱말이나 구절 또는 문장의 내용을 가리킬 수 있다. 그러나 앞으로 나올 낱말과 구절 또는 문장을 미리 가리킬 수 있는 것은 this에 한한다.

  I heard Friday's meeting has been cancelled. If **this/that** is so, I shall protest very strongly.
  He had always had his own way at home and **this/that** made him a poor roommate.
  Listen to **this/*that**! They've cancelled Friday's meeting.
  (내 말 좀 들어봐요. 금요일 회의는 취소되었어요.)
  "What I really wanted to know is **this/*that**," he said. "Do you feel

that you have more freedom now than you had in those days?"

문맥상 앞에 나온 내용을 가리키는 경우, 다음 예문에서의 that는 at와 더불어 숙어를 만든다.

> He did not know Graham Greene, only Hemingway and very imperfectly **at that**.
> (그는 Graham Greene이란 작가에 대해서는 아는 바가 없었고, 겨우 Hemingway를 알고 있었는데, 그것도 아주 조금 알고 있을 뿐이었다.)
> Let it go **at that**.
> (그런 대로 내버려둬.)

(2) that(those)는 앞에 나온 명사의 반복을 피하기 위한 대명사로 쓰인다.

> The climate of this country is like **that** of France.
> Their lives were like the lives of animals and not like **those** of human beings.

4.10.3 기타 용법

(1) that/those는 격식체에서 관계대명사의 선행사가 될 수 있다.

He admired
- **that** which was expensive.
- *__that__ who danced well.
- **those** which were expensive.
- **those** who danced well.

즉 관계대명사의 선행사로 쓰이는 that, those는 '사물'을 가리키며, those에 한해서는 '사람'도 가리킨다. 사람을 가리키는 those는 독립적으로도 쓰인다.

Be kind to **those** around you.
(이웃에게 친절하게 하시오.)

(2) 일상체(informal style)에서 this와 that는 부사의 구실도 한다.

Is he **that** tall (=as tall as that)?
(그가 그 정도로 키가 크단 말이야?)
I know **this** much.
(나는 이런 정도는 알아요.)

(3) this, that 이외에 지시대명사로는 such도 쓰인다.

If you act like a child, you must be treated as **such**.
(당신이 어린애처럼 행동하면, 어린애 대우를 받아야 해.)
We had predicted his victory and **such**(=that) was the result.

4.11 대명사와 그 밖의 대용형

앞에서 살펴보았듯이 인칭대명사인 it나 지시대명사인 that는 앞에 나왔던 절을 대신할 수 있다.
절을 대신하는 대용형으로는 그 밖에 so가 있다.
절을 대신하는 it나 that와 so는 용법상 다음과 같은 차이가 있다.

4.11.1 it와 so

다음과 같이 think, hope, believe 다음에서는 so가 쓰인다.

A: Will he come?

B: I think/hope/believe **so** (=he will come).

반면에 regret 다음에서는 it가 쓰인다.

John regretted that Bill had not come, and I regretted **it** (=Bill had not come), too.

regret는 이른바 사실전제동사(5.34 참조)에 속한다. 사실전제동사는 that가 이끄는 종속절 앞에 the fact를 부가할 수 있는데, 거꾸로 말한다면 (a)는 (b)에서 the fact를 생략한 문장으로 볼 수도 있다.

a. John regretted that Bill had not come.
⇐ b. John regretted **the fact** that Bill had not come.

이와 같이 (a)가 (b)의 생략형이란 분석을 근거로, regret가 절의 대용형으로 it를 택하는 것은 that가 이끄는 절을 대신한다기보다는 that절을 이끄는 the fact를 대신하기 때문이라는 주장도 있다.
하지만 이와 같은 주장은 비사실전제동사인 doubt가 대용형으로 it를 필요로 하고, believe 역시 문맥에 따라서는 it를 수반할 수 있는 사실을 설명하지 못한다.
강한 의문을 나타내는 doubt는 언제나 절의 대용형으로 it와 함께 쓰이며, believe는 so를 수반하지만 believe 역시 그 믿음의 확고함을 나타내기 위해서는 it를 쓸 수 있다.

Chomsky said that deep structure exists, and I believe **it**(=deep structure exists).
A: Will he come?
B: I doubt **it**.

그런가 하면 앞에 나온 절을 it/so로 대신하지 않고 생략할 수 있는 동사도 있다. ask, know, remember, forget, matter 등이 그러하다.

A: Will he come?
B: I don't **know/remember**.

4.11.2 so

(1) (believe 등이 예외적으로 절의 대용형으로 it를 수반하는 경우가 있지만) 대체적으로 절의 대용형으로 so를 수반하는 동사는 다음과 같다.

assume, believe, dream, expect (=suppose, suspect), fancy, fear, find (=experience), gather (=understand), guess, hear, hope, imagine, inform, notice, pray, presume, reckon, say, see, suppose, suspect, tell, think, understand, wish, ...

(2) so는 동명사(구)나 부정사(구)의 대용형이 되지 못한다.

I don't mind staying/*mind **so**.
You can leave now if you want (to)./*want **so**.

(3) see, hear, understand 등과 함께 쓰이는 경우, so는 어순상 문장의 앞자리를 차지한다. say나 tell과 함께 쓰이는 경우도 흔히 그렇다.

A: I'm in trouble.
B: **So** I see./**So** I've heard./**So** I understand.
Mary is expecting a baby, or **so** she tells me.
So her husband says.

4.11.3 that와 so

a. A: Harry is gay.
   B: Who says **so**?
b. A: Harry is gay?
   B: Who said **that**?

(a)는 "누가 Harry가 호모라고 그래?"라는 뜻으로 Harry가 호모라는 것이 믿어지지 않는다는 뜻을 함축하고, (b)는 "그런 말을 누가 했어?"라는 뜻으로 그런 말을 발설한 것이 누구인가에 초점이 있다.

4.12 부정대명사(Indefinite Pronoun)

부정대명사에는 다음과 같은 것이 있다.

all, both, either, neither, each, some, any, none, one, other, another, anyone, someone, nobody, anybody, everybody, somebody, nothing, anything, everything, ...

부정대명사의 주요 용법은 다음과 같다.
(부정대명사 가운데 all, both, each, some, any, either, neither, another, ... 등은 한정사로도 쓰이므로, 필요에 따라서는 부정대명사의 한정사적 용법과 every, no 등 한정사에 관해서도 아울러 언급하기로 한다.)

4.12.1 all

(1) all은 사람을 뜻할 때에는 복수로 간주되며, 물건이나 상황을 나타낼 때에는 단수로 간주된다.

a. **All** are dead.
   (모든 사람이 죽었다.)
b. **All** is lost.
   (만사는 허사가 되었다.)
c. **All** were silent.
   (모든 사람은 입을 열지 않았다.)
d. **All** is silent.
   (만물이 고요하다.)

(2) 한정사로 쓰이는 all은 가산명사나 불가산명사와 공히 쓰이고, many나 several 등과 달리 가산명사의 복수형은 물론 단수형과도 결합한다.

All the windows were broken .... 복수가산명사
He has eaten **all** ⎰ **the loaf** .... 단수 가산명사
            ⎱ **the bread** .... 불가산명사

(3) all은 다음과 같은 명사구를 만든다.

all of my friends
all my friends
all of the books
all the books
all books
*all of books
all whisky
*all of whisky

즉 all이 만드는 명사구는 다음과 같은 특성을 갖는다.

1) all of 다음에 오는 명사는 반드시 정관사(또는 소유격)를 필요로

한다.

2) 다음에서 (a)와 (b)는 특정성(definiteness)에서 차이가 있다.
   a. **All** children like going to the zoo. ... 비특정적
      All milk contains calcium.
   b. **All** the children wanted to go to the zoo. ... 특정적
      All the milk has gone sour.

3) 특정한 날짜를 명시할 필요가 있는 경우를 제외하고 all 다음에 오는 day나 night 앞에는 정관사를 부가하지 않는다. 정관사는 수사 앞에서도 흔히 생략된다.
   Has he been working **all day**?
   They waited **all night**.
   The police already interrogated **all (the) seven** witnesses.

(4) all은 부사의 구실도 한다.

   They were **all** broken.
   He has eaten it **all**.

그런데 부사로 쓰이는 all의 어순상 위치는 융통성이 있지만 all이 주어와 be 동사(또는 조동사)의 중간에 오는 것은 어색하다.

   *We **all** are satisfied.
   ⇒ We are **all** satisfied.
   *They **all** have lied to us.
   ⇒ They have **all** lied to us.

(5) 전체부정과 부분부정 (4.12.9 참조)

4.12.2 both, either, neither

(1) '두 사람'이나 '두 물건'을 나타내는 both도, all과 마찬가지로 그 다음의 of (the)를 생략할 수 있다.

Both $\begin{Bmatrix} \text{of the windows} \\ \text{the windows} \\ \text{windows} \end{Bmatrix}$ were broken.

또한 both는 부사적으로 쓰일 때, 다음과 같은 자리에 올 수 있다.

They were **both** waiting for him.
They **both** came.

(2) both가 the two를 뜻한다면, either는 <둘 가운데 어느 하나>를 가리키고 neither는 <둘 가운데 어느 하나도 .... 아닌>이라는 뜻을 갖는다.

    a. You may take **either** of these books.
    b. **Either** of these two roads will take you to Seoul.
    c. I sent cards to Mary and Lucy but **neither** (of them) has/have replied; in fact, I doubt if **either** (of them) is/are coming.

(c)에서 neither replied는 '두 사람가운데 아무도 답장을 보내오지 않았다'라는 뜻이므로 결국 '두 사람이 다 답장을 보내오지 않았다'라는 뜻이고, I doubt if either will come은 '두 사람 가운데 어느 한 사람이 과연 올 것인지 의심스럽다'라는 뜻이므로 결국 '두 사람이 다 올 것인지 의심스럽다'는 뜻이 된다. 이런 의미가 작용해서 neither와 either는 격식체에서는 단수동사와 함께 쓰이지만 일상체에서는 복수동사와 함께 쓰인다.

(3) 의미상 <둘>을 전제로 하는 both, either, neither의 상호관계는 <셋 이상>을 전제로 하는 all, any, none의 상호관계와 같다.

the two	more than two
both	all
either	any
neither	none

(4) 전체부정과 부분부정 (4.12.9 참조)

4.12.3 every, each

(1) (all students가 '학생 전체'를 가리킨다면) each student는 학생 하나 하나를 개별적으로 가리키며, every student는 '학생 하나 하나를 염두에 둔 전체'를 가리킨다.

(2) every는 셋 이상의 사람이나 사물을 전제로 하고, each는 둘 이상의 사람이나 사물을 전제로 한다.

On [every / each] side of the square there were soldiers.

On [*every / each] side of the street there were soldiers.

(3) each만이 다음과 같은 부사적 용법을 갖는다.

    a. The books cost ten pounds **each**.
       They have to answer three questions **each**.

b. I have given them **each** their tickets.
She sent them **each** a present.

위의 예문에서 (a)의 each는 주어에 걸리고 (b)의 each는 them에 걸린다. 즉 주어에 걸리는 each는 문장의 끝머리에 올 수 있고 간접목적어에 걸리는 each는 간접목적어가 인칭대명사인 경우에 한해서 그 바로 뒤에 올 수 있다.
다음이 비문법적인 것은 위의 규칙에 어긋나기 때문이다.

*She kissed them **each**.
⇒ She kissed **each** of them.
*She had a word with them **each**.
⇒ She had a word with **each** of them.

(4) every와 each는 단수동사와 함께 쓰이며, 대명사로는 he(his, him)로 대체되지만, 일상체에서는 they(their, them)가 흔히 쓰인다.

a. <u>Every</u> good teacher studies **his** subjects carefully.
b. When <u>every</u> man has assembled, the master paid **them** their wages.

(5) every는 불가산명사를 수식할 수 있다.

He gave us **every** assistance.
⇒ He assisted us in every way.

(6) every만이 body, one 또는 thing과 결합해서 부정대명사를 만든다.

everybody, **every**one, **every**thing

4.12.4 some, any

(1) some은 원칙적으로 긍정문에서, any는 부정문과 의문문에서 쓰인다.

There are { **some** / * **any** } letters for you.
There aren't { * **some** / **any** } letters for you.
Are there **any** letters for me?

수량을 나타내는 경우, some은 <얼마>라는 뜻을 지님으로써 가리키는 수량이 <한정>되어 있기 마련이다. 반면에 any가 가리키는 수량은 0부터 무한정에 이르기까지 특정한 제한이 없다.

의문문이나 부정문에서 원칙상 some보다 any가 쓰이는 것은 의문문이나 부정문에서는 일단 <수량>이 초점이 되어 있지 않기 때문이다.

(2) 그런데 any가 의문문과 부정문에서 쓰인다지만, 또 한편으로는 긍정문에서도 쓰이고, some이 의문문과 부정문에서 쓰이기도 한다

다음은 이런 any와 some의 미묘한 용법 차이를 보여준다.

    a. Did you go **anywhere** last night?
    b. Did you go **somewhere** last night?

위의 예문에서 (a)는 상대방이 간밤에 외출했는지의 여부를 전혀 모르는 상태에서 한 질문이지만, (b)는 어디에 갔는지는 모르지만 상대방이 외출한 것을 알며, 따라서 상대방이 yes라 대답하리라는 것을 예상하고 한 질문이다.

즉 순수한 의문문에서는 any가 쓰이지만 긍정적인 반응 등 어떤 '예상'이나 '기대'를 전제로 할 때는 의문문에서도 some이 쓰이는 것이다.

다음 (c)에서도 anything 보다는 something이 알맞아 보이는데 그것은 문맥상 '아빠가 무엇인가를 갖다 주신 것이 틀림없어. 그러니까 기뻐하는 거겠지.'라는 심리가 질문에 반영되어 있을 것이기 때문이다.

c. What are you so happy about? Did your dad bring you **something/anything**?

한편 긍정문인 다음 (d)에서 any가 쓰인 것은 형식상으로는 긍정문이지만 첫 예문에서는 deny가, 두 번째 예문에서는 without가 부정적 의미를 담고 있기 때문이다. 세 번째 예문에서 any가 쓰인 것은 아무도 그 편지를 읽지 않았다는 뜻을 함축하기 때문이다.

d. He <u>denied</u> that there were **any** letters.
   I can answer your question <u>without</u> **any** hesitation.
   I tore up the letter before **anyone** had read it.

이와는 반대의 경우로 부정문인데도 다음 (e)에서 some이 쓰인 것은 some이 not의 영향을 받고 있지 않기 때문이다. (e)는 (f)로 바꿔 쓸 수 있다. (f)는 주절의 some이 종속절의 not의 작용범위를 벗어나 있는 것을 좀 더 분명히 보여준다.

e. **Some** boys haven't done their homework.
f. There are **some** boys who haven't done their homework.

조건문인 다음 (g-h)의 경우, (g)에서는 some이 적절하고, (h)에서는 any가 적절하다.

g. If you eat **any/some** spinach, I'll give you 5000 won.
h. If you eat **any/some** candy, I'll whip you.

(g)에서 some이 알맞은 것은 화자가 시금치를 먹는 것을 <긍정적>으로 생각하기 때문이고, (h)에서 any가 알맞은 것은 캔디를 먹는 것을 <부정적>으로 생각하고 있기 때문이다.

　위의 예들은 (some이 원칙적으로 긍정문에서, any는 의문문과 부정문에서 쓰인다지만) any와 some의 선택이 크게 형식보다는 의미의 지배를 받고 있음을 보여준다.

　의문문인 다음 (i)에서 some이 쓰인 것도 (i)가 형식상으로는 의문문이지만 의미상으로는 (질문이 아니라) 요청, 명령, 제의 등을 나타내기 때문이다.

  I. Would **someone** open the door for me?
  Some more coffee?
  Will you tell us **something** more about your plan?

　(3) any는 '개방조건(open condition)'을 전제로 하는 조건문에서도 쓰인다. 개방조건이란 실현이 될 수도 있고 안될 수도 있으며 그 실현여부에 대해서 화자가 판단을 유보하고 있는 조건문을 말한다.

  If **anyone** calls, tell him to wait.
  If you have **any** difficulty, ask for help.

　그러므로 다음에서 (a)와 (b)는 의미가 다르다. 개방조건을 전제로 하고 있는 (a)와 달리 (b)는 누군가가 접근할 가능성이 있음을 내비치고 있다.

  a. Don't shoot if you see **anyone** coming.
  b. Don't shoot if you see **someone** coming.

　다음 (c)와 (d)의 차이는 무엇일까?

  c. If **anyone** gives you ten million won, what will you do?

d. If **someone** gives you ten million won, what will you do?

(c)는 '누가 너에게 천만원을 준다면, …'이라는 뜻을 그저 막연한 가정으로 나타내고 있지만, (d)는 돈을 줄 사람으로 어느 <특정인>을 염두에 둔 가정이다.

다음 예문에도 any와 some의 차이는 비슷하게 나타나 있다.

Come any day.는 "언제 와도 좋다"라는 뜻이지만 오라는 날짜가 특정적이 아니어서, 그저 인사치레로 한 말일 수도 있다. 하지만 **some day**는 <특정한> 날을 염두에 둔 발언이어서, 그 다음에 **perhaps on Wednesday.** 란 말이 자연스럽게 이어질 수 있다.

A: Please come and see us.
B: Which day would be convenient?
A: Oh, come **any** day.
B: Then I'll phone you **some** day next week, perhaps on Wednesday.

(4) 앞에서 언급한 것처럼 any가 가리키는 수량은 0부터 무한정에 이르기까지 특정한 제한이 없다. 그러기 때문에 다음 긍정문에서의 any는 '최대한의'라는 뜻의 해석이 가능하다.

He was given **any** help he needed.

(5) 다음 문맥에서 쓰이는 some은 화자의 대상에 대한 경멸감이나 관심의 부족을 나타낸다.

Some idiot has started this rumour.
(어떤 바보녀석이 이런 헛소문을 퍼뜨렸어.)
She's always having trouble with **som**e man or other.
(그녀는 늘 이 남자 저 남자와 사고를 내고 있다.)

4.12.5 no, none

(1) no는 명사 앞에서 한정사로 쓰인다. no + 명사는 not any + 명사로 바꾸어 쓸 수 있고, no + 명사가 합쳐서 대명사로 바뀌면 none이 된다.

    a. There is **no pencil** on the desk.
      = There is **not any pencil** on the desk.
    b. Are there any pencils on the desk?
      No, there is **none**.

none이 주어일 때 술어동사는 규범적으로는 단수형을 써야 한다지만 실제로 특히 일상체에서는 복수형이 흔히 쓰인다.

    None of the students **was/were** familiar with this usage.

(2) No child can play it.은 Any child can play it. 의 부정문으로 간주할 수 있다. Any child can play it.의 또 하나의 부정문으로는 There isn't any child who can play it.을 생각할 수 있으나, *Any child cannot play it.는 비문법적이다. 부정문에서는 어순상 any가 no나 not에 선행하지 못하는 것이다.

(3) 일상체에서 no + 명사는 No child can play it.처럼 문장의 앞자리를 차지하거나 There is/are ... 다음에서 자유롭게 쓰이는데, 그 밖의 경우에는 not any + 명사가 자연스럽다.

    I've read **no books**.
    ⇒ I **haven't** read **any books**.

(4) 다음 예문에서의 no는 부사적으로 쓰이고 있다. 부사적으로 쓰이는 no도 역시 not ... any로 바꾸어 쓸 수 있다.

He **no longer** trusted her.
⇒ He did **not** trust her **any longer**.

4.12.6 one

(1) a(n) + 명사의 뜻을 나타내는 one

다음 예문 (a), (b)에서 부정대명사인 one은 각각 괄호 안의 표현처럼 <불특정> 명사구로 풀이 할 수 있다.

 a. I have lost my umbrella. I think I must buy **one** (=an umbrella).
 b. He is a bachelor and at fifty now is likely to remain **one** (=a bachelor).
  (그는 독신이다. 그런데 이제 나이가 50이니 계속 독신으로 지낼 상 싶다.)

one과는 대조적으로 (c)의 it는 <특정적> 명사구로 보아야 한다.

 c. I have lost my umbrella. I must find **it** (=the umbrella I have lost).

그런데 a(n) + 명사로 풀이 할 수 있는 것으로 짐작할 수 있듯이, one은 불가산명사를 대신하지는 못한다.

불가산명사의 대용형으로는 some이 쓰인다.

 A: I'd like coffee.
 B: Then make **some**.
 cf. A: I'd like a cup of coffee.
   B: Then pour yourself **one**.

(2) 수식어 다음에서 쓰이는 one

(한정사인 this, that, which를 포함하여) 형용사 등의 한정을 받는 경우 one은 앞에 나온 명사만을 대신한다.

    a. I don't like this pen. Can you show me a better **one** (=pen)?
    b. My new car goes faster than my old **one** (=car).
    c. I've heard some strange stories in my time. But this **one** (=story) was perhaps the strangest **one**(=story) of all.

(3) 앞에 나온 불특정 명사의 복수형의 대용형으로는 some과 ones가 있다.

    a. A: Are there lions in those hills?
       B: Yes, we saw **some** (=lions) on the way over.
    b. Those shoes are too small. We must buy some new **ones** (=shoes).

즉 앞에 나오는 불특정 명사의 복수형을 아무 수식구 없이 대신하는 경우는 some이 쓰이고, 수식구를 수반하는 경우는 ones가 쓰인다.
  말을 바꾸면 some은 위의 (1)에서 살펴보았던 a(n) + 명사의 의미를 갖는 one의 복수형이고, ones는 (2)에서 살펴보았듯이 앞에 나오는 명사구(부정관사/한정사 + 형용사 + 명사)에서 명사만을 대신하는 one의 복수형이다.
  앞에 나온 명사가 불가산명사인 경우에는 형용사의 수식을 받는 경우도, one은 역시 쓰이지 않는다.

I like red wine better than { white *one.
                                  white (wine).

가산명사를 대신하는 경우 다른 형용사와 대조적으로 쓰인 형용사(또는 수사, 또는 소유대명사 + own) 다음에서는 one이 흔히 생략된다.

4장 대명사   199

If you use the red pencil, I'll use the blue.
He asked me a direct question, not an indirect.
My left eye is better than my right.
He has three pencils but I have only two.
The car is my own.

격식체에서는 these/those 다음에서도 ones는 생략된다.

Do you prefer these roses or those?

one이 수사와 함께 쓰일 때, 특히 다음은 유의할 만하다.

A: Do you have any apples?
B: Yes, I have ⎰ three.
       three big ones.
       *three big.
       *three ones.

(4) One은 후방조응적으로 쓰이는 경우도 있다.

Middle one of the three windows was open.

4.12.7 일반인을 가리키는 one

(1) 다음에서 one은 일반인(people in general)을 가리킨다.

One never knows what may happen.
One should always have respect for one's parents.

일반인을 나타내는 one은 일반인을 나타내는 you보다 격식성이 높다.

one의 소유격으로는 보통 Br. E.에서는 one's가, Am. E.에서는 his가 쓰인다. Am. E.에서는 일상체에서 his 대신 your가 쓰이기도 한다.

One should obey { **one's** parents. / **his.** / **your.**

일반인을 나타낸다지만 다음은 비문법적이다. one은 화자를 포함하지 않기 때문이다.

***One** speaks English here.
⇒ **We** speak English here.

(2) one은 beloved, dear, great, little, young 등의 한정된 형용사와 함께 다음과 같은 명사구를 만든다.

the little **ones** (=the children)
the young **ones** (어린것들)
my sweet **one** (나의 연인)
Soldiers used the time to write long letters to their loved **ones** at home.
(병사들은 그 시간을 이용해서 고국의 애인들에게 긴 편지를 썼다.)

(3) one이 한정적 수식어구를 수반하는 경우에는 the sort of person who ...라는 뜻을 나타낸다.

She works like **one** possessed.
(그녀는 신들린 사람처럼 일을 한다.)
I'm not usually **one** to be taken in easily, but this time I believed his story.

(나는 보통은 쉽게 속임을 당하는 사람이 아니지만, 이번만은 그의 말을 믿었다.)

one 앞에 정관사가 부가되면 the man who ...의 뜻을 갖는다.

Are you **the one** who handed out these pamphlets?
(당신이 바로 이 팜플렛을 배포한 사람인가요?)

4.12.8 other, another, ...

(1) one/the other: 두개 중 하나와 나머지 하나를 대조적으로 가리킨다.

Here are two books. **One** is mine and **the other** is my brother's.
She was holding the wheel with **one** hand and waving with **the other** (hand).

(2) one/another/the third: 셋을 하나 하나 열거할 때 쓰인다.

Here are three flowers. **One** is a lily, **another** is a rose, and **the third** is a tulip.

another는 형태나 의미상 an + other(=one more of the same kind)로 분석할 수 있다.

She's going to have **another** baby.
Have **another** drink.

하지만 another는 다음과 같이 복수형을 수반하기도 한다. 이와 같은 문맥에서의 another는 in addition, more라는 뜻을 나타낸다.

She lived for **another ten years**.
(그녀는 10년을 더 살았다.)

(3) one/the others: 셋 이상인 것 가운데 하나와 두개 이상인 나머지를 가리킨다.

There are five books. **One** is mine, and **the others**(=all the rest) are his.

(4) some/the others: 두개 이상의 것과 두개 이상인 나머지를 가려서 가리킨다.

There are five books. **Some** of them are written in English and **the others** are in French.

(5) some/others: 많은 수의 것을 막연히 몇 개씩 열거할 때 쓰인다.

Some of them are red and **others** (=some of the remaining ones) are brown.

4.12.9 부정대명사의 부분부정과 전체부정

원칙적으로 all, everything, both가 not와 쓰이면 '부분부정(partial negation)'을 나타내고, not와 any, either의 결합 및 none, neither, no one은 '전체부정(total negation)'을 나타낸다.

(1) 부분부정

  a. All horses are animals, but **not all** animals are horses.
    Not all birds can fly.

b. I don't want **both**.
   c. Such things do **not** happen **every** day.
      Every fluent talker is **not** a good conversationalist.

(2) 전체부정

   a. I **don't** know **any** of them. (=I know none of them.)
   b. I **don't** like **either** of them. (=I like neither of them.)
   c. **No one** went there.
   d. **Neither** went there.

4.13 의문대명사(Interrogative Pronoun)

의문대명사에는 who(whose, whom), what, which가 있다. what, which, whose는 의문형용사로도 쓰인다.

4.13.1 who와 what

   a. **Who** is he?
   b. **What** is he?

(a)는 흔히 '이름', '관계'를 물을 때 쓰이며, (b)는 '직업', '신분' 등을 물을 때 쓰이는 것으로 설명된다. 다만 이와 같은 구별은 절대적인 것은 아니어서 문맥에 따라 융통성이 있다.

   c. A: **What**'s her husband?
      B: He's a film director.
   d. A: **Who** is her husband?

B: He's Paul Jone, the famous art critic.

e. A: **Who** was he?

B: A doctor. I don't know his name.

4.13.2 what와 which

(1) $\begin{cases} \textbf{Which} \text{ girl} \\ \textbf{What} \text{ book} \end{cases}$ do you like best?

which는 <일정수> 가운데서 어느 것이나 어느 누구를 가리킬 때 쓰이며, what는 <부정수> 가운데서 어느 것이나 어느 누구를 가리킬 때 쓰인다. which는 일정수를 전제로 하기 때문에, 흔히 다음과 같은 형식을 취한다.

Which conductor do you prefer (또는 Which is your favorite conductor): Von Karajan or Stokovsky?

Which records do you like best: classical or popular?

(2) which는 of + 명사구를 수반하기도 한다.

Which of the girls do you like best?

위에 나오는 which는 문맥에 따라 단수일 수도 있고 복수일 수도 있다.

4.13.3 who와 whom

(1) 일상체에서는 목적어 whom 대신에 보통 who가 쓰인다. 다만 전치사 다음에서는 whom이 사용된다.

Who are you looking for?
Who(m) is he marrying?
With whom? - 격식체
Who with? - 일상체

예를 추가해보자.

With what did he write it? - 격식체
What did he write it **with**? - 일상체
On which bed did he sleep? - 격식체
Which bed did he sleep **on**? - 일상체

그런데 전치사로 until이나 during이 쓰인 의문문은 반드시 전치사로 시작하여야 하고, like가 전치사로 쓰인 의문문은 반드시 의문사로 시작하여야 한다.

Until what time are you staying?
cf. *What time are you staying until?
What is he **like**?
cf. *Like what is he?

4.14 관계대명사(Relative Pronoun)

4.14.1 기능과 형태

(1) 관계대명사는 두 문장을 연결하는 접속사의 역할을 겸한 대명사로, 다음의 (a)는 의미상 (b)와 (c)가 합쳐진 문장이다.

a. The girl **who** is standing in the corner is my sister.

⇐ b. The girl is my sister. +

　　c. The girl is standing in the corner.

위의 문장에서 (b)와 (c)에는 the girl이란 공통된 명사가 나온다. (a)는 이 (c)의 girl을 who로 바꾸어 (b), (c)를 하나로 합친 문장이다. who가 the girl을 대신하므로, (a)의 the girl을 who의 '선행사(antecedent)'라고 부른다.

(2) 관계대명사는 선행사의 특성과 격에 따라 다음과 같은 형태로 나타난다.

선행사	사람	사물/동물	사람 + 사물 + 동물	선행사 포함
주격	who/that	which/that	that	what
소유격	whose	whose of which		
목적격	who(m)	which	that	what

a. the boy { who / that } is playing the piano

b. the table { which / that } stands in the corner

c. the dog { whose tail is long
　　　　of which the tail is long
　　　　the tail of which is long

d. the boy { whom
　　　　who
　　　　that
　　　　∅ } we met

e. the table { which / that / ∅ } we bought

f. the boys { with whom he grew up / whom he grew up with / who he grew up with / that he grew up with / ∅ he grew up with }

g. the table { under which the baby crawled / which the baby crawled under / that the baby crawled under / ∅ the baby crawled under }

 (∅ = 관계대명사의 생략 표시)

 (3) 위에 제시한 예가 보여주듯이 전치사가 관계대명사 앞에 위치하는 경우를 제외하고는 관계대명사의 목적격은 생략할 수 있다.
 다음 (a-c)와 (d-f)에서는 각각 상대적으로 (a)와 (d)가 격식성이 가장 높고, (c)와 (f)가 가장 낮다. 그리고 who와 that, 둘 중에서는 후자가 격식성이 상대적으로 낮다.

a. the man whom I saw
b. the man who/that I saw
c. the man I saw
d. the man from whom I bought it
e. the man who/that I bought it from
f. the man I bought it from

 격식성이 아주 낮은 일상체(very informal style)에서는 there is/are ...로 시작하는 존재문에서 관계대명사의 주격이 생략될 수 있다.

There's a table stands in the corner.

(4) 다음은 얼핏 보기에 '사람'이 선행사인데 관계대명사로 which가 쓰인 예이다.

What everyone needs is a devoted wife, **which** you don't have.

위의 예문에서 which가 쓰인 것은 a devoted wife가 누구나 원하는 아내의 (추상적인) 전형을 가리킬 뿐, 특정한 사람을 가리키지 않기 때문이다.

(5) 집합명사가 선행사가 되는 경우, 술어동사로 단수가 쓰이는 경우에는 관계대명사는 which를 쓰고, 복수가 쓰이는 경우에는 who를 쓴다.

the ⎰ committee **which was** ⎱ responsible for the decision
    ⎱ group   **who were** ⎰

(6) 부정대명사 또는 한정사인 some, any, two, three, both, several, enough, many, few 등은 곧잘 of which, of whom과 결합해서 명사구를 만든다.

The couple have four children, **all of whom** are studying music.
We've tested three hundred types of boot, **none of which** is completely waterproof.

4.14.2 that의 특별용법

(1) that는 사람, 동물, 사물 등을 모두 선행사로 삼을 수 있다. 선행사가 형용사의 최상급, only, all, any, some, every, no, little, few, much, the first, the last, the same, 또는 형용사로 사용되는 very 등의 수식을 받을 때나, who로 시작하는 의문문에서는 who나 which보다 that가 선호된다.

Don't you know anything **that** concerns you interests me?
She was not quite certain that Edward who wrote to her was the same Edward **that** she had known.
The enemy was in occupation of this very ground **that** we stand upon.
Who **that** has worked with you as long as I have does not know the tenderness of your heart?

(2) 사람과 사물이 함께 선행사가 되는 경우에도 관계대명사는 that가 쓰인다.

the people and thought **that** had so long occupied me

(3) 관계대명사의 선행사가 관계사절의 be동사의 보어가 되는 경우도 관계대명사로는 that가 쓰인다.

John is not the man **that/*who** he was.
They accused him of being a traitor, **that/*who** he was.

(4) 관계대명사 that 앞에는 전치사가 쓰이지 않는다.

This is the house **that** he lives **in**.
*This is the house **in that** he lives.

(5) 관계대명사 that의 선행사가 <시간>을 나타내는 경우, 문장의 뒷자리에 오는 전치사는 생략할 수 있다.

This is the time (that) he normally arrives (**at**).
Monday was the day (that) he left (**on**).
cf. This is the garden (that) he sunbathes **in**.
 This is the university (that) he works **at**.

그러나 <시간>을 나타내는 명사가 선행사가 되는 경우라도 관계대명사로 which를 쓰면 전치사가 필요하며, 이런 경우에 전치사는 보통 관계대명사 앞에 온다.

> This is the time **at which** he normally arrives.
> Monday was the day **on which** he left.

(6) <이유>나 <방법>을 나타내는 reason, way가 선행사가 되는 경우에 관계대명사로 that가 쓰였거나 관계대명사가 생략된 경우에는 전치사는 필요가 없다.

> This is **the reason (that)** he came.
> This is **the way (that)** he did it.
> cf. This is **the way in which** he did it.

4.14.3 what

(1) 선행사와 관계대명사를 겸함으로써 that which ... (또는 things which ..., all that ...)의 뜻을 갖는 관계대명사가 what이다.

> I gave her just **what** she needed.
> cf. I gave her just **the money that** she needed.
> But that is not **what** you promised us.

(2) 다음 예문에서의 what는 관계형용사이다.

> I gave **what money** (=all the money) I had.
> cf. I gave him what I had.
> I gave him **what help** (=any help that) I could.

what + 명사는 흔히 <얼마 되지 않지만>이라는 뜻을 내포하며, 명사 앞에 little을 부가해서 <얼마 되지 않음>을 더욱 강조하기도 한다.

I gave him what little help I could.

4.14.4 복합관계대명사

what, who, which는 -ever와 함께 복합관계대명사를 만든다.

Whoever (=Anyone who) comes will be welcome.
You may invite **whoever** (=any one who) wants to come.
I will help you in **whatever** way (=in any way that) I can.

whoever가 anyone who ...의 뜻을 나타낸다면, anyone whom...의 뜻을 나타내는 것이 whomever이다.

Give it **whomever** you meet first on the way.

복합관계대명사는 양보절을 꾸미기도 한다.

Whoever said so, it is false.
The result will be unsatisfactory **whichever** side wins.
She looks pretty **whatever** she wears.

4.14.5 제한적(Restrictive) 용법과 비제한적(Nonrestrictive) 용법

(1) 관계대명사에는 제한적 용법과 비제한적 용법이 있다.
　다음에서 (a)는 제한적 용법의 예가 되고, (b)는 비제한적 용법의 예가 된다.

a. Tom's brother **who** lives in New York is a doctor.
   (New York에 살고 있는 Tom의 형은 의사이다.)
b. Tom's brother, **who** lives in New York, is a doctor.
   (Tom의 형은 New York에 살고 있는데, 의사이다.)

(a)는 Tom의 형이 어떠한 형인가를 'New York에 살고 있는'이 한정하고 있다. (b)는 'Tom의 형은 의사이다.'라는 문장에 '그런데 그는 New York에 산다'라는 문장이 삽입된 형식과 의미를 갖는다.

(a)의 경우는 Tom에게 New York 아닌 다른 곳에서 살고 있는 형이나 동생이 또 있겠지만, (b)의 경우는 Tom에게 다른 형이나 동생은 없다.

(b)처럼 관계대명사가 비제한적 용법으로 쓰이는 경우는 관계대명사 앞에 (,)가 필요하며 (위의 예가 보여주듯이) 관계사절이 한 문장의 중간에 나타나는 경우는 문장의 앞과 뒤를 (,)로 묶는다.

통사상으로는 제한적 관계사절은 선행사를 포함하는 절을 주절로 삼아 종속절을 이루며, 비제한적 관계사절은 (위의 예가 그러하듯이) 삽입절을 꾸미거나 선행사를 포함하는 절과 등위절을 이룬다.

제한적 용법과 비제한적 용법의 대조적 예를 추가하면 다음과 같다.

a. Children **who learn easily** should start school as early as possible.
   (빨리 배우는 어린이들은 가능한 한 일찍 학교 교육을 시작하여야 한다.)
b. Children**, who learn easily**, should start school as early as possible.
   (어린이들은 빨리 배우므로, 가능한 한 일찍 학교 교육을 시작하여야 한다.)
a. There were few passengers **that escaped without serious injury**.
   (중상을 입지 않고 도피한 승객은 거의 없었다.)
b. There were few passengers, **who escaped without serious injury**.
   (승객은 아주 소수였는데, 그들은 중상을 입지 않고 도피했다.)

(2) who와 which는 제한적 용법과 비제한적 용법에 공히 쓰이지만, that는 제한적 용법으로만 쓰일 수 있다.

This is the song **which/that** I like very much.
She is a woman **who(m)/that** I have never seen before.
Heath Robinson, **who/*that** died in 1944, was a graphic artist.

(3) 비제한적 용법으로 쓰이는 which는 다음과 같이 앞에 나온 문장 전체나 보어를 선행사로 삼을 수 있다.

He tore up my photo, **which** upset me.
cf. He showed me a photo **which** upset me.
The decision was postponed, **which** was exactly what he wanted.
He is rich, **which** I am not.

다음 (a)는 (b)로 풀어쓸 수 있다. 이는 비제한적 관계사절이 선행절과 등위절을 이루는 증거가 된다. 제한적 관계사절의 경우, 이와 같은 풀어쓰기는 불가능하다.

    a. Bill came late, **which** bothered Susan.
⇒ b. Bill came late, **and that** bothered Susan.

위의 예처럼 비제한적 관계사절로 문장이 끝나는 경우 (즉 비제한적 관계사절이 삽입절이 아닌 경우), 특히 이와 같은 관계대명사의 용법을 제한적 용법과 대조시켜 관계대명사의 '계속적 용법(=continuative use)'이라 부르기도 한다.

(4) 비제한적 관계사절을 이끄는 which는 한정사의 구실을 겸하기도 한다.

He may be late, in **which** case we ought to wait for him.

(5) 고유명사는 제한적 용법의 선행사가 될 수 없다.

John, **who** knows the way, has offered to guide us.
(길을 아는 John이 안내를 맡고 나섰다.)

고유명사가 제한적 용법의 선행사가 되지 못하는 것은 '길을 아는 John'과는 따로 '길을 모르는 John'이 있지는 않기 때문이다.
다음과 같은 예를 추가할 수 있겠다.

    Elizabeth Taylor, **whom** I admire so much, is in a new play.
    cf. The actress **whom** I admired so much is in a new play.
    New York, **which** we visited last spring, was interesting.
    cf. The city **which** we visited last spring was interesting.

고유명사는 아니지만 다음에서 my aunt도 만약 나의 숙모가 단 한 사람이라면, 제한적 용법의 선행사가 될 수 없다.

    My aunt, **who** is Christian, is coming to see me.

똑같은 논리로 다음 (a)는 (b)나 (c)로 고쳐야 한다.

    a. *<u>My house</u> **which** I bought last year has got a lovely garden.
    ⇒ b. <u>The house</u> **which** I bought last year has got a lovely garden.
    ⇒ c. <u>My house</u>, **which** I bought last year, has got a lovely garden.

추상명사도 제한적 용법의 선행사가 되지 못한다.

    *He lacked **courage which** is necessary in a really brave soldier.
    ⇒ He lacked **courage, which** ...

4.14.6 선행사로 쓰이는 that/those

지시대명사인 that와 those는 관계대명사의 선행사가 될 수 있다.

that which ...

those that/which ...
those who ...

those who ...는 '...하는 사람들'이라는 뜻인데, 그렇다고 '...하는 사람'을 that who라고 하지는 않는다.
(he/she who ...는 격언 등에서나 쓰이는 어법에 속하고) '...하는 사람'은 보통 whoever, anyone who ..., anybody who ..., the one who ...로 나타낸다.

4.14.7 제한적 관계사절과 미래표현

영어에서는 주절이 미래를 나타내는데도 부사절에서는 현재시제가 쓰인다.

He will call you when he { gets / *will get } there.

유사한 규칙이 제한적 관계사절에도 적용된다.

There will be a special price for anybody who **orders** a suit in the next two weeks.
The man who **marries** my daughter will need to be tough.
I will give you anything you **ask** for.

4.14.8 관계대명사와 부정사구

관계대명사는 절 대신 부정사구를 수반할 수 있다.

We moved to the country so that the children would have a garden in which to play.

He was miserable unless he had neighbours <u>with</u> **whom to quarrel**.

하지만 다음은 비문법적이다. 부정사구를 수반하는 관계대명사는 전치사와 함께 쓰여야 하기 때문이다.

*I can't think of anybody **whom to invite**.

4.14.9 관계사절과 분열문

다음 문장은 분열문으로 분석할 수도 있고, that를 the dog를 선행사로 삼은 관계대명사로 볼 수도 있다.

It was the dog that I gave the water to.

(실제 이 문장이 어떤 의미로 쓰였는지는 문맥이 결정해 줄 것이지만) 분열문으로 본다면 '내가 물을 준 것은 그 개였다.'라는 뜻이 되고, It ... that의 틀을 없앤 I gave the water to the dog.로 고쳐 쓸 수 있다. that 이하를 관계사절로 본다면 '그 개는 바로 내가 물을 준 그 개였다.'라는 뜻이 되는데, 후자의 경우는 I gave the water to the dog.로 고쳐 쓰지는 못한다.

4.15 의사관계대명사(Quasi-relative Pronoun) as, but

4.15.1 as

선행사 앞에 same이나 such가 붙는 경우 또는 앞에 나오는 so, as와 상관적으로 쓰일 때, as는 관계대명사와 유사한 구실을 한다.

(1) 제한적 용법

We use the same book as you do.
As many men as came were caught.
(온 사람은 전부 체포되었다)
I'm not such a perfect fool as you thought me.
(나는 당신이 생각했던 그런 바보는 아니오.)
He is a foreigner, as is evident from his accent.

(2) 비제한적 용법

The aim of science is to foresee, and not, as has often been said, to understand.

비제한적 용법으로 쓰이는 as는 which와 달리 그 뒤를 잇는 절을 선행사로 삼을 수도 있다.

4.15.2 but

관계대명사의 구실을 하는 but는 부정문 다음에서 사용되며, but이 이끄는 종속절은 긍정문의 형식을 취하되 부정의 뜻으로 해석된다.

There is not one of us but wishes to help you.
There were few but would risk all for such a prize.

but가 의사관계대명사로 쓰인 다음 예문 역시 부정의 의미를 지닌다.

Who was there but shed tears at the sight?

5장 동사 (Verbs)

5.1 정의

(1.7.2 참조)

5.2 분류

동사는 기능, 통사상의 특성이나 형태상의 특성 및 내재적 의미에 따라 다음과 같이 여러 가지로 분류된다.

(1) 기능상의 분류
조동사를 동사의 일부로 포함시키는 경우, 동사는 일단 조동사 (auxiliary verb)와 본동사(main verb)로 분류된다. (6.1.1 참조.)

(2) 통사상의 분류
통사상으로는 동사는 목적어의 수반 여부에 따라 자동사(intransitive verb)와 타동사(transitive verb)로 분류되고, 보어의 수반 여부에 따라 완전동사(complete verb)와 불완전동사(incomplete verb)로 분류된다. (5.3 참조)

(3) 형태상의 분류
동사 가운데 원형에 -ed를 붙여서 과거형 및 과거분사형을 만드는 동사를 규칙동사(regular verb)라고 하고, 과거형 및 과거분사형이 -ed 이외의 다른 어형으로 나타나는 동사를 불규칙동사 (irregular verb)라고 한다. (5.36.2 참조)

(4) 정형동사(finite verb)와 비정형동사(nonfinite verb)

정형동사란 하나의 문장에서 술어동사로 쓰이고, 주어의 인칭과 수 및 시제에 따라 어형이 달라지는 동사를 말한다. 비정형동사란 부정사, 분사, 동명사를 묶어서 부르는 명칭으로, 준동사(verbal)라고도 불린다. 준동사는 정형동사와 여러 특성을 공유하지만, 하나의 문장에서 술어동사가 되지 못하고 주어의 인칭과 수 및 시제에 따라 어형이 달라지지 않는다.

(5) 의미상의 분류

   a) 상태동사(stative verb)와 비상태동사(dynamic verb)
      상태동사는 주어가 처해 있는 어떤 상태나 처지를 반영하며 주어가 마음대로 통제할 수 없는 동사를 말한다. 비상태동사는 주어가 마음대로 통제할 수 있는 동작과 행위 등을 나타내는 동사를 말한다. (5.33 참조)
   b) 그 밖에 의미와 통사상의 특성에 따라 동사를 하위 분류한 예로는 다음이 있다.
      사실동사(factual verb), 감정동사(emotive verb), 의지동사(volitional verb), 가정동사(hypothesis verb) (5.11 참조)
      수여동사(dative verb) (5.19 참조)
      지각동사(verb of perception), 사역동사(causative verb) (5.21 참조)
      사실전제동사(factive verb) (5.34 참조)
      함의동사(implicative verb) (5.35 참조)

5.3 동사의 분류와 기본문형

이미 언급하였듯이 동사는 목적어의 수반 여부에 따라 자동사와 타동사로 분류되고 보어의 수반 여부에 따라 완전동사와 불완전동사로 분류된다. 이렇게 목적어와 보어의 수반 여부를 기준으로 할 때, 동사는 다음과 같이 다섯 종류로 분류된다.

(1) 완전자동사(complete intransitive verb)
    보어(complement)나 목적어(object)를 필요로 하지 않는 동사
(2) 불완전자동사(incomplete intransitive verb)
    보어를 필요로 하는 동사
(3) 완전타동사(complete transitive verb)
    목적어를 필요로 하는 동사
(4) 수여동사(dative verb)
    간접목적어(indirect object)와 직접목적어(direct object)를 필요로 하는 동사
(5) 불완전타동사(incomplete transitive verb)
    목적어와 보어를 필요로 하는 동사

이 다섯 가지의 동사는 다음과 같이 네 개의 기호로 추상화할 수 있는 기본문형을 만든다.

1) S + V
2) S + V + C
3) S + V + O
4) S + V + IO + DO
5) S + V + O + OC

위에서 설명한 다섯 가지의 동사의 분류와 다섯 개의 기본문형의 설정은 영어를 외국어로 학습하는 경우, 영어의 동사의 기본적 통사상의 특성과 영어 문장의 기본적 어순을 이해하는데 도움을 준다.
하지만, Onions(1904:6-9)에서 시작된 이와 같은 기본 문형의 설정은 평서문(declarative sentence)을 전제로, S(주어), V(술어동사), O(목적어), C(보어)를 문장의 필수 요소로 삼는데 근거를 두는데, 이 기본문형이 영어

의 모든 문장을 편리하게 분석, 설명해주는 것은 아니다.

일례로 이 기본문형은 완전한 문장을 만드는데 필수적인 요소가 되는 일부 부사(구)를 포함하는 구문을 제대로 설명하지 못하며, 구동사 (phrasal verb) 등도 제대로 다루지를 못한다. 그 밖에 부정사 구문을 다루는데도 어려운 점이 있다. 이에 대한 자세한 설명은 다음에 관련사항이 나오는 자리에서 제시될 것이다.

5.4 완전자동사

5.4.1 통사상 특성

완전자동사는 보어나 목적어를 필요로 하지 않는다.

The sky **darkened**.
Her whole body **ached**.
Equality just doesn't **exist**.
(평등같은 건 이 세상에 없다.)

5.4.2 S + V + 부사구

(1) 완전자동사가 술어동사로 쓰인 문장은 S + V로 추상된다. 그런데 실제로는 S + V는 <언제>, <어디에서>, <어떻게>, <왜>를 나타내는 부사 (구)를 수반함으로써 얼마든지 구조가 복잡해지고 길이가 길어질 수 있다.

The dog waited patiently just outside the door.
He drank thirstily from a green bottle.

(2) 문장의 필수 요소를 (이른바 문장의 5형식을 만드는) 주어, 술어동

사, 목적어, 보어로 한정시킨다면, 부사(구)는 수식 요소에 속하며 기본문형의 설정에 있어서도 고려대상이 되지 않는다. 하지만 부사(구) 가운데에는 완전한 문장을 만드는데 필수적인 경우가 있다.

다음 문장은 부사구 in New York를 생략해도 하나의 문장으로서는 완전하다. 하지만 to a museum을 생략하면 문장의 뜻이 불분명해진다.

  John went to a museum in New York.
  cf. John went to a museum.
    (?)John went in New York.

오늘날 문법이론에서 통용되는 용어를 빌린다면 to a museum은 '필수적(obligatory)' 부사구에 속하고, in New York는 '수의적(optional)' 부사구에 속한다.

(3) 문제는 부사구를 어떻게 수의적인 부사구와 필수적인 부사구로 구분하느냐에 있다.

이 문제를 살피기 전에 필수적인 부사구를 포함하는 S + V의 예를 좀 더 들어보자.

  He lives **in Seoul**.
  Don't lie **on the wet ground**.
  He went back **to his own room**.
  He stayed **in bed**.
  The castle stands **on the hill**.

필수적 부사(구)가 주로 <장소>와 <방향>을 나타내는 (넓은 의미에서의) 공간부사(구)로 구성되고 있음을 알 수 있다.

경우에 따라서는 <정도>와 <양태>를 나타내는 부사(구)도 필수적 부사구가 될 수 있다.

The road now extends **two kilometers beyond the river**.
Why did she behave **that way**?

　필수적 부사구는 수의적인 부사구보다 당연히 술어동사와의 관계가 밀접하다. 그렇기 때문에 수의적 부사구는 한 문장 내에서의 이동이 비교적 자유스럽지만, 필수적 부사구는 술어동사와 가까운 자리를 지켜야 한다.
　앞에 나왔던 예문을 다시 인용해보자.

John went <u>to a museum</u> <u>in New York</u>.
⇒ <u>In New York</u> John went to a museum.
⇒ (?)<u>To a museum</u> John went in New York.

　수의적 부사구인 in New York는 문장의 앞자리로 옮길 수 있지만, 필수적 부사구인 to a museum이 앞자리로 옮겨지면 특정한 문맥을 전제로 하지 않는 이상은 어색하다.

　(4) Declerk(1991:46)는 부사(구)가 필수적인지 수의적인지를 구별하는 방법으로 다음을 제시하고 있다.
　즉 부사(구)를 포함하는 문장을 <u>What + 주어 + do + X + is + 술어동사</u>로 풀어써서 부사(구)가 X의 자리를 차지할 수 있으면, 그 부사(구)는 수의적이라는 것이다. 앞의 예문을 다시 한번 인용한다면, 다음 (a), (b) 가운데서는 (a)만이 자연스럽다. in New York는 수의적 부사구인 것이다.

a. What John did in New York was go to a museum.
b. *What John did to a museum was go in New York.

　(5) 어떤 부사(구)가 필수적인가 아닌가의 여부는 다음과 같이 관점을 달리해서 생각해 볼 수도 있다.

He went to Pusan by train.

위의 예문에서 by train은 수의적 부사구이다. 하지만 특정한 문맥을 전제로 하는 다음 B는 by train 없이는 무의미하다. by train은 필수적이다.

    A: How did he go to Pusan?
    B: He went to Pusan by train.

다음 (a)의 slowly 는 수의적이다. 하지만 quickly와 대조가 되는 (b)의 slowly는 필수적이다.

    a. He slowly went up the stairs.
    b. He went up the stairs slowly, not quickly.

5.4.3 타동사의 전용

(1) 동사 가운데는 보통 타동사로 쓰이지만 자동사로도 전용되어, 두 기능을 겸하는 동사가 있다.

자동사	타동사
The window **broke**.	Who **broke** the window?
A towel **hung** from the rail.	**Hang** your coat on that hook.
The door **opened**.	Henry **opened** the door.
The ball **rolled** down the hill.	He **rolled** the string into a ball.

이와 같이 두 기능을 겸하는 동사로는 다음과 같은 것이 있다.

    burn, burst, close, drop, grow, hurt, melt, move, ring, shake, shut, stop, turn, ...

타동사에서 자동사로 전용되는 경우 이 동사들은 수동적인 의미를 갖게 되는데, 예를 들어 다음 (a)와 (b)는 어떤 의미 차이가 있는 것일까?

  a. The door was opened.
  b. The door opened.

 (a)와 (b)가 다 수동적이지만, (a)는 by + 동작주(agent)가 명시되어 있지 않을 뿐 누군가에 의해서 문이 열렸다는 뜻을 분명히 하고 있는 반면, (b)는 문이 열린 것을 마치 저절로 열린 것처럼 나타내고 있다.

 (2) 타동사에서 전용된 다음 자동사도 수동적인 의미를 지닌다.

  His latest novel is **selling** badly.
  (그가 이번에 낸 소설은 잘 안 팔린다.)
  This kind of cloth **washes** easily.
  (이런 종류의 천은 세탁이 간단하다.)
  Ripe oranges **peel** easily.
  (잘 익은 오렌지는 껍질이 잘 벗겨진다.)
  The play **reads** well, but it doesn't **act**.
  (이 희곡은 재미있게 읽히지만, 무대에 올리기에는 알맞지 않다.)

 똑같이 타동사에서 전용되었고, 똑같이 수동의 뜻을 지니지만 (2)에 나오는 sell을 위시한 기타 동사들은 (1)에서 제시한 open을 포함한 기타 동사들과는 다음과 같은 점이 다르다.
 즉 open 기타 동사들이 만드는 자동사 구문은 <주어가 당한 어떤 특정한 사건>을 기술한다.
 반면에 sell 기타 동사들이 만드는 자동사 구문은 <주어의 어떤 특기할 만한 특성>을 드러내주며, 부사(구)를 필요로 한다.
 또한 주어의 어떤 특성을 드러내는데 목적이 있기 때문에 His new book를 칭찬한 His new book sells well.은 좋지만, 하나의 사건을 기술한

The house was sold yesterday.를 The house sold yesterday.로 바꾸어 쓰지는 못한다.

5.4.4 목적어의 생략

(1) 완전자동사가 만드는 구문 가운데는 목적어가 생략되었다고 볼 수 있는 것도 있다.

He waved. = He waved his hand.
(그는 손을 흔들었다.)

즉 wave라는 동사는 his hand를 목적어로 삼는 경우, his hand를 생략해도 문법상 하자가 없고 의미도 달라지지 않는다. his hand를 수반하면 타동사가 되지만, his hand를 떼어버리면 자동사가 된다.

물론 다음 문장에서 wave는 목적어인 a red flag나 his left hand를 생략할 수 없다. He waved his hand.의 경우와는 달리 목적어를 생략하면 의미가 달라져 버린다.

He waved { a red flag.
          his left hand.

wave처럼 원래는 타동사지만 목적어를 생략함으로써 자동사가 되고, 이러한 동사가 의미를 바꾸는 일없이 생략할 수 있는 목적어는 다음과 같다.

동사	생략이 가능한 목적어
cook/eat	food/meal
draw	picture/drawing
drink	alcoholic beverage
drive	car
fly	plane

hear	sound
marry	adult person of opposite sex
nod	head
plow	land
shrug	shoulder
sow	seeds

 save와 spend는 money를 생략 가능한 목적어로 갖는다. 그런데 save와 달리 spend는 money를 생략하는 경우에는 부사를 필요로 한다.

I'm **saving**.
(나는 저금을 하고 있다.)
You **spent** too much.
(과용했어.)

 (2) play는 football, tennis 등의 <운동>명과 piano, guitar 등 <악기>란 두 종류의 목적어를 생략할 수 있다.
 play와 목적어를 생략할 수 없는 like를 예를 들어 비교해보자.

A: Do you **like** tennis?
B: Yes, { *I **like**.
          I do.
A: Do you **play** often?
B: Yes, I **play** every afternoon.

 위의 예문에서 Do you play ....?와 Yes, I play ... 다음에는 각각 목적어인 tennis가 생략되어 있다.
 그런데 Do you like tennis?라는 질문의 응답으로는 문맥상 아무리 분명해도 목적어인 tennis를 생략할 수 없다. 한국어에서는 "너 테니스 좋아 하니?"라는 질문에 얼마든지 목적어를 생략해서 "네 좋아해요."라고 응답할 수 있지만, 영어에서 Yes, I like.는 비문법적이다. like는 언제나 타동사로만 쓰이지 자동사로 전용되지 못하는 것이다.

play처럼 문맥에 따라 두 종류(이상)의 목적어를 생략할 수 있는 동사는 다음과 같다.

동사	목적어
answer	letter, question
ask	question, favor
bet	money, possession
borrow/lend/loan	money, possession
change	clothes, any aspect of one's behavior, appearance
endure	pain, hardship
pass/fail	course, test, exam, inspection
gain/lose	weight, money, advantage, possession
hunt	animal, bird
win/lose	game, bet, money
obey/disobey	order, rule, law, authority
order	food, meal, thing for sale
pay	money, bill
pack	clothes, possession, trunk, suitcase

5.5 자동사가 만드는 도치구문

5.5.1 there 구문

(1) 다음과 같은 구문은 흔히 존재문(existential sentence)이라고 불린다. 상대방에게 어떤 사물의 존재를 알리는 기능을 갖기 때문이다. 상대방이

미처 알지 못했던 어떤 존재를 알리는 기능을 갖기 때문에, the + 명사 등 (상대방도 이미 그 존재를 알고 있는) 특정명사구는 존재문의 주어가 되지 못한다.

  a. There is a book on the table.
  b. *There is the book on the table.
 ⇒ c. The book is on the table.

 영어에서는 어순상 원칙적으로는 구정보(old information)에 속하는 요소는 상대적으로 앞자리를 차지하고, 신정보(new information)에 속하는 요소는 뒷자리를 차지한다 (여기서 신정보란 의사소통이 이루어지는 특정한 문맥을 전제로, 청자가 미처 알지 못하고 있는 정보를 가리키며, 구정보란 청자도 알고 있는 정보를 말한다).
 the book는 구정보에 속한다. (book에 the가 붙은 것으로 보아서 알 수 있듯이) 화자나 청자가 화제가 되고 있는 책의 존재를 이미 알고 있는 것이다. 구정보에 속하기 때문에, 주어로 쓰이는 the book를 어순상 문장의 뒷자리에 갖다 놓을 이유가 없다. 그러기에 (b)는 (c)로 고쳐야 한다.
 반면에 a book는 청자에게 신정보에 속한다. 그것은 book에 부정관사가 붙은 것으로 알 수 있다 (3.2.1 참조). 신정보에 속하기 때문에 a book를 문장의 뒷자리로 옮기다보면 주어의 자리가 빈다. 이 빈자리를 메워 형식상 주어의 구실을 하는 것이 There이다. 형식상 주어의 자리를 차지하는 이 there는 구체적인 의미를 갖지 않으며, 천천히 강하게 발음하는 경우를 제외하고는 [ðər]로 약하게 발음된다.

 (2) The book is on the table.에 준해서 There is a book on the table.을 A book is on the table.처럼 바꾸어 쓸 수는 없는 것일까?
 Hornby(1975:17)에 의하면 <글>의 경우는 가령 어느 책에 그 내용을 설명하는 지도가 나올 때 그 지도에 언급하여 A map is on page 23.과 같은 문장을 쓸 수는 있다. 하지만 <말>의 경우는 There ...구문이 쓰인다.

Leech and Svartvik(1975:236)는 A book is on the table.같은 문장은 가능하기는 하지만 좀처럼 쓰이지 않는다(possible but uncommon)고 말하고 있다.

(3) There ...가 특정 명사구를 수반하면서도, 이 구문이 가능한 경우가 있다. 다음에서 (a)는 비문법적이다. 고유명사인 Susan이 특정명사이기 때문이다. (a)는 마땅히 (b)로 고쳐야 한다.

  a. *There is Susan in her room.
  b. Susan is in her room.

하지만 다음은 문법상 잘못이 없다.

  A: Who else should be informed?
   (그밖에 누구에게 알릴까요?)
  B: Well, there's Susan and Jack.
   (Susan과 Jack이 있지.)

바로 위에 나온 There구문이 문법상 하자가 없는 것은 고유명사인 Susan과 Jack이 개인으로서는 청자도 잘 알고 있는 구정보에 속하지만, 어떤 소식을 알려야 할 사람의 목록(list)에 넣을 대상으로서는 신정보에 속하기 때문이다.
다음 예문도 마찬가지이다.

  A: What's left to pack?
   (그밖에 무엇을 챙길까요?)
  B: There's the book I bought yesterday and the dishes we need for tonight.
   (어제 내가 산 책과 오늘 저녁에 사용할 접시를 챙겨야지.)

(4) 존재문으로는 be 동사 이외에 다음과 같은 동사도 쓰인다.

Once upon a time there **lived** a king.
There **remained** only two people in the room.
There will **come** a time when you will regret your decision.
In front of the door there **stood** two policemen.
There **ran out** a man from the building.
There **appeared** ship after ship.

존재문은. 상대방에게 어떤 존재를 인식하게 하려는데 목적이 있으므로, <존재>개념과 반대가 되는 다음 동사와는 같이 쓰이지 않는다.

*There **died** a king.
*There **disappeared** ship after ship.
*There will **pass** a time when you will regret your decision.

의미상 <사건>이나 <행위>에 초점을 맞춘 동사도 존재문을 만들지 못한다.

*One night there **broke out** a fire.

(5) 존재문의 주어는 현재분사와 과거분사의 수식을 받기도 한다. 다음 (a)는 (b)와 서로 바꾸어 쓸 수 있다.

a. There's a lady <u>calling</u> your name outside.
b. A lady is <u>calling</u> your name outside.
a. There was an article <u>published</u> on that subject in *Language*.
b. An article was <u>published</u> on that subject in *Language*.

5.5.2 (장소를 나타내는) 부사구 + 동사 + 주어 구문

On a hill in front of them stood a great castle.
Under the table was lying a half-conscious young man.

위의 예문은 이야기체(narrative style)에 속하는 구문으로 설명된다.

부사구를 선행시킴으로써 우선 배경을 제시하고, 관심의 초점이 될 주어를 끝에 가서 내세움으로써 일종의 긴장감(suspense)을 조성하는 효과를 거두려는 목적을 갖기 때문이다.

부연하자면 학교문법에서는 흔히 위와 같은 구문은 앞부분으로 옮겨진 부사구를 강조하는 구문으로 설명되기도 한다. 이와 같은 설명은 잘못이다. A + B + C라는 어순의 문장을 C + B + A로 바꾼 구문은 문맥에 따라서는 C를 강조하는 목적을 갖기도 하지만, A를 강조하는데 목적이 있기도 하다.

5.5.3 (방향) 부사 + 이동동사 + 주어 구문

Away went the car like a whirlwind.
(차는 선풍처럼 달려갔다.)
Down came the rain.
On marched the soldiers.

이 (방향) 부사 + 이동동사 + 주어 구문은 주어의 이동이나 동작의 장면을 눈앞에 극적으로 나타내려는 의도를 갖는다.

즉 A + B + C의 어순이 C + B + A로 바뀐 이 도치구문은 (5.5.2)에서 제시한 예문처럼 A를 드러내거나 C를 강조하는데 목적이 있지 않다. 어순을 바꿈으로써 이 도치구문은 A + B + C가 합쳐서 나타내는 장면 전체를 극적으로 드러낸다.

이 도치구문에서의 술어동사는 현재와 과거시제가 쓰일 뿐, 진행형은 쓰이지 않는다. 극적인 효과를 거두려는 구문에 동작의 진행을 완만하게 나타내주는 진행형은 알맞지 않기 때문이다. 이러한 도치구문에서 주어는 문장의 맨 끝자리를 차지하지만, 주어가 대명사인 경우는 동사의 앞으로 자리를 옮긴다. 대명사는 구정보에 속하기 마련이기 때문이다.

On marched the soldiers.
On they marched.

한편, 대명사로 you가 쓰이고, 동사로 come이나 go가 쓰일 때, 이 구문은 명령의 뜻을 나타낸다.

Up you go! (올라가!)
Down you come! (내려와!)

5.5.4 here로 시작하는 구문

Here comes the bus!
((기다리던) 버스가 오는구나!)
Here is good news for you.
(너에게 좋은 소식이 있다.)

here로 시작하는 도치구문은 다음과 같이 유사구문과 비교해보면 그 기능이 확연하게 드러난다.

a. Your book is **here**.
b. **Here** is your book.

(a)는 Where is my book?와 같은 질문의 답으로 적절하며, 끝에 나오는 here가 정보 가치가 가장 크다.

(b)에서는 정보 가치가 가장 큰 것은 끝에 나오는 your book이다. 즉 (b)는 어떤 대상에 대해서 상대방의 관심을 끌려고 할 때 쓰인다.

here와 there로 시작하는 문장은 다음과 같은 idiom을 만든다.

Here you are. = This is for you. (자, 이것!)
Here we are. = We've arrived at the expected place. (이제 다 왔어!)
There you are. = That proves what I've said. (그럼, 그렇지.)

5.6 불완전자동사

5.6.1 보어의 정의

(1) 불완전자동사는 주격보어(subjective complement)를 필요로 하는 동사를 말한다. 대표적인 불완전자동사로는 be와 become이 있다. 각각 "(S는) ...이다", "(S는) ...가 되다"라는 뜻을 갖는 be와 become은 "..."에 해당하는 부분을 보충하여야만 완전한 문장을 만들 수 있다. 이 "..."에 해당하는 부분이 보어이다. 불완전자동사를 잇는 보어를 특히 '주격보어'라고 부르는 것은 이 보어가 주어를 가리키거나 설명해 주기 때문이다.

(2) 불완전자동사는 크게 "(S가 C)이다"와 "(S가 C)가 되다"라는 의미를 갖는다. S와 C를 연결해주는 기능을 갖기 때문에 연결동사(linking verb 또는 copula)라는 이름으로 불리기도 한다.

(3) 보어란 용어는 학자나 문법이론에 따라 그 정의나 해석이 여러 가지로 다르다. 가장 넓은 의미로 쓰이는 경우 보어는 동사를 보충하여 완전한 문장을 만드는 목적어와 필수적 부사 등을 포괄적으로 가리키며, 변형문법에서의 complement(보조부)는 위에서 설명한 보어와는 개념이 크게 다르다.

여기서는 위의 (1)에서의 정의에 따라 보어란 용어를 사용할 것이다.

5.6.2 분류

불완전자동사는 크게 "S가 C이다"란 의미를 갖는 be류와 "S가 C가 되다"란 의미를 갖는 become류로 분류할 수 있고, 그 밖에 look류와 seem류를 설정할 수 있다.

(1) be류

We **are** very happy.
I hope you're **keep**ing well.
You must **stay** awake.
The results **remain** a secret.
Broken glasses **lay** scattered all over the road.
(깨진 유리조각이 도로의 이곳저곳에 흩어져 있었다.)

(2) become류

He **became** head of the company's largest division.
Don't **get** excited.
He **grew** angry when I told him about it.
The baby **fell** asleep.
The children **went** wild with excitement.
The milk **turned** sour in the heat.
The handle has **come** loose.
(손잡이가 헐렁헐렁해졌다.)
The river **ran** dry during the drought.
(강물이 바닥이 났다.)

(3) look류

감각을 통한 주어의 상태를 나타내는 동사로, 다섯 가지의 감각을 나타내는 look, taste, smell, feel, sound가 여기에 속한다.

That book **looks** interesting.
The pill **tasted** bitter.
The rose **smells** sweet.
The water **feels** warm.
His explanation **sounds** reasonable.
(그의 설명은 일리가 있다.)

(4) seem류

seem과 appear가 여기에 속한다.

전통적으로는 seem은 be류에 속하는 것으로 설명되어왔다. He is happy.처럼 He seems happy(그는 행복하게 보인다). 역시 He = happy의 의미관계를 가지고 있는 것으로 간주했기 때문이다.

그런데 He seems happy에서 과연 <...게 보이는 것>은 '그'일까? 또는 '그가 행복하다'일까?

He seems happy.와 구문이나 의미상 유기적인 관계를 갖고 있는 It seems that he is happy.에서 seem의 의미상의 주어가 he is happy인 것을 감안한다면 He seems happy.에서도 의미상으로는 seem의 주어는 He가 아니라 He ... happy.라고 봄직하다 (일찍이 Jespersen(1969:343)은 He seems to be all right.에서의 seem의 주어를 split subject(분할주어)란 이름으로 설명한 바 있다. 주어가 seem의 앞뒤로 갈라져 있다고 본 것이다).

seem은 다음과 같은 특성을 가지고 있다.

It seems that _____.와 같은 틀을 이용해서 예를 들어 (a)를 (b)로 고쳐 써서 화자의 주관적인 판단을 반영할 수 있다.

a. He is happy.
⇒ b. It **seems** that he is happy.

또한 (b)는 다음과 같이 바꾸어 쓸 수 있다.

 b. It **seems** that he is happy.
 ⇒ c. He **seems** to be happy.
 ⇒ d. He **seems** happy.

되풀이가 되지만 seem을 불완전자동사로 간주하는 것은 seem이 (d)와 같은 문장을 만들기 때문이다. 그런데, 실상 seem이란 동사를 이해하기 위해서는 모든 문형의 문장을 It seems that ...의 구문을 이용해서 (b)처럼 바꾸어 쓸 수 있고, (c), (d)가 (b)와 유기적인 관계를 가지며, (d)는 (c)의 to be가 생략되어 만들어졌다는 것을 알아야 한다.

하기는 (c)와 같은 문형이 (d)와 같은 문형으로 언제나 자유롭게 변환되는 것은 아니다. to be를 생략하기 위해서는 그 문장이 주관적인 판단이 가능한 문장이어야 한다. He seems to be happy.를 He seems happy.로 바꾸어 쓸 수 있는 것은 '그가 행복하다'는 판단이 얼마든지 주관적일 수 있기 때문이다.

하지만 다음 (e)을 (f)로 바꿔 쓰면 문장이 어색해진다. '그가 선생이다'라는 판단은 다분히 객관적으로 그 진위가 가려질 수 있기 때문이다.

 e. He seems to be a teacher.
 ⇒ f. *He seems a teacher.

위의 설명은 appear에도 그대로 적용된다.
다만 seem은 <speaker가 주관적으로 판단할 때>란 의미가 강하고 appear는 <주어의 겉모양으로 판단할 때>라는 의미를 내포한다.

 It **appears** that he is sincere.
 He **appears** to be sincere.
 He **appears** sincere.

그런데 똑같이 '보인다'라는 뜻을 갖지만 look는 seem이나 appear와는
특성이 다르다. seem이나 appear와는 달리, 다음 (g)을 (h)로 풀어쓰지는
못한다. (g)에서 look의 주어는 He인 것이다.

    g. He **looks** young.
  ⇒ h. *It looks that he is young.

5.7 용법상의 유의점

5.7.1 동사의 전용

많은 불완전자동사는 완전자동사나 타동사로도 쓰인다.

Many stores **remain** open until 8:00 p.m. — 불완전자동사
Remain just where you are. — 완전자동사
The milk **turned** sour. — 불완전자동사
The earth **turns** (a)round the sun. — 완전자동사
Turn the wheel to the right. — 타동사
He **is** my father. — 불완전자동사
God **is**. (=God exists.) — 완전자동사
Whatever will **be**, will **be**. — 완전자동사
(무슨 일이든지 존재하기(생기기) 마련인 것은 존재하기(생기기) 마련.)

5.7.2 get, become, turn, grow

become류에 속하는 다음 동사들은 '...가 ...하게 되다(변하다)'라는 뜻
을 나타내는데 보어와의 공기관계(co-occurrence)에 있어서 동사마다 나름
의 일정한 제약이 있다.

a. The weather ＿＿＿＿＿ warmer.
b. I have ＿＿＿＿＿ quite tired.

위의 예문에서 (a)의 빈칸은 became, got, turned, grew가 다 메울 수 있지만, (b)의 빈칸은 become, got, grown만이 메울 수 있다.

한편 turn은 주어가 <사람>이고 보어가 명사인 경우에는 직업, 신념 또는 주의의 변화를 뜻하며, 그와 같은 변화를 좋지 않게 여기는 화자의 심적 태도를 반영한다. 또한 보어가 되는 명사 앞에는 관사를 붙이지 않는다.

He turned ⎡ plumber.
         ⎢ Democrat.
         ⎣ traitor.

5.7.3 come, go, run, fall

흔히 완전자동사로 쓰이는 come, go, run, fall 등이 불완전자동사로 쓰일 때 보어가 되는 어구는 한정되어 있다. 그러한 예는 다음과 같다.

come : undone/loose/unstuck/unfastened
       My shoe laces have **come** undone.
       (구두끈이 풀렸다.)
go   : crazy/mad/bankrupt/bald/rusty/sour/pale
       The world has **gone** crazy.
       (온 세상이 광기에 휩싸였다.)
run : short/dry/wild
       Supplies are **run**ning short.
       (재고품이 바닥이 나고 있다.)
fall : asleep/sick/vacant/silent

He **fell** asleep at the table.
(그는 식탁에서 잠들어 버렸다.)

5.7.4 make

다음에서 make는 (a) become through development; turn out to be, (b) serve or function as, (c) amount to, equal의 뜻을 갖는다.

a. If you train hard, you'll **make** a good footballer.
   He will **make** a good president.
   She would have **made** an excellent teacher.
b. This hall would **make** an excellent theater.
c. A hundred pence **make** one pound.

5.8 보어의 특성

5.8.1 보어가 될 수 있는 어구

보어의 품사는 주로 명사구와 형용사구이다.

He's not **the right man** for it. — 명사구
They have remained **loyal** to the Government. — 형용사
Who is it? It's **me**. — 대명사

불완전자동사를 잇는 보어는 주격보어이지만, 인칭대명사로는 흔히 목적격이 쓰이며, 주격의 사용은 현학적(pedantic)이라는 인상을 줄 수 있다. 다만 다음과 같은 문맥에서는 주격이 자연스럽다.

You are **you**; I am **I**. (너는 너고 나는 나야.)

5.8.2 보어가 되는 명사구

보어가 되는 명사구의 구조는 다음과 같다.

Seeing is **believing**. – 동명사구
To be diligent is **to be happy**. – 부정사구
The fact is **that I forgot all about it**. – that이 이끄는 종속절
The question is **whether it is true or not**. – 의문사가 이끄는 절

5.8.3 보어가 되는 형용사

보어가 되는 형용사 가운데는 (1) 전치사 + 명사(구), (2) to 부정사구, (3) that가 이끄는 종속절을 필요로 하는 것이 있다. (7.17-7.19 참조)

(1) I am **proud of** you.
　　My opinion is **different from** yours.
(2) She is **eager to** succeed.
　　They were **willing to** risk losing their jobs.
(3) I am **sure that** he is honest.

5.8.4 보어가 되는 부사

다음은 부사(구)가 보어가 된 경우이다.

The moon is **down**.
School is **over**.
This letter is **for you**.
She is **in good health**.
The increase in food prices this year was **because of the drought**.
(올해 식료품 값이 상승한 것은 가뭄 탓이었다.)

5.8.5 의사보어

다음 예문의 술어동사는 완전자동사로, 이 동사만으로도 뜻이 통하는 완전한 문장을 만들 수 있다. 그런데 끝 부분에 주어를 부연해서 설명하는 낱말이 부가되어 있다. 이와 같은 부가어를 의사보어(quasi-complement)라고 한다.

He died **young**.
(그는 젊은 나이로 죽었다.)
He returned to his land **a different man**.
(조국으로 돌아왔을 때, 그는 전과는 다른 사람이 되어 있었다.)
We parted **the best friends**.
(헤어질 때, 우리는 절친한 친구가 되어 있었다.)
The boy came **running**.
(소년은 뛰어왔다.)
She sat at the window **sewing**.
(그녀는 창문 가에 앉아서 바느질을 하고 있었다.)

바로 위의 예문을 다음과 같이 고치면, 밑줄 친 부분은 분사구문을 만든다.

She sat at the window, <u>sewing</u>.

5.9 완전타동사

5.9.1 목적어의 정의

주격보어가 주어와 넓은 의미에서 (=)의 관계를 가지고 있다면, 목적어와 주어는 (≠)의 관계를 가진다. 목적어를 수반하는 동사가 타동사이다.

He turned traitor. — 보어 (He = traitor)
(그는 역적이 되었다.)
He turned a corner. — 목적어 (He ≠ corner)
(그는 길모퉁이를 돌았다.)

'목적어'는 흔히 '동사가 어떤 영향을 미치는 대상이 되는 명사를 가리킨다'라고 정의된다. 그런데 동사가 어떤 영향을 미친다지만 동사와 목적어의 의미관계는 개별동사에 따라 여러 가지로 다르기 때문에 <목적어란 동사가 어떤 영향을 미치는 대상이 되는 명사를 가리킨다>라는 정의는 목적어를 이해하는데 반드시 적절한 정의는 되지 못한다.

통사상으로는 한 문장에서 술어동사 다음에 바로 명사(구)가 나올 때, 이 명사(구)는 (주격보어가 되는 경우를 제외하고는) 술어동사의 목적어가 된다.

5.9.2 분류

의미상 목적어는 크게 '피동(affected)목적어'와 '달성(effected)목적어'로 분류되기도 한다. 전자는 <행위에 의해서 영향을 받는 대상>을 가리키고, 후자는 <행위의 결과 존재하게 되는 사물>을 가리킨다.

I've bought a house. — 피동목적어
I've built a house. — 달성목적어

(그 밖의 타동사와 목적어의 의미상의 관계는 5.12 참조)

5.9.3 목적어가 될 수 있는 어구

목적어가 될 수 있는 어구는 명사(구) 및 명사구 상당어구(대명사, to부정사구, 명사구, 명사절 등)이다.

The policeman caught **the thief**. – 명사구
You will forget **me** a week after I am gone. – 대명사
(내가 가버리고 일주일이 지나면 당신은 나를 잊어버릴 거야.)
I hate **to trouble** you with my problem. – 부정사구
(나는 내 일을 가지고 당신을 귀찮게 하기 싫다.)
I remember **meeting** you once. – 동명사구
Please explain **where to begin and how to do it**. – 의문부정사구
We discovered **that we had been cheated**. – 명사절
I don't care **whether you go with me or not**.
I don't understand **why they are arguing**.

5.9.4 타동사 + 목적어 + 의무적 부사(구)

<u>타동사+목적어</u> 구문 가운데는 다음과 같이 부사(구)를 반드시 필요로 하는 것이 있다.

He treated us **kindly**.
(그는 우리를 친절하게 대접했다.)
Have you informed them **of your intended departure**?
(출발하겠다는 의사를 그들에게 알렸습니까?)
The hostess showed me **to the door**.
(여주인이 나를 현관까지 안내해 주었다.)
He saw Mary **home**.
(그는 Mary를 집까지 바래다주었다.)
John put the car **into the garage**.

5.10 타동사 + that ... 구문

that가 이끄는 종속절이 목적어가 되는 경우, 타동사는 종속절의 술어 동사가 취하는 형식에 따라 다음과 같이 분류된다.

(1) 사실동사(factual verb): 종속절의 술어동사로 직설법이 쓰인다 (즉 인칭과 시제에 따라 동사의 어형이 달라진다).

    I know that you **are** faithful.
    I hope that you **don't** mind my asking this.
    He denies that he **took** the money.

다음과 같은 동사가 factual verb에 속한다.

    admit, agree, assume, believe, declare, deny, expect, hope, know, report, say, suppose, think, understand

factual verb 가운데 that 대신에 흔히 whether/if 절을 수반하는 동사는 다음과 같다.

    ask, discuss, doubt, find out, forget, (not) know, (not) notice, (not) say, wonder

    He { asked / doubted / didn't know } whether/if they arrived.

(2) 감정동사(emotive verb): 종속절의 내용에 대한 화자의 감정(놀람, 의외감, 유감) 또는 주관적 판단을 반영하는 동사로서, 종속절의 술어동사는 should와 함께 쓰인다.

    I regret that you **should** worry about it.

다음 동사가 emotive verb에 속한다.

annoy, concern, marvel, rejoice, regret, surprise, wonder, worry,

다음 (a)와 (b)사이에는 미묘한 차이가 있다.

   a. I regret that she should have married him.
   b. I regret that she married him.

(a)는 '그와 결혼을 하다니 ... (그럴 줄은 몰랐는데) 유감스럽다'라는 뜻으로 개인의 의외로움과 섭섭함이 좀 더 직접적으로 반영되고 있다.
(b)는 '그녀가 그와 결혼한 사실을 유감스럽게 생각한다'는 뜻이다. 똑같은 regret지만 should 와 함께 쓰인 (a)의 regret는 감정동사이고, 종속절에 직설법이 쓰인 (b)의 regret는 사실동사이다.

  (3) 의지동사(volitional verb): 주어의 명령, 주장, 제안, 암시, 권고 등의 의지를 반영하는 동사로, 종속절의 술어 동사는 인칭이나 시제에 관계없이 원형 (또는 should + 원형)을 쓴다.

   People are demanding that he **leave** the company.
   (사람들은 그가 회사에서 물러나기를 요구하고 있다.)
   He proposed that they **admit** all applicants.
   (그는 지원자는 모두 받아드리자고 제안했다.)
   I insist that she not **smoke**.
   (나는 그녀가 담배를 피워서는 안 된다고 주장했다.)
   He suggested that I **take** a taxi.
   (그는 내가 택시를 타면 어떠냐고 말했다.)

의지동사에 속하는 동사는 다음과 같다.

   ask, command, demand, insist, move (... 할 것을 동의로서 제의하다), order, propose, recommend, require, suggest, ...

이 동사가운데 ask나, insist 또는 suggest는 사실동사로도 쓰인다.

> He insisted that she **didn't** smoke.
> (그는 그녀가 담배를 피우지 않는다고 우겼다.)
> He suggested that she **didn't** smoke.
> (그는 그녀는 담배를 피우지 않는다는 뜻을 넌지시 비쳤다.)

위의 예문에 나오는 insist나 suggest는 직설법으로 쓰인 종속절의 술어동사로 알 수 있듯이 사실동사이다. 반면에 다음에 나오는 insist와 suggest는 의지동사에 속한다.

> He insisted that she **not smoke**.
> (그는 그녀가 담배를 피워서는 안 된다고 강경하게 말했다.)
> He suggested that she **not smoke**.
> (그는 그녀가 담배를 피우지 않는 것이 좋을 거라고 넌지시 말했다.)

의지동사가 쓰인 문장에서 종속절에서 동사의 원형이 쓰이는 것은 특히 Am. E.의 용법으로, Br. E.에서는 일상체에서 should + 동사의 원형을 쓴다.

(4) 가정동사(hypothesis verb): 사실과 다른 가정이나 소망을 나타내는 동사로, 종속절의 술어동사는 과거형을 쓴다. 가정동사로는 wish와 would rather가 있다.

> I wish she **treated** us kindly.
> I would rather you **didn't tell** him.
> (나는 네가 그에게 말을 안 했으면 싶다.)

명령문에서는 suppose도 가정동사로 쓰일 수 있다.
명령문에서 suppose가 가정동사로 쓰이는 경우, 즉 종속절에서 현재시제보다 과거형을 쓰는 경우, 말하는 이의 상대방에 대한 심적 태도는 상대적으로 덜 강압적이다.

> Daddy, can I watch TV?
> Suppose you **did** your homework first?
> (아빠, 텔레비젼 봐도 돼요? 숙제를 먼저 하면 어떨까?)

참고로 What if ...구문도 종속절에서 동사는 과거형이 쓰일 수 있다.

> What if I **came** tomorrow instead of this afternoon?

5.11 타동사와 목적어의 의미관계

앞서 언급한 것처럼 술어동사와 목적어의 의미관계는 술어동사에 따라 여러 가지로 다르다.

(1) 대상과 결과

> a. dig the ground
> b. dig a hole

(a)의 the ground는 dig란 <행위가 미치는 대상>이지만 (b)의 a hole은 dig란 <행위의 결과>를 나타낸다.
다음 예에서도 비슷한 의미관계가 성립한다.

> a. 대상
> light the lamp
> paint the door
> b. 결과
> light a fire

paint a portrait

(2) 대상과 도구
다음에서는 (a)의 목적어는 영향이 미치는 <대상>을 나타내고, (b)의 목적어는 그런 영향을 미치는데 사용된 <도구>를 나타낸다.

    a. bang the table with his fist
    b. bang his fist on the table

(3) 대상과 장소
다음에서는 (a)의 목적어는 <대상>을, (b)의 목적어는 <장소>를 나타낸다.

    a. plant trees in the garden
       load potatoes onto the truck
       pack clothes in a trunk
    b. plant the garden with trees
       load the truck with potatoes
       pack a trunk with clothes

비슷한 뜻을 나타내기는 하지만, 위의 (a), (b)사이에는 미묘한 차이가 있다. 즉 <장소>가 목적어의 자리를 차지하는 구문은 <가득히>라는 뜻을 내포하게 되어, (b)는 각각 '마당 가득히 나무를 심다', '트럭 가득히 감자를 싣다', '트렁크 가득히 옷을 챙겨 넣다'라는 의미를 갖는다.

5.12 동족목적어(Cognate Object)

다음과 같이 타동사와 동형이거나 어원이 같거나 또는 의미가 비슷한 목적어를 동족목적어라고 한다.

(1) 동형이거나 어원이 같은 것

    sleep a peaceful **sleep**
    die a natural **death**
    dream a strange **dream**
    live a miserable **life**
    smile a happy **smile**

위의 예가 보여주듯이 동족목적어는 (sing songs같은 예외도 있지만) 통상적으로 형용사의 수식을 필요로 한다.

(2) 의미가 비슷한 것

    run **a race**
    fight a good **battle** (잘 싸우다.)

다음은 보통 동족목적어가 생략된 구문으로 설명된다.

    smile one's thanks (=smile a smile of one's thanks)
    nod one's approval (=nod a nod of one's approval)
    (고개를 끄덕여 찬성의 뜻을 나타내다)
    breathe one's last (=breathe one's last breath)
    (숨을 거두다)
    shout one's loudest (=shout one's loudest shout)
    (목청껏 소리를 지르다)

5.13 재귀대명사

(4.6.2 참조)

5.14 목적어의 생략

특정한 문맥에서는 다음과 같이 타동사가 목적어 없이 사용되는 경우가 있다.

We **gave**, they **took**.
Some people **build** while others **destroy**.
Money markets are the places where people with money **buy** and **sell**.

두 행위가 대조적으로 언급되고 있는 위의 문장에서, 목적어가 생략되어 있는 것은 목적어보다 대조적인 두 행위 자체에 문장의 초점이 놓여 있기 때문이다.

He likes to **shock**.
She was anxious to **please**.
You must be convinced if you are to **convince**.

위의 예문에서 목적어가 필요 없는 것은 동사의 목적어가 특정인이 아닌 일반사람을 막연히 가리키기 때문인데, 이와 같은 목적어의 생략은 특히 부정사 구문에서 발견된다.

5.15 일상동사 + 목적어 구문

5.15.1 영어에는 '...을 보다'라는 뜻을 나타낼 때 look이 동사로 쓰인 (a)와 같은 구문 외에 (b)와 같은 구문이 있다.
여기서 일상동사 + 목적어 구문이라 부른 것은 (b)와 같은 구문을 말한다.

'…을 보다'라는 뜻을 나타낼 때, 영어에 이와 같은 두 가지 구문이 존재하는 것은 look라는 낱말이 동사로도 쓰이고 명사로도 쓰이기 때문이다. 일상동사+목적어 구문은 현대영어의 특징의 하나를 이룬다.

'…을 보다'를 영어로 옮기는 경우 한국어를 모국어로 하는 영어 학습자는 have/take a look at보다 look at …를 먼저 생각하기 쉽다. 후자가 한국어의 어법에 가깝기 때문이다. 좀 더 영어다운 표현을 익히기 위해서 한국의 영어학습자는 (b)에 속하는 구문과 관련된 어법을 알아야 한다.

    a. She **looked at** me and smiled.
    b. **Have a look** at this letter.
       Take a good **look**. (어디 한번 자세히 봐.)

동사 표현과 대조시키면서 일상동사+목적어 구문의 예를 좀 더 추가하면 다음과 같다.

    { She **signalled** a taxi.
      She **made a signal**.

    { A few students were **drinking** at the bar.
      A couple were **having a drink** at a table by the window.

    { They both **laughed**.
      She **gave an** amused **laugh**.

    { They **photographed** the pigeons in Trafalga Square.
      John **took a photograph** of her.

위에서 여러 번 언급한 '일상동사'는 take, have, give, make, do 등을 가리키는 편의적 명칭이다. 일찍이 Kruisinga (1931:3:199)는 이런 동사를 그저 "가장 흔히 쓰이는 동사 (the most commonly used verb)"라고 부른 바

있는데, Liefrink(1973:18)는 'prime verb'란 용어를 쓰고 있고, Collins Cobuild의 *English Grammar* (1990:147)는 'delexical verb'라고 부르고 있다.

5.15.2 일상동사+목적어 구문의 용법으로 유의할 만한 것에는 다음이 있다.

(1) 앞에서 언급했듯이 '...을 보다'는 have a look at ...로도 나타내고 take a look at ...로도 나타낸다. 다만 Br. E.에서는 have를, Am. E.에서는 take를 선호하는 경향이 있다. 똑같은 말이 다음에도 해당된다.

   have/take a swim(a bath, a rest, a walk, a drink)

하지만 다음 (a), (b)사이에는 미묘한 의미 차이가 있다.

   a. She **had a dislike** for her science teacher.
   b. She **took a dislike** to her new science teacher.

(a)는 그녀의 과학선생에 대한 <오랜> 감정을 나타내고, (b)는 다음 (c)와 의미가 같다.

   c. She **came to dislike** her science teacher when she saw him.

말을 바꾸자면 (a)와 (b)는 상(aspect)이 다르다. (a)는 상태상(stative aspect)을 나타내고 (b)는 기동상(inchoative aspect, 동작이나 상태의 시작)을 나타낸다.
다음 예도 흥미롭다.

   I had a visit from a stranger.

흔히 have/take + 목적어가 주어의 능동적인 행동을 나타내는데 반해서 have a visit는 '(주어가) 방문하다(=pay a visit)'와는 반대로 '(제3자가 주어를) 방문하다'란 뜻을 갖는다.

(2) 일상동사 가운데 특히 give와 결합하는 목적어는 크게 세 가지 부류로 나뉘어진다.

> A. a look, a nod, a grin, a wink, a grin 등 비언어적 의사소통 (nonverbal communication)과 관련이 있는 낱말
> 흔히 목적어로 무생물명사가 쓰이는 것을 보아도 알 수 있듯이 have/take a look at ...가 <일방성>을 전제로 한다면, give .... a look은 의미상 <상대방에 대한 의사전달의 의도>를 반영한다.
>
> He **gave** me a knowing look. (=He looked at me knowingly.)
> She **gave** me a wink/a nod. (=She winked/nodded at me.)
>
> B. a wash, a kick, a push 등 물리적 접촉을 나타내는 낱말
>
> He **gave** the door a couple of hard kicks.
> (=He kicked the door hard a couple of times.)
> He **gave** the car a thorough wash.
> (=He washed the car thoroughly.)
>
> C. a jump, a yell, a cry, a shout, a lurch 등 순발적인 동작이나 반응을 나타내는 낱말
> give는 직접목적어와 간접목적어를 수반하기 마련이지만, 이 (C)에 속하는 목적어를 수반하는 경우 give는 간접목적어를 필요로 하지 않는다. He gave a jump.는 He jumped.와 의미상 유기적인 관계를 갖는다. 그런데 He jumped.가 문맥에 따라 주어의

자발적인 동작이나 비자발적인 반응을 똑같이 나타낼 수 있는 것과는 달리, He gave a jump.는 충동적인 반응을 나타낸다. 예를 추가하면 다음과 같다.

Suddenly he threw back his head and **gave** <u>a shout of laughter</u>, then recovered himself.

(갑자기 그는 고개를 위로 젖히고 껄껄대고 웃다가 제 정신을 차렸다.)

She **gave** <u>a curious little sound</u> between a cry and a moan and knelt beside him.

(그녀는 울음도 아니요, 신음소리도 아닌 그 중간쯤에 해당하는 야릇한 소리를 작게 지르고 그의 곁에 무릎을 꿇었다.)

5.16 타동사 + 목적어 + 부사구 구문

이미 언급한 것처럼 타동사 + 목적어 구문 가운데에는 그 다음에 부사구가 필수적인 구문이 있다.

타동사 + 목적어 + 부사구 구문으로 특히 다음은 유의할만하다.

5.16.1 catch a person by the arm

다음 (a)는 한국어와는 그 발상이 다르다.

a. **hit** a nail <u>on the head</u> (못의 머리를 치다)
   catch a thief <u>by the arm</u> (도둑의 팔을 잡다)
   kiss her <u>on the forehead</u> (그녀의 이마에 입을 맞추다)

한국어의 문형과 대응하는 것은 위의 (a)보다는 아래의 (b)이다.

b. **kiss** Queen's hand
   catch a person's arm

영어에서는 (a)와 (b)는 미묘한 의미차이가 있다.
(a)는 어떤 대상의 일부(또는 신체 부위)와의 접촉이 물리적으로나 심리적으로 대상 전체에 영향을 미치거나 대상전체와 관계가 있을 때 쓰인다.
단적인 예를 들어보자
벽에 못을 박는 경우 우리가 망치로 치는 것은 못보다는 못의 머리지만, 그런 물리적 힘의 영향을 받는 것은 못 전체이다. 이런 의미를 나타낼 때는 (a)의 구문이 알맞다.
도망가는 도둑을 쫓아가서 그의 팔을 움켜잡았다고 하자. 이 때 도둑을 쫓아간 사람이 잡으려고 했던 것은 도둑의 팔이기보다는 도둑이다. 이런 경우도 (a)가 알맞다.
영국에서는 수상이 바뀌면 새로 임명된 수상은 여왕을 알현하는데 그 자리에서 여왕이 내미는 손에 입을 맞춘다. 이와 같이 여왕의 손에 입을 맞추는 행위는 하나의 의식이지, 수상은 (여성으로서의) 여왕에 입을 맞추는 것은 아니다. 이런 경우는 (b)의 구문이 알맞다.
물에 빠진 사람은 지푸라기라도 움켜잡으려 한다. 물에 빠진 사람이 허우적거리다가 손에 잡히는 대로 잡은 것이 어떤 사람의 팔일 때, 그가 잡으려고 했던 것은 그 사람의 팔이었지 그 사람은 아니다. 이런 경우는 역시 (b)가 알맞다.

5.16.2 plant the garden with roses

'정원에 장미를 심다'라는 뜻을 나타내는 경우에도 영어에는 두 가지 구문이 쓰인다.

a. plant roses in the garden
b. plant the garden with roses

즉 영어에서는 '정원에 장미를 심다'라는 뜻을 나타낼 때 <장미>가 목적어의 자리에 올 수도 있고, <정원>이 목적어의 자리에 올 수도 있다. plant roses ...의 구문은 한국어에도 있지만, 한국어에 plant the garden ...의 구문은 없다. (5.11 참조)

5.16.3 clear the pavement of snow

(5.16.2)에서 예시한 바 전치사로 with가 쓰인 plant the garden with rose나 또는 load the truck with potatoes가 '어떤 장소에 ...를 심다 (또는 싣다)'라는 뜻을 갖는다면, 대조적으로 of가 쓰인 clear the pavement of snow는 '어떤 장소에서 ...를 제거하다'라는 뜻을 갖는다.

clear A of B와 동일한 구문에는 rob A of B, release A of B 등이 있다.

5.17 한국어와 영어 목적어 구문

한국어에서 목적어는 '나는 그녀를 사랑한다'의 예가 그렇듯이 명사에 목적격 조사인 <...을>을 부가해서 만든다.

그러므로 한국어를 모국어로 삼는 영어학습자는 영어의 목적어 구문을 습득하는 경우 다음과 같은 구문의 습득이 상대적으로 어렵다.

(1) '...에 ...하다'로 나타나는 SVO

    approach the town
    answer the question
    enter the classroom
    inhibit the island
    obey orders
    pass the test

(2) '...와 ...하다'로 나타나는 SVO

    accompany a person
    marry Mary

(3) 기타

    outgrow his mother (어머니보다 키가 더 커지다)
    discuss the problem (그 문제에 관해서 토의하다)
    Does this new dress become me?
    (이 새 옷이 나한테 어울리니?)
    Ten times ten equals one hundred.
    (10 × 10 = 100)
    They lacked the money to send him to university.
    (그들은 그를 대학에 보낼 돈이 없었다.)
    The window overlooks the river.
    (그 유리창으로부터는 강이 내다보인다.)
    The plants may not survive the frost.
    (그 식물들은 사리를 맞으면 죽을 지도 모른다.)

(4) '...을 하다'가 SVO 이외의 구문으로 나타나는 예

음악을 듣다	:	listen to music
안경을 찾다	:	look for the glasses
돈을 강탈하다	:	rob (a person) of money
손해를 배상하다	:	compensate (a person) for the damage
우체국을 통과하다	:	pass by the post office
평야를 달리다	:	run through the plains

5.18 수여동사

5.18.1 직접목적어(Direct Object)와 간접목적어(Indirect Object)

수여동사는 직접목적어와 간접목적어를 수반하는 동사를 말하며, 이른 바 문장의 4형식인 S + V + IO + DO의 구문을 만든다.

He gave   the girl a doll.
He bought the girl a doll.
S V   IO   DO

간접목적어와 직접목적어는 어떠한 차이가 있는 것일까?
위의 문장에서 the girl과 a doll이 각각 생략된 경우를 생각해보자.
The girl의 경우는 이 말이 있건 없건 원래의 의미는 변하지 않는다. 두 문장이 각각 '그는 인형을 주었다.', '그는 인형을 샀다.'라는 뜻을 갖는 것이다. 하지만 a doll이 생략되면 위의 문장은 원래의 의미가 달라진다. 특정한 문맥을 전제로 하지 않는 한, He gave/bought the girl.은 '그는 그 여자를 주었다/샀다.'라는 이상한 뜻이 되어버린다. 이는 타동사와 <...을>이란 뜻을 갖는 목적어의 관계가 <...에게>란 뜻을 갖는 목적어와의 관계보다 우선함을 보여준다.
말을 바꾼다면 타동사와 <...을>이라는 뜻을 갖는 목적어의 관계는 타동사와 <...에게>라는 뜻을 갖는 목적어의 관계보다 더 기본적(직접적)이다. 이와 같은 관계 때문에 <...을>이라는 뜻을 갖는 목적어를 직접목적어라고 부르며, <...에게>란 뜻을 갖는 간접목적어와 구별한다.

5.18.2 문장의 전환

수여동사를 술어동사로 삼는 S + V + IO + DO 구문은 대부분의 경우 S + V + DO + 부사구 구문으로 전환할 수 있다.

He gave **the girl** a doll.　⇒ He gave a doll **to the girl**.
He bought **the girl** a doll.　⇒ He bought a doll **for the girl**.

간접목적어를 부사구로 바꾸어 문장을 전환하면 간접목적어는 술어동사의 특성에 따라 다음과 같이 to나 for 또는 그 밖의 전치사를 필요로 한다.

5.18.3 to가 필요한 동사

hand the receptionist his room key
⇒ hand his room key to the receptionist
deny him nothing
⇒ deny nothing to him
(그가 달라는 것은 아무 것도 마다하지 않는다)
leave her everything
⇒ leave everything to her
(모든 것을 그녀에게 유산으로 남기다)
throw him the ball
⇒ throw the ball to him

그 밖에 다음 동사도 전치사로 to를 필요로 한다.

grant, lend, offer, pay, promise, read, recommend, sell, send, show, teach, telephone, tell, write

그런데 give나 grant와 뜻이 유사하지만, donate는 S + V + IO + DO의 구문을 만들지 않는다. lend와 뜻이 비슷하지만 let도 그렇다.

donate some money to the orphanage
⇒ *donate the orphanage some money

let a room to a foreign student
⇒ *let a foreign student a room

동사 mean은 다음과 같은 문맥에서는 수여동사로 쓰인다.

He meant me no harm.
(그는 나에게 의도적으로 해를 끼칠 생각은 없었다.)

직접목적어가 구상명사(concrete noun)가 아닌 다음의 경우에, give는 간접목적어를 부사구로 하는 구문을 만들지 못한다.

He gave the door a hard kick.
⇒ *He gave a hard kick to the door.
She gave him a warm smile.
⇒ *She gave a warm smile to him.
I never gave the matter a thought.
⇒ *I never gave a thought to the matter.
Mary gave John pneumonia.
⇒ *Mary gave pneumonia to John.

5.18.4 for가 필요한 동사

find him a job
⇒ find a job for him
cook her husband a delicious meal
⇒ cook a delicious meal for her husband
choose their son a sensible wife
⇒ choose a sensible wife for their son
do me a favor
⇒ do a favor for me

call me a taxi
⇒ call a taxi **for** me

그 밖에 book(예약하다), build, fetch, fix, get, keep, leave, make, order, prepare, reserve, save, spare 등도 전치사로 for를 필요로 한다.

전치사로 for를 필요로 하는 수여동사는 다음과 같이 그 의미를 풀어서 생각할 수 있다 (전치사로 to를 필요로 하는 구문은 다음과 같은 풀어쓰기가 불가능하다).

I bought him a tape recorder.
⇒ I bought a tape recorder <u>and gave it to</u> him.
He made a small doll for the child.
⇒ He made a small doll and <u>gave it to</u> the child.
cf. Did you send him a letter of invitation?
　　⇒ *Did you send a letter of invitation and <u>gave it to</u> him?

bring은 to, for를 다 택할 수 있다.

Bring a glass of water **for** me.
The beauty of the music brought tears **to** her eyes.

leave나 do는 to, for를 다 택할 수 있지만, to를 수반하는 경우와 for를 수반하는 경우 그 의미가 다르다.

leave A **to** B : B에게 A를 유산으로 남기다
leave A **for** B: B를 위해서 A를 남겨놓다

do good/harm **to** B: B에게 이익이 되다/해를 끼치다
do a favor **for** B: B의 청을 들어주다

save나 spare는 '..을 남겨 놓다'라는 뜻일 때는 for를 필요로 하며, "(수고 등을) 덜어주다"라는 뜻일 때는 S + V + O + O의 구문만을 만든다.

You could **save** yourself a lot of work if you used a computer.
⇒ *You could save a lot of work <u>for</u> yourself if you used a computer.

5.18.5 기타의 전치사를 필요로 하는 동사

May I ask you a favor? ⇒ May I ask a favor **of** you?
(청 하나 들여도 좋을까요?)
We played him a trick. ⇒ We played a trick **on** him.

ask는 May I ask a favor of you?와 같은 틀에 박힌 공식적인 표현을 제외하고는 현대영어에서는 통상 ask + O + O의 구문을 만든다.
play는 다음과 같은 문맥에서는 for나 with를 수반한다.

Play me a tune. ⇒ Play a tune **for** me. (한 곡 부탁합니다.)
I'll play you a game of chess. ⇒ I'll play a game of chess **with** you.

5.18.6 S + V + O + O 구문

다음 구문은 S + V + O + 부사구 구문으로 전환하지 못한다.

I have always **envied** him his good luck.
I will **bet** you one million won.
She **forgave** him his thoughtless remark.
That mistake **cost** him his job.

위의 구문은 굳이 S + V + IO + DO 구문으로 보기보다 두 목적어를 수반하는 S + V + O + O 구문으로 분석할 수 있다. S + V + O + 부사구 구문으로 전환이 되지 않는데다가, 두 목적어 가운데 어느 한 목적어만을 취할 수도 있기 때문이다.

I have always **envied** him.
I have always **envied** your good luck.
I **forgave** her a long time ago.
Please **forgive** my interrupting.
I will **bet** you.
I will **bet** one million won.

그런가 하면 forgive는 두 번째 목적어 앞에 for를 부가하기도 한다.

Please **forgive** me <u>for</u> interrupting.
cf. Please forgive my interrupting.

또한 bet는 세 가지 목적어를 수반하기도 한다.

He **bet** <u>me</u> <u>one million won</u> <u>that he would win</u>.

5.18.7 직접목적어의 생략

수여동사 pay는 직접목적어와 간접목적어 가운데 어느 하나를 생략해도 문법상 잘못이 없는 문장을 만든다.

I **paid** John the money.
cf. I paid John.
    I paid the money.

문맥상 그 뜻이 분명할 때 직접목적어를 생략해도 좋은 수여동사의 예로는 tell, write, promise, send, show, teach 등도 있다.

5.18.8 that가 이끄는 직접목적어

that가 이끄는 명사절을 직접목적어로 수반하는 동사는 간접목적어의 수반여부에 따라 다음과 같이 분류된다.

(1) 간접목적어가 필수적인 동사

He convinced **us** that he could do it.

(2) 간접목적어를 생략할 수 있는 동사

He showed **(us)** that he could do it.

convince처럼 간접목적어를 수반하여야 하는 동사로는 assure, inform, persuade, remind, teach, tell 등이 있고, show처럼 간접목적어를 생략해도 좋은 수여동사로는 bet, promise, warn 등이 있다.

(3) 간접목적어 앞에 전치사가 부가되는 동사

Joan mentioned **(to me)** that her father was sick.
He reported **(to the receptionist)** that he had lost his room key.

위의 예처럼 간접목적어 앞에 to가 필요한 동사로는 그밖에 recommend, say, suggest 등이 있다. 이 to + 간접목적어는 생략할 수 있다.
한편 ask, beg, demand는 격식체에서 쓰이는 경우 전치사로 of를 필요로 한다.

I ask/beg/demand **(of you)** that ...

(4) 간접목적어를 수반하지 않는 동사

다음 (a)는 (b)로 고쳐야 한다. that가 이끄는 종속절을 수반하는 경우, command나 order는 간접목적어와 함께 쓸 수 없는 것이다.

    a. *He commanded/ordered them that they attack at once.
  ⇒ b. He commanded/ordered that they attack at once.

5.18.9 S + V + IO + *wh*-절

advise, ask, inform, remind, teach, tell 등은 that-절 대신에 wh-절을 수반할 수 있고, ask나 show는 wh-절 앞에서 간접목적어를 생략할 수 있다.

John **asked** me <u>where</u> she had gone.
They didn't **tell** me <u>why</u> the train was late.
Jim reluctantly **informed** us (of) <u>where</u> he had got the money.
He **asked** (me) <u>where</u> I had been.

5.18.10 S + V + IO + 의문사 + 부정사 구문

The instructor **taught** us <u>how to drive</u> safely.
They **advised** him <u>what to wear</u> in the tropics.

suggest나 recommend가 이 구문에서 쓰이는 경우는 간접목적어 앞에 to가 필요하다.

Could you please suggest **to me** where to visit?

다음은 to go의 의미상의 주어의 차이에 유의할 필요가 있다.

    a. He **told** them where to go. (=where <u>they</u> should go)
    b. He **asked** them where to go. (=where <u>he</u> should go)

5.18.11 S + V + IO + 부정사 구문

I **told/advised/persuaded** Mark to see a doctor.

(1) 위에 제시한 S + V + IO + 부정사 구문은 자칫하면 다음 구문과 혼동하기 쉽다.

    a. I **want** you to leave the house immediately.
    b. Did you **notice** anyone leave the house?
       We must **make** the public take notice of us.

(a)는 S + V + O 구문에 속한다. 즉 want의 목적어는 you가 아니라 you to leave the house immediately인 것이다. 내가 원하는 것은 <당신>이 아니라, <당신이 당장 이 집을 떠나는 것>이기 때문이다. 또한 목적어 구문은 목적어를 주어의 자리로 옮겨 수동형을 만들 수 있는데, (a)는 you를 주어로 하는 수동형을 만들지는 못한다는 것도 이러한 사실을 뒷받침한다.

    *You are wanted to ...

한편, (b)는 S + V + O + OC의 구문에 속한다.
tell/advise/persuade 다음에 나오는 (대)명사는 '...에게'라는 뜻이지만, (b)의 notice나 make 다음의 (대)명사는 '...에게'라는 뜻은 아니다. (b)에서 anyone과 the public은 각각 직접목적어의 구실을 하며 부정사구의 의미상의 주어가 됨으로써, 부정사구는 목적보어의 구실을 하는 것으로 분석할 수 있다.

5.19 그 밖의 유의할 관련 구문

(1) 다음은 S + V + O + 부사구의 문형을 만들고 '...에게 ...을 하다'라는

뜻을 갖지만, S + V + IO + DO로 전환을 하지 못한다.

> The lawyer **explained** the new law to me.
> ⇒ *The lawyer explained me the new law.
> They **announced** their engagement to the family.
> ⇒ *They announced to their family their engagement.

이와 같은 특성을 갖는 동사로는 demonstrate, describe, mention, point out, report, state, suggest 등이 있다.

(2) blame, supply 등은 특성이 다른 두 가지 목적어를 수반하는데, 부사구를 만드는데 쓰이는 전치사는 앞에서 살펴보았던 경우와는 판이하게 다르다.

> Mary **blamed** John <u>for</u> the broken vase.
> Mary **blamed** the broken vase <u>on</u> John.
> The government **supplied** blankets <u>for/to</u> the homeless.
> The government **supplied** the homeless <u>with</u> blankets.

5.20 어순의 문제

하나의 뜻이 S + V + O + 부사구와 S + V + IO + DO의 두 형식으로 나타나는 경우, 이 두 구문 가운데 어느 것을 택하는가 하는 것은 다음과 같은 조건에 달려있다.

(1) 직접목적어가 대명사인 경우에 간접목적어는 부사구를 만든다.

> *John gave Mary it. ⇒ John gave it to Mary.

이와 같은 어순은 상대적으로 신정보에 속하는 요소일수록 문장의 뒷자리를 차지하는 원칙에 의거한다. 이미 앞에 나왔던 명사의 반복을 피하기 위해서 쓰이는 대명사는 구정보에 속하기 마련이다. 다음에서는 특정한 문맥을 전제로 하지 않는 이상 (a)보다는 (b)가 자연스럽다. <u>정관사 + 명사</u>나 고유명사보다 <u>부정관사 + 명사</u>가 신정보를 담고 있기 때문이다.

    a. John gave a doll to the girl.
⇒ b. John gave the girl a doll.
    a. John gave a doll to Mary.
⇒ b. John gave Mary a doll.

(2) 두 목적어 가운데 길이가 긴 쪽이 어순상 뒷자리를 차지한다. 이는 이른바 'end-weight의 원칙'에 의거한다.

    A. 간접목적어가 긴 경우
      이 경우는 S + V + O + 부사구 구문을 만든다.
      Please pass this note to **the man in the corner**.
      He reads his poems to **anyone who'll listen**.

    B. 직접목적어가 긴 경우
      이 경우는 S + V + IO + DO 구문을 만든다.
      Can you find me **a copy of that book**?
      His parents chose him **a sensible but plain-looking wife**.
      (그의 부모는 그에게 똑똑하지만 얼굴은 수수한 여자를 아내로 골라주었다.)

그런데 다음과 같이 두 목적어가 대명사인 경우는 (a)보다는 (b)가 쓰인다.

a. *John gave her it. ⇒ b. John gave it to her.

이는 (a)보다 (b)가 end-weight의 원칙에 맞기 때문일 것이다.

(3) '...을 ...에게 주었다'는 뜻을 영어로는 S + V + IO + DO와 S + V + O + 부사구의 두 문형으로 나타낼 수 있기 때문에 'John이 누구에게 책을 주었느냐?'라는 뜻을 영어로 옮기면 (a)나 (b)가 다 알맞을 법하다. 하지만 (a), (b) 가운데 어법에 맞는 것은 (b)이다.

a. Who did John give the book?
b. Who did John give the book to?

구조상 (a), (b)는 각각 (a′), (b′)의 빈칸에 해당하는 요소를 who로 바꾸어 만든 의문문이다.

a′. John gave _____ the book.
b′. John gave the book to _____.

그런데 상대방이 who로 시작하는 질문을 했다면, 이는 who에 해당하는 요소가 신정보에 속하기 때문이다. 앞에서 살펴보았듯이 신정보에 속하는 요소는 문장의 끝머리에 위치하여야 하고, 그렇다면 who로 시작하는 의문문은 당연히 (b′)가 모체가 되어야 한다.

5.21 불완전타동사

5.21.1 목적보어의 여러 가지 구조

불완전타동사는 목적어와 목적보어를 필요로 하는 동사를 가리킨다. 불완전타동사는 이른바 S + V + O + OC의 구문을 만드는데, 이 구문에서

의미상 목적어는 목적보어의 주어가 된다.
목적보어가 되는 어구는 다음과 같다.

(1) 명사(구)

They named their first son **Peter**.
They elected him **President**.
He thinks himself **an able accountant**.
They called him **an idiot**.

(2) 형용사(구)

They knocked him **unconscious**.
She painted her eyelids **deep blue**.
Waltz made him **dizzy**.
We wiped the bottle **dry**.
Leave the door **open**.
Push the door **open**.

(3) 부정사구

Father always encourages us **to think for ourselves**.
My contract allows me **to take one month's leave**.
I believe the stranger **to be a policeman**.

<u>목적어 + 부정사</u> 구문에서 술어동사가 (일부) 지각동사나 (일부) 사역동사인 경우에는 부정사 앞에 to가 붙지 않는다.
위에서 언급한 일부 지각동사란, 특히 see, hear, feel; watch, observe, look at, listen to를 말하고, 일부 사역동사란 make, let, have를 말한다.

I saw/watched/observed the man **enter** the house.
Did you hear anyone **go** out?
Look at the horse **jump**.
Her life had been spent listening to other people **talk**.
You shouldn't have/let him **interfere** with your plan.

그런데 위의 구문도 수동태로 바뀌면 부정사 앞에 to가 붙는다.

Three men were seen **to enter** the house.

help가 술어동사로 쓰이는 경우 부정사 앞에서의 to는 수의적이다.

Please help me **(to) carry** my trunk.
cf. He offered to help carry her trunk.

(4) 분사
목적보어로 쓰이는 현재분사는 흔히 능동적인 의미를, 과거분사는 수동적인 의미를 갖는다. 또한 현재분사는 <진행>의 뜻도 지닌다.

We found her **lying** face down.
— She was lying down.의 뜻을 내포한다.
We could hear the rain **splashing** on the roof.
— The rain was splashing on the roof.의 뜻을 내포한다.

위에 나온 동사 이외에 다음과 같은 동사가 현재분사나 과거분사를 목적보어로 수반한다.

get, keep, leave, send, set, start, have:

His jokes set us all **laughing**.
Only after the banquet will they start the music **playing**.
The driver was desperately trying to get/start/set the engine **going**.
(운전사는 엔진을 시동시키려고 안간힘을 다 쓰고 있었다.)
The Gulf conflict sent oil prices **soaring**.
(걸프만의 내전이 유가를 폭등하게 만들었다.)
We left him **waiting** outside.
(우리는 그를 밖에서 기다리게 했다.)
Keep your eyes **closed**.
− Your eyes are closed.의 뜻을 내포한다.
I had the watch **repaired** immediately.
− The watch was repaired.의 뜻을 내포한다.
I got the work **finished** just in time.
No stone will be left **unturned** to find the culprit.
(범인을 찾기위해서는 모든 수단이 동원될 것이다.)

(5) 부사구

I found the room **in an awful mess**.

(6) 절

My mother has made me **what I am**.

(7) 전치사 + 명사/형용사

We regard him **as a genius/brilliant**.
They mistook him **for an American**.
What do you take me **for**?

regard처럼 목적보어 앞에 as가 쓰이는 타동사로는 다음이 있다.

brand, categorize, certify, characterize, consider, define, denounce, depict, describe, diagnose, establish, label, perceive, recognize, see, view

5.21.2 목적어와 목적보어의 의미관계

목적어의 의미상 보어가 된다고 하지만, 목적보어는 목적어의 상태를 나타내기도 하고 결과를 나타내기도 한다.

(1) 상태를 나타내는 경우

You've never seen him angry.
She always keeps this window closed.

(2) 결과를 나타내는 경우

They've painted the walls white.
The wind blew the door open.
She cut her hair short.

5.22 여러 가지 유의할 구문

5.22.1 사역동사: make, let, have, get

(1) 사역동사 가운데는 make, let, have 외에 get도 있다. get가 술어동사로 쓰이면 목적보어의 구실을 하는 부정사구는 to를 필요로 한다.

What makes you **think** so?
Please have/let him **carry** these things for me.
Get him **to clean** this room right away.

(2) 같은 사역동사에 속하지만, 이 네 사역동사는 그 의미가 다음과 같이 다르다.

    a. I **made** him go there.
    b. I **let** him go there.
    c. I **had** him go there.
    d. I **got** him to go there.

(a)는 '그는 가고 싶지 않았는데, 강제로 가게 했거나 가도록 만들었다'는 뜻이고 (b)는 '그가 가고 싶어하기 때문에 가도록 허락을 해주었다'는 뜻이다. (c)는 (a)과 (b)의 중간적 의미를 갖는다. 즉 '(그는 그 곳에 반드시 가고 싶었던 것도 아니고 가기 싫었던 것도 아니다.) 그저 나는 그를 그 곳에 가게 했다.'는 뜻이다.
또한 (a)가 I forced (또는 caused) him to go.와 의미가 가깝다면 (d)는 I persuaded him to go there.와 의미가 가깝다.

(3) 이 사역동사들은 주어와 목적어의 선택의 제약이 서로 다르다. 다음 (a)의 빈칸은 made, let, got로 메울 수 있지만 had로 메우지는 못한다. have는 무생물명사를 목적어로 삼지 않는다.

    a. John _____ the rock roll down the hill.

다음 (b)의 빈칸은 made만이 메울 수 있다. make만이 무생물명사를 주어로 삼을 수 있는 것이다.

    b. Hunger _____ the poor boy steal a loaf of bread.

5.22.2 have/get + O + 분사

have/get + O + 분사는 문맥에 따라 사역(능동)의 의미를 가질 수도 있고, 수동(피동)의 의미로 해석할 수도 있다.

I won't **have** you <u>talking</u> like that. - 능동
We **have** some guests <u>coming</u> this weekend. - 피동
Have your hair <u>cut</u>. - 능동
We **had/ got** our chimney <u>blown</u> off in yesterday's storm. - 피동

5.22.3 have + someone + doing...

<u>have + someone + doing ...</u>구문은 ' ...로 하여금 ...를 하게 하는데 성공하다'라는 뜻을 나타내며, 주어의 특정한 능력을 간접적으로 서술하는데 쓰인다.

In less than no time he **had** the whole audience <u>laughing</u>.
(금새 그는 모든 청중을 뱃살을 쥐고 웃게 만들었다.)
Don't worry. Dr. Kim will **have** you <u>walking</u> again in a couple of days.
(걱정 마세요. 김 박사는 한 이틀 후면 당신이 다시 걸을 수 있게 치료를 하실 것입니다.)

5.22.4 have + O + 과거분사

다음과 같은 <u>have + O + 과거분사</u> 구문은 세 가지 의미를 갖는다.

He had a rose tattooed on his arm.

(1) 그는 팔에 장미의 문신을 했다. (능동) …… 사건

(2) 그는 팔에 장미의 문신을 (당)했다. (수동)
(3) 그는 팔에 장미의 문신이 있었다. …… 상태

5.22.5 push the door open

push the door open은 흔히 push open the door와 같은 형식을 취하기도 한다. 이와 같이 타동사와 목적보어가 합쳐서 마치 복합타동사와 같은 특성을 보이는 예로는 다음이 있다.

make the reason clear ⇒ make clear the reason
make the meeting possible ⇒ make possible the meeting
leave/break the door open ⇒ leave/break open the door
wash the shirt clean ⇒ wash clean the shirt
cut a long story short ⇒ cut short a long story

하지만 목적어가 대명사인 경우는 목적보어는 반드시 대명사 다음에 위치하여야 한다.

*cut short it ⇒ cut it short

5.22.6 consider A to be와 consider A B

불완전타동사 consider가 술어동사로 쓰인 다음 문장에서 목적보어 앞의 to be는 수의적이다.

a. We consider him **to be** a fool/foolish.
b. We consider him a fool/foolish.

하지만 술어동사로 know가 쓰이는 경우 to be는 생략할 수 없다.

We know him **to be** a fool/foolish.
⇒ * We know him a fool/foolish.

consider는 어떤 사항에 대한 주어의 <주관적인 판단>을 반영한다. 반면에 know는 어떤 사항이 객관적으로 하나의 사실로 인정되고 있음이 전제가 된다. 단적으로 주어의 주관성이 개입될 여지가 많을 수록 to be 의 생략은 가능하다. (5.7.4 참조)

Close(1975:204)에 의하면 consider처럼 to be를 생략할 수 있는 동사로는 declare, find, prove, think 등이 있고, know처럼 to be를 생략할 수 없는 동사로는 believe, discover, imagine, report, suppose가 있다.

그런데 실제로 believe같은 동사는 to be를 생략할 수도 있다. believe는 의미영역이 넓다. think와 같은 의미를 지니기도 하고, know와 같은 의미를 지니기도 한다. 따라서 전자의 의미에 가까울 때 believe는 to be를 생략할 수 있고, 후자의 의미에 가까우면 그렇지 못하다는 해석이 가능하다.

5.23 S + V + O + OC의 재음미

(1) 다음 (a)를 영어로 옮기면 S + V + O + OC의 구문을 이용한 (b)가 알맞다. (c)는 비문법적이다.

a. 나는 개 한 마리가 그 고양이를 쫓아가는 것을 보았다.
b. I saw a dog run after the cat
c. *I saw **that** a dog run after the cat.

그렇다고 동사 see가 that-절을 이끄는 구문을 만들지 못하느냐면 그것은 아니다.

d. I saw **that** the door was open.
   Can't you see **that** she's deceiving you?

즉 불완전타동사로 쓰이는 see는 눈에 비친 감각적 지각(physical perception)을 나타내고, that절을 수반하는 see는 이해와 판단 등이 작용한 정신적 지각(mental perception)을 뜻한다.

(2) 동사 find도 이 두 구문을 다 만들 수 있는데, 의미가 비슷해 보이는 다음 두 문장 사이에는 미묘한 의미 차이가 있다.

    a. I found him dead.
    b. I found that he was dead.

(a)는 <누군가가 길바닥에 쓰러져 있어 달려가 보니 그가 죽어있는> 상황에서 쓰이며, (b)는 <그가 죽었음을 신문이나 주민등록부의 열람 등으로 알게 된> 상황 등에서 쓰인다.
that가 이끄는 종속절이 쓰인 (b)가 <그가 죽었음>을 하나의 객관적인 사실로 파악하였다면 (a)에서 그의 죽음은 감각적(주관적)으로 파악되고 있다.
find는 (a), (b) 이외에도 다음 (c)와 같은 구조를 만든다. (c)는 의미상으로 (a), (b)의 중간적인 자리를 차지한다. 즉 (c)는 <X가 죽었는지 살았는지 분명치 않아 정밀검사를 해보니 X가 죽었음이 판명된> 상황에서 알맞다.

    c. I found X to be dead.

(3) 앞에서 살펴 본 know의 경우, '나는 그가 어리석다는 것을 안다'라는 뜻은 I know him to be foolish.로 나타내기도 하지만, 역시 가장 흔히 쓰이는 구문은 that가 이끄는 종속절을 수반하는 I know that he is foolish. 이다. know란 동사는 의미상 누구에게나 개방되어 있는 객관적인 사실이 전제가 되기 때문이다. know는 객관적인 사실이 전제가 되기 때문에 주관적인 판단을 반영하는 *I know him foolish.와 같은 구문을 만들지는 못한다.

반면에 think는 주관적인 판단을 반영하기 때문에 I think him foolish. 와 같은 구문이 얼마든지 가능하다.

이 I think him foolish.가 주관적 판단을 반영한다면 I think that he is foolish.는 '나는 그가 어리석다고 생각하는데 그러한 나의 판단은 객관성을 띠고 있다'는 뜻을 함축한다고 하겠다.

(4) 한편 I think that he is foolish.가 주절인 I think _____.와 종속절인 he is foolish.라는 두 문장이 합쳐서 만들어진 문장이라면, I think him foolish.도 의미상으로는 I think _____.와 he is foolish의 두 문장이 합쳐서 만들어진 것이라고 분석할 수 있다. I think _____.의 빈칸에 목적어가 들어가야 하기 때문에 he is foolish의 he가 him이 되었고, he가 him이 되었기 때문에 is foolish도 (to be) foolish로 바뀐 것이다.

(5) 이와 같이 S + V + O + OC 구문은 의미상으로 두 문장이 합쳐서 이루어졌다는 설명은 목적어가 목적보어의 의미상의 주어가 된다는 설명과도 일치하며, 다음과 같은 의미 차이도 쉽게 설명해준다.

    a. I saw him cross the street.
    b. I saw him crossing the street.

(a)와 (b)는 각각 다음과 같은 두 문장으로 이루어졌다고 볼 수 있다.

    a'. I saw _____. + he crossed the street.
    b'. I saw _____. + he was crossing the street.

즉 (a)는 '나는 그가 거리를 다 횡단한 것'을 본 것이고, (b)는 '나는 그가 거리를 횡단하고 있는 것'을 본 것이다.

(6) 목적보어에 해당하는 것이 to 부정사구로 나타나는 구문도 의미상 두 문장으로 분리해서 살펴보면 불완전타동사의 여러 특성이 드러난다.

... force him to go
a. force ___ + he go
⇒ b. force him to go
⇒ c. *force that he go

즉 force him to go는 의미상 (a)와 같은 두 문장이 합쳐 이루어진다. 목적어를 필요로 하는 force의 특성상 (a)와 같은 의미는 (b)와 같은 문장을 만들되, (c)와 같은 문장은 만들지 않는다.

... command him to go
a. command ___ + he go
⇒ b. command him to go
⇒ c. command that he go.

command는 의미상 (a)와 같은 두 문장이 합쳐서 문장을 만드는 경우, force처럼 (b)를 만들 수 있고, force와 달리 that-절을 수반할 수 있기 때문에 (c)를 만들 수도 있다. 단 (b)와 (c)사이에는 미묘한 의미차이가 있다. (b)의 경우는 <그에게> 명령을 한 것이지만 (c)의 경우는 <그가 가도록> 명령을 했다는 뜻이어서 <그에게> 명령을 한 것은 아니다.

... persuade him to go
a. persuade ___ + he go
⇒ b. persuade him to go
⇒ c. persuade that ...

persuade의 경우 (a)는 (b), (c)의 두 문장을 다 만들지만, (b)와 (c)는 의미가 다르다. 전자는 '...하도록 설득하다'라는 뜻을 나타내고 후자는 'that 이하의 내용이 사실임을 납득시킨다'라는 뜻을 갖는다.

5.24 문장의 5형식의 재음미

(1) 지금까지 살펴보았듯이 동사는 목적어와 보어의 수반여부에 따라 다섯 종류로 분류될 수 있으며, 이 다섯 종류의 동사는 다섯 가지의 기본문형을 만든다.

이와 같은 동사의 분류와 기본 문형의 설정은 특히 외국어로서의 영어의 학습자에게 영어 동사의 기본적인 통사상의 특성과 영어 문장의 기분적인 어순을 익히게 하는데 유용하다.

그렇다고는 하지만, S(주어), V(술어동사), O(목적어), C(보어)를 문장의 필수 요소로 삼는데 근거를 두는 이 기본문형이 영어의 모든 문장을 편리하게 분석 설명해주는 것은 아니다.

첫째, (앞에서 살펴보았듯이) 이 기본문형은 완전한 문장을 만드는데 필수적인 요소가 되는 일부 부사(구)를 포함하는 구문을 제대로 설명하지 못한다.

반복이 되지만 다음 문장에서의 부사(구)는 필수적이다.

    a. Don't lie **on the wet ground**.
       He lives **in Seoul**.
       The castle stands **on the hill**.
    b. He treats us **kindly**.
       The hostess showed me **to the door**.
       John put the book **on the shelf**.

부사구를 무시한다면 (a)는 이른바 1형식에 속하고 (b)는 3형식에 속하는데, 이와 같은 부사구 없이 (a)나 (b)가 완전한 문장을 만들지 못하는 것은 I love you.라는 문장에서 you를 탈락시킨 I love가 완전한 문장이 아닌 것과 다를 바가 없다.

이와 같은 점을 고려하여, Quirk et al. (1985:53)은 문장의 5형식 대신에 다음과 같은 일곱 가지의 문형(clause type)을 제시하고 있다 (다음에서 기호 A는 부사구(adverbial)를 나타낸다).

Type	SVS	Someone was laughing.
Type	SVO	My mother enjoys parties.
Type	SVC	The country became totally independent.
Type	SVA	I have been in the garden.
Type	SVOO	Mary gave the visitor a glass of milk.
Type	SVOC	Most people consider these books rather expensive.
Type	SVOA	You must put all the toys upstairs.

(2) 두 번째로 이 기본 문형은 다음과 같은 구문을 제대로 설명하지 못한다.

I want him to go away.

위의 문장은 문장의 5형식으로 불리는 기본 문형의 테두리 안에서는 him을 O로 간주하고 to go away를 OC로 간주하여 문장의 5형식쯤으로 다루어진다. 하지만 당장 문제가 되는 것은 이 문장에서 <내가 원하는 것은 그가 가는 것>이지 <그>가 아니라는 점이다. 의미상 want의 목적어는 him to go이지 him이 아닌 것이다. him이 want의 목적어가 아닌 것은 이 문장을 him을 주어로 하는 수동태로 전환할 수 없는 것을 보아도 알 수 있다.

위의 문장은 him to go away를 목적어로 간주하여 S+V+O의 구문에 속하는 것으로 분석하여야 할 것이다.

부연하자면 I want him to go away.는 의미상 I want ___ 와 he go away 가 합쳐서 만들어진 문장이며, want는 that절을 목적어로 수반하지 못하기 때문에 두 문장이 합치는 과정에서 he가 him으로 바뀌어 ___ 의 자리를 차지하고 정형동사인 go away는 to go away로 바뀐 것이다.

(3) 끝으로 기본문형은 다음에서 설명하게 될 구동사를 제대로 다루지 못한다.

5.25 구동사(Phrasal Verb)

(1) 영어에는 '동사와 전치사적 부사' 또는 '동사와 전치사'가 합쳐서 단일형의 동사와 비슷한 의미와 기능을 갖는 것이 있다.
이와 같은 동사는 크게 다음 네 종류로 분류할 수 있다.

1) 자동사적 구동사 (intransitive phrasal verb)
2) 전치사 수반동사 (prepositional verb)
3) 타동사적 구동사 (transitive phrasal verb)
4) 전치사 수반 구동사 (phrasal prepositional verb)

이와 같은 동사들을 (편의상 (2)의 전치사 수반동사까지 합쳐서) 부르는 명칭이 구동사이다. 구동사는 이어동사(two-word verb) 또는 다어동사(multi-word verb)라고도 불린다.

(2) 구동사는 의미상으로는 관용어적인 점(idiomaticity)을 특성으로 삼는다. 여기서 관용어적이라 함은 두 낱말 이상으로 이루어지는 어구의 의미가 그 어구를 구성하는 낱말의 의미의 총화하고는 다르다는 뜻이다.
단적인 예로 take in은 deceive란 뜻을 나타내고 come by는 obtain이란 뜻을 나타내는데, take와 in 또는 come과 by의 의미만으로는 이와 같은 뜻을 짐작하기가 어렵다.
이러한 관용어적인 특성은 개별 구동사에 따라 그 정도에 차이가 있다.

(3) 동사와 결합해서 구동사를 만드는 (전치사적) 부사는 전치사나 일반부사와 구별하여 '부사적 소사(particle)'라고도 불린다. 대표적인 부사적 소사로는 about, across, along, around, aside, away, by, back, down, in, off, on, over, through, under, up 등이 있다.

5.26 자동사적 구동사

동사와 전치사적 부사가 합쳐서 자동사와 비슷한 기능을 갖는 동사구를 말한다.

The tank **blew up**. (폭발하다)
The crowd **broke up**. (해산하다, 흩어지다)
Drink up!
Get up at once.
The enemy were at last forced to **give in**. (항복하다)
The plane has now **taken off**. (이륙하다)
He **turned up** unexpectedly. (나타나다)

5.27 타동사적 구동사

(1) 타동사 + 부사적 소사가 합쳐서 타동사와 비슷한 기능을 갖는 동사구를 말한다.

My aunt **brought up** four children. (기르다)
They **called off** the strike. (취소하다)
Please **call** me **up** tomorrow. (전화하다)
He will **give in** his resignation unless his demands are accepted. (사표를 내다)
Can you **make out** what he is trying to say? (이해하다)
Were you really **taken in** by an old trick like that? (속이다)

(2) 대부분의 타동사적 구동사는 어순상 목적어를 동사와 부사적 소사 사이로 이동시킬 수 있다.

They **turned on** the light. ⇒ They **turned** the light **on**.

목적어가 대명사인 경우에는 반드시 목적어가 부사적 소사의 앞에 위치하여야 한다.

*They turned on it. ⇒ They turned it on.

타동사적 구동사 가운데는 부사적 소사가 어느 경우이건 반드시 목적어 다음에 위치하여야 하는 것도 있다. 다음 (a)에서의 get off는 다음 (5.28)에서 살펴 볼 전치사 수반동사이다.

a. **Get off** the bus.
   Get off that stool. It has just been painted.
   (그 의자 가까이 가지 말아요. 금방 페인트칠을 했으니까요.)

위의 예문에 나오는 off는 전치사이기 때문에 당연히 목적어 다음으로는 옮기지 못한다. 이와는 대조적으로 다음 (b)에서의 get off는 send란 뜻의 타동사적 구동사인데, 이 off는 언제나 목적어 다음에 위치하여야 한다.

b. **Get** this letter **off** right away.
   (이 편지를 당장 부치시오.)

cry one's eyes out(통곡하다), sob one's heart out(가슴이 터지도록 흐느껴 울다) 등의 관용어적인 표현에서도 부사적 소사는 목적어 다음에서만 쓰인다.

다음의 (c), (d)는 다 가능하다.

c. **switch on** the light
d. **switch** the light **on**

하지만 on과 off가 and로 연결된 경우는 on and off는 목적어 다음이 자연스럽다.

> switch the light **on and off**
> (불을 켰다 껐다 한다)

5.28 전치사 수반동사

(1) 겉으로 보기에는 똑같은 동사 + 전치사 + 명사의 형식이지만 다음 (a)와 (b)는 그 통사상 특성이 다르다. (a)는 수동태를 만들 수 있고, (b)는 수동태를 만들 수 없다. look나 stand가 똑같이 자동사지만, (a)가 수동태를 만들 수 있는 것은 look가 at와 결합해서 타동사 비슷한 특성을 갖게 되기 때문이다. 말을 바꾸면, 똑같이 명사 앞에 위치하는 전치사지만 at와 look의 관계는 near와 stand의 관계보다 훨씬 밀접하다.

> a. He **looked at** the girl. ⇒ The girl was looked at.
> b. He **stood near** the girl. ⇒ *The girl was stood near.

전치사 수반동사의 예로는 다음이 있다.

> ask for, believe in, care for, deal with, long for, object to, part with, refer to, write about, ...

(2) 전치사 수반동사가 두 낱말이 합쳐서 단일 동사와 같은 의미단위를 나타내고 수동형으로 변환할 수 있는 특성을 갖는다면, 문제가 되는 것은 역시 두 낱말이 합쳐서 단일 동사와 비슷한 의미단위를 나타내고 수동형으로 변환할 수 있는 특성을 갖는 타동사적 구동사와의 차이이다. 이 두 동사는 다음과 같은 통사상의 차이를 갖는다.

a) 목적어의 이동
전치사 수반동사는 타동사적 구동사와 달리 목적어를 동사와 전치사의 중간으로 옮기지 못한다.
They called on the man.
⇒ *They called the man on. - 전치사 수반동사
They called up the man.
⇒ They called the man up. - 타동사적 구동사

b) 부사의 삽입
전치사 수반동사는 부사가 동사와 전치사 사이에 위치할 수 있다.
They called on the man + early ⇒ They called **early** on the man.
They called up the man + early ⇒ *They called **early** up the man.
⇒ They called up the man **early**.

c) 관계사절
전치사 수반동사는 관계사절의 일부로 쓰일 수 있다.
the man **on** whom they called
*the man **up** whom they called

d) 강세
전치사 수반동사와 타동사적 구동사는 강세(primary stress)의 위치도 다음과 같이 다르다.
They cálled on the man.
They called úp the man.

하지만 전치사의 경우도 전치사가 다음절인 경우는 전치사에 강세가 온다.
do withóut, go óver, come acróss

(3) 동일한 어형이 타동사적 구동사와 전치사 수반동사로 공히 쓰이는 경우도 있다.

turn on은 '(불을) 켜다'란 뜻일 때는 타동사적 구동사지만, '덤비다'는 뜻일 때는 전치사 수반동사이다.

Turn on the radio. — 타동사적 구동사
⇒ **Turn** the radio **on**.
The dog **turned on** her and bit her. — 전치사 수반동사
⇒ *The dog **turned** her **on** and bit her.
(개가 덤벼들어 그녀를 물었다.)

5.29 전치사 수반 구동사

(1) 다음과 같은 다어동사(multi-word verb)를 가리킨다.

put up with (=tolerate)
look forward to (=expect and hope to enjoy)
stay away from (=avoid)
stand up for (=support)

(2) 앞에서 살펴보았듯이 전치사 앞에서는 부사가 쓰일 수 있기 때문에 다음은 어법상 잘못이 없다.

He puts up **willingly** with his inefficient secretary.
We look forward **eagerly** to your visit.

하지만 부사가 부사적 소사나 전치사 다음에 위치한 다음은 비문법적이다.

*He puts **willingly** up with ...
*He puts up with **willingly** ...

5.30 구동사의 다의성(多義性)

대부분의 낱말이 복수의 의미를 지니듯이 대부분의 구동사도 복수의 의미를 지니고 있다.

일례로 자동사 또는 타동사적 구동사로 쓰이는 break up가 갖는 다양한 의미와 예문을 *Longman Dictionary of Phrasal Verbs*(1983)에서 인용하면 다음과 같다.

(1) to (cause to) divide into smaller pieces
   In spring the ice on these lakes **breaks up**.
(2) to (cause to) be destroyed
   The ship was last seen **breaking up** in the storm.
(3) to (cause to) come to an end
   The police **broke up** the fight.
(4) (of a group) to divide ; cease to be together
   The crowd **broke up**.
(5) to (cause to) separate or cease
   Their marriage **broke up**.
(6) to (cause to) suffer severe anxiety and pain; make (someone) grieve
   The death of his pet cat **broke** him **up**.
(7) to divide (something) (into smaller parts)
   After his death, his land was **broken up** into areas suitable for building houses.

5.31 구동사와 일상체

동사가 부사적 소사나 전치사와 결합해서 만들어지는 구동사나 전치사 수반동사는 특히 일상체(informal style)에서 쓰인다. 대부분의 구동사나 전치사 수반동사는 격식체(formal style)에서 쓰이는 단일 동사를 대응어로 가지고 있다.

일상체	격식체
find out	discover
blow up	explode
come across	encounter
make up	invent
go in(to)	enter
put up with	tolerate
look into	investigate
give in	surrender

5.32 의미와 동사의 분류

앞서 (5.3)에서 살펴보았던 동사의 분류는 보어와 목적어의 수반 여부를 전제로 동사를 통사상의 특성에 따라 분류한 것으로 가장 전통적인 분류의 보기가 된다.

동사는 의미를 기준으로 분류할 수도 있다. 특히 의미가 근거가 되는 동사의 분류로 대표적인 것에 다음이 있다.

(1) 상태동사(stative verb)와 비상태동사(dynamic verb)
(2) 사실전제동사(factive verb)
(3) 함의동사(implicative verb)

특히 이와 같은 동사의 분류는 (다음에서 자세히 살펴보겠지만) 동사가 나타내는 여러 가지 통사상의 특성이 동사의 의미와 밀접한 관계를 가지고 있음을 보여주는 점에서 그 의의를 찾을 수 있다.

5.33 상태동사와 비상태동사

5.33.1 상태동사의 특성

예를 들어, know라는 동사는 과거의 어느 시점으로부터 미래에 걸친 상당히 긴 시간 폭을 전제로 해서 쓰이며, 의미상 마음대로 중단이나 계속 또는 반복을 하지 못한다. 이와 같은 특성을 갖는 동사가 '상태동사(stative verb)'이다. 이와 같은 특성 때문에 상태동사는 진행형을 만들지 못한다.

진행형은 <동작이나 행위의 일시적인 진행>을 일차적인 의미로 갖기 때문에 진행형을 만들 수 있는 동사는 마땅히 마음대로 중단하거나 다시 시작할 수 있어 일시적인 진행이 가능하여야 하는 것이다.

진행형을 만들 수 있는 동사를 상태동사와 대립시켜 '비상태동사(dynamic verb)'라고 부른다.

5.33.2 상태동사에 속하는 동사들

다음과 같은 동사가 상태동사에 속한다.

(1) (비자의적) 지각동사 및 인식동사

> adore, believe, desire, detest, dislike, doubt, feel, forgive, guess, hate, hear, imagine, impress, intend, know, like, love, mean, mind, perceive, please, prefer, presuppose, realize, recall, recognize, regard, remember, satisfy, see, smell, suppose, taste, think, understand, want, wish, ...

(2) 관계동사

> apply to, be, belong to, concern, consist of, contain, cost, depend on,

deserve, equal, fit, have, include, involve, lack, matter, need, owe, possess, remain, require, resemble, seem, suffice, tend, ...

5.33.3 상태동사와 비상태동사의 통사상 차이

앞서 언급했듯이 상태동사는 진행형을 만들지 못한다. 그밖에도 상태동사는 비상태동사와는 달리 다음과 같은 구문을 만들지 못한다 (상태동사로는 know를, 비상태동사로는 learn을 예로 들기로 한다).

(1) 진행형

    a. *I'm knowing English.
    b. I'm learning English.

(2) 명령문

    a. *Know English.
    b. Learn English.

상태동사가 명령문을 만들지 못하는 것은 상태동사가 주어의 자발적인 의사에 따라 실행이 가능한 동사가 아니기 때문이다. Know thyself.처럼 상태동사로 시작하는 명령문이 없는 것은 아니지만, Know thyself.는 "너 자신을 알도록 노력하라."라는 뜻을 내포한 금언이지 순수한 명령문은 아니다.

(3) 다음과 같은 강조구문 (의사분열문)

    a. *What I did was to know English.
    b. What I did was to learn English.

(4) 사역동사구문

    a. *I persuaded him to know English.
    b. I persuaded him to learn English.

(5) 양태부사를 포함하는 구문

    a. *I know English only reluctantly.
    b. I learn English only reluctantly.

5.33.4 상태동사의 비상태동사로의 전용

많은 상태동사는 문맥이 달라지면 비상태동사로도 쓰인다. 다음에서 (a)는 상태동사로 쓰인 예를, (b)는 비상태동사로 쓰인 예를 보여준다.

(1) a. This rule **applies/*is applying** to everyone.
    b. I'm **applying** the ointment to the wound to ease the pain.

(2) a. This room **measures/*is measuring** five feet by four.
    b. Hold your arm out. I'm just **measuring** your sleeve.

(3) a. I **think/*am thinking** he is honest.
    b. What **are** you **thinking**?

(4) a. He **imagines/*is imagining** everything is easy.
    b. Surely you're **imagining** things.

(5) a. Do you **see/*Are** you **seeing** the house over there?
    b. I'm just **seeing** my friend off.

(6) a. I **hear/*am hearing** you won a prize recently.
    b. His case **is** still **being heard** in court.

(7) a. I **have/*am having** a lot of thing to do.
    b. **We're having** breakfast.

5.34 사실전제동사

5.34.1 전제와 단정

a. She failed again.
b. He regrets that she failed again.

위의 예문에서 의미상 (a)의 경우 '그녀가 또 실패했다'는 것은 진(true)일 수도 있고, 진이 아닐(false) 수도 있다. 반면에 (b)의 경우 '그는 그녀가 또 실패한 것이 유감스럽다.'란 문장에서 '그녀가 또 실패했다'란 종속절의 내용은 화자나 청자에게 하나의 사실로 받아들여지고 있다. 말을 바꾸자면 '그녀가 또 실패했다'는 것은 '전제(presupposition)'가 되고 있는 것이다.

이와 같이 종속절이 '전제'가 되는 regret와 같은 술어동사를 '사실전제동사 (factive verb)'라고 부른다.

한 문장에서 that이 이끄는 종속절이 전제가 되고 있는지 아닌지를 판단할 수 있는 방법은 술어동사를 부정형으로 바꾸어 보는 것이다. that-절이 전제가 되는 경우는 술어동사가 부정형을 취해도 그 부정의 뜻이 종속절에 영향을 미치지 않는다.

다음 (c)는 (b)의 부정문인데, she failed again.이란 의미는 그대로 살아있다. she failed again이 전제가 되고 있기 때문이다.

c. He doesn't regret that she failed again.

(b-c)와 달리 다음 (d)에서의 she failed again.은 전제가 되고 있지 않다. (d)를 부정문으로 바꾸면 (e)가 되는데 (c)와 달리 (e)는 결국 She didn't fail again.이라는 뜻을 나타내는 것이다.

d. I believe that she failed again.
e. I don't believe that she failed again.

'전제'와 대립되는 개념은 '단정(assertion)'이다. (a)나 (d), (e)에서의 she failed again은 '단정'이다. 그리고 that가 이끄는 종속절이 '단정'이 되는 술어동사를 '비사실전제동사(non-factive verb)'라고 한다.

사실전제동사/비사실전제동사라는 개념은 (that절을 수반하는) 형용사도 포함하는데, 다음 (f-g)에서 odd는 사실전제동사가 되고 true는 비사실전제동사에 속한다. (f)는 주절을 부정으로 바꾸어도 she failed again의 뜻이 변하지 않으나, (g)는 주절을 부정문으로 바꾸면 결국 She didn't fail again.이라는 뜻을 나타내기 때문이다.

f. It is odd that she failed again.
g. It is true that she failed again.

이렇게 구분할 수 있는 사실전제동사와 비사실전제동사는 통사상 특성이 여러 가지로 다르다.

먼저 이 두 종류에 속하는 동사(및 형용사)의 예를 들어보면 다음과 같다.

(1) 의미상 하나의 문장을 주어로 삼는 동사

  e.g. (She failed again) amuses me. - 사실전제동사
    (She failed again) seems. - 비사실전제동사

사실전제동사	비사실전제동사
amuse	appear
bother	chance
count	happen
exciting	likely
matter	possible
make sense	seem
odd	sure
relevant	true
significant	
suffice	
surprise	
tragic	

(2) 의미상 하나의 문장을 목적어로 삼는 동사

e.g. I regret (she failed again). - 사실전제동사
　　 I believe (she failed again). - 비사실전제동사

사실전제동사	비사실전제동사
be aware of	allege
bear in mind	assert
care about	assume
comprehend	believe
deplore	claim
forget (about)	conclude
grasp	conjecture
make clear	deem
mind	estimate

regret   fancy
resent   figure
take into consideration   maintain
suppose

5.34.2 사실전제동사의 통사상 특성

사실전제동사는 다음과 같은 특성을 갖는다.

(1) 문장의 요소를 고루 갖춘 동명사구를 주어나 목적어로 삼을 수 있다.
문장의 요소를 고루 갖춘 동명사구란 다음 괄호 안의 문장을 모체로 하는 동명사구를 말한다.

his being found of guilty
(> He was found guilty.)
John's having died of cancer last week
(> John died of cancer last week.)

이와 같은 동사구는 사실전제동사의 주어나 목적어는 될 수 있지만, 비사실전제동사의 주어나 목적어는 되지 못하는 것이다.

a. I **regret** John's having died of cancer last week.
b. *I **believe** John's having died of cancer last week.
c. John's having died of cancer last week is **tragic**.
d. *John's having died of cancer last week is **true**.

(2) 사실전제동사는 <u>주어 + 동사 + (대)명사 + to 부정사구</u> 구문을 만들지 못한다.

a. *I regret you to be late.
b. I believe him to be honest.
c. I want him to leave.

(3) 비사실전제동사에 속하는 believe, suppose, think, ... 등은 의미를 바꾸는 일없이 다음 (a)의 형식을 (a')의 형식으로 바꿀 수 있다. 하지만 사실동사의 경우에는 (b)를 (b')로 바꾸면 의미가 달라진다.

a. I believe/suppose/think that he is **not** honest.
= a'. I **don't** believe/suppose/think that he is honest.
b. I regret that he is **not** honest.
≠ b'. I **don't** regret that he is honest.

(4) 사실전제동사만이 주어나 목적어가 되는 that 앞에 the fact (그리고 주어나 목적어가 되는 동명사구 앞에는 the fact of)를 부가할 수 있다.

That the dog barks during the night **bothers** me.
⇒ The fact that the dog barks during the night **bothers** me.
I **regret** that your dog barks during the night.
⇒ I **regret** the fact that your dog barks during the night.
I **believe** that the dog barks during the night.
⇒ *I **believe** the fact that the dog barks during the night.
That the dog barks during the night is **true**.
⇒ *The fact that the dog barks during the night is **true**.
The fact of the dog's barking during the night { **bothers** me.
　　　　　　　　　　　　　　　　　　　　　　　　*is **true**.

(5) that가 이끄는 종속절을 대용어로 바꾸는 경우 사실전제동사는 it를 사용하고 비사실전제동사는 보통 so를 사용한다. (4.11.1참조)

a. John **regretted** that Bill had done it, and Mary regretted **it**, too.
　　b. John **supposed** that Bill had done it, and Mary supposed **so**, too.

동사 가운데에는 사실전제동사와 비사실전제동사로 다 쓰이는 것도 있다. 예를 들어 다음 report는 (a)에서는 사실전제동사로 (b)에서는 비사실전제동사로 쓰이고 있다.

　　a. They reported **the enemy's having suffered** a decisive defeat.
　　　(그들은 적이 결정적으로 패배 당한 사실을 보도했다.)
　　b. They reported **the enemy to have suffered** a decisive defeat.
　　　(그들은 적이 결정적으로 패배 당했다고 보도했다.)

5.35 함의동사

5.35.1 의미와 특성

다음 (1)은 괄호 안의 문장이 나타내는 의미를 내포한다.

(1) He **managed to** solve the problem.
　　(< He solved the problem.)

하지만 겉으로는 비슷해 보이면서도 (2)는 괄호안과 같은 의미를 내포하지는 않는다.

(2) He **hoped to** solve the problem.
　　(≠ He solved the problem.)

다음 (3-4)는 (1-2)가 내포하는 의미 차이를 잘 드러내준다.

(3) *He managed to solve the problem, but didn't solve it.
(4) He hoped to solve the problem, but didn't solve it.

이와 같은 차이는 술어동사로 쓰인 manage와 hope의 의미상 특성에 기인하는 것이다.

긍정문인 (1)에서 (괄호 안의 문장과 같은 의미를 내포하는) manage는 부정문과 의문문에서는 각각 괄호 안의 문장이 나타내는 것과 같은 부정과 의문의 뜻을 내포한다.

(5) He **didn't** manage to solve the problem.
   (< He didn't solve the problem.)
(6) **Did** he manage to solve the problem?
   (< Did he solve the problem?)

이 manage와 같이 술어동사로 쓰이는 경우 긍정, 부정, 의문의 형식을 취함에 따라 그 다음을 잇는 부정사구 역시 각각 긍정, 부정, 의문의 뜻을 내포하게 되는 동사를 함의동사(implicative verb)라고 한다. 그리고 함의동사와 대립시켜 hope와 같은 동사를 비함의동사(non-implicative verb)라고 부른다.

이 두 종류에 속하는 동사(형용사 포함)의 예를 들면 다음과 같다.

함의동사 : manage, remember, bother, get, dare, care, venture, condescend, happen, see fit, be careful, have the misfortune/sense, take the time/opportunity/trouble
비함의동사: agree, decide, want, hope, promise, plan, intend, try, be likely, be eager, be ready, have in mind

함의동사는 명령문과 조동사를 사용할 때에도 비슷한 특성을 드러낸다. 즉 다음 (7-8)은 각각 괄호 안의 문장의 뜻을 내포하는 것이다.

(7) **Remember** to lock your door.
　　(< Lock your door.)
(8) You **must** remember to lock the door.
　　(< You must lock the door.)

5.35.2 부정적 함의동사

동사 가운데는 부정적 함의동사(negative implicative verb)라고 부름직한 동사도 있다. forget, neglect, decline, avoid, refrain 등이 그렇다. 이 동사들은 함의동사와 비슷한 특성을 가지고 있는데 다만 긍정형으로 쓰이는 경우 부정의 뜻을 내포한다. 예를 들어, (9)의 (a-b)는 각각 괄호안과 같은 의미를 내포하는 것이다.

(9) a. John **forgot** to lock the door.
　　(< John didn't lock the door.)
　b. Did John **forget** to lock his door?
　　(< Didn't John lock the door?)

5.35.3 두 용법을 겸하는 동사

동사 가운데는 함의, 비함의의 두 용법을 겸하는 동사도 있다.
앞에서 언급한 부정적 함의동사에 속하는 forget, fail과 대립시켜 manage, remember 등을 긍정적 함의동사(positive implicative verb)라고 부른다면 함의, 비함의의 용법을 겸하는 동사는 다음과 같다.

　긍정적: choose, be able to, be in the position, be enough to
　부정적: refuse, be too ... to ...

구체적인 예를 들어보자.

(10) a. In the last game, the quarterback **was able to** complete only two passes. - 함의동사
   b. Ten years ago, John **was able to** seduce any woman. - 비함의동사

(a)는 the quarterback completed only two passes.의 뜻을 내포하지만 (b)는 John seduced any woman.의 뜻을 내포하지는 않는다. 똑같은 형식인데도 이와 같이 다르게 해석되는 것은 (a)에서는 한정을 나타내는 only two가 쓰이고, (b)의 경우는 무한정을 의미하는 any가 쓰이고 있기 때문이다.

(11) a. John **was clever enough to** keep quiet. - 함의동사
   b. The baby **was clever enough to** learn to read. - 비함의동사

특정한 상황을 전제로 하는 (11,a)는 John kept quiet.라는 뜻을 내포하는 것으로 해석하는 것이 자연스럽다. 반면에 (11,b)는 그 어린이가 영리한 정도를 예를 들어 설명한 문장으로 그 어린이가 반드시 글을 배웠다는 뜻은 아니다.
(11,a)는 (12)로 바꾸어 쓸 수도 있다.

(12) He **was so** clever **as to** keep quiet.

즉 so ... as to ...의 구문이 쓰인 (12)는 he kept quiet.라는 뜻을 내포하는 것이다.

(13) a. John **was too** stupid **to** answer the question. - 부정적 함의동사
   b. John **was too** stupid **to** be Director. - 비함의동사

too ... to ...는 우리말로는 문맥에 따라서는 '너무 ... 해서 하지 못하다'로 해석하기도 하고 '... 하기에는 ... 너무 ... 하다'로 해석하기도 하는데, 전자의 해석은 too ... to ...를 부정적 함의동사로 간주한 것이고, 후자는 비함의동사로 간주한 것이다.

5.36 활용(Conjugation)

5.36.1 '활용'의 정의

동사는 인칭, 수, 시제, 법, 태를 구별하여 나타내기 위하여 다음과 같은 다섯 가지의 어형을 갖는다. 이와 같은 어형변화를 '활용'이라고 한다 (좁은 의미로 쓰이는 경우 '활용'은 원형, 과거, 과거분사의 세 어형변화를 가리킨다).

[동사의 활용]

어형	용법
(1) 원형	현재시제: We **get** up early.
	명령문: **Get** up at once.
	가정법현재: He demanded that she **get** up at once.
	부정사: He wants her to **get** up at once.
(2) -s 형	3인칭 단수/현재시제: He **gets** up early.
(3) 과거형	과거시제: He **got** up early this morning.
(4) 현재분사형	진행형: He's **getting** up in a moment.
	분사구문: **Getting** up early, he did not miss the train.
(5) 과거분사형	완료형: He has just **got** up.
	수동형: He is **called** Jack.

5.36.2 규칙동사와 불규칙동사

동사 가운데 원형에 -ed를 붙여서 과거형과 과거분사형을 만드는 동사를 규칙동사라 부르고, -ed 이외의 어형으로 활용을 나타내는 동사를 불규칙동사라고 부른다.

5.36.3 Spelling상의 유의점

동사의 활용에서 철자상 유의하여야 할 사항은 다음과 같다.

(1) 마지막 글자가 자음으로 끝나고 그 자음 앞의 모음이 철자상 한 글자이며, 제 1강세를 받을 때는 마지막 자음을 겹친다.

bár	barring	barred
permít	permitting	permitted
begín	beginning	
commít	committing	committed

그 밖의 예로는 compel, incur, occur, omit, regret, transfer가 있다.
enter, dread, focus, offer, visit 등은 마지막 자음을 겹치지 않는다.
하지만 humbug 같은 예외도 있다. humbug은 hum-이 제1강세를 받는데, 그러면서도 끝의 자음을 겹치는데, 이는 동사 bug (활용형 bugged, bugging, bugger)의 영향일 것이다.

(2) -c, -ic로 끝나는 동사는 k를 부가하고 -ing, -ed를 붙인다. 이는 예를 들어 traffic에 k를 부가하지 않고 -ing을 붙였다면, trafficing은 [træfisiŋ]으로 발음되어야 하기 때문이다.
picnic, panic, frolic도 역시 -k를 부가한다.

| traffic | trafficking | trafficked |

(3) 미국영어와 영국영어의 차이에 따라 철자가 달라지는 것도 있다.

signal	signaling	signaled	–	Am. E.
	signalling	signalled	–	Br. E.
travel	traveling	traveled	–	Am. E.

travelling travelled – Br. E.

위와 같이 영국영어의 경우 마지막 글자인 l 또는 p를 겹쳐 쓰는 예로는 그 밖에 label(라벨을 달다), libel(비방하다), quarrel, rival, handicap, worship 등이 있다. 하지만 develop, envelop, gallop, gossip 등은 영국영어에서도 끝의 p를 겹치지 않는다.

다음 경우는 영국영어에서는 원형 자체에 자음이 겹쳐있는 예이다.

| program | programing | programed | – Am. E. |
| programm | programming | programmed | – Br. E. |

(4) -y로 끝나는 동사는 -y를 -i로 바꾸는 활용형과 그렇지 않은 경우가 생긴다.

carry	carries	carrying	carried
lay	lays	laying	layed
pay	pays	paying	paid
say	says	saying	said

(5) -ie로 끝나는 어미는 -ing형 앞에서만 -y로 바꾼다.

die	dying	died
lie (눕다)	lying	lay, lain
lie (거짓말하다)	lying	lied

(6) -e로 끝나는 어미는 동사에 따라 -ing, -ed 앞에서 똑같이 -e를 생략하기도 하고, -ed 앞에서만 -e를 생략하기도 한다.

| shave | shaving | shaved |
| agree | agreeing | agreed |

dye (염색하다)	dyeing	dyed
hoe (괭이질하다)	hoeing	hoed
singe (그을리다)	singeing	singed

5.36.4 불규칙동사의 활용

불규칙동사의 활용과 관련하여 유의하여야 할 사항으로는 다음이 있다.

(1) 의미에 따라 활용이 달라지는 것

bid	bid	bid (입찰하다)
	bade	bidden (...라고 이르다)
hang	hung	hung (걸다)
	hanged	hanged (목을 매달다)
shine	shone	shone (반짝이다)
	shined	shined (반질반질하게 닦다)
speed	sped	sped (서두르다, 속력을 내다)
	speeded	speeded ((기관, 기계 등의) 속력을 더하다)
wind	wound	wound (시계의 태엽 등을 감다)
	winded	winded (바람에 쏘이다)

wind(태엽을 감다)의 과거, 과거분사형인 wound [waund]와 혼동되기 쉬운 어형에 wound [wu:nd], wounded, wounded(상처를 입히다)가 있다.

(2) (절대적인 것은 아니지만) 미국영어와 영국영어에 따라 차이가 나는 경우 (미국영어에서는 -ed형이, 영국영어에서는 -t형이 애용된다.)

burn	burned	burned	—	Am. E.
	burnt	burnt	—	Br. E.

dream	dreamed	dreamed
	dreamt	dreamt
dwell	dwelled	dwelled
	dwelt	dwelt
kneel	kneeled	kneeled
	knelt	knelt
lean	leaned	leaned
	leant [lent]	leant
leap	leaped	leaped
	leapt	leapt
learn	learned	learned
	learnt	learnt
(mis)spell	misspelled	misspelled
	misspelt	misspelt
smell	smelled	smelled
	smelt	smelt
spill	spilled	spilled
	spelt	spelt
spoil	spoiled	spoiled
	spoilt	spoilt

이 과거, 과거분사형과 관련해서 *OALD*(1989:368)에 '... dream, spoil 등은 dreamt/dreamed, spoilt/spoiled와 같은 두 가지 형태를 가지고 있는데, 영국영어에서는 전자를 선호하며 -ed형은 얼마동안 계속된 행위에 언급할 때 쓰인다.'라는 언급이 있다.

He **learnt** his lesson.
She **learned** a lot about life from her mother.
He **leant** against the post and it broke.
He **leaned** out of the window watching the parade.

미국영어에서는 -ed형을 선호하는데, 영국영어나 미국영어에서 공히 불규칙적인 과거분사형은 형용사적 구실을 한다.

a **spoilt** child
spilt milk
a **misspelt** word

(3) 두 가지 활용형을 갖는 것

bet	bet	bet
	betted	betted
stink	stank	stunk
	stunk	
strew	strewed	strewn
		strewed
swell	swelled	swollen
		swelled
thrive	throve	thriven
	thrived	thrived
tread	trod	troden
		trod
wed	wedded	wedded
	wed	wed
wet	wetted	wetted
	wet	wet
wake	waked	waked
	woke	woken

(4) 과거분사형과 파생형용사형이 다른 것

과거분사는 수동태, 완료형을 만드는 이외에 다음과 같이 명사를 직접 수식하는 기능도 갖는다.

a **frozen** lake
cf. The lake has **frozen**.
   They were **frozen** to death.

그러나 명사를 수식하거나 서술하는 경우 과거분사형과는 다른 파생형용사가 쓰이는 동사가 있다. 다음에서 (a)는 과거분사형을, (b)는 파생형용사형을 나타낸다.

1) a. How your gums have **shrunk** since teeth were extracted!
      (이를 뺀 후로 잇몸이 많이 오므려 들었구나.)
   b. a **shrunken** face
      (쭈글쭈글해진 얼굴)

2) a. The foundation has **sunk.**
   b. He has **sunken** eyes.

3) a. He has **proved** himself to be capable.
   b. He is a man of **proven** ability.
      (그는 능력이 입증된 사람이다.)

4) a. The wood has **rotted** away.
   b. The wood was so **rotten** you could put your finger through it.

5) a. He **lit** the candle.
   b. A **lighted** candle made the room cozy.

그 밖에 유의할만한 예로는 다음이 있다.

1) melt의 파생형용사는 molten이다. 그런데 molten은 녹이는데 고열을 필요로 하는 대상에 쓰이고, 그렇지 않은 대상에는 과거분사형인 melted가 쓰인다.

molten rock (용암)
molten steel (용철)
melted chocolate
melted ice

2) learn의 과거분사와 파생형용사는 형태는 동일하지만 발음이 다르다.
Have you **learned** [lə:rnd] much?
He is a **learned** [lə:rnid] man.

3) drink의 과거분사는 drunk인데, drunk는 서술적 용법의 형용사 구실도 한다. 그러나 명사를 직접 수식하는 한정적 용법의 형용사로는 drunken이 쓰인다.
He was dead **drunk**. — 서술적
(그는 곤드레만드레 취해 있었다)
I met a **drunken** sailor. — 한정적
(나는 술이 취한 선원을 하나 만났다.)

4) bereave는 '…로부터(가족 …을) 빼앗다'라는 뜻인데, 파생형용사인 bereft는 '희망, 말, 이성 등을 잃은'이라는 뜻으로 쓰인다.
an accident which **bereaved** him of his wife and child
(그로부터 처자식을 앗아간 사고)
the **bereaved** husband (상처한 남편)
bereft of hope (희망을 잃은)
bereft of reason (이성을 잃은)

6장   조동사 (Auxiliary Verbs)

6.1 정의와 기능

조동사는 본동사(main verb)를 도와 본동사로는 나타내기 어려운 다음과 같은 형식과 의미를 나타내는데 쓰이는 낱말을 말한다. 본동사와 달리 조동사는 한 문장에서 술어동사의 구실을 하지 못한다.

(1) 의문문, 부정문을 만들고 문장 전체의 뜻을 강조한다: do
(2) 진행형을 만든다: be
(3) 완료형을 만든다: have
(4) 수동태를 만든다: be
(5) 능력, 허가, 의무, 가능성, 개연성, 필연성 등의 의미를 나타낸다:
    can/could, may/might, must, will/would, shall/should, ought to
(6) 기타: need, dare, used to

6.2 분류

(1) 법조동사(Modal Auxiliary 또는 Modal)
위의 조동사 가운데 특히 능력, 허가, 의무, 개연성, 가능성, 필연성 등 하나의 명제(proposition)에 반영되는 modality (=speaker's attitude of mind, 즉 화자의 심적 태도, 우리말로는 흔히 '법성'이라고 번역된다)를 나타내는 (5)의 범주에 속하는 조동사를 '법조동사'로 부르기도 한다.

(2) 또한 위의 (1-4)에 속하는 조동사인 do, be, have를 '제1 조동사

(primary auxiliary)'라고 부르고 (5)에 속하는 (법)조동사를 '제2 조동사 (secondary auxiliary) (6)에 속하는 조동사를 '주변적 조동사(marginal auxiliary)'라고 부르기도 한다.

본동사의 구실을 겸하는 제1 조동사는 주어의 인칭과 시제에 따라 어형이 달라진다 (좀 더 구체적으로 be는 주어의 인칭에 따라 어형이 달라지며 do와 have는 주어가 3인칭 단수인 경우 현재시제를 나타내는 어형을 따로 갖는다).

또한 be와 have는 인칭과는 관계없이 be, been, being; have, having형이 조동사의 구실을 하는 어형으로 쓰인다.

법조동사 가운데서는 can, may, will, shall만이 과거형을 갖고 있다.

dare와 need는 (특히 긍정문에서 쓰이는 경우) 본동사와 통사상의 특성이 유사하다. 또한 used to는 과거형만 있고, 현재형을 갖지 않는다. 이와 같이 본동사와도 다르고 법조동사와도 다른 특성 때문에 dare, need, used to에는 <주변적>이라는 단서가 붙는다.

(3) 반조동사(Semi-auxiliary)

그 밖에 다음과 같은 동사구가 '반조동사'라는 이름으로 불리기도 한다.

have to, ...
be able to, be about to, be bound to, be due to, be going to, be likely to, be meant to, be obliged to, be supposed to, be willing to, ...

이 동사구들을 '반조동사'라고 부르는 것은 형식상으로는 정형동사이지만, (조동사가 본동사와 결합해서 동사구를 만들 듯이) 반드시 to 부정사구를 수반하여야 하고, 이 to 부정사구를 도와 여러 법성(modality)을 반영하는 구실을 하기 때문이다.

특히 이 반조동사 가운데서 have to는 must와 여러 모로 유사점과 차이점이 있기 때문에 must와의 연관하에서 그 용법이 다루어지는 것이 통례이다.

또한 반조동사와는 별도로 다음과 같은 어구를 '조동사적인 관용어(modal idioms)'로 부르기도 한다.

had better, would rather/sooner, be to, have got to

6.3 조동사의 특성

위에서 언급한 바와 같이 조동사는 그 수는 극히 한정되어 있지만 기능과 형태상의 특성은 서로 크게 다르다. 그러면서도 조동사는 ('NICE의 특성'이라 불리기도 하는) 다음과 같은 문법상의 특성을 공유한다. NICE 란 다음과 같은 네 가지의 문법 사항을 가리킨다.

6.3.1 Negation(부정)

조동사만이 not와 직접 결합해서 부정문을 만든다.

부정문을 만드는 경우, 본동사는 not와 직접 결합하지 못한다. 본동사를 부정하는 부정문을 만들기 위해서는 조동사 do가 필요하다. be동사(와 Br. E.에서는 문맥에 따라서 have동사)는 술어동사와 not가 직접 결합해서 부정문을 만드는 것이 사실이지만, 이 동사들은 조동사를 겸하는 동사들이다.

She loves me. + NOT ⇒ *She **loves not** me.
                                ⇒ She **does not love** me.
She may/can/must come. + NOT
⇒ She **may not/cannot/must not** come.

본동사는 not와 직접 결합하지 못하기 때문에 *She saw not the play.는 비문법적이지만 She saw not the play but the opera.는 문법적이다. 후자가 문법적인 것은 not가 the opera와 대립하는 the play에 걸리기 때문이다.

I hope not.와 같은 문장이 가능한 것은 not가 ... that she will not be late.와 같은 부정 종속절을 대신하는 대용어로 쓰이기 때문이다.

6.3.2 Inversion(도치)

조동사만이 의문문이나 강조문 등의 도치 구문에서 주어 앞으로 어순을 바꿀 수 있다.

a. **Does** she love you?
   Can you swim?
   Must I come?

b. Never **have** I felt better.
   Under no circumstances **can** customer's money be refunded.
   (어떠한 경우이건 판매대금은 환불되지 않습니다.)

6.3.3 Code(대용형)

조동사만이 술부를 대신하는 대용형으로 쓰일 수 있다.

문맥상으로는 아무리 분명하여도 Do you like fishing?의 응답으로 *Yes, I like.가 Yes, I like fishing.을 대신하는 대용형이나 생략문으로 쓰이지는 못한다. *Yes, I like.는 조동사를 사용해서 Yes, I do.로 고쳐야 한다.

Are you Korean? — Yes, I **am**.
Have you finished your homework? — Yes, I **have**.
I studied a lot last week, but John **did not**.
I can swim across the river in ten minutes. But he **cannot**.

6.3.4 Emphasis(강조)

조동사만이 강하게 발음될 때, 문장 전체의 뜻이 강조된다.
I warned you.라는 뜻은 술어동사인 warned를 강조함으로써 강조되지는 않는다. I warned you.의 뜻을 강조하기 위해서는 조동사가 필요하다.

I warned you. + emphasis ⇒ I DID warn you.
I have warned you. + emphasis ⇒ I HAVE warned you.
You must warn him. + emphasis ⇒ you MUST warn him.

6.3.5 Operator(조작자)

법조동사는 한 문장에서 둘 이상을 겹쳐서 쓰지 못한다. 하지만 진행형과 수동태 및 완료형을 만드는 be와 have는 겹칠 수 있기 때문에 한 문장에서 조동사는 다음과 같은 구조를 만들 수 있다.

He is watching ...
He is watched ...
He is being watched ...
He has watched ...
He has been watching ...
He has been watched ...
He has been being watched ...
He must watch ...
He must be watching ...
He must be watched ...
He must be being watched ...
He must have watched ...
He must have been watching ...
He must have been watched ...
He must have been being watched ...

그런데 위에서 설명했던 NICE의 특성이 해당되는 것은 단독으로 나타나는 법조동사와 두 개 이상이 겹쳐 나타나는 조동사 구조의 첫 조동사이다.

She **has** been watching him + Not
⇒ She hasn't been watching him.
He **will** be living in New York + Question
⇒ Will he be living in New York?
Mary should have been careful, and Susan **should** have been careful, too.
⇒ Mary should have been careful, and Susan should, too.
He **may** have done so. + Emphasis
⇒ He MAY have done so.

이와 같이 NICE의 특성이 적용되는 조동사를 특히 '조작자(operator)'라고 한다.

6.4 Can

6.4.1 능력(Ability)

Look. The baby **can** walk!
Can you drive?
I **can** read English, but **can't** speak it.

그런데 can이 <능력>을 나타낸다고 하지만 인지동사인 believe, understand, remember 등을 수반하는 경우, don't와 can't 사이에는 실질적인 의미상의 차이가 거의 없다.

I **don't** understand. = I **can't** understand.

긍정문의 경우도 그렇다.

I remember. = I can remember.

미래와 완료형, 또는 분사구문에서 can은 be able to로 대치된다.

I **won't be able to** attend the meeting.
The patient **has been able to** walk for two days now.
Not being able to speak Chinese, I couldn't make myself understood.

다음과 같은 문맥에서의 can은 <요청, 명령>의 뜻을 나타낸다.

Can you help me with my paper?
Can you put the child to bed?

6.4.2 허가(Permission)

Can I borrow your pen for a minute?
If you are through with your homework, you **can** go out and play.

<허가>는 can 이외에 may로도 나타낸다. <허가>를 나타내는 can은 특히 일상체(informal style)에서, may는 격식체(formal style)에서 쓰인다 (<허가>를 나타내는 can과 may의 차이에 관해서는 6.6.1 참조).
'... 해도 좋습니까?' 또는 '... 할 수 있습니까?'라는 물음은 '...하고 싶다'는 <완곡한 요구>일 수도 있다.

Can I have some more bread, please?

또한 '... 해도 좋다, ... 할 수 있다'라는 뜻은 1인칭이 주어인 경우는 <(봉사의)제공>을 뜻할 수도 있고, 2, 3인칭이 주어인 경우는 <가벼운 명령>으로 해석될 수도 있다.

I **can** take these letters to the post office if you like.
You **can** go now.
(이제 그만 가봐.)

한편 <허가>를 나타내는 can의 부정형인 cannot은 <금지>의 뜻을 나타낸다.

You **cannot** smoke in this room.

위에서 살펴보았듯이 <허가>를 나타낸다고 하지만, <허가>라는 추상명사로 설명되는 can의 용법이나 의미는 can이 쓰이는 상황에 따라 여러 가지 미묘한 차이가 있다.
되풀이가 되지만 법조동사는 법성(modality), 즉 화자의 미묘한 마음의 상태를 여러 가지로 반영하는 기능을 갖는다. 이와 같은 법조동사에서 뜻하는 <허가>는 일례로 법률용어로 쓰이는 <허가>와는 그 개념이 다른 것이다.
It's cold in here.란 문장이 글자 그대로는 '이 곳은 춥다'라는 뜻이지만 화용론(pragmatics)적으로는 '문 좀 닫아라'라는 뜻 (또는 기타 여러 가지 뜻)을 나타내듯이, 법조동사의 용법을 이해하는데 있어서는 이 화용론적인 일면을 간과해서는 안 된다.
그리고 이 말은 <허가>뿐만 아니라 6.3.1에서 살펴보았던 <능력>을 포함하여 법조동사의 기타 용법에 대해서도 똑같이 해당된다. 미리 예를 하나 든다면 다음에 나오는 must는 <의무>를 나타내지만 특히 (b)의 must는 화용론적으로 <꼭 만나고 싶은 소망>을 강조하는 뜻을 갖는다.

a. You **must** be here by 9 o'clock tomorrow morning.
b. We **must** meet as soon as possible.

6.4.3 가능성(Possibility)

Anybody **can** make mistakes.
(실수란 누구든지 저지를 수 있는 것)
It was a place where anything **could** happen.

<가능성>을 나타내는 can은 <(바람직하지 않은 일이) 가끔 일어난다>는 뜻을 내포하기도 한다. can의 이와 같은 용법은 보통 S + V + C의 구문에서 발견된다.

He **can** be very rude.
(=He is sometimes very rude.)
Korea **can** be very cold in March.
(=Korea is sometimes very cold in March.)

can이 나타내는 <가능성>은 <이론상의 가능성(theoretical possibility)>을 나타냄으로써, may가 나타내는 <사실상의 가능성(factual possibility)>과 대립된다. (6.6.2 참조)

6.4.4 강한 의문과 부정

(can은 긍정문에서 <이론상의 가능성>을 나타내지만) 의문문과 부정문의 경우는 <사실상의 가능성>에 대한 강한 의문과 부정의 뜻을 나타낸다.

Can the news be true?
(그 소식이 과연 사실일까?)

The news **can't** be true.
(그 소식은 사실일 리가 없어.)
He **can't** have said so.
(그는 그렇게 말했을 리가 없다.)
- 과거의 일에 대한 강한 부정

의문문에서의 can은 문맥에 따라서는 화자의 당황감이나 조바심을 반영한다.

What **can** he mean?
(도대체 무슨 이야기를 하려고 하는 거야?)
Where **can** he have got to?
(아니 어디에 갔어? (아무 데도 없으니!))

6.5 Could

6.5.1 종속절에서

시제일치의 원칙에 따라서 종속절에서 can의 과거형으로 쓰인다.

It was so dark that we **could** see nothing.
> It is so dark that we can see nothing.
He said I **could** go.
> He said, "You can go."

6.5.2 법과거

Could you come and see me tomorrow?
(내일 좀 와주시겠습니까?)

You **could** go now if you like.
(가시고 싶으면 가시지요.)
Could I borrow your pen?
(펜 좀 빌려주시겠습니까?)
I **could** not promise anything.
(글쎄 약속은 못하겠는데요.)
I **could** come earlier, if necessary.
(필요하다면 더 일찍 올 수도 있습니다.)

이 (2)의 could는 형식상으로는 can의 과거이지만, 의미상으로는 과거와 아무 관련이 없다. 이와 같이 과거와는 관계없이 표현을 정중하거나 신중하게 하는데 쓰이는 조동사의 과거형을 '법과거(modal past 또는 modal preterite)'라고 한다.

6.5.3 가정법에서

Could he get another job if he left this one?
(혹시 그가 일자리를 그만 둔다면 다른 일자리가 생길까?)
I **could** have lent you the money.
((왜 말하지 않았어.) 그 돈을 빌려줄 수도 있었을 텐데.)

가정법에서 쓰이는 could는 할 수 있는 일을 하지 않는 것에 대해서 <비난>이나 <못마땅함>을 함축할 수도 있다.

You **could** have told me so.

6.5.4 추측

A: I wonder where Tom is.
B: He **could** be in the library.

위의 예문에서 he could be in the library.는 Perhaps he is in the library. 로 풀어 쓸 수 있다.

could는 추측을 나타내기 때문에, 다음은 문맥에 따라 'message를 보낼 수도 있었을 텐데'라는 의미를 갖는 가정법 과거완료의 주절의 형식이 될 수도 있고, 'message를 보냈는지도 모른다'라는 뜻을 나타낼 수도 있다.

He **could** have sent a message.

6.5.5 Could와 실현여부

(1) '... 할 수도 있었다'는 뜻인 could는 반드시 '실제로 ... 했다'는 뜻은 아니다. 다음 (a)와 (b)는 의미가 다른 것이다.

    a. (He studied so hard that) he **could** pass the test.
    b. (He studied so hard that) he passed the test.

그러므로 '그는 실제로 시험에 합격했다'는 뜻을 나타내기 위해서는 (a)는 (b)로 고치거나 상황에 따라 다음 (c-e)로 고쳐야한다.

    c. He was able to pass the test.
    d. He managed to pass the test.
    e. He succeeded in passing the test.

위의 예문에서 특히 (d-e)는 '시험에 합격하는 일이 쉬운 일이 아니었는데'라는 뜻을 함축한다.

(2) could는 다음과 같은 경우에 한해서는 과거에 실제로 일어난 일을 나타낸다.

A. could + 술어동사가 주어가 마음만 내키면 언제든지 발휘할 수 있는 일반적인 능력을 나타낼 때

She **could** sing like an angel when she was a girl.
My father **could** speak three languages.

위에 나오는 술어동사와는 달리 (1)의 예문에 나왔던 pass the test는 언제나 발휘할 수 있는 능력이 아니다.

B. 술어동사가 습관 또는 반복된 동작을 나타낼 때

Whenever I ran fast, I **could** catch the bus.

위의 예문에서는 whenever ...가 이끄는 종속절이 반복의 뜻을 나타내 주기 때문에 I could catch the bus.는 I actually caught the bus.라는 의미를 나타낸다. 하지만 특정한 경우를 전제로 하는 '나는 빨리 뛰어가서 택시를 잡을 수 있었다.'라는 뜻을 나타내고자 할 때는 I ran fast and could catch the taxi.를 I ran fast and caught the taxi (또는 ... was able to catch the taxi).로 고쳐야 한다.

C. 부정문에서
부정문인 I could not pass the test.는 I did not pass the test.라는 뜻을 내포한다.

6.6 May

6.6.1 허가(Permission)

You **may** do so, if you want.
A: **May** I use your telephone?

B: Yes, you **may**.
　No, you **may not**.

앞에서 언급했듯이(6.3.2 참조) may는 격식체에서 쓰인다.
그러므로 <허가>를 나타내는 may의 예문으로 문법적으로는 위와 같은 예문을 들 수 있지만, 실제 일상적인 상황에서는 위의 예문의 may는 can 으로 대체하는 것이 자연스럽다.
　may not는 어떤 일의 <허가>를 거부하거나 어떤 일을 <금지>하는데 쓰인다. <허가>의 부정 형식으로는 그 밖에 **must not, cannot**가 있다. must not는 <금지>의 뜻을 가장 강하게 나타내며, cannot는 가장 일상적 표현으로 선호된다.

No luggage **may** be placed on the seats.
(좌석에 짐을 놓지 마시오.)
You { **must not** smoke here.
　　　 cannot

거듭 말하자면 may not는 격식체에 속하며, 격식체를 필요로 하는 상황이 아니라면 사용하지 않는 것이 바람직하다. may not를 대신할 수 있는 표현으로는 cannot 말고도 다음이 있다.

I'd rather you didn't.
I'm afraid not.

<허가>를 나타내는 can과 may는 <격식성> 이외에도 다음과 같은 차이가 있다.

　(1) 2인칭을 주어로 삼는 경우는 <허가>를 해주는 권한이 화자에게서 나올 때는 may를 쓰고, 규칙, 법령 등 제3자에게 있을 때는 can을 쓴다.

A: **May** I smoke?
B: a. Yes, you **may** smoke.
　　b. Yes, you **can** smoke.

그러므로 (a)는 화자가 (한국적인 상황을 전제로 한다면 가령 연장자가 연소자에게) 담배를 피워도 좋다는 허가를 해준다는 뜻이며, (b)는 허가를 해주는 권한을 제3자에서 찾아 (가령 이방에는 'No Smoking'의 게시가 붙어 있는 것도 아니니) 담배를 피워도 좋겠다는 뜻을 나타낸다.

3인칭이 주어가 되는 경우는 <허가>를 해주는 권한이 화자에게 있는 경우뿐만 아니라, 공적인 허가/금지사항 등을 나타낼 때도 may/may not가 쓰인다.

If convicted, an accused person **may** (=has the right to) appeal.

하지만 위에서 설명한 may의 용법은 격식성을 전제로 한 것이어서, can이 선호되는 일상적인 상황에서는 이와 같은 차이는 드러나지 않는다.

(2) <허가>를 나타내는 may가 만드는 숙어적인 어구에 If I may (허가하신다면), If I may say so (외람된 말씀이지만) 등이 있다. 이런 숙어적인 표현에 나오는 may는 can으로 대체가 되지 않는다.

6.6.2 사실상의 가능성(Factual Possibility)

Be careful. The dog **may** bite you.
It **may** rain. You'd better take an umbrella with you.

<사실상의 가능성>이라지만 may는 현재의 상황에 대한 추측을 나타낼 수도 있고, 미래에 실현될 일에 대한 추측을 나타낼 수도 있다.

The road **may** be blocked.
a. 그 도로는 폐쇄되어 있는지도 모른다. - 현재
b. 그 도로는 폐쇄될지도 모른다. - 미래

(a)의 의미를 갖는 경우 **blocked**는 형용사적 성격이 강하며, (b)의 경우는 동사적 성격이 강하다. 대체적으로 may 다음에 상태동사가 뒤따르면 현재의 사실이나 상황에 관련된 추측을 나타내고, 비상태동사가 뒤따르면 미래의 일에 대한 추측을 나타낸다.

He **may be** a teacher. - 현재
He **may know** the answer.
He **may become** a teacher. - 미래
He **may leave** here.
(그는 이곳을 떠날지도 모른다.)

이미 언급했듯이 may는 <사실상의 가능성 (=추측)>을 나타냄으로써 <이론상의 가능성>을 나타내는 can과 대립된다.
형용사 possible을 사용하는 경우 <사실상의 가능성>은 it is possible that ...의 구문으로 나타나며, <이론상의 가능성>은 It is possible for ... to ...의 구문으로 나타난다.

A friend **may** betray you. - 사실상의 가능성
((누군가를 염두에 두고) 어떤 친구가 너를 배반할지도 몰라.)
⇒ It is possible that a friend will betray you.
A friend **can** betray you. - 이론상의 가능성
(친구란 것은 상대를 배반할 수도 있는 것.)
⇒ It is possible for a friend to betray you.)

can은 긍정문에서는 <이론상의 가능성>을 나타내지만, 의문문과 부정문에서는 <사실상의 가능성>에 대한 강한 의문과 부정을 반영한다.

Can the news be true?
(⇒ Is it possible that the news is true?)
The news **cannot** be true.
(⇒ It is impossible that the news is true.)

cannot/can't를 It is impossible that ...로 풀어 쓸 수 있다면 may/might not는 It is possible .... that ... not ...로 풀어쓴다.

The news **may not** be true.
⇒ It is possible that the news is not true.

즉 can't/cannot에서 not가 can에 걸린다면 may/might not에서 not는 동사에 걸린다.
과거의 일에 관한 추측은 may + 현재완료의 형식으로 나타낸다.

He **may have been hurt**.
⇒ Perhaps he was hurt.

6.6.3 기원(Exclamatory Wish)

대체적으로 may로 시작하며, 감탄문의 형식을 취한다. 일상적으로 흔히 쓰이는 형식이 아니며, 축복(blessing)의 뜻이나 저주(curse)의 뜻을 함축한다.

May you be happy!
May she rest in peace! (고인의 명복을 비나이다!)
May he never set foot in this house again!
(제발 이 집에 다시는 얼씬도 말기를!)

6.6.4 May/Might가 만드는 특수구문

(1) 다음과 같은 (일상적으로 흔히 쓰이지는 않는) 상투적인 구문에서 may는 양보의 뜻을 나타낸다.

Try as he may, he never succeeds.
(그는 아무리 노력해도 성공 못한다.)
Whatever you may say, he will not believe you.
(무어라고 말하든 그는 당신 말을 믿지 않을 거요.)
Be the pain what it may, the operation must proceed.
(고통이 어떻든지 간에 수술은 진행되어야 한다.)

(2) 다음 예문에 나오는 may/might as well은 '(달리 할만한 좋거나 흥미로운 일도 없으니) …라도 하는 것이 좋다'라는 뜻을 나타낸다.

You **may as well** (=had better) start at once.
There's nothing to do, so I **may as well** (=have no strong reason not to) go to bed.

may as well는 다음과 같은 비교 구문에서 다른 상황을 예로 들어 어떤 상황이 바람직하지 않거나 마땅치 않음을 드러내고자 할 때도 쓰인다.

One **may as well not know** a thing at all **as know** it but imperfectly.
(무슨 일이건 어설프게 아는 것보다는 그 일을 전혀 모르는 것이 낫다. ‒ 어설프게 아는 것은 모르는 것만 못하다.)
You **might just as well ask for** the moon **as** for a bicycle.
(자전거를 사달라느니, 차라리 달을 잡아다 달라지. ‒ 달을 잡아다 줄 수 없는 것처럼 자전거도 사줄 수 없다는 뜻.)
You **might as well expect** the sun to rise in the west **as** expect me to agree with you.

(나의 동의를 기대하기보다는 차라리 해가 서쪽에서 뜨기를 기대하시지.)
You never listen. I **might as well talk to a brick wall**.

(3) 그 밖에 may/might는 다음과 같은 구문을 만든다.

You **may well** say so.
(=You have good reason to say so.)
(그대가 그렇게 말하는 것도 당연하다.)
His appearance has changed so much that you **may well** not (=are not very likely to) recognize him.
(그의 외모가 무척 변해서 당신은 십중팔구 그를 알아보지 못할 것이다.)
He studies hard **that** he **may** pass the examination.
(그는 시험에 합격하기 위해서 열심히 공부한다.)

6.7 Might

6.7.1 May의 과거형

시제 일치의 규칙에 따라, 종속절이나 또는 과거와 관련된 문맥에서 may의 과거형으로 쓰인다.

He said, "The report <u>may</u> be true."
⇒ He said that the report **might** be true.
He assured me that I **might** come back whenever I liked.
He hoped his boy **might** succeed.
He was afraid that his attitude **might** be misunderstood.
(그는 혹시 그의 태도가 오해를 받지 않을까 염려했다.)

Progress **might** be slow, but it was sure.
(느릴지는 모르지만 진전이 있을 것은 확실했다.)

6.7.2 확실하지 않은 추측

may보다 덜 확실한 추측을 나타낸다.

What he said **might** be true.
> What he said may be true.

어떤 일의 사실 여부를 추측하는데 있어, might는 화자의 확신의 정도가 가장 약하다. 일례로 I may go to Pusan tomorrow.에서 '내가 부산에 갈 가능성'이 50%라면 He might come with me.에서 '그가 나와 동행할 가능성'은 30%이다.
한편 확신의 정도가 가장 강한 것은 must인데, Close(1977:273)에 따르면 조동사가 나타내는 확신의 정도는 그 순서가 다음과 같다.

The report **might** be true.
The report **may** be true.
The report **could** be true.
The report **can** be true.
The report **should** be true.
The report **ought to** be true.
The report **would** be true.
The report **will** be true.
The report **must** be true.

6.7.3 May가 나타내는 뜻의 완곡한 표현

다음 예문은 may나 can보다 <제안>의 표현이 더 완곡하고 조심스럽다.

We **might** go to the concert.
(음악회에 가는 것도 좋지 않을지?)

6.7.4 가정법에서

If you had studied harder, you **might have passed** the examination.

위의 예문은 가정법 과거완료의 전형적인 형식으로, 주절은 실제로 일어나지는 않았지만 일어날 수 있었던 가정을 나타낸다.

하지만 might는 may의 뜻을 더 완곡하게 대신하기도 하기 때문에, might + have + p.p.가 언제나 가정법의 주절로만 쓰이는 것은 아니다. 다음은 문맥에 따라서 두 가지 의미를 갖는다.

He **might have gone** there.
= a. 그는 그 곳에 갈 수 있었는지도 모른다.
= b. 그는 혹시 그 곳에 갔는지도 모른다.

(b)의 의미를 갖는 He might have gone.은 다음과 같이 풀어 쓸 수 있다.

He **may have gone** there.
{ **It is possible** } he went there.
{ **Possibly** }

6.8 Must

6.8.1 의무와 필요(Obligation and Necessity)

You **must** stop drinking.
We **must** all hang together, or we shall all perish.

(우리는 뭉쳐야 한다. 그렇지 않으면 망한다.)
Plants **must** get enough light and water if they are to grow properly.

<의무>를 나타낸다지만 다음 예문에서의 must는 <의무>보다 "꼭 찾아 오라"는 <초청의 뜻을 강조>하고 있다.

You really **must** come and see us soon.

다음과 같은 문맥에서의 must는 <언짢은 공교로움>을 뜻한다.

Just as I was getting better, what **must** I do but break my leg?
(병이 한참 나아지고 있는 판에, 하필 다리를 부러뜨리다니?)

<의무>를 나타내는 must의 부정형으로는 don't have to, need not가 쓰이며, must not는 <금지>의 뜻을 나타낸다. (6.6.1; 6.9 참조)

A: **Must** we leave now?
B: No, we **don't have to/needn't**.
 (=We are not obliged to leave now.)

6.8.2 확실한 추측(Certainty)

He **must** be 70 now.
(그는 이제 틀림없이 나이가 70은 되었을 거야.)
There **must** be some misunderstanding.
You **must** have left your bag in the bus.

위의 예문에서의 must는 주위의 상황으로 보아 논리적으로 틀림없는 것으로 여겨지는 추측을 나타낸다.
확실한 추측을 나타내는 must의 부정형으로는 cannot가 쓰인다.

He **must** be 70 now. + NOT
⇒ He **cannot** be 70 now.

Am. E.에서는 cannot 대신에 don't have to, needn't가 쓰이기도 한다. don't have to나 needn't는 cannot에 비해서 그 부정의 강도가 약하다.

6.8.3 종속절에서

과거시제가 쓰인 절이 선행한 경우나 간접화법에서 must는 과거를 나타낼 수 있다.

He told me we **must** all be ready at once.

하지만 단문에서의 과거와 미래는 흔히 have to로 대체된다.

The crew **had to** (=were obliged to) leave the sinking ship.
(선원들은 침몰하는 배에서 빠져 나올 수밖에 없었다.)
When you leave school, you**'ll have to** find a job.

6.9 의문문과 Must

must가 쓰인 다음 의문문에서 화자는 청자에게 술부가 나타내는 행동이 꼭 필요한지의 여부를 묻고 있다. 이와 같은 의문문은 상대방에게 <시비를 걸려는> 화자의 태도를 암시한다.

Must I clean all the rooms?
(모든 방을 내가 꼭 청소하여야만 합니까?)
Why **must** you always leave the door open?
(왜 문을 닫을 줄을 모르니?)

6.10 Must와 Have to

현재시제를 전제로 하는 경우, <의무>를 나타내는 데 쓰이는 must와 have to 사이에는 다음과 같은 차이가 있다.

(1) 1인칭과 2인칭을 주어로 삼는 경우 must는 의무를 과하는 권한이 화자에게 있고 have to는 (규칙 등을 포함한) 제3자에 있다.

    You **must** cut down on your smoking.
    (의사가 본인의 판단에 따라서 환자에게)
    In my job I **have to** travel a lot. (직업상 ...)
    You **have to** wear your uniform on duty, don't you? (규칙상 ...)

(2) 지시문이나 게시문에서의 의무 사항은 must로 나타낸다. (문서나 문자화된 의무 사항의 명시를 제외한) 기타 상황에서 제3자의 의무 사항에 관해서 언급할 때는 have to가 쓰인다.

    Staff **must** be at their desk by 9:00. - Office Manager
    (9시 출근엄수)
    Passengers **must** cross the line by the footbridge. - Railway Company
    (여객은 선로를 건널 때 육교를 이용하시오.)
    In this office the staff **have to** be at their desks by 9:00.

위와 같은 문맥에서 Am. E.는 must 대신 흔히 have to를 쓴다.

(3) must not와 don't have to는 의미가 다르다.
must not는 <금지>를 뜻하고 don't have to는 need not의 뜻을 나타낸다.

    You **must** not come.
    (너는 와서는 안돼.)

You **don't have to** come.
(너는 올 필요가 없어.)

Strikes **don't have to** be caused by bad pay.
(반드시 급료가 낮다는 이유로 파업이 발생하는 것도 아니다.)

(4) 한편 must가 <의무>와 <확실한 추측>을 나타낼 수 있듯이 have to 도 (자주 쓰이지는 않지만) (특히 Am. E.에서) <확실한 추측>을 나타낼 수 있다.

You **have to** be joking.
(너 농담하고 있는 거지, 틀림없이.)

6.11 Must와 Should/Ought to

(1) <의무>를 나타내는 경우 must (have to)는 should나 ought to와 다음과 같은 차이가 있다.

I $\begin{Bmatrix} \text{*must} \\ \text{ought to} \\ \text{should} \end{Bmatrix}$ go to New York tomorrow, but I'm not going to.

(나는 내일 New York에 가야하지만, 가지 않겠어.)

He $\begin{Bmatrix} \text{*had to go} \\ \text{ought to have gone} \\ \text{should have gone} \end{Bmatrix}$ to New York yesterday, but he didn't.

(그는 어제 New York에 갔어야 하는데, 가지 않았어.)

위의 예문에서 괄호 안의 뜻을 나타내는데, I must go ...와 He had to go ...가 각각 비문법적인 것은, must나 have to가 <(본인의 자유의사가 배

제된) 어쩔 수 없이 따라야 하는 의무>를 나타내기 때문이다.
　must와 달리 should는 moral obligation <마땅히 지켜야 할 의무>를 나타내고 ought to는 should가 갖는 moral obligation의 뜻을 더 강하게 표현한다. 이와 같은 미묘한 차이가 다음 예문에 잘 나타나 있다.

　　A: Does she **have to** study?
　　B: No, she doesn't, but she **should**. In fact, she **ought to** do it now.
　　　(A: 그 애는 꼭 공부를 하여야 하나요?
　　B: 아니 (숙제가 있는 것도 아니니까) 꼭 할 필요는 없겠지. 하지만 (학생이니까) 마땅히 공부는 하여야겠지. 사실 당장 지금 공부를 하는 것이 마땅해요.

6.12 Will

6.12.1 (단순한) 미래표현

I'll be seventeen next year.
You'll be sorry for it later.
He'll be glad to hear from you.

6.12.2 주어의 의사, 의지, 의도

(1) 자발적인 의사(willingness)

George **will** help you.
Who **will** lend me a cigarette?
He'll do anything for money.
(그는 돈이라면 무슨 일이든지 서슴없이 하려고 한다.)

<자발적인 의사>를 나타내는 will은 흔히 you를 주어로 하는 의문문에서 사용된다.

 a. **Will/Won't** you have a piece of cake?
 b. **Will/Won't** you come inside?
  Come inside, **will/won't** you?
 c. **Will you** lend me your pen for a minute?
  Lend me your pen for a moment, **will you**?

부연적 설명을 하자면, 위의 예문에 나오는 will은 의미상으로 <자발적인 의사>를 나타내는데, 화행(speech act)상으로는 (a)는 '제의'를, (b)는 '권고'를, (c)는 '부탁'을 하고 있다. 이 (a-c)는 rising intonation을 사용하는데, 명령의 뜻을 나타내는 다음 (d)는 falling intonation이 쓰인다.

 d. **Will you** sit down!/Sit down, **will you**!

(2) 고집, 강한 의지(insistence)

 I **will** have my own way.
 (나는 내 마음대로 할거야.)
 I **will** go to the dance, and no one shall stop me.
 Why **will** you keep making that awful noise?
 (좀 조용히 하라는데 왜 말을 안 듣니?)

이 <고집>을 뜻하는 will은 반드시 제일 강세를 부가해서 강하게 발음하며 축약형 'll을 쓰지 않는다.
<강한 의지>를 나타내는 will은 부사절에서도 자유롭게 쓰인다.

 If you **will** smoke, please go outside.
 (꼭 담배를 피우고 싶으면 밖으로 나가 주시요.)

cf. *If it will rain tomorrow, ...

(3) 의도(intention)

I **will** write as soon as I can.
We **won't** stay longer than two hours.

<의도>를 나타내는 will은 보통 1인칭을 주어로 하며 축약형인 'll로 대체할 수 있다.

6.12.3 추측, 예측(Prediction)

The game **will** be finished by now.
(지금쯤은 경기가 끝났겠다.)
You**'ll** be Miss Kim, I suppose.
(김양이시죠?)
You **will** have heard the news last night.
(어제 밤에 소식 들으셨겠죠.)

바로 위의 예문처럼 will + have + p.p.는 현재란 시점에서 과거에 일어난 일을 추측하는 데 쓰인다.

6.12.4 주어의 습성

A lion **will** attack a man only when hungry.
(사자는 굶주렸을 때만 사람에게 덤벼든다.)
Children **will** be noisy.
(아이들이란 떠들기 마련이다.)

<주어의 습성>을 나타내는 will은 <추측, 예측>의 뜻을 갖는 will의 확대 용법으로 볼 수 있다. 그렇기 때문에 객관성이 중요시되는 과학 논문에서 사물의 특성이나 습성을 설명할 때 will은 쓰이지 않는다.

Deciduous trees $\begin{Bmatrix} \text{*will lose} \\ \text{lose} \end{Bmatrix}$ their leaves in autumn.
(낙엽수는 가을에 잎이 진다.)

6.12.5 현재의 습관적 동작

He'll talk (=He always talks) for hours if you give him the chance.

<현재의 습관적 동작>을 나타내는 will도 <예측>을 나타내는 will의 확대 용법으로 볼 수 있다. 그 뜻이 '그는 과거에도 기회만 주어지면 으레 몇 시간이고 떠들어댔다. 그러니 현재나 앞으로도 그럴 것이다.'라는 뜻에서 나왔기 때문이다. 이 will은 narrative style(이야기체)에서 선호하며, 일상적으로는 always + 현재시제가 쓰인다.

6.12.6 가벼운 명령

You **will** wait here till I return.
All staff **will** leave the building at once.
(모든 직원들은 즉시 건물에서 나가 주시오.)

위의 예문에서 will은 <미래에 관한 예측>을 기본적 의미로 갖는다. 주어가 미래에 어떤 행동을 하리라는 예측의 형식으로, 주어로 하여금 어떤 행동을 하게 하려는 화자의 의지가 담겨져 있다.

6.13 Would

6.13.1 종속절에서

would는 시제일치의 원칙에 따라 종속절에서 will을 대신한다.

I asked him if he **would** post this letter.
(> Will you post this letter?)
I told him we **would** find a cure for cancer.
(> We will find a cure for cancer.)

6.13.2 기타 용법

(1) 정중한 부탁, 의뢰

Would you excuse me?
Would you tell me the time, please?

(2) 고집

He **would** not tell us where the money was hidden.
(그는 돈이 어디에 숨겨져 있는지 우리에게 결코 말하려고 하지 않았다.)

(3) 소망

I **would**(=wish to, would like to) ask you to reconsider your decision.

이 <소망>을 나타내는 would는 rather/sooner와 같이 쓰이기도 한다.

I **would rather** not go for a drive in this weather.
(날씨가 이러한데, 운전은 안 했으면 좋겠다.)
Which **would** you **rather** do, go to the movie or stay at home?
(영화를 보러 가겠나, 집에 있겠나? 어느 쪽을 원하나?)

would rather 다음에 절이 따르는 경우에는 이 절의 술어동사는 과거시제를 쓴다. (5.11(4) 참조)

I **would rather** you listened to me.
I**'d rather** you stayed home.

would는 특히 <소망>을 나타내는 다음과 같은 동사, 형용사와 같이 쓰임으로써, 그 표현을 부드럽고 완곡하게 해준다.

Would you { like to go / prefer to go / mind going / be interested in going } instead of me?

그런데 would you lend me your pen?의 would는 will로 바꿀 수 있지만, 위의 예문에 나오는 would를 will로 바꾸지는 못한다.

시간 관계의 표현과 관련시켰을 때, I would like to...의 구문은 다음과 같은 형식에 유의하여야 한다.

I would like to see him.
　　현재　　　현재 또는 미래
(나는 그를 만나 보고 싶다.)
I would like to have seen him.
　　현재　　　　과거
(나는 그 때 그를 만나 보았었으면 싶다.)

I would have liked to see him.
　　과거 A　　　　과거 A 또는 A를 시점으로 하는 미래
(나는 그 때 그를 만나 보고 싶었다.)
I would have liked to have seen him.
　　과거 A　　　　과거 A에 앞선 과거
(나는 그 때 그를 만나 보았었으면 싶었다.)

6.13.3 과거의 반복된 동작

(6.17.2 참조)

6.13.4 가능성, 추측

That would be a milkman.
(아마 우유배달부겠지.)

같은 <추측>을 나타내지만 That would be a milkman.은 That will be a milkman.보다 확실성이 희박할 때 쓰인다. 이 확실성의 차이 때문에 will, would와 같이 추측을 나타내는 데 쓰이는 삽입절이나 부사도 서로 달라진다.

That will be a milkman, I expect.
That would be a milkman, $\begin{cases} \text{probably.} \\ \text{I imagine.} \end{cases}$

6.13.5 가정법의 주절에서

He would smoke too much if I didn't stop him.
If I had met him again, I would have recognized him.

would + have + p.p.는 가정법 과거 이외에, will + have + p.p.를 대신해서 과거의 일에 대한 현재의 추측을 완곡하게 나타내는데 쓰일 수 있다.

A: Someone telephoned you last night.
B: That **would** have been Tom, I would say.
(어쩌면 Tom이 전화했을 거야.)

6.14 Shall

6.14.1 단순미래

I **shall** be seventeen next week.
I **shall** see Tom tomorrow.

'단순미래'란 주어나 화자의 의지가 전연 개입되지 않는 미래를 말한다. shall은 격식체에서 일인칭을 주어로 삼는 경우 단순미래로 쓰인다. 하지만 일상체에서는 shall 대신에 will이 쓰인다.

6.14.2 화자의 강한 의지

화자의 강한 의지는 보통 will로 나타낸다. 그런데 단순미래를 나타내는 데 will이 shall 대신 쓰이는 추세와는 반대로, 화자의 의지를 더욱 강하게 드러내고자 할 때 특히 격식체에서 shall이 쓰이는 경우가 있다.

We **shall** fight and we **shall** win.
(=We will fight and we will win.)
We **shall** never surrender.

Shall은 1인칭을 주어로 삼을 때, 화자의 <의도>를 나타내기도 한다.

I **shan't** be long.
(곧 올께요.)
We **shall** let you know our decision.
(당신께 우리의 결정을 알려드리겠소.)

6.14.3 (제3자의 행위를 통제, 지배하려는) 화자의 의지

2인칭이나 3인칭을 주어로 삼는 경우의 shall은 주어의 행동을 지배, 통제하겠다는 화자의 의지를 반영하며, 화자가 주어에 대해서 약속, 허가, 강요, 협박, 명령, 금지 등을 행하려 할 때 쓰인다.

You **shall** stay with us as long as you like.
(좋으시다면 얼마든지 우리 집에 머물도록 하시오.)
You **shall** do as I say.
(내가 말하는 대로 해.)
— 이 문장은 "안 하면 하도록 만들겠다"는 뜻을 내포한다.
He **shall** be rewarded if he is patient.
(참고 견디면 나는 그가 보상을 받도록 해주겠소.)

6.14.4 법규와 규정

Every member **shall** pay his annual subscription within the first fortnight of the year.
(회원은 회비를 매년 첫 2주 내에 내야 한다.)

6.14.5 '상대방의 의사'를 묻는 의문문

대체적으로 (그리고 특히 Am. E.에서) shall은 will/would/should에 비해서 사용 빈도가 극히 낮다. 다만 shall은 의문문의 형식으로 <상대방의 의사>를 묻는 용법에 가장 흔히 쓰인다.

Shall I open the door?
(=Would you like me to open the door?)
What **shall** we drink?
Shall we go, or do you want to stay longer?

1인칭(I 또는 we)을 주어로 하는 의문문의 형식을 취한 위의 예문에서의 shall은 <상대방의 의사>를 묻는 한편, '...하면 어떨까'라는 의견 제시와 아울러 '하지만 나는 결국 당신의 의사에 따르겠다'라는 뜻을 내포한다.

Shall we go to the movie?에 대한 답은 Yes, let's 이다. 또한 Let's로 시작하는 문장의 부가의문문에서는 shall이 쓰인다.

Let's go to the movie, **shall** we?

6.15 Should

6.15.1 종속절에서

should는 종속절에서 shall의 과거형으로 쓰인다.

He said that he **should** return and he did.
(> He said, "I shall return.")

6.15.2 마땅한 의무(Moral Obligation)

You **should** do as he says.
I do not see why you **should** apologize.

should가 나타내는 <의무>는 <마땅히 하여야 할, 또는 하는 것이 바람직한 의무(moral obligation)>를 나타낸다는 점에서 '어쩔 수 없이 하여야

하는' 의무를 나타내는 must와 대립된다. (6.7.1 참조)

should나 ought to는 그 다음에 have + p.p.의 형식이 뒤따르면, '마땅히 했어야 할 일이 실현되지 않았음'을 나타낸다.

Your application is too late.

You $\begin{Bmatrix} \text{should} \\ \text{ought to} \end{Bmatrix}$ have submitted it by March 31st.

(신청 마감이 지났습니다. 신청서는 3월 31일까지 제출했어야 합니다.)

그런데 should는 고지문(공적인 게시문) 등에서 <의무>를 나타내는 데에도 쓰인다. 하지만 이와 같은 문맥에서 ought to는 쓰이지 않는다. must는 쓰일 수 있지만 should가 더 부드러운 느낌을 줄 수 있다.

On hearing the alarm bell, hotel guests **should** leave their rooms.

<마땅히 하여야 할, 또는 하는 것이 바람직한 의무>를 나타내기 때문에 should와 ought to는 상대방에 대한 충고를 하는데 쓰일 수도 있다.

You **should/ought to** read this. It's very good.

6.15.3 (논리적인) 추측(Deduction)

They **should** be at home now.
(그들은 지금쯤은 마땅히 집에 있을 것이다.)
He **should** speak English very well if he has been learning it for five years.

6.15.4 가정

If you **should** see him, give him my regards.

(혹시 그를 만나거든, 안부를 전하시오.)
If you **should** be interested, I'll send you a copy.
(혹시 관심이 있으시면 책을 한 부 보내드리지요.)

If you see him이 '그를 만나면'이라는 뜻을 나타내는데 반해서, If you should see him은 '혹시 그를 만나면'이라는 뜻을 나타낸다. 이와 같은 가정의 뜻을 나타내는 should는 관계사절에 나타나기도 한다.

Any one who **should** wish to come will be welcome.
(혹시 누구든지 오겠다는 사람이 있으시면 환영합니다.)

6.15.5 화자의 감정 또는 주관적 판단의 반영

(5.11(2) 참조)

6.15.6 술어동사로 의지동사가 쓰인 종속절에서

(5.13(3) 참조)

6.15.7 Should가 쓰이는 기타 구문

그 밖에 should는 다음과 같은 구문에서 쓰인다.

(1) lest가 이끄는 부사절에서

> I was afraid lest she **should** be angry.
> He walked on tiptoe lest he **should** wake up the sleeping children.
> (그는 잠든 어린아이들이 깰까봐 살금살금 발끝으로 걸었다.)

하지만 lest가 이끄는 부사절이 꼭 should를 필요로 하는 것은 아니다.

I'll be kind to her lest she **decides** to leave me.

(2) (how, why, who 등으로 시작하는) 수사 의문문(rhetorical question)에서

Why **should** I go?
(왜 내가 가?)
Who **should** come into my room at night but a thief?
(도적이 아니고야 한밤중에 내 방에 누가 들어온단 말야?)

수사의문문이란 어떤 뜻을 강조하기 위해서 의문문의 형식을 취할 뿐, 질문의 뜻이 없는 의문문을 말한다. 위의 예문도 각각 '나는 가지 않겠다', '밤에는 아무도 내 방에 들어오지 않는다'라는 뜻을 내포한다.

(3) 조심스런 의견 표명

I **should** think so.
I **should** say so.

즉 I should think so.는 I think so.보다 화자의 의견이 조심스럽게 개진되어 있다.

6.16 Need, Dare

6.16.1 특성

need와 dare는 의문문과 부정문에서만 조동사로 사용된다. 즉 의문문과 부정문을 만드는데 do를 필요로 하지 않는다. 하지만 긍정문에서는

본동사로 쓰이기 때문에 3인칭 단수가 주어가 되는 경우에는 현재시제에서는 어미에 -s를 부가하고, to 부정사구를 수반한다.

You **need** not wait.
Need we wait?
cf. He need**s** **to** **wait**.
We **need** not go yet, need we?
I **daren't** ask him about that.
(나는 감히 그에게 그것에 관해서 물어볼 용기가 없다.)

6.16.2 Need의 유의할 용법

(1) 다음에서 (a)가 비문법적인데도 (b)가 문법적인 것은 (b)가 '그는 (기다리기만 하면 됐지) 다른 것은 할 필요가 없다'라는 뜻을 내포하는 준부정문이기 때문이다.

    a. *He **needs wait**.
    b. He **need only wait**.

(2) (c)에서의 need가 마땅히 본동사이어야 하는데 반해서 (d)에서 need가 조동사로 쓰이고 있는 것은 (d)가 you need not come 의 뜻을 내비치고 있기 때문이다.

    c. I am quite sure that you **need to study** harder.
    d. I am not sure that you **need come**.

(3) (e)는 다음 A, B의 뜻을 가지며 (f)는 B의 뜻만을 갖는다.

    e. I **didn't need to do** that.
    f. I **needn't have done** that.

A. It wasn't necessary for me to do that.
(나는 그것을 할 필요가 없었다 (그래서 하지 않았다).)
B. I have done that unnecessarily.
(나는 그 일을 할 필요가 없는데 했다.)

6.16.3 do를 필요로 하는 Need와 Dare

(1) 의문문과 부정문에서의 need와 dare가 조동사 do를 수반하기도 한다. 이 경우 need와 dare는 조동사 do를 수반했으므로 본동사로 간주된다.

You **don't need to** wait.
Do we **need to** wait?

특히 dare는 do를 수반함으로써 본동사의 자격을 갖는 경우에도, 그 다음에 나오는 동사 앞에 to가 붙기도 하고 안 붙기도 한다.

He dare not go.
He does not { dare to go.
dare go.
He dared not go.
He dared not to go.
He didn't dare to go.
He didn't dare go.

(2) 조동사는 그 다음에 본동사가 반드시 뒤따라야 하므로, 다음 예문에서의 need는 물론 본동사이다.

Do you **need** anything?

다음 예문에서도 dare는 본동사이다.

She hesitated, not **daring** to go on.
(감히 더 계속을 하지 못하고, 그녀는 머뭇거렸다.)

조동사 dare는 긍정문에서 I dare say (=perhaps)라는 숙어를 만든다.

I dare say you're right.

6.17 법조동사와 Not의 적용범위

a. I can't swim.
b. You must **not** run.

위의 부정문에서 '나는 수영을 하지 못한다'라는 뜻의 (a)는 수영할 수 있는 <능력>을 부정하고 있다. 말을 바꾼다면 not는 can에 걸린다. 하지만 흔히 '뛰어서는 안 된다'로 해석되는 (b)는 말을 바꾸면 '안 뛰어야 한다'라는 뜻이므로 <의무> 자체가 부정되고 있는 것은 아니다. not는 must에 걸리는 것이 아니라 run에 걸리는 것이다.
이와 같이 조동사를 포함하는 부정문에서 not는 개별 조동사의 용법에 따라 다음과 같이 조동사에 걸리기도 하고 술부동사에만 걸리기도 한다.

(1) not가 조동사에 작용하는 경우

may not (=permission)
You <u>may</u> **not** go swimming. (=You are not allowed to go swimming.)

cannot (모든 용법에서)
I <u>cannot</u> swim. (=I am not able to swim.)

He can**not** do so. (=He is not allowed to do so.)

The news can**not** be true. (It is impossible that the news is true.)

need not

You <u>need</u> **not** pay. (=It is not necessary that you pay.)

don't have to

You **don't** <u>have to</u> pay. (=It isn't necessary that you pay.)

daren't

I <u>dare**n't**</u> quarrel with them.

(=I don't have the courage to quarrel with them.)

(2) not가 술어동사에 작용하는 경우

may not (=possibility)

They may **not** <u>come</u> if it rains.

(=It is possible that he won't come if it rains.)

must not (obligation)

You must **not** <u>sleep</u> late.

(=It is essential that you do not sleep late.)

그 밖에 두 가지 해석이 가능한 조동사로는 will not/won't가 있다. 다음 (a)는 (b)와 (c)의 의미를 갖는다.

    a. I wo**n't** join you.

    = b. I don't intend to join you.

    = c. I intend not to join you.
  a. He wo**n't** do what he's told.
    = b. He refuses to do what he's told.
    = c. He insists on not doing what he's told.

6.18 Used to

6.18.1 주요 용법

(1) 과거에 오랫동안 계속되었던 상태나 동작의 반복을 나타낸다.

  There **used to** be a house there.
  He **used to** smoke cigars.

(2) '현재'와 '과거'의 대조를 나타낼 때 과거형 대신에 쓰인다.

  I **used to** like her.

I liked her.가 '나는 그녀를 좋아했다'는 단순한 과거의 기술이라면, I used to like her.는 '나는 지금은 그녀를 좋아하지 않는다.'는 뜻을 내포한다.

6.18.2 Used to와 Would

  Every morning he **would** go for a walk.
  She **would** often sit for hours looking vacantly out of the window.
  (그녀는 곧잘 몇 시간이고 멍하니 유리창 밖을 내다보곤 했다.)

used to와 과거의 동작의 반복을 나타내는 would 사이에는 다음과 같은 유사점과 차이점이 있다.

(1) used to는 어떠한 동사와도 결합이 되지만, would는 언제든 마음에 따라 반복과 중단이 가능한 동사 (sing, go, make, get up early, write, ...)하고만 결합된다.

When I was a child I { used to / would } play football.

He { used to / *would } wear a moustache.

위의 예문에서 '축구하다'라는 동작은 본인의 마음 여하에 따라 습관처럼 매일 반복할 수도 있고, 그러다가 중단할 수도 있다. 그러기에 used to나 would 다음에 자유롭게 쓰이면서 그런 동작이 과거에 오랫동안 반복되었음을 나타낼 수 있다. 하지만 '코밑수염을 기르는 일'은 그렇게 중단과 반복이 마음대로 되는 일은 아니다. 따라서 used to와는 결합이 되지만 would와는 결합이 되지 않는다.

단적인 예를 또 하나 든다면 I would like to ...는 '...하고 싶다'란 소망의 뜻을 나타낼 뿐, 오랫동안 계속되었던 과거의 상태를 나타내지 못한다. like는 감정 상태를 나타내는 동사로 반복과 중단이 마음대로 되는 동사가 아니다. 따라서 I used to like ...의 뜻으로 I would like를 쓰지는 못하는 것이다.

(2) would는 유생명사(animate noun)만을 주어로 삼고, used to는 가주어 it를 포함한 무생명사(inanimate noun)도 주어로 삼는다.

This building { used to / *would } be a movie house.

A tall building { used to / *would } stand here.

It $\begin{Bmatrix} \text{used to} \\ \text{*would} \end{Bmatrix}$ be said that ...

(3) would는 짧은 기간 반복되었던 동작을 나타내기도 한다. 하지만 used to는 장시간에 걸쳐 반복되었던 동작이나 계속되었던 상태를 나타낸다. 또한 used to는 <상대적으로 길고도 막연한 과거>를 전제로 하기 때문에 last year, for ten years 등의 부사구와 함께 쓰이지 않는다.

I **used to** get up early $\begin{Bmatrix} \text{when I was a child.} \\ \text{*last year} \end{Bmatrix}$

We **used to** live in Paris $\begin{Bmatrix} \text{before 1970.} \\ \text{*for ten years.} \end{Bmatrix}$

6.18.3 의문형과 부정형

(1) 의문형

Used he **to** smoke cigars, too? — 격식체 (특히 Br. E.에서)
Did he **use(d) to** smoke cigars? — 일상체

(2) 부정형

I **used not to** smoke cigars. — 격식체
I **didn't use(d) to** smoke cigars. — 일상체

부정의문형의 가장 흔한 형식은 다음 (a)이지만 (b)도 가능하다.

    a. **Didn't** he **use(d) to** smoke cigars?
    b. **Usedn't** he **to** smoke cigars?

Swan(1995:604)에 의하면 많은 사람들은 (did 다음에 used to가 이어진) Did he used to ...와 didn't used to를 정용법으로 간주하지 않는다.

부가의문문의 형식 역시 did ...를 쓰며, used to ...를 이용한 부가의문문은 아주 어색하거나 정용법이 아닌 것으로 간주되고 있다.

    You used to smoke, **didn't** you?
    You used not to smoke cigars, **did you**?

6.19 법조동사와 법성

6.19.1 인식양태적 법성과 의무적 법성

반복이 되지만 위에서 여러모로 살펴본 법조동사란 능력, 허가, 의무, 개연성, 가능성, 필연성 등 하나의 명제(proposition)에 반영되는 modality (=speaker's attitude of mind, 즉 화자의 심적 태도, 우리말로는 흔히 '법성'이라고 번역된다)를 나타내는 조동사를 가리킨다.

그런데 이 법성은 기본적으로는 다음과 같은 두 종류로 구분된다.

(1) 인식양태적 법성(epistemic modality): 명제의 진위에 대한 화자의 지식 또는 확신의 정도를 나타낸다.

(2) 의무적 법성(deontic modality): 행위, 사건, 상태, 과정 등과 관련된 의무, 허가, 능력, 이론상의 가능성과 의지, 자발성 등을 나타낸다.

이 두 가지 분류에 입각한 각 법조동사가 나타내는 법성의 구분은 다음과 같다.

	인식양태적	의무적
can	사실상의 가능성	능력
		허가
		이론상의 가능성
may	사실상의 가능성	허가
must	확실성	의무
	필연성	요구, 필요
will	개연성	의지
	예측 (prediction)	
shall		의지
should	개연성	의무
ought to	개연성	의무
need		필요

6.19.2 법성과 통사상의 특성

(1) 조동사가 나타내는 의미는 문맥에 따라서는 부사나 형용사 또는 반조동사 등을 빌어 풀어쓸 수 있다. 즉 확실성, 가능성, 개연성은 '법부사(adverb of modality)'에 속하는 certainly; possibly, perhaps; probably 등을 이용해서 풀어 쓸 수 있다.

a. The news ⎰ **must** ⎱ be true.
　　　　　　⎨ **may**　⎬
　　　　　　⎩ **might** ⎭

⇒ b. The news is ⎰ **certainly** ⎱ true.
　　　　　　　　⎨ **possibly**　⎬
　　　　　　　　⎩ **probably** ⎭

또한 형용사 certain, possible, probable 등을 이용해서 풀어쓸 수도 있다.

⇒ c. It is { **certain** / **possible** / **probable** } that the news is true.

그런데 이 형용사 가운데 possible은 It is ... that ...의 구문뿐만 아니라 It is ... for ... to ...의 구문도 만들 수 있다. 전자의 구문은 사실상의 가능성을, 후자는 이론상의 가능성을 나타내는데 쓰인다.

He **may** betray you. – 사실상의 가능성
= It **is possible that** he will betray you.
He **can** betray you. – 이론상의 가능성
= It **is possible for** him **to** betray you.
A: There's the doorbell. Who is it?
B: It **can't be** Mother. She's in the kitchen. – 사실상의 가능성
  = It **is impossible that** it's Mother.

말을 바꾼다면 인식양태적 법성의 표현에는 It is ... that ...구문이 쓰이고, 의무적 법성에는 It is ... for ... to ...의 구문이 쓰인다. 앞에서 살펴보았지만 that가 이끄는 정형절은 (부정사 구문과는 대조적으로) 사실을 전제로 하거나 객관적 내지 사실상의 판단이 개방되어 있는 내용을 기술하는 경우에 쓰인다. (5.23 참조)

certain이나 probable 또는 likely 등의 형용사가 전자의 구문만을 만들고 후자의 구문을 만들지 못하는 것은 이런 형용사가 언제나 사실성만을 문제삼는 의미를 지니기 때문이다.

반면에 의지, 허가, 의무 등을 나타내는 조동사는, 부정사구를 자유롭게 이용한 풀어쓰기가 가능하다.

I can swim. ⇒ I am able to swim.
You may smoke. ⇒ You are allowed to smoke.
I will leave tomorrow. ⇒ I intend to leave tomorrow.

(2) 시간이나 조건을 나타내는 부사절에 나타나는 조동사는 언제나 의무적 법성을 나타낸다.

> You may come if you **will**.
> I would like to stay here if I **may**.
> Come as soon as you **can**.

(3) 의무적 법성을 나타내는 조동사는 순수한 의문문에 자유롭게 쓰이지만, 인식양태적 법성을 나타내는 may나 must는 그렇지 못하다. 일례로 다음 (a-b)는 (c)로 고쳐야 한다.

> a. ***May** the news be true? (> The news may be true.)
> b. ***Must** the news be true? (> The news must be true.)
> ⇒ c. **Can** the news be true?

인식양태적 용법으로 쓰인 may가 만드는 의문문은 간혹 문맥에 따라서는 화자의 거만하거나 조소적인 태도 등을 내비친다.

> Who **might** you be?
> (뉘시더라?)

6.19.3 조동사의 의미 해석

다음 (a)의 must는 인식양태적인 해석과 의무적 해석이 다 가능하지만 (b)의 must는 전자의 해석만이 가능하다.

> a. He must be careful.
>   A. 그는 틀림없이 신중하다.
>   B. 그는 신중하여야 한다.

b. He must be tall.
   A. 그는 틀림없이 키가 크다.
   B* 그는 키가 커야한다.

(a)가 A, B 의 두 가지 뜻을 나타낼 수 있는데 반해서 (b)가 A의 뜻만을 갖는 것은 tall이 주어의 자유 의사에 따른 통제가 불가능하기 때문이다.
다음 (c)의 must도 인식양태적 법성을 갖는다. have some problems가 의미상 주어의 자유 의사와는 전혀 관계가 없는 것이다.

c. Mary **must** have some problems. She keeps crying.

하지만 자유 의사에 따른 통제가 가능한 동사도 진행형이나 완료형의 경우 조동사는 인식양태적 법성을 나타낸다.

d. John must **be eating** already.
   (>John must eat.)
   He cannot **be working** at this hour.
   He should **be traveling** now.
e. You may **have left** your bag in the bus.
   I cannot **have left** my bag in the bus.
   I must **have left** my bag in the bus.
   He will **have finished** his assignment by now.

다만 (f)는 의무적 법성을 나타낸다.

f. You **should/ought to** have been more careful.
   (더 조심을 했어야지.)

수동태 구문인 다음 (g)는 두 가지 뜻으로 해석할 수 있다.

g. The shop **must/may** be closed.
   A. 그 가게는 틀림없이 문이 닫혀있을 것이다/닫혀 있을지도 모른다.
   B. 그 가게는 문을 닫아야한다/문을 닫아도 좋다.

A의 의미로 해석했을 때의 (d)는 상태수동태(statal passive)에 속하고 B의 의미로 해석했을 때는 동작수동태(actional passive)에 속한다. 말을 바꾼다면 상태수동태에 쓰인 must/may는 인식양태적이고, 동작수동태에 쓰인 must/may는 의무적이다.

참고로 상태수동태와 동작수동태의 예를 추가하면 다음과 같다.

He was buried in Mangwoo-ri. — 상태수동태
(그는 망우리에 묻혀있다.)
He was buried by his wife. — 동작수동태
(그는 아내에 의해서 매장되었다.)

조동사를 포함하는 능동태와 수동태구문의 의미해석에 관해서는 다음도 유의할 만 하다.
will이 인식양태적으로 쓰인 (h-i)의 경우는 (h)와 (i)는 의미가 같다. 즉 (h)가 <진>(=true)이라면 (i)도 따라서 <진>이 된다. 하지만 won't가 의무적으로 쓰인 (j-k)의 경우는 (j)와 (k)는 의미가 다르다.

h. John **will** meet Mary.
   (John은 Mary를 만날 것이다.)
   = i. Mary **will** be met by John.
j. John **won't** meet Mary.
   (John은 Mary를 만나려 하지 않는다.)
   ≠ k. Mary **won't** be met by John.
   (Mary가 John을 만나려 하지 않는다.)

6.19.4 생략구

다음 (1.a)는 주절과 종속절에 똑같이 has been happy가 나타나 있어, 종속절의 겹친 요소의 일부를 다음과 같이 생략할 수 있다.

(1) a. Mary has been happy, and Susan has been happy, too.
   ⇒ b. Mary has been happy, and Susan **has been**, too.
   ⇒ c. Mary has been happy, and Susan **has**, too.

그런데 다음 (2)처럼 생략문에서의 be동사가 생략의 근거가 되는 문장의 be 동사와 형태가 다르거나 (3)처럼 조동사 자체가 달라지는 경우는 생략문에서도 be동사는 생략하지 않는 것이 자연스럽다. (2-3)의 생략문에서는 (c)보다 (b)가 자연스러운 것이다.

(2) A: I think Mary should be told.
   B: a. She has been told.
   ⇒ b. She **has been**.
   ⇒ c. She **has**.

(3) A: Mary should be told.
   B: a. Yes, she must be told.
   ⇒ b. Yes, she **must be**.
   ⇒ c. Yes, she **must**.

6.20 Do

(1) 의문문과 부정문을 만든다.

Does this bus go to the airport?

Don't go yet!
Don't be absurd.

Br. E.에서는 '갖는다, 소유하다'라는 뜻의 have는 의문문과 부정문을 만드는데 do를 필요로 하지 않는다.

Have you money on you?
I asked John for some money but he **hadn't** any.

그런데 Br. E.에서도 '갖는다'라는 뜻이 습관성을 전제로 하는 경우는 조동사 do를 필요로 한다.

Have you got time to play golf this weekend?
Do you have time to play golf on Thursdays?

또한 과거형이 사용된 의문문에서는 Br. E.에서도 보통 조동사 do가 쓰인다.

Did you have enough money?

그리고 have가 '소유하다'는 뜻이 아닐 때에는 Br. E.에서도 으레 조동사 do가 필요하다.

I **don't** have a bath on a cold morning.
I have tea for breakfast and so **does** my wife.
Did you have (=experience) any difficulty getting here?
When **did** you have your hair cut?

(2) (다른 조동사가 쓰이지 않은) 문장의 뜻을 강조한다.
다음에서 (a)는 상대방을 보았을 때의 화자의 You look nice today.란 느낌을 더 강하게 나타내주고 (b)는 He said so.와 달리 일례로 '(당신은 그렇게 생각하지 않지만) 그는 정말 그렇게 말했다'라는 뜻을 전달한다. (c)는 '조용히 하라는데 왜 자꾸 떠드느냐'는 뜻을 함축한다.

    a. You do **look** nice today!
    b. He **did** say so.
    c. **Do** be quiet.

(3) 앞에 나온 동사구를 대신한다.

He knew more about it than we **did** (=knew about it.)
A man usually does not think about his duty as much as he **does** (=thinks about) his right.

Do는 동사라기보다 동사구를 대신하기 때문에 다음 예문에서 **apples**를 them으로 대용하면 비문법적이다.

Do you like apples?
Yes. I **do**. (*Yes, I do them.)

그러면서도 다음 예문이 문법적인 것은 the desk가 the furniture와 대조를 이루기 때문이다.

A: Have they removed the furniture?
B: They have **done the desk**, but that's all so far.

(4) 도치구문에서 쓰인다.
정상적인 어순을 바꾸어서 일부 부사나 부정을 나타내는 어구(seldom, rarely, never, little, only, no sooner ... than ..., not until ... 등)를 문장의 앞

자리로 옮기면 (다른 조동사가 쓰이지 않는 문장에서는) 주어 앞에 do가 필요하다 (이와 같은 도치구문에 쓰이는 조동사의 용법은 의문문을 만드는 경우의 요령과 같다).

> Rarely **does** it happen (⇐ It rarely happens) that the harbour is frozen up in February.
> Only when I found these hotel bills **did** I realize (⇐ I realized) she was leading a double life.
> Well **do** I remember the day. (⇐ I remember the day well.)
> cf. Nowhere **was** the key to be found.
>   Hardly **had** we arrived when the storm broke.

다음 do는 물론 본동사이다.

> What are you **doing**?
> That will **do**.
> (그러면 됐어.)
> They **did** London in a day.
> (그들은 London을 하루에 관광했다.)

7장 형용사 (Adjectives)

7.1 정의와 분류

7.1.1 정의

형용사를 짤막한 문장으로 정의하기란 어렵다.
대체적으로는 형용사는 다음과 같은 특성을 지닌다.

(1) 명사를 직접 수식한다.

    a **beautiful** girl

(2) 주어나 목적어의 보어가 된다.

    The girl was **beautiful**.
    I'll make you **happy**.

(3) very의 수식을 받을 수 있다.

    very beautiful

(4) 비교급과 최상급을 만든다.

    happi**er**, happi**est**
    more beautiful, **most** beautiful

형용사의 정의가 어려운 것은 형용사는 명사를 수식한다지만 모든 형용사가 명사를 직접 수식할 수 있는 것은 아니고 (7.4 참조), 명사를 수식하는 모든 낱말이 형용사에 속하는 것도 아니기 때문이다 (tea room이나 boy friend에서의 tea나 boy는 명사이고, the statement above에서의 above는 부사이다).

또한 주어나 목적어의 보어는 명사도 될 수 있다. 그리고 형용사는 very의 수식을 받고 비교급과 최상급을 만든다지만 부사 가운데에도 very의 수식을 받고 비교급과 최상급을 만들 수 있는 것이 있고, 형용사 가운데 very의 수식을 받지 못하고 비교급과 최상급을 만들지 못하는 것이 있다.

7.1.2 분류

(1) 형용사라고 불리는 낱말의 대부분은 명사의 성질과 상태를 기술하는데 쓰이는 '성상형용사(qualifying adjective)'이다.

1) 성상형용사
   a **tall** tree
   She is **kind**.
   그 밖에 전통적으로는 명사를 한정하는 기능을 갖는 다음 낱말들이 형용사의 종류로 분류되어왔다.

2) 수, 양, 정도를 나타내는 수량형용사(quantitative adjective)
   some water, **any** amount, **many** books, **much** money, **few** people, **little** space
   그 밖에 수사 (numerals: one, two, three, ...; first, second, third, ...; single, double, ...)도 수량형용사의 일부로 간주된다.

3) 소유형용사(possessive adjective): 대명사의 소유격
   my book, **your** brother, **his** wife, **their** houses, ...

4) 지시형용사(demonstrative adjective): 형용사적으로 쓰이는 지시대명사
   this book, **these** books, **that** building, **those** buildings

5) 의문형용사(interrogative adjective): 형용사적으로 쓰이는 의문대명사
   what book? **which** one?

6) 관계형용사(relative adjective): 형용사적으로 쓰이는 관계대명사
   I will give you **what** help I can.
   Take **whichever** book you like.

(2) 그 밖에 형용사는 다음과 같이 분류되기도 한다.

   1) 단계형용사와 비단계형용사 (7.12 참조)
   2) 상태형용사와 비상태형용사 (7.20 참조)

7.2 한정적 용법(Attributive Use)과 서술적 용법(Predicative Use)

형용사에는 명사를 직접 수식하는 한정적 용법과, 주격보어나 목적격보어로서 명사를 간접적으로 수식하는 서술적 용법이 있다.

(1) 한정적 용법

   a **beautiful** girl, a **white** rose, a **happy** child

(2) 서술적 용법

   She was **beautiful**.
   The rose is **white**.
   I will make her **happy**.

대부분의 형용사는 이 두 가지 용법에 공히 쓰인다. 그러나 형용사 가운데는 한정적 용법과 서술적 용법 중 한 용법에만 쓰이는 것이 있고, 또한 한정적 용법과 서술적 용법에 따라서 의미가 달라지는 것이 있다.

7.3 한정적으로만 쓰이는 형용사

한정적 용법에만 쓰이는 형용사는 크게 다음 다섯 종류로 분류할 수 있다.

(1) 강의어(intensifier)

    Jane is a **mere** child. (Jane은 애송이에 불과해.)
    That man is an **utter** fool. (저 사나이는 아주 바보야.)

Jane is very young.이나 That man is extremely foolish.에서 very나 extremely가 각각 young과 foolish의 뜻을 강조하듯이, mere나 utter는 각각 child와 fool이 갖는 <어리다>는 뜻과 <어리석다>란 뜻을 강조해주고 있다. 이러한 강의어는 서술적 용법은 갖지 않는다.

    *The child is mere.
    *The fool is utter.

이와 같은 강의어로는 다음과 같은 예를 추가할 수 있다.

    a **big** baby (=a very babish man), a **close** friend, his **entire** salary,
    a **perfect** idiot, a **real** hero, a **sheer** fabrication, a **total** stranger

real hero(진짜 영웅)를 *The hero is real.이라 풀어쓰지 못하는 것은 real이 강의어에 속하기 때문인데, an artificial flower와 대립되는 a real flower는 The flower is real.이라고 풀어 쓸 수 있다. a real flower의 real 은 강의어가 아닌 것이다.

(2) 한정사와 비슷한 기능을 갖는 형용사
의미상 which one?이라는 의문의 답이 되는 형용사를 말한다. 다음과 같은 예를 들 수 있다.

> a **certain** man, a **former** president, the **late** Dr. Brown
> the **main** reason, the **next** day, a **particular** day
> the **right** book for you to read
> the **same** soldier, the **then** government, the **very** book I wanted

위의 형용사 가운데서 certain, late, particular, right 등은 서술적으로도 쓰이지만 한정적으로 쓰이는 경우와는 의미가 다르다.

> a. a **certain** man (어떤 사나이)
>   I am **certain** that he will succeed. (...을 확신한다)
> b. the **late** Dr. Brown. (고 Brown 박사)
>   Don't be **late**. (늦지 마.)
> c. on the **particular** day (바로 그날)
>   He is very **particular** about his food. (그는 음식에 대해서 까다롭다.)

(3) 명사적 형용사(denominal adjective)
명사적 형용사란 the constitutional amendment(헌법개정)의 constitutional과 같은 명사에서 파생한 형용사를 말한다. the constitutional amendment는 의미상 ... amend the constitution과 유기적 관계를 갖는데 *the amendment is constitutional.이라고 바꾸어 쓰지는 못한다.
다음과 같은 예를 들 수 있다.

> the **dramatic** criticism, **suburban** houses, the **criminal** law, an **atomic** scientist, a **medical** school

위에 나오는 criminal은 다음과 같이 서술적으로도 쓰이는데 그런 경우에는 의미 영역이 좁아진다. 즉 (b)는 (a)의 (2)의 의미만을 갖는 것이다.

    a. the criminal lawyer
       1. 형사사건 전문의 변호사
       2. 죄를 범한 변호사
    b. The lawyer is criminal. (그 변호사는 범법자이다.)

  medical school(의과대학)의 medical은 명사적 형용사지만, law school(법과대학)이나 music school(음악대학)은 school 앞에 명사형이 쓰이고 있는 점도 유의할 만하다. law school을 *School is law.로 고칠 수 없음은 물론이다.

  한편 '원자과학자'의 '원자'는 형용사형인 atomic이 쓰이지만 '원자폭탄'의 '원자'는 형용사형인 atomic과 명사형인 atom이 다 쓰인다.

(4) (동사+)부사구와 상응하는 형용사(+명사)
  "그는 헤엄을 잘 친다."를 영어로는 (a) He swims well.이라고 표현할 수도 있고 (b) He is a good swimmer.라고 표현하기도 하는데, (b)의 good과 (a)의 well과 사이에는 의미상 유기적 관계가 발견된다. 이와 같이 부사와 유기적 관계를 갖는 형용사는 서술적으로는 쓰이지 않는다. 즉 a good swimmer(수영을 잘하는 사람)를 *the swimmer is good.처럼 서술적으로 풀어서 쓰지는 못한다. The swimmer is good.에서의 good은 '마음이 착한'이란 의미를 지닐 뿐이다.

  He is a heavy smoker.도 He smokes heavily.라는 의미를 지니는데, The smoker is heavy.라고 풀어쓰지는 못한다. The smoker is heavy.에서의 heavy는 '(체중이)무거운'이라는 뜻일 뿐 '골초'라는 뜻을 나타내지는 않는다.

  이러한 예를 추가하면 다음과 같다.

    a **big** eater (=someone who eats a lot)
    a **clever** liar (=someone who lies cleverly)

a **hard** worker (=someone who works hard)

융통성있게 분류한다면 이 (4)에 속하는 것으로 볼 수 있는 형용사+명사 구문에 다음이 있다. 이런 형용사를 전통문법에서는 transferred epithet (전이수식구 – 의미상 연관성과 형식상 수식관계가 다른 형용사)라고 불러왔다.

> She extended a **smiling** right hand.
> (그녀는 미소를 지으며 오른 손을 내밀었다.)
> The police waved a **warning** hand.
> (그 경찰관은 조심하라는 듯이 손을 흔들었다.)
> He gave her a **shy** firm hug.
> (그는 수줍어하면서 그녀를 꼭 껴안았다.)
> She went to the house and had a **good** cry.
> (집으로 돌아가서 그녀는 실컷 울었다.)
> She gave him a **generous** slice of meat.
> (그녀는 그에게 고기를 듬뿍 후하게 썰어주었다.)

(5) 기타

1) - ly로 끝나고 시간을 나타내는 형용사
   a **daily** newspaper, his **monthly** visit, a **weekly** magazine

2) 재료를 나타내는 형용사
   earthen pottery, a **wooden** box, **woolen** socks

3) 방향과 장소를 나타내는 형용사
   the **northern** hemisphere, **Western** Europe, a **polar** bear, **urban** population

4) 기타

the **average** number, **contemporary** novels, a **live** performance, a **spare** tire

7.4 서술적으로만 쓰이는 형용사

서술적 용법만 갖는 형용사는 다음 세 종류로 분류된다.

(1) -a로 시작하는 많은 형용사

ablaze	aflame	afloat	afraid	agape
aghast	ajar	alike	alive	alone
amiss	ashamed	asleep	astray	awake
aware				

***afloat/floating** objects
the ***asleep/sleeping** baby
the ***alone/lonely** cowboy

-a로 시작하는 형용사로 한정적 용법에도 자유롭게 사용할 수 있는 것으로는 alert, aloof가 있다.

(2) 전치사 (또는 that 절이나 to 부정사구)를 수반하는 많은 형용사
able (to), afraid (that, to, of/about), averse (from, to), aware (that, of), conscious (that, of), fond (of), glad (that, to, about/of), happy (that, to, with/about), loath (to), subject (to)

위의 형용사 가운데에서 able, conscious, happy 등은 한정적으로도 쓰인다. 그러나 한정적으로 사용하는 경우와 전치사 (또는 that 절이나 to 부정사구)를 수반하는 경우는 의미가 다르다.

a. He is an **able** man.
b. He is **able** to go.

(a)의 able은 '유능한'이라는 뜻이고 to 부정사구를 수반하는 (b)의 able은 '... 할 수 있는'이라는 뜻으로, '... 할 수 있는'이라는 (b)의 able은 한정적으로는 쓰이지 않는다.

happy의 경우도 a happy man의 happy는 '행복한'이라는 뜻이고 He is happy.는 '그는 행복하다'라는 뜻이지만 I am happy to see you.에서처럼 to 부정사구를 수반하는 happy는 '기쁜, 반가운(=glad, pleased)'이라는 뜻을 갖는다.

(3) 일시적인 건강 상태와 관계가 있는 형용사

ill, well, unwell, pale, faint
He is **ill**.
cf. *an **ill** boy
The girl was **faint**.
cf. *a **faint** girl

7.5 그 밖의 경우

한정적 용법과 서술적 용법이 형용사가 수식하는 명사에 따라 차이가 생기는 경우도 있다.

예를 들어 the angry old man은 The old man was angry.와 유기적인 관계를 갖는다. 하지만 an angry storm이 가능하다 해서 The storm was angry.라고 쓰지는 않는다.

The girl was sorry(=apologetic).를 the sorry girl로 전환할 수도 없다. 한정적 용법의 sorry는 pitiful, poor and shabby 등의 의미를 가지며, sight나 state 등의 앞에나 부가된다.

George is an old friend (=George has been a friend for many years.)에서의 old도 서술적으로는 쓰이지 않는다. The friend is old.에서의 old는 '나이가 많은'이라는 뜻만을 나타내는 것이다. 그런데 new는 friend를 수식하는 경우는 한정적 용법으로만 쓰이지만, student를 수식하는 경우에는 서술적 용법에서도 똑같은 의미로 쓰일 수 있다.

a **new** friend (그러나 *The friend is **new**.)
a **new** student
cf. The student is **new**.

7.6 전위수식(Premodification)과 후위수식(Postmodification)

7.6.1 후위수식

명사를 직접 수식하는 형용사는 a tall boy (*a boy tall)가 그렇듯이 명사의 앞에 위치하는 것이 보통이지만, 다음과 같은 경우는 명사의 뒤에 위치한다.

(1) -body, -one, -where, -thing으로 끝나는 명사를 수식하는 경우

I want to try on something **larger**.
(좀 더 큰 것을 입어보면 좋겠다.)
There is something **peculiar** about him.
I have nothing **particular** to say.

(2) (라틴어와 프랑스어의 어법이 존속되어 온 결과인) 일부 특수한 명사구 또는 복합명사

the President **elect** (대통령 당선자) China **proper** (중국본토)
God **Almighty** (전능하신 하느님) attorney **general** (검찰총장)
heir **apparent** (법정추정 상속인) notary **public** (공증인)
time **immemorial** (태고)

(3) 둘 이상의 형용사가 대구(對句)적으로 거듭될 때

people **young and old**
a face **pale and worn**
stories **both amusing and instructive**
A man **poor but contented** is to be envied.

7.6.2 전위수식과 후위수식에 따른 의미 차이

다음은 위치에 따라 형용사의 의미가 달라지는 경우이다.

(1) a. the members **present** (참석한 회원)
   b. the **present** members (현 회원)

(2) a. the issues **involved** (관련된 문제들)
   b. **involved** patterns (복잡한 무늬)

(3) a. the authority **concerned** (관계 당국)
   b. a **concerned** look (근심스러운 얼굴 표정)

(4) a. the members **absent** (결석한 회원들)
   b. an **absent** air (정신이 나간 멍한 모습)

(5) a. stars **visible** (지금 현재 눈에 보이는 별)
   b. **visible** stars (가시 거리 내에 있는 별)

특히 (5)를 예로 든다면 (a)와 같은 후위수식 형용사는 명사의 일시적

상태를 나타내며 (b)와 같은 전위수식 형용사는 명사의 본질적 (영속적) 성질을 나타낸다. 다음과 같은 예도 있다.

Who's the nurse **responsible**? (책임을 져야 할 간호사)
Who's the **responsible** nurse? (신뢰할 만한 간호사)

7.6.3 서술적 용법과 후위수식

그런데 (7.4)에서 언급한 서술적 용법만 갖는 형용사도 명사의 후위수식은 흔히 가능하다.

(1) a. *the **ajar** door
 b. the door **ajar**

(2) a. *the **alive** people
 b. the people **alive**

영어에서 <u>관계대명사 + be 동사</u>는 흔히 생략된다. (1-2)에서도 (b)가 문법적인 것은 이 구문이 <u>관계대명사 + be 동사</u>가 생략된 변형이기 때문이다.
 또한 후위수식 형용사는 흔히 명사의 일시적 상태를 나타내는데, (7.4)의 (1)의 a-로 시작하는 형용사와 (3)의 건강상태를 나타내는 형용사는 일시성을 전제로 하기도 한다.

7.6.4 부사와 전위수식

한편 서술적 용법만 갖는 형용사가 부사의 수식을 받으면 명사의 전위수식이 가능해진다.

(1) a. *the **asleep** child
 b. the **half-asleep** child

(2) a. *an **ill** person
   b. a **seriously ill** person

7.6.5 수식상의 제약

형용사 + 부정사구 (또는 전치사구)가 명사를 수식하는 경우는 형용사에 따라 전위수식과 후위수식에 다음과 같은 제약이 있다.

(1) a style **impossible to imitate**
   ⇒ an **impossible** style **to imitate**

(2) a rule **similar to this**
   ⇒ a **similar** rule **to this**

(3) a book **different from what I bought**
   ⇒ a **different** book **from what I bought**

(4) the boys **easiest to teach**
   ⇒ the **easiest** boys **to teach**

(5) a man **able to run fast**
   ⇒ *an **able** man **to run fast**

(6) a man **proud of his son**
   ⇒ *a **proud** man **of his son**

위의 예 가운데 (5-6)에서 to 부정사구를 수반하는 able과 proud가 명사 앞에 오지 못하는 것은 부정사 (또는 전치사)와 함께 쓰이는 경우와 명사 앞에 위치하는 경우 able과 proud의 의미가 다르기 때문이다 (7.4(2) 참조).

또한 형용사가 too, so의 수식을 받을 때에도 형용사구는 명사 앞으로 옮겨오지 못한다.

boys $\begin{Bmatrix} too \\ so \end{Bmatrix}$ easy to teach

$\Rightarrow$ $\begin{Bmatrix} *too \\ *so \end{Bmatrix}$ easy boys to teach

그러나 명사 앞에 부정관사가 붙는 경우는 형용사의 이동이 가능하다.

a boy $\begin{Bmatrix} too \\ so \end{Bmatrix}$ easy to teach

$\Rightarrow$ $\begin{Bmatrix} too \\ so \end{Bmatrix}$ easy a boy to teach

7.7 전위수식 형용사의 순서

복수의 형용사(나 명사 수식어)가 명사를 수식하는 경우, 그 수식의 순서는 대체적으로 다음과 같다.

(1) 한정사 (a, the, my, his, her, this, that, ...)
(2) 주관적 평가를 나타내는 형용사 (poor, sweet, pretty, nice, kind, ...)
(3) 크기 (big, little, tiny, large, small, short, ...)
(4) 모양과 상태 (round, square, oblong, triangular; chipped, ...)
(5) 나이 (old, young, ...)
(6) 색깔 (pink, black, yellow, ...)
(7) (고유명사로 나타나는) 원산지 (French, Chinese, English, ...)
(8) 재료 (plastic, wooden, porcelain, ...)
(9) 동명사 또는 명사로부터 파생된 형용사 (writing, jogging, ...)

위와 같은 여러 종류의 형용사가 명사를 수식하는 경우, 이론적으로는 명사를 수식하는 형용사의 수는 위에서 언급한 아홉 가지를 망라하고 동일한 종류의 형용사가 겹칠 수도 있겠지만, 실제로 명사를 수식하는 수는 다음과 같이 많아야 두 개나 세 개를 넘지 않는다 (밑줄의 숫자는 위에서 열거한 형용사의 종류를 나타낸다).

a daring young man
1   2   5
a small round oak table
1   3   4   8
a dirty old brown car
1   2   3   6
a large green Chinese vase
1   3   6   7
a charming French writing desk
1   2   7   9
a famous German medical school
1   2   7   9

또한 위의 예가 보여주듯이 명사를 수식하는 형용사의 종류가 서로 다를 경우에는 (,)나 and로 형용사를 연결할 필요가 없다.

an adventurous young man (*an adventurous and young man)

그러나 성질이 동일한 형용사가 반복해서 쓰이거나 겹쳐서 쓰이는 경우에는 (,)나 and가 필요하다.

a big, big airplane
a charming, attractive lady
a charming and attractive lady (*a charming attractive lady)

한편 형용사가 술부에서 쓰이는 경우에는 두 형용사는 반드시 and로
연결되어야 하지만 그 순서에는 융통성이 있다.

an adventurous young man (*an adventurous and young man)
He is adventurous and young.
He is young and adventurous. (*He is adventurous young.)

위에서 언급한 전위수식 형용사의 순서에 있어서 '한정사'를 가리키는
(1)은 다음과 같이 세분할 수 있다.

1) 전치한정사
2) 한정사
3) 후치한정사
4) 부사 (강의어)

(1)	(2)	(3)	(4)		
All (of)	the	dozen	very	tall	students
Both (of)	John's	two	extremely	beautiful	sisters

7.8 비교(Comparison)

7.8.1 원급, 비교급, 최상급

형용사(와 일부 부사)는 그 형태의 어미 변화로 정도의 차이를 나타낸
다.
이와 같이 정도의 차이를 나타내는 어형 변화를 '비교(comparison)'라
고 한다. 비교를 나타내는 형용사의 어형으로는 '원급(positive degree)',
'비교급(comparative degree)', '최상급(superlative degree)'이 있다.

원　급: He is as **tall** as my brother.
비교급: He is **tall**er than my brother.
최상급: He is the **tall**est boy in our class.

7.8.2 규칙변화와 불규칙변화

형용사의 비교급과 최상급을 나타내는 어형 변화에는 규칙적인 것과 불규칙적인 것이 있다. 규칙적인 어형 변화는 비교급과 최상급에 -er, -est 를 부가해서 나타낸다.

7.9 규칙적인 어형 변화

7.9.1 단음절 형용사

원급	비교급	최상급
cheap	cheap**er**	cheap**est**
tall	tall**er**	tall**est**

(1) fat나 big처럼 어미가 단모음 + 단일자음으로 끝나는 형용사는 마지막 자음을 겹친다.

| big | big**ger** | big**gest** |
| fat | fat**ter** | fat**test** |

(2) 어미가 -e로 끝나는 형용사는 -r, -st만을 붙이고, -y로 끝나는 형용사는 -y를 -i로 바꾼 다음 -er, -est를 붙인다.

| pretty | prett**ier** | prett**iest** |

(3) long, strong에 -er, -est가 부가되면 발음상으로는 [ŋ]에 [g]가 부가된다.

    long [lɔŋ]   longer [lɔŋgə]   longest [lɔŋgest]

현재분사나 명사의 경우에는 [g]가 부가되지 않는다.

    longing [lɔŋiŋ]
    singer [siŋər]

7.9.2 2음절 형용사의 일부

2음절 형용사 가운데 -y, -er, -le, -ly, -ow로 끝나는 많은 형용사는 -er, -est를 부가한다.

able	abler	ablest
clever	cleverer	cleverest
feeble	feebler	feeblest
happy	happier	happiest
narrow	narrower	narrowest
shallow	shallower	shallowest
simple	simpler	simplest

다음 형용사는 -er, -est를 부가해서 비교를 나타낼 수도 있고 more, most를 형용사 앞에 붙여 비교를 나타낼 수도 있다.

    funny, noisy, wealthy, friendly
    hollow
    gentle, noble
    mature, obscure, sincere

They are fun**nier**/fun**niest**.
They are **more** funny/**most** funny.

그 밖에 common이나 두 번째 음절에 강세가 붙는 polite, complete, profound 등도 -er, -est를 붙여 비교를 나타낼 수 있다.

7.9.3 다음절 형용사

위에서 언급한 일부 2음절 형용사를 제외한 모든 다음절 형용사는 more, most를 형용사 앞에 붙인다. 또한 현재분사나 과거분사형인 형용사도 more, most를 앞에 붙여 비교를 나타낸다.

honest	**more** honest	**most** honest
difficult	**more** difficult	**most** difficult
interesting	**more** interesting	**most** interesting
bored	**more** bored	**most** bored

7.9.4 more safe와 safer

음절에 따른 -er, -est와 more, most의 구별이 절대적인 것은 아니다.
다음 예문에서는 정상적인 형태인 safer 대신에 more safe가 쓰였는데, 이는 문체상 more comfortable과 병행 형식을 이루기 위해서이다.

Trains have become **more** comfortable and **more** safe.

그런데 위의 경우에도 safe와 comfortable의 순서가 바뀌면 safer가 바람직하다.

Trains have become safe**r** and **more** comfortable.

7.9.5 like와 real

단음절이지만 more, most를 부가해서 비교를 나타내는 형용사에 like와 real이 있다.

like	**more** like	**most** like
real	**more** real	**most** real

7.10 불규칙적인 어형 변화

good / well	better	best
bad / ill	worse	worst
much / many	more	most
little	less	least
far	{ farther { further	{ farthest (거리상의 비교) { furthest (정도상의 비교)
late	{ later (나중에) { latter (후자)	{ latest (최근의) { last (최후에)

(1) 특히 Br. E.에서는 거리상의 비교를 나타내는데 farther, farthest 대신에 further, furthest가 쓰이기도 한다.

I can throw much **further/farther** than you.

하지만 정도상의 비교를 나타내는데는 역시 **further/furthest**가 쓰인다.

(2) a little boy에서처럼 '(크기가) 작은'이라는 뜻을 나타내는 little은 비교급과 최상급이 없다.

| little | — | — |
| small | smaller | smallest |

(3) old는 친족 관계를 의미하는 경우에 한하여 elder/eldest로 변화한다.

My **elder/eldest** brother is an artist.
John is the **elder**.
(John이 두 형제 가운데서 나이가 많다.)

그러나 elder/eldest는 be 동사 다음에서 서술적으로 쓰이지는 않는다.

My brother is ***elder/older** than I am.

7.11 비교를 나타내는 기타 형식

(1) Latin어를 어원으로 삼는 superior, inferior 등은 의미나 형태상 비교급처럼 보인다. 하지만 원급-비교급-최상급의 세 형식을 제대로 갖지 않으며, than이 이끄는 종속절을 수반하지 않는다.

This is { **superior to** (=better than) / **inferior to** (=worse than) } that.

비슷한 예에 다음이 있다.

senior (to) = higher/older than

junior (to)	=	lower/younger than
prior (to)	=	earlier/more important than
major	=	rather larger
minor	=	less important
anterior	=	near(er) to the head
posterior	=	near(er) to the tail

그 밖에 부사 (또는 전치사)에서 파생한 것으로 유사한 특성을 가진 것에는 다음이 있다.

his **upper** lip, an **outer** world,
outmost (가장 바깥 부분의)
innermost (가장 안쪽의)

(2) 동사 가운데에도 의미상 비교의 뜻을 함축하고 있는 것이 있다.

Demand **exceeds** (=is greater than) supply.
The length of this boat **equals** the width of that boat.
(=This boat is as long as that boat is wide.)
He **outgrew** (=grew more than) his brother.

7.12 단계형용사(Gradable Adjective)와 비단계형용사(Nongradable Adjective)

7.12.1 단계형용사

대부분의 형용사는 -er, -est (또는 more, most)를 붙여서 비교급과 최상급을 포함하는 비교급을 만들 수 있고, 또한 very, so, extremely 등의 강의어(intensifier)의 수식을 받을 수 있다.
또한 how로 시작하는 감탄문도 만든다.

Tom is **taller** than Mary.
Lucy is the **prettiest** girl.
The new car is **extremely** expensive.
How expensive!

그런데 형용사가 비교급이나 최상급을 만들 수 있고, very, so, extremely 등의 강의어의 수식을 받을 수 있는 것은 이런 형용사가 <정도를 따질 수 있는 폭>을 가지고 있기 때문이다.

그렇기 때문에 위의 예문에 드러난 바와 같은 특성을 갖는 형용사는 '단계형용사'라 불린다.

7.12.2 비단계형용사

한편 형용사 가운데는 비교급을 만들지 못하고 very 등의 강의어와 함께 쓰이지 못하는 형용사가 있다. 이런 형용사가 비단계 형용사이다. 다음이 비단계 형용사에 속한다.

(1) A 아니면 B에 속하기 때문에 중간적 단계가 배제되어 있는 것

alive/dead, single/plural, single/married, Christian/nonChristian

또한 A, B, C 가운데 하나에 속하는 것으로 initial, medial, final이 있다.

(2) 정도를 매길 수 있는 폭을 갖지 않는 것

unique, perfect, infinite, identical

(3) 명사에서 전용한 것과 한정적 용법으로만 사용되는 형용사의 일부

civil rights, a **dramatic** critic, a **social** science, a **main** street, a **real** man

그런데 perfect처럼 논리상 정도를 매길 폭을 갖지 않는 것도 그 뜻을 강조하기 위해서 마치 폭을 갖는 것처럼 쓰는 경우가 있다.

This is the **most perfect** plan I can think of.

7.13 비교 구문의 여러 가지

7.13.1 동등비교(Comparison of Equality) 구문

동등비교 구문은 다음과 같은 구문을 가리킨다.

John is **as strong as** Bill.
Is it **as good as** you expected?

동등비교 구문은 다음과 같은 특성을 갖는다.

(1) He is old.는 '그는 나이가 많다'라는 뜻이지만 He is as old as John. 은 '그는 John과 나이가 같다'라는 뜻이지 반드시 '그가 나이가 많다'라는 뜻을 나타내지는 않는다. 단적으로 그는 생후 한 살이나 두 살 일 수도 있다.

(2) 종속절에서는 원칙상 부정형을 사용하지 않는다.

*He is as old as she is **not**.

그러므로 '내가 그를 좋아하지 않는 만큼 그녀도 나를 좋아하지 않는 다'는 She likes him as little as I do.로 나타내지 She doesn't like him as much as I don't.로 나타내지 않는다.

다만 다음과 같은 관용적 표현에 한해서 비교 구문의 종속절에 부정형이 쓰인다.

When it snows, the trains are late $\begin{cases} \text{as often as not.} \\ \text{more often than not.} \end{cases}$

(3) 형용사에 very를 부가하지 않는다.

*John is as **very** strong as Bill.

(4) 다음과 같은 부사구의 수식을 받을 수 있다.

She's **every bit** as beautiful as her sister.
He's **just** as strong as ever.
It took **three times** as long as I had expected.

(5) 종속절이 완전한 문장의 형식을 갖춘 (a)는 비문법적이다. 다만 정도의 동등성을 강조하기 위해서 주절과 종속절에 대조적인 형용사나 부사가 쓰인 (b-c)는 문법상 잘못이 없다.

a. *John is as strong as **Bill is strong**.
   ⇒ John is as strong as Bill (is).
b. The husband was as **stupid** as **his wife was clever**.
c. She sang as **badly** as **he accompanied well**.

(6) 문맥상 분명한 경우에는 종속절 전체가 생략되는 수가 있다.

Cold ones taste **as good**.
(=Cold ones taste as good as hot ones.)

(7) 종속절의 인칭대명사로는 일상체에서는 목적격이 흔히 쓰인다.

He speaks English as well as **her**.
(=He speaks English as well as **she** does.)
According to the manager, no one works as hard as **him**.

(8) 그 밖에 관용적으로 쓰이는 동등비교 구문에 다음이 있다.

as cold as ice, as black as night, as hard as nails
She is **as beautiful as ever**.
Please get here **as soon as possible**.
You can have **as much as necessary**.
He **as much as** (=practically) told me to get out.
That is **as much as** saying that I am a liar.
(그렇게 말하는 것은 내가 거짓말쟁이라고 말하는 것과 다를 바가 없다.)

(9) 부정형으로는 다음 두 형식이 있다.
다음 (a), (b)는 (b)가 상대적으로 격식체에 속할 뿐 흔히 의미의 차이 없이 쓰인다.

a. John is **not as** old as Bill.
b. John is **not so** old as Bill.

문맥에 따라서는 (a)는 'John은 Bill과 나이가 같지 않다'라는 뜻을 나타내는 데 그치지만 (b)는 'Bill이 John보다 나이가 많다'라는 뜻을 분명히 하기도 한다.

또한 'John도 나이가 많지만 Bill만큼 많지는 않다.'에서와 같이 두 사람이 다 나이가 많은 것을 전제로 할 때도 (b)가 선호된다.

John is not ...이 John isn't ...로 축약되는 경우에는 그 다음에 as만을 사용할 수 있다.

> He isn't **as** old **as** she.
> cf. *He isn't so old as she.

또한 half, nearly, nothing like 등의 부사구의 수식을 받는 경우에도 as가 쓰인다.

> You're not half **as/*so** clever as you think you are.
> She's nothing like **as/so*** generous as she used to be.

위에서 언급한 동등비교는 형식이나 의미상 부등비교(comparison of inequality)와 대조를 이룬다. 부등비교는 '우월비교 (comparison of superiority)'와 '열세비교(comparison of inferiority)'로 이분할 수 있는데 not as/so + 형용사 + as는 열세비교의 대표적 예가 된다.

7.13.2 우월비교(Comparison of Superiority) 구문

우월비교 구문은 다음과 같은 비교구문을 가리킨다.

He is **taller than** his father.

우월비교 구문의 문법적 특성은 다음과 같다.

(1) 일상체에서 than 다음에는 흔히 목적격이 쓰인다.

$$\text{He is taller than} \begin{cases} \text{she/I.} \ldots \text{격식체} \\ \text{her/me.} \ldots \text{일상체} \end{cases}$$

(2) 다음에서 (a)는 'John이 Bill보다 키가 크다'라는 뜻을 나타내는데, John is tall.과 달리 'John이 키가 크다'라는 뜻을 반드시 나타내지는 않는다. 반면에 (b)는 Mary도 Jane도 총명하다는 전제하에서 'Mary가 Jane보다 더 총명하다'라는 뜻을 나타낸다. (7.15 참조)

 a. John is **taller than** Bill.
 b. Mary is **more intelligent than** Jane.

(3) 우월비교 구문에서도 동등비교구문의 경우처럼 종속절은 흔히 주절과의 중복 부분이 생략되거나 대용형이 쓰인다.

Jane enjoys the theater more than Susan enjoys the theater.
$\Rightarrow$ Jane enjoys the theater more than $\begin{cases} \text{Susan.} \\ \text{Susan} \begin{cases} \text{enjoys it.} \\ \text{does.} \end{cases} \end{cases}$

I wrote more letters to John than I wrote to Mary.
$\Rightarrow$ I wrote more letters to John than $\begin{cases} \text{to Mary.} \\ \text{I did to Mary.} \end{cases}$

(4) 다음 (a)는 종속절의 일부가 생략된 결과 그 뜻이 모호해진 경우이다. (a)는 (1-2)의 두 가지 뜻을 갖는 것이다.

 a. I know a taller man than **Bill**.
  = 1) I know a taller man than **Bill does**.
  = 2) I know a taller man than **Bill is**.

다음 (b) 역시 his children을 주격으로 볼 것인지, 목적격으로 볼 것인지에 따라 의미가 달라진다.

b. He loves his dog more than **his children**.

이런 경우 his children을 다음과 같이 대명사로 바꾸면 그 의미가 분명해진다.

1) He loves his dog more than **they**.
2) He loves his dog more than **them**.

그런데 일상체에서는 주격 대신에 목적격을 쓰기 때문에 1)의 they를 목적격으로 바꾸면 다시 의미가 모호해진다. 이런 경우 모호성을 피하는 방법은 1)과 2)를 각각 다음과 같이 나타내는 방법이다.

1′) He loves his dog more than **they do**.
2′) He loves his dog more than **he does them**.

(5) 다음 (a)와 (b)는 미묘한 의미 차이가 있다. 즉 (a)와 달리 (b)는 John이 player임을 함의하는 것이다.

a. a player **taller** than John
b. a **taller** player than John

그렇기 때문에 다음에서 (c)는 문법적이지만 John이 원숭이에 붙여진 이름이 아닌 다음에야 (d)는 비문법적이다.

c. a monkey **more intelligent** than John
d. *a **more intelligent** monkey than John

(6) 비교급 형용사는 다음과 같은 부사의 수식을 받을 수 있다.

That's **much/*very** better.

cf. That's **very**/***much** good.

The job was **much** easier than I expected.

비교급을 수식하는 much는 다시 so나 very, 또는 that의 수식을 받을 수 있다.

$$\begin{Bmatrix} \text{(so)(very)} \\ \text{that} \end{Bmatrix} \text{much easier}$$

그 밖에 비교급을 수식하는 부사(구)로는 다음이 있다.

a lot   shorter

$\begin{Bmatrix} \text{a great} \\ \text{a good} \end{Bmatrix}$ **deal** $\}$ less difficult

far   more complicated

(7) 비교급에 걸리는 부정형으로는 no, not any가 쓰이고 <u>the + 비교급</u> 앞에서는 none이 쓰인다.

No fewer than (=as many as) four people got killed on the road.

I can't stay **any** longer. (=I can stay **no longer**.)

He took some medicine, but he's **none** (=in no way) the better for it.

(8) 의문문의 경우도 흔히 비교급 앞에 any가 부가된다 (이 (7-8)에 나오는 any, none의 품사는 부사이다).

Do you feel **any** (=in any way) better today?
(오늘은 좀 나아졌니?)

(9) 우월비교와 관련된 wh-의문문의 예로는 다음이 있다.

Who is John taller **than**?
How much taller is she than John?

7.13.3 no more ... than ... 기타

다음은 '네가 피로하지 않는 것처럼 나도 피로하지 않다.'라는 뜻을 갖는다. 그런데 종속절의 긍정형인 you are을 '네가 피로하지 않는 것처럼'이라 부정적으로 해석하는 것은 이 문장이 you are not tired.라는 사실을 전제로 쓰이기 때문이다.

I am **no more** tired **than** you are.
(=I am **not** tired **any more** than you are.)

즉 구문 A is no more than C is D.를 "C가 D가 아닌 것처럼 A는 B가 아니다"라고 해석하는 것은 (A가 B가 아닌 것을 드러내기 위해서) 누구의 눈에도 C가 D가 아닌 것을 C is D로 나타내기 때문이다. 단적인 예로 다음이 있다.

The whale is **no more** a fish **than** a horse is (a fish.)

no more ... than (not ... any more than)과 달리 not more ... than은 more ... 이하를 부정한다.

I am **not** more tired than you are.
((너도 피로하고 나도 피로하지만) 나는 너만큼은 피로하지 않다.)

no less ... than과 not less ... than은 no more ... than과 not more ... than의 관계와 같다.

Jane is **no less** beautiful **than** Mary.
(Mary가 미인인 것처럼 Jane은 미인이다.)

Jane is **not less** beautiful **than** Mary.
((Jane이나 Mary가 다 미인인데) 아름다움에 있어 Jane은 Mary에 뒤지지 않는다.)

다음 (a), (b)는 똑같이 '이 지역에는 다섯 개의 수영장이 있다'라는 뜻인데, 그 수에 대한 관점이 달라서 (a)의 no more than은 only의 뜻을 나타내고 (b)의 no less than은 as many as라는 뜻을 나타낸다.

a. There are **no more than** five swimming pools in this area.
b. There are **no less than** five swimming pools in this area.

7.13.4 최상급을 포함하는 비교 구문

John is **the** cleverest of { them.
all the boys. }

Of the three sisters, Mary is **the** most beautiful and Jane is **the** most beloved.
Of these lakes, this one is **the** deepest.
cf. This lake is **deepest** at this point.

John is cleverer than they.에서 John은 they 속에 포함되지 않지만 John is the cleverest of all the boys.에서 John은 all the boys 안에 포함된다.
비교급과 달리 최상급 앞에는 정관사가 붙는다. 이는 경우에 따라서는 겉으로 드러나지 않지만 <u>최상급＋형용사</u>가 그 다음에 명사를 전제로 하고 있거나 명사를 생략했기 때문이다.
Of these lakes, this one is the deepest.와 달리 This lake is deepest at this point.의 경우 최상급 앞에 정관사가 붙지 않는 것은 여러 호수를 비교하고 있는 문장이 아니기 때문이다. 또한 전자가 This lake is a deep lake.에서 파생된 것이라면 후자는 This lake is deep at this point.에서 파생된 것

이다.

유사한 예에 다음이 있다.

John is **the** happiest boy in his class.
He is **happiest** when he has his family gathered around him.

비교급 앞에도 정관사가 붙는 경우가 있다. John is cleverer than they. 와는 달리 John이 the two 안에 포함되며 the cleverer 다음에 boy 등의 명사를 보충할 수 있기 때문이다.

John is **the** cleverer of the two.

7.13.5 최상급의 형식과 의미

최상급이 나타내는 의미는 다음과 같이 비교급이나 원급으로 나타낼 수 있다.

He is **the tallest** of all the students in his class.
⇒ He is **taller than** any other student(s) in his class.
⇒ No other boys in his class is **as tall as** he.

유사한 예에 다음이 있다.

There are **few** things **better than** reading.
(독서처럼 유익한 것도 없다.)
I'll **never** be happier.
(나는 지금 이 순간보다 더 행복할 수는 없으리라.)
No two brothers could be **more unlike** in character.
(형제 치고 그들만큼 성격이 판이한 형제도 없을 것이다.)

The train has **never** seemed **so** slow **as** that day.
(그날만큼 기차가 느리다고 생각된 적은 없었다.)
With **nothing** are we **so** generous **as** advice.
(충고만큼 우리가 남에게 너그럽게 베푸는 것도 없다.)
He was **as thin as a man could be**.
(그는 더 이상 마를 수 없을 만큼 몸이 말랐다.)
If you married him, I'd be **as happy as happy can be**.
(네가 그와 결혼하면 나는 더 이상 기쁠 수가 없을 거다.)
He is **second to none** in intelligence.
(그는 머리가 누구보다 뛰어났다.)

7.13.6 (The + 비교급 ...), the + 비교급

<u>The + 비교급 ..., the + 비교급</u>은 '..하면 할수록 그만큼 더 ...'라는 뜻을 나타낸다. 전자의 the는 '... 정도만큼(in whatever degree)'이라는 뜻의 관계부사이고, 후자의 the는 '그만큼 더(in that degree)'라는 뜻의 지시부사이다.

The more we climb, **the cooler** it becomes.
The harder they worked, **the hungrier** they became.

바로 위의 문장을 예로 든다면 <u>the + 비교급 ..., the + 비교급</u> 구문은 주절을 앞세울 수도 있다. 하지만 그런 경우는 이 구문과의 혼동을 피하기 위해서도 다음과 같이 주절의 어순이 바뀌고 주절의 the를 생략할 수도 있다는 것이 Quirk et al. (1985: 1001)의 설명이다.

They became **(the) hungrier** the harder they worked.

<u>the + 비교급 ..., the + 비교급</u> 구문은 흔히 생략 구문이 선호된다.

The **lower** the price, the **more easily** people visit their doctors.
The **sooner**, the **better**.
The **more**, the **better**.

다음은 '그만큼 더 …'라는 후자의 뜻을 갖는 the + 비교급만이 쓰인 예이다.

He has faults, but we do not like him **the less**.
He is **none the happier** for all his wealth.
(그는 재산이 많은데 재산이 많은 만큼 더 행복하지는 않다.)
I was all **the more** upset because I had the impression they were putting the blame on me.
(그들이 잘못을 나의 탓으로 돌리는 인상을 받았기 때문에 나는 그만큼 더 당황했다.)

다음 예문에서는 more cautious 앞에 the가 부가되지 않았는데, 이는 의미상 종속절과 주절의 인과 관계가 the가 부가되는 경우만큼 밀접하지 않기 때문이다.

As he grew up, he became **more cautious**.

7.13.7 more proud than vain

a. She was **prouder than he**.
b. She was **more proud than vain**.
   (그녀는 허영심이 많다기보다 자존심이 강하다.)

두 사람이 비교되고 있는 (a)와 달리, (b)는 동일인(이나 동일물)이 갖는 속성이나 성질이 비교될 때 쓰인다.

(b)는 It is more accurate to say that she was proud than to say that she was vain.으로 그 뜻을 풀어 설명할 수 있는데, 이런 문맥에서는 *She was prouder than vain.을 쓰지 않는다. 예를 추가하면 다음과 같다.

He was **more angry than sad.**
He is **more shy than unsocial.**
He drives **more recklessly than carelessly.**

이 more proud than vain과 유기적인 관계를 가진 구문에 (c)가 있다. 그리고 이 (c)의 부정형이 (d)이다.

   c. She is **as much** proud **as** vain.
     (그녀는 허영심이 많고 자존심도 강하다.)
   d. She isn't **so much** proud **as** vain.
     (그녀는 허영심이 많지 자존심이 강하지는 않다.)

다음 (e), (f)는 미묘한 의미차이가 있다.

   e. Jane is **more clever than pretty.**
   f. Jane is **more clever than she is pretty.**

(e)는 다음 (1)의 의미를, (f)는 (2)의 의미를 갖는다 (문맥에 따라 (f)가 (1)의 의미를 배제하지는 않지만 (e)는 (2)의 의미는 갖지 않는다).

   (1) (Jane을 평하자면) 그녀는 예쁘다기 보다는 영리하다.
   (2) Jane은 예쁘기도 하지만 그 보다 더 영리하다.

(f)를 Jane is cleverer than she is pretty.로 바꿔 쓸 수는 있지만, (e)를 Jane is cleverer than pretty.로 바꿔 쓰지는 못한다.
이 (f)와 유기적인 구문에 (g)가 있다.

g. He is a better scholar than he is a teacher.

7.13.8 more than happy

He is more than happy.는 He is happy to a degree that is not adequately expressed by the word 'happy'.라는 뜻을 갖는다.
다음과 같은 예를 추가할 수 있다.

She was **more than pretty**; she was gorgeous.
I'm **more than sad** about it.

7.13.9 than + 수량 표현

다음 (a)와 (b)는 유사한 구조로 보이지만 동일한 구조는 아니다.

a. He is taller than **my brother** (is).
b. He is taller than **six feet**.

(a)는 than 다음에 문장의 일부가 생략된 절이 전제가 되기 마련이다. 하지만 (b)의 경우 than이하에 절이 오지는 않는다.
(b)처럼 than이 척도를 나타내는 수량 (또는 기타 유사표현)을 수반하는 예문으로는 다음이 있다.

Bill is **older/younger than twenty years**.
He slept **longer than ten hours**.
I never drive **faster than 60 miles an hour**.

위의 (b)는 (c)로 바꾸어 쓸 수 있다.

b. He is **taller than six feet**.
⇒ c. He is more than six feet tall.

as ... as를 이용하한 동등비교 구문에서도 두 번째 as 다음에 수량 표현이 쓰일 수 있다.

He is **as tall as six feet**.
He drove **as fast as 60 miles an hour**.

7.13.10 비교급 and 비교급

비교급 and 비교급은 '점점 더 ...'라는 뜻을 나타낸다.

He ran **faster and faster**.
It is getting **warmer and warmer**.
Life is becoming **more and more difficult**.

7.14 절대비교급(Absolute Comparative)과 절대최상급(Absolute Superlative)

(1) 절대비교급이란 than ...으로 나타나는 구체적인 비교의 대상을 전제로 하지 않는 다음과 같은 비교급을 말한다.

the younger generation
the higher education
the lower class
the upper class

(2) 절대최상급의 대표적인 형식으로는 most + 형용사가 있다.

> Everybody has been **most kind**.
> I am **most happy**.
> She is **a most beautiful** woman.

위의 예문에 나오는 most는 very라는 뜻이다. 상대최상급이 사용되는 문맥과 달리, 절대최상급은 셋 이상의 구체적인 비교의 대상이 전제가 되지 않는다.

이 very의 뜻을 갖는 절대최상급의 most는 주관적인 평가를 나타내는 형용사와 같이 쓰일 뿐, 객관적인 평가를 나타내는 tall과 같은 형용사와는 함께 쓰이지 않는다.

> *He is **most**(=very) tall.

best-seller의 best나 from earliest times(태고적부터)의 earliest 등도 절대최상급의 예가 된다. I don't have the slightest idea.(나는 전혀 모른다)의 slightest 역시 절대최상급이다.

7.15 How + 형용사로 시작하는 의문문

(1) A: How **old** is he?
    B: He is six years **old**.

how로 시작하는 위의 의문문에서 A의 old는 '나이가 많다'라는 뜻은 아니다.
A에 대한 응답으로 B의 He is six years. 다음에는 old가 붙는다.
그러나 How young is he?란 질문은 '그가 젊다'는 것을 전제로 하며

7장 형용사   407

그에 대한 응답으로 *He is two years young.이라고는 하지 않는다. How young is he?의 응답 역시 He is two years old.이다.

how로 시작하는 의문문에서 old의 뜻은 중립적이며 young의 뜻은 비중립적인 것이다.

how로 시작하는 의문문에서 쓰이는 heavy 역시 그 의미는 중립적이다. 하지만 heavy의 경우는 old와 달리 응답에서 맨 끝에 heavy를 부가하지는 않는다.

    A: How **heavy** is it?
    B: It is ⎡ two pounds.
            ⎣ *two pounds **heavy**.

(2) 위에서 설명한 특성을 기준으로 how로 시작하는 의문문과 관련된 형용사는 다음과 같은 네 가지로 분류할 수 있다.

    A. old류
    중립적인 의미를 가지며, (응답 등에서) 수치를 나타내는 문장의 끝에도 부가한다. 다음 형용사가 old류에 속한다.
    old, wide, long, deep, tall, high, thick

    B. heavy류
    중립적 의미를 갖지만 (응답 등에서) 수치를 나타내는 문장의 끝에는 부가하지 않는다. 다음 형용사가 heavy류에 속한다.
    heavy, big, bright, large, fat, strong
    이 (A), (B)에 속하는 형용사들은 동등비교 구문과 우월비교 구문에 쓰이는 경우도 중립적 의미를 갖는다.
    The doll is as **large** as the baby.
    The doll is **taller** than the baby.

    C. young류

비중립적 의미를 갖는다. 위의 A, B류에 속하는 형용사의 반의어가 이러한 young류에 속한다.
dim, light (heavy의 반의어), little, low, narrow, shallow, short (long/tall의 반의어), thin (thick, fat의 반의어), young, weak

D. wise/foolish류

비중립적 의미를 갖는다.

형용사 wise : foolish는 그 의미관계가 old : young의 의미관계와 비슷해 보이지만 old : young과는 달리 독자적 평가 기준을 가지고 있다. 즉 다음 (a)와 (a′)는 의미가 같지만 (b)와 (b′)는 의미가 다르다.

a. John **is older than** Mary.
 = a′. Mary **is younger than** John.
b. John **is wiser than** Mary.
 ≠ b′. Mary **is more foolish than** John.

John is older than Mary.는 John is old, and so is Mary.라는 뜻을 전제로 하지는 않는다. 하지만 John is wiser than Mary.는 John is wise, and so is Mary.를 전제로 한다.

wise/foolish류에 속하는 형용사는 다음과 같다.

attractive/unattractive, beautiful/ugly, happy/unhappy, rich/poor intelligent/unintelligent

7.16 명령문과 진행형

동사 가운데 명령문과 진행형을 만들 수 있는 동사(dynamic verbs)와 그렇지 못한 동사(stative verbs)가 있듯이 (5.33 참조), 형용사 가운데에도 명령문과 진행형을 만들 수 있는 비상태 형용사(dynamic adjectives)와 그렇지 못한 상태형용사(stative adjectives)가 있다.

(1) 비상태 형용사

    Be ambitious.
    Don't be foolish.
    He is being careful.

(2) 상태형용사

    *Be tall.
    *He is being rich.

다음과 같은 형용사가 비상태 형용사에 속한다.

ambitious, awkward, brave, careful, careless, cautious, cheerful, clever, conceited, cruel, disagreeable, discreet, dull, enthusiastic, faithful, foolish, frank, friendly, funny, generous, gentle, good, greedy, hasty, helpful, honest, impatient, impolite, impudent, insistent, irritable, jealous, kind, loyal, mischievous, nasty, naughty, nice, noisy, obstinate, offensive, patient, persistent, pleasant, polite, realistic, reasonable, reckless, rough, rude, sensible, serious, shy, silly, slow, stubborn, stupid, suspicious, tactful, talkative, thoughtful, timid, troublesome, unfair, unfaithful, useful, vain, vulgar, wicked, wise, witty, ...

형용사 가운데는 상태적 용법과 비상태적 용법을 겸하는 것도 많다. 다음 예문에서 단순현재시제가 쓰인 (a)의 **kind**는 상태형용사로 '그녀는 <천성적>으로 상냥하다'라는 뜻이며, 진행형이 쓰인 (b)의 **kind**는 비상태형용사로 '그녀가 <일시적>으로 (...에게) 친절한 행동을 하고 있다' 라는 뜻을 나타낸다.

    a. She is **kind**.
    b. She is **being kind**.

7.17 전치사구를 수반하는 형용사

형용사 가운데는 전치사를 수반하는 것도 많다. 형용사가 수반하는 전치사는 형용사의 특성에 따라 여러 가지로 다르다.

He is fond **of** her.
She was successful **in** her attempt.
The timetable is subject **to** alteration.
(시간표는 사정에 따라 변경할 수 있음.)
The town is famous **for** its hot springs
I am familiar **with** that book.

동일한 형용사가 둘 이상의 전치사를 취하는 경우도 있다. 이런 경우 afraid처럼 전치사에 따라 의미가 달라지는 형용사도 있고, disappointed처럼 의미가 달라지지 않는 것도 있다.

be afraid **of** ... : ...가 두렵다(무섭다)
be afraid **for** ... : ...가 염려스럽다

be disappointed **in/with**

angry는 그 대상이 <사람>인 경우에는 with를 쓰고 <일, 사건>인 경우에는 about를 쓰며, <(상대방이 한) 말이나 행동>인 경우에는 at를 쓴다.

I'll be angry **with** you if you break it.
She got angry **at** his remark.
He is angry **about** being left behind.
He was angry [**with** / **at**] Mary getting married.

7.18 형용사 + 부정사 구문

7.18.1 You're foolish to spend so much

이 구문은 to 이하를 평가의 근거로 삼아 주어를 일시적으로 평가하는 문맥에서 쓰인다.
<u>It is ... of ... to ...</u> 구문으로 바꾸어 쓸 수 있다.

You're foolish to spend so much.
⇒ **It's foolish of you to** spend so much.
He is clever to make so much money.
⇒ **It is clever of him to** make so much money.

위의 구문을 만들 수 있는 형용사로는 다음이 있다.
brave, careful, careless, clever, crazy, cruel, generous, ('친절하다'란 뜻의) good, greedy, foolish, kind, nice, polite, reasonable, rude, selfish, sensible, silly, stupid, wicked, wise, wrong, ...

7.18.2 John is hard to convince

이 구문은 주어가 의미상 부정사구의 목적어가 된다. <u>It is ... to ...</u> 구문으로 바꾸어 쓸 수 있으며, to 부정사구의 의미상의 주어를 명시할 수도 있다.

John is hard **to convince.**
⇒ **It** is hard **to convince John.** (> To convince John is hard.)
His English is difficult/easy (for me) **to understand.**
⇒ **It** is difficult/easy (for me) **to understand his English.**

(... 하기가) 쉽고 어렵거나 또는 (넓은 의미에서) 편안한 것과 관련 있는 다음 형용사가 위와 같은 구문을 만든다.

awkward, convenient, difficult, easy, hard, impossible (7.20.1(4) 참조), nice(일상체에서), pleasant, tough(일상체에서), unpleasant

문장의 주어가 to 부정사구의 의미상의 주어가 되는 점에서 이 구문과 유사한 구문으로 다음이 있다.

The food is ready to eat.

하지만 John is hard to convince.와 달리 The food is ready to eat.는 to 부정사구를 주어로 문장을 변환하지는 못한다.

The food is ready to eat.
⇒ *To eat the food is ready.
⇒ *It is ready to eat the food.

available, fit, free, sufficient 등이 만드는 구문이 The food is ready to eat.와 그 특성이 같다.

Are these books free to borrow?
Is the cloth sufficient to make a dress out of?

7.18.3 He was slow to react

이 구문은 부사를 사용하여 바꾸어 쓸 수 있다.

He was **slow/quick/prompt** to react.
⇒ He reacted **slowly/quickly/promptly**.

7.18.4 He is happy to see her

이 구문을 만드는 형용사는 주어의 감정 상태를 나타내며 부정사구는 그런 감정 상태나 감정 변화의 원인과 이유를 나타낸다.
이 구문은 다음 (a)나 (b)로 풀어 쓸 수 있다.

I was happy/furious/bored to hear about it.
⇒ a. To hear about it { **made me happy/furious/bored.**
　　　　　　　　　　　infuriated me.
　　　　　　　　　　　bored me.

⇒ b. It { **made me** { **happy**
　　　　　　　　　　　furious
　　　　　　　　　　　bored } to hear about it.
　　　　　　infuriated me
　　　　　　bored me }

이 구문을 만드는 대표적 형용사로는 delighted, excited, glad, grateful, pleased, sad, sorry, surprised, thankful, ...등이 있다.

7.18.5 He is likely to come

이 구분은 <u>It is ... that ...</u>의 구문을 사용하여 바꾸어 쓸 수 있다. likely 이외에 sure, certain 등이 이 구문을 만든다.

He **is likely to** come.
⇒ **It is likely that** he will come.
He **is certain to** pass the test.
⇒ **It is certain that he** will pass the test.

이 구문은 It is ... for ... to ...구문으로 바꾸어 쓰지 못한다.

He **is likely to** come.
⇒ *It is likely for him to come.

7.18.6 He is anxious to come

이 구문을 만드는 형용사는 부정사구가 가리키는 아직 실현되지 않은 어떤 일에 대한 주어의 태도를 나타낸다. 다음과 같은 형용사가 이 구문을 만든다.

(un)able, afraid, apt, ashamed, curious, determined, eager, free, keen, ready, reluctant, willing, ...

7.18.7 He is able to speak English

이 구문을 만드는 형용사는 능력, 경향, 의무 등을 나타낸다.
to 부정사구를 that-절로 바꿔 쓰지 못하며, to 부정사구의 의미상의 주어는 반드시 문장 주어와 일치한다.

He **is able to** speak English.
⇒ *He is able that he speaks English.

다음과 같은 형용사가 이 구문을 만든다.

(un)able, apt, bound, (in)competent, disposed, entitled, free, inclined, liable, obliged, prepared, prone, qualified, ready, ...

7.18.8 It is essential to spray the trees every year

(7.18.1)-(7.18.7)에서 제시한 <u>형용사 + to 부정사</u> 구문이 유생명사를 주

어로 한다면, 이 구문은 부정사구를 진주어로 it를 형식주어로 삼는다.
흔히 to 부정사구의 의미상의 주어가 for가 이끄는 전치사구로 나타난다.

It is important **for** you **to** be punctual.
It is strange **for** her **to** be living alone.
It is essential **for** you **to** take exercise regularly.

It is .... for ... to ... 구문을 올바르게 활용하기 위해서는 이 구문과 It is ... of ... to ...구문과의 차이를 이해하는 것이 중요하다. 이 두 구문은 다음과 같은 차이가 있다.

a. It is important for you to be punctual.
b. It is foolish of you to spend so much.

(a)는 다음 (a′)와 같이 바꿔 쓸 수 있지만 (a″)로는 바꿔 쓰지 못한다.
⇒ a′. To be punctual is important for you.
(또는 For you to be punctual is important.)
⇒ a″. *You are important to be punctual.

(b)는 다음과 같이 바꿔 쓸 수 있다.
⇒ b′. To spend so much is foolish (of you).
⇒ b″. You are foolish to spend so much.

말을 바꾼다면 important가 It is .... of ... to ...의 구문을 만들지 못하는 것은 foolish와 달리 인간 명사 + be + 형용사 + to 부정사 구문을 만들지 못하기 때문이다.
한편 rich는 인간 명사 + be + 형용사 + to 부정사 구문을 만든다.

You are **rich** (enough) to own a yacht.

그러면서도 rich는 It is ... of ... to ... 구문을 만들지 못한다. 다음 구문을 만들지 못하기 때문이다.

*To own a yacht is **rich**.

부연하자면 (b)는 to ...이하의 행위를 근거로 of 다음에 나오는 사람을 일시적으로 평가하는 기능을 갖는다.

7.19 형용사 + that ...구문

<u>형용사 + that ...</u> 구문은 동사의 경우와 똑같이 종속절의 동사의 형태에 따라 다음과 같이 분류된다. (5.11 참조)

7.19.1 직설법이 사용되는 형용사

I am sure that he **will** be late.
It is true that he **is** a billionaire.

이 구문을 만드는 형용사의 예는 다음과 같다.

유생명사를 주어로 하는 것: aware, certain, confident, sure
형식주어 It를 주어로 하는 것: apparent, certain, clear, evident, likely, obvious, possible, true, unlikely, untrue, well-known

7.19.2 동사의 원형이 사용되는 형용사

I am insistent that he **be** ready.
It is necessary that he **arrive** tomorrow.

종속절에서 술어동사로 동사의 원형 (또는 Br. E.에서는 should + 원형)을 필요로 하는 형용사는 동사의 경우와 똑같이 화자의 <주장>, <요구>, <명령>, <권유> 등을 반영한다. 이 구문을 만드는 형용사로는 다음이 있다.

유생명사를 주어로 하는 것: anxious, eager, insistent, willing
형식주어 It를 주어로 하는 것: (in)advisable, appropriate, compulsory, crucial, desirable, essential, expedient, imperative, important, (un)necessary, obligatory, preferable, proper, vital, ...

7.19.3 'emotive' should를 필요로 하는 형용사

I'm sorry that he **should** not have turned up.
It is surprising that he **should** have passed the test.

That이 이끄는 종속절에서 should + 동사의 원형을 필요로 하는 형용사는 화자의 주관적인 감정 (놀라움, 섭섭함, 의외로움, 다행스러움, ...)을 반영한다. 다음과 같은 형용사가 이 구문을 만든다.

유생명사를 주어로 하는 것: afraid, angry, glad, grateful, happy, hopeful, proud, sad, sorry, thankful; alarmed, amazed, annoyed, astonished, depressed, disappointed, distressed, frightened, horrified, irritated, pleased, shocked, upset
형식주어 It를 주어로 하는 것: awkward, curious, disastrous, dreadful, extraordinary, fortunate, irrational, logical, odd, peculiar, sad, silly, tragic, unfortunate; alarming, annoying, depressing, disappointing, embarrassing, frightening, irritating, perplexing, pleasing, shocking, surprising, ...

그런데 이 형용사들은 대체적으로 다음 surprising이 그렇듯이 (a), (b)의 두 구문을 공히 만드는 융통성을 가지고 있다.

a. It is surprising that she **passed** the test.
b. It is surprising that she **should** have passed the test.

똑같이 '그녀가 시험에 합격한 것이 놀랍다.'라는 뜻이지만 (a)는 그런 뜻이 하나의 사실로 객관화가 되어 있고, (b)에는 화자의 <놀라움>이나 <의외로움>같은 감정이 반영되어 있다.

한편 important라는 형용사는 종속절에서 (c)처럼 동사의 원형이 쓰이기도 하고 (d)처럼 emotive 'should' + 동사의 원형을 수반하기도 한다. (c)와 (d)는 의미가 다르다. (c)는 '그는 그 곳에 가야한다.'라는 화자의 명령적인 의지를 반영하고, (d)는 '...가 중요하다'라는 판단에 화자의 주관을 반영한다.

c. It is important that he **attend** the meeting.
d. It is important that he **should** have said so.

7.20 통합적인 관점

(7.18)과 (7.19)에서는 각각 부정사구를 수반하는 형용사와 that 절을 수반하는 형용사에 관해서 살펴보았다. 그런데 형용사 가운데는 부정사구와 that-절을 똑같이 수반하는 것도 많다. (7.18)과 (7.19)와 같은 독립된 기술만으로는 형용사의 통사적인 특성을 제대로 파악하지 못할 우려가 있다.

형용사의 통사적인 특성을 통합적으로 파악하기 위해서는 다음과 같은 기술 방식이 가능하다.

7.20.1 의미상 하나의 문장이 주어가 되는 경우

형용사 가운데는 의미상으로 문장을 주어로 삼는 것도 많다. 그런데 <의미상>의 주어가 되는 문장은 (전치사구로 나타나는 경우를 제외한다면) 부정사구와 that-절의 어느 한쪽으로 나타나기도 하고 양쪽으로 나타나기도 한다. 이와 같은 형용사의 통사상 특성은 다음과 같이 분류될 수 있다.

(1) true 류
(a)와 같은 의미는 (b)와 같은 구문을 만든다. 하지만 (c-d)는 비문법적이다.

    a. (He is a genius) is true.
⇒ b. **It is** true **that** he is a genius.
⇒ c. *It is true for him to be a genius.
⇒ d. *He is true to be a genius.

이 true와 동일한 의미구조와 통사상의 특성을 갖는 형용사로는 apparent, (un)clear, evident, explicit, obvious, plain, (im)probable, (im)possible, well-known이 있다.

(2) certain류
(a)와 같은 의미는 (b-c)와 같은 구문을 만든다. 하지만 (d)는 비문법적이다.

    a. (He will pass the test) is certain.
⇒ b. **It is** certain **that** he will pass the test.
⇒ c. **He is** certain **to** pass the test.
⇒ d. *It is certain for him to pass the test.

certain류에 속하는 형용사로는 sure, likely가 있다.

(3) essential 류
(a)와 같은 의미는 (b-c)와 같은 구문을 만든다. 하지만 (d)는 비문법적이다.

    a. (We take three meals a day) is essential.
⇒ b. It is essential **that** we take three meals a day.
⇒ c. It is essential **for** us **to** take three meals a day.
⇒ d. *We are essential to take three meals a day.

(7.19)의 (2), (3)에 속하는 형용사들 가운데, it를 형식주어로 삼을 수 있는 형용사가 essential류에 속한다. 단 (7.19)의 (3)에 속하는 형용사는 that절에서 'emotive' should를 필요로 한다.

(4) easy류
(a)는 (b-c)와 같은 구문을 만든다. 하지만 (d-e)는 비문법적이다.

    a. (We please him) is easy.
    b. It is easy **for** us **to** please him.
    c. He is easy **for** us **to** please.
    d. *It is easy that we please him.
    e. *We are easy to please him.

(7.18.2)에서 제시한 형용사가 easy류에 속한다.
여기에서 특히 유의할 형용사가 (im)possible이다.
(im)possible에는 두 가지 의미가 있다. '사실상의 가능성'과 '이론상의 가능성'이 그것이다.
사실상의 가능성을 나타내는(im)possible은 true류에 속한다. 따라서 It

is ... that ...구문을 만들되 It is ... for ... to ...구문을 만들지 못한다. 구체적인 예로 사실상의 가능성을 나타내는 A friend may betray you.는 이를 possible를 이용해서 고쳐 쓰면 다음 (a)가 된다. 하지만 (b)는 비문법적이다.

    A friend may betray you.
    (어떤 친구 하나가 어쩌면 너를 배반할 것이다.)
    = a. It is possible that a friend will betray you.
    = b. *It is possible for a friend to betray you.

한편 '친구란 상대방을 배반할 수도 있다.'라는 뜻을 나타내는 A friend can betray you.는 이론상의 가능성을 나타낸다. A friend can betray you.는 possible을 이용해서 고쳐 쓰면 (b)가 알맞다. 이론상의 가능성을 나타내는 possible은 It is ... for ... to ...구문을 만들되 It is ... that ...구문을 만들지 못하는 것이다.

    A friend can betray you.
    ⇒ a. *It is possible that a friend betrays you.
    ⇒ b. It is possible for a friend to betray you.

이론상의 가능성을 만드는 (im)possible에는 다음과 같은 특성도 있다. 다음 (a)를 (b)로 고쳐 쓰는 경우는 possible, impossible이 모두 가능하다.

    a. (we persuade him) is $\begin{cases} \text{possible.} \\ \text{impossible.} \end{cases}$

    ⇒ b. It is $\begin{cases} \text{possible} \\ \text{impossible} \end{cases}$ for us to persuade him.

하지만 we persuade him의 him을 주어로 삼아 문장을 바꿔 쓰는 경우는 impossible만이 가능하다.

a. (we persuade him) is $\begin{cases} \text{possible.} \\ \text{impossible.} \end{cases}$

⇒ c. He is $\begin{cases} \text{*possible} \\ \text{impossible} \end{cases}$ for us to persuade.

(5) foolish 류

(a)는 (b-c)와 같은 구문을 만든다. 하지만 (d-e)는 비문법적이다. (7.18.1)에서 언급한 형용사가 foolish류에 속한다.

  a. (You made such a mistake) is foolish.
  b. **It's** foolish **of** you **to** make such a mistake.
  c. **You** are foolish **to** make such a mistake.
  d. *It is foolish for you to make such a mistake.
  e. *It is foolish that you made such a mistake.

7.20.2 의미상 하나의 문장이 술부의 일부가 되는 경우

(7.20.1)에서 언급한 형용사는 의미상 하나의 문장을 주어로 삼았었다. 형용사 가운데는 의미상 하나의 문장을 술부의 일부로 삼는 것도 있다. 이런 경우 형용사의 특성에 따라 의미상 술부의 일부가 되는 문장은 (1) 부정사구로 나타나기도 하고 (2) that-절로 나타나기도 하며 (3) 부정사구나 that-절의 양쪽으로 나타나기도 한다. 이와 같은 기준에 따라 형용사를 분류해보면 다음과 같다.

(1) 부정사구로 나타나는 경우

예를 들어 He is able to speak English.는 he is able이란 문장의 술부에 he speaks English.란 문장이 끼어 들어가서 만들어진 문장으로 분석할 수 있다. 그런데 he is able (he speak English)이란 의미는 able이란 형용사의 특성 때문에 (b)와 같은 구문은 만들지만 (c)는 비문법적이다.

a. He is able (he speak English).
⇒ b. He is able **to** speak English.
⇒ c. *He is able **that** he speaks English.

able을 위시해서 (18.7)에서 제시한 형용사가 이 범주에 속한다.

(2) that-절로 나타나는 경우
다음 (a)와 같은 의미는 aware의 특성에 따라 (b)와 같은 구문을 만든다. 하지만 (c)는 비문법적이다.

a. I am aware (he is ill-tempered)
⇒ b. I am aware **that** he is ill tempered.
⇒ c. *I am aware for him to be ill-tempered.

aware를 위시해서 conscious, cognizant, ... 등이 이 범주에 속한다.

(3) 부정사구나 that-절의 양쪽으로 나타나는 경우
happy, sorry, surprised, disappointed 등은 부정사구를 수반하기도 하고 that-절을 수반할 수도 있는 점에서 able이나 aware와 다르다.

I'm happy (I heard he's feeling better.)
⇒ I'm happy **to** hear that he's feeling better.
I'm happy (he's feeling better)
⇒ I'm happy **that** he's feeling better.

문장의 일부를 이루는 하나의 문장이 that가 이끄는 (직설법의) 종속절로 나타나는 것은 그 내용이 하나의 사실을 나타내거나 진(true)이라는 판단이 객관적으로도 개방되어 있다고 화자가 인식하고 있는 경우이다. (5.23(3), 7.19.1, 7.20.2(2) 참조)

happy 등 위에서 제시한 형용사는 부정사의 의미상 주어가 문장 주어와 다른 경우에 다음과 같은 구문을 만들기도 한다.

I'm happy **for** you **to** agree with me.

부정사구와 that-절의 두 구조를 다 수반하지만 happy와 그 특성이 다른 형용사로 anxious가 있다.
anxious는 다음과 같은 구문을 만든다.

Max is anxious **to** go.
Max is anxious **for** his son **to** pass the test.
Max is anxious **that** his son should pass the test.

anxious는 happy와 달리 that-절은 'emotive' should (또는 동사의 원형)를 필요로 하는 것이다.
eager, impatient, reluctant, willing 등이 이 anxious와 특성이 같다.

7.21 형용사와 다른 품사

7.21.1 명사의 구실을 하는 형용사

(1) the + 형용사
the + 형용사는 흔히 총칭적으로 '...한 사람들'이라는 뜻을 나타낸다.

the rich, the miserable, the dead, the poor, the ambitious, the old, the young, the wounded

이와 같은 형용사는 부사(구)의 수식을 받기도 한다.

the **really** intelligent (정말 총명한 사람들)
the **extremely** ambitious (터무니없이 야심이 큰 사람들)
the **poor in** spirit (마음이 가난한 자들)

총칭적인 의미를 막연히 나타내기 때문에 people을 부가해서 풀어쓸 때는 다음과 같이 the는 탈락된다.

the rich ⇒ rich people

두 형용사가 대조적으로 사용될 때는 흔히 관사 없이 '...한 사람들'이라는 뜻을 나타낸다.

young and old, royal and noble (왕족과 귀족)
rich and poor, good and bad

하지만 모든 형용사가 the와 함께 사용됨으로써 '...하는 사람들'이라는 뜻을 나타내는 것은 아니다. '...한 사람들'이라는 뜻을 나타내기 위해서 다음 형용사는 ones나 people을 수반하여야 한다.

*the **little** ⇒ little ones
*the **happy** ⇒ happy ones
*the **foreign** ⇒ foreign people

<u>the</u> + 형용사는 문맥에 따라서는 단수를 나타내기도 하고, 추상명사의 구실을 하기도 한다.

the deceased (고인), the accused (피고), the bereaved (유족)
the evil (=that which is evil), the good, the supernatural, the sublime, the inevitable

다음은 사물의 일부를 나타내거나 그 의미가 바꾸어지는 경우이다.

the white of an egg (계란의 흰자위)
the thick of the forest (깊은 숲 속)
the deep (바다)
the blue (하늘)

7.21.2 silk vs. silken

a wooden bed는 a bed made of wood라는 뜻이고, a woolen coat는 a coat made of wool이라는 뜻이다.

그런데 다음에 나오는 명사 + -en은 흔히 비유적인 의미를 가지며, '... 으로 만든'이라는 뜻을 나타내기 위해서는 명사형이 선호된다.

a **silk** dress (비단 옷)
a **silken** skin (비단 같은 피부)

a **lead** pipe (납으로 만든 파이프)
a **leaden** sky (납덩이처럼 흐린 하늘)

a **gold** ring (금반지)
golden hair (금발)

7.21.3 형용사와 분사

a. His views were **alarming**.
   (그의 견해는 놀라운 데가 있었다.)
b. His views were **alarming** his audience.
   (그의 견해는 그의 말을 듣고 있는 청중들에게 경각심을 안겨주었다.)

c. The man was **offended**.
(그 사나이는 기분이 나빴다.)

d. The man was **offended** by the policeman.
(그 사나이는 그 경찰관 때문에 기분이 상했다.)

위의 (a-d)에서 분사형인 (a)의 alarming과 (c)의 offended는 형용사적인 성격이 강하고, 목적어 his audience를 수반하는 (b)의 alarming과 by the policeman을 수반하는 (d)의 offended는 동사적 성격이 강하다.

(a), (c)의 분사는 형용사적인 성격이 강하므로 부사 very의 수식도 받을 수 있다.

e. His views were $\begin{cases} \text{**very** alarming.} \\ \text{*very alarming his audience.} \end{cases}$

f. The man was $\begin{cases} \text{**very** offended.} \\ \text{*very offended by the policeman.} \end{cases}$

by+명사의 수식을 받는 경우도 by 다음에 오는 명사가 의도적 동작주가 아닌 다음의 경우 분사는 역시 형용사적이어서 분사 앞에 very를 부가할 수 있다.

g. I am **very** disturbed by your behavior.

h. We are **very** pleased by his attitude.

alarming이나 offended가 문맥에 따라 형용사적일 수도 있고 동사적일 수도 있는데 반하여, appreciated와 같은 분사는 언제나 동사적이어서 very의 수식을 받지 못한다.

i. She was **appreciated** by her students.

j. She was *very **appreciated**.

7.21.4 형용사와 부사

다음은 형용사형이 부사형을 대신해서 쓰이는 예를 보여준다.

He spoke **loud and clear** (> loudly and clearly).
Drive **slow** (> slowly).

이런 경우 형용사형은 부사형에 비해서 상대적으로 일상체에 속한다. (그 밖의 여러 차이에 관해서는 8.5.3 참조)
한편 long, early, late, fast 등의 형용사는 부사로도 자유롭게 쓰인다.

She wears a **long** dress, reaching down to her feet. — 형용사
Stay as **long** as you like. — 부사
She was born in the **early** 1980s. — 형용사
He returned **early**. — 부사
We were **late** for the train. — 형용사
The bus arrived five minutes **late**. — 부사
This is the **fast** train to new York. — 형용사
The population is growing **fast**. — 부사

8장 부사 (Adverbs)

8.1 정의

일반화되어 있는 전통적인 정의에 따르면 부사는 '동사, 형용사 또는 다른 부사를 수식함으로써 시간, 장소, 양태, 정도, 이유 등을 나타내는 낱말'을 말한다.

그런데 이와 같은 전통적인 정의는 부사를 이해하는데 출발점이 되는 하나의 편의적인 설명에 불과하다.

실제로 부사는 동사는 물론 형용사나 다른 부사를 수식할 뿐만 아니라 한 문장에 걸리기도 하고 명사(구)에 걸리기도 한다.

8.2 기능상의 분류

8.2.1 전통적인 분류의 예

(전통적인 분류의 예로) Curme(1935:71-86)은 부사를 그 기능에 따라 다음과 같이 분류하고 있다.

(1) 단순부사(simple adverb): 낱말이나 구를 수식하는 부사

    He came **yesterday**.
    He is **very** industrious.
    He went abroad **soon** after the war.

(2) 문장부사(sentence adverb): 문장에 걸리는 부사

    You **perhaps** underrate my ability.
    Unfortunately, the message failed to arrive in time.

(3) 접속부사(conjunctive adverb): 한 문장과 그 문장의 앞이나 뒤에 오는 다른 문장을 연결해주는 부사

    We played an hour; **then** we went home.
    I forgot my pen; **so** I had to use my pencil.

(4) 의문부사(interrogative adverb): 시간, 장소, 방법, 이유 등을 묻는데 쓰이는 부사

    Where did he come from?
    Why did he do it?
    How did he do it?

8.2.2 최근의 시도

부사 분류의 최근의 시도로는 Quirk *et al*.(1985:503)이 있다.
Quirk *et al*.은 일단 부사와 부사(상당어)구를 부사류(adverbials)로 묶은 다음, 부사류를 그 기능에 따라 다음과 같이 분류하였다.

(1) 부가사(adjunct): 술어동사 또는 술부를 수식한다.

    He lived **in Chicago**.
    Fred **carefully** cleaned his teeth.

'부사'라는 용어가 명사, 대명사, 동사 ... 등과 나란히 <품사>라는 범

주의 하나를 이루는 문법 개념이라면, '부가사'라는 용어는 주어, 술어동사, 목적어, 보어와 더불어 <문장의 요소>의 하나가 되는 문법개념이다.

(2) 하접사(下接辭/subjunct)

주어, 술어동사, 목적어, 보어, 부가사가 문장의 주요 구성요소를 이룬다면 구성요소라는 관점에서 하접사는 주변적 구성요소를 이룬다.

> She is a **really** intelligent child.
> **Even** her husband did not like Mary.

(3) 이접사(離接辭/disjunct)

이접사는 한 문장의 내용에 대한 화자의 주관적인 판단, 부연적 설명 등을 나타내는 부사(류)를 말한다.

> **Fortunately**, he won the first prize.
> **Frankly**, I don't like that idea.

(4) 합접사(合接辭/conjunct)

연결사의 기능을 갖는 부사(류)를 말한다.

> Susan refused to speak to Jim. Jim, **however**, was friendly to her.

Quirk et al.의 부사 분류를 Curme으로 대표되는 전통적인 부사 분류와 비교해보면 다음과 같은 차이점과 유사점이 발견된다.

1) Curme이 '단순부사'로 분류한 것을 Quirk et al.은 통사상의 특성의 차이를 근거로 부가사와 하접사로 구분하였다 (부가사와 하

접사 및 이접사의 통사상의 특성의 차이는 8.6 참조).
2) Quirk et al.의 '이접사' 및 '합접사'는 대체적으로 Curme의 '문장부사' 및 '접속부사'와 동일한 개념을 나타낸다.
3) Quirk et al.은 Curme이 설정한 '의문부사'를 부사(류)에서 제외시켜 who, what, which 등 이른바 의문대명사에 속하는 것과 함께 묶어 '의문사(wh-word)'라는 이름으로 불렀다.

8.3 의미상의 분류

8.3.1 Curme

전통적인 부사 분류의 예가 되는 Curme (1935:71-86)을 다시 인용한다면, 부사는 의미상 다음과 같이 분류된다.

(1) 장소, 방향

> I live **in Chicago**. I was born **there**.
> I walked over **to where they were standing**.

(2) 시간

> I visited him **a few days ago**; he seemed as well as usual **then**.
> Stay here **until I come back**.

(3) 양태

> He walked **slowly**.
> Do at Rome **as the Romans do**.

(4) 부대상황

He never passed people **without greeting them**.
He was drowned **bathing in the river**.

(5) 정도, 한정, 수와 양

She is **very** kind.
He works **little**.
He is taller **by two inches**.

(6) 이유

The girl could not speak **for fear**.
I was pained **to hear it**.
As he refuses, we can do nothing.

(7) 추론(inference)과 결과

therefore, consequently, hence, so, thus, ...

(8) 조건

Without him, I should be helpless.
If it were not for him, I should be helpless.

(9) 양보

That is how I look at it, **anyway**.

We are going **in spite of the rain**.
We are going **even if it rains**.

(10) 목적

I bought the book **for reference**.
I am waiting **to go with John**.

(11) 도구, 수단, 행위자(agency), 동반(association)

He cut it **with a knife**.
He reached the top **by means of a ladder**.
The trees were trimmed **by a gardener**.
I walked to town **with him**.

8.3.2 Quick *et al.*

Quirk *et al.*은 기능별로 분류한 부사류를 의미적 역할을 기준으로 삼아 다음과 같이 하위 분류하고 있다 (용어가 비교적 생소한 부사에 한해서 예를 첨부하기로 한다).

(1) 부가사(adjunct)

    a. 공간부사(Quirk *et al.*은 '공간부사'에 해당하는 말로 adjunct of space라는 말을 쓰고 있다.)
    b. 시간부사(adjunct of time)
    c. 과정부사(adjunct of process)
        - 과정부사는 다시 다음과 같이 세분된다.
          a) 양태(manner) b) 수단과 도구(means and instrument)

    c) 행위자(agent)

 d. 관련부사(adjunct of respect)

    He's advising you ⎧ **legally.**
                                 ⎨ **with respect to law.**
                                 ⎩ **from a legal standpoint.**

 e. 부수적 사항부사(adjunct of contingency)

    - 부수적 사항부사는 다시 다음과 같이 세분된다.

    1) 이유(reason) 2) 목적(purpose) 3) 양보(concession)

(2) 하접사(subjunct)

 a. 관점부사(viewpoint subjunct)

    Geographically, ethnically, and linguistically, these islands are closer to the mainland than to their neighbouring islands.

 b. 격식부사(courtesy subjunct)

    He **kindly** offered me a ride.

    Take a seat, **please**.

 c. 주어지향부사 (subject orientation subjunct)

    Bitterly, he buried his wife.

    (⇒ He was bitter when he buried his wife.)

 d. 동사구 관련부사(verb phrase and predication subjunct)

    bring **up**, put **off**

    I would **rather** go./I had **better** see a doctor.

 e. 시간관련부사(time relationship subjunct)

    He **already** got up.

    He can't drive **yet**.

f. 강조부사(emphasizer)

   I **honestly** don't know what he wanted.
   I **just** can't understand it.
   I **simply** don't believe it.

g. 강의부사(intensifier)

   They **greatly** admire him.
   I **fully** appreciate your problem.
   － 강조부사는 문장이 전달하는 내용의 진실성을 강조하고, 강의부사는 형용사구, 부사구, 동사구 등 문장의 일부 구성요소가 나타내는 의미를 강조한다.

h. 초점부사(focusing subjunct)

   Even John knows about it.

(3) 이접사(disjunct)

이접사의 분류는 8.22 참조.

(4) 합접사(conjunct)

합접사의 분류는 8.26 참조.

8.4 부사의 위치

8.4.1 위치의 구분

부사는 그 기능이 다양한 만큼이나 한 문장에서 차지하는 어순상의 위치도 다양하다.

한 문장에서 부사(구)가 차지하는 위치는 크게 다음 셋으로 나눌 수 있다.

(1) 문장의 첫머리(initial position): 주어의 앞자리 (흔히 문장의 첫자리가 된다)

   Frankly, he did not say anything.

(2) 문장의 중간(medial position)

이 자리는 다시 다음과 같이 구분된다.

   1) 주어와 술어동사 사이
   I **often** visit him.

   2) be동사와 보어 사이 또는 조동사와 술어동사 사이
   He is **certainly** great.
   George has **probably** read the book.
   George will have **completely** read the book.

(3) 끝자리(final position): 흔히 문장의 끝자리와 일치하지만 엄밀히 말하면 자동사나 주격보어 또는 목적어와 목적보어 다음 자리를 가리킨다.

   He drank the poison **calmly**.

8.4.2 개별부사와 위치

부사(구)에 따라서는 다음과 같이 위에서 언급한 세 자리를 모두 차지하는 것이 있다 (다음부터 편의상 첫 자리를 **A**, 중간자리를 **B**, 끝자리를

C로 부르기로 한다).

Sometimes he takes a walk.
He **sometimes** takes a walk.
He takes a walk **sometimes**.

그런데 sometimes와 같은 빈도부사에 속하는 seldom은 보통 B를 차지하며, 다만 very의 수식을 받을 때만 C를 차지한다. seldom은 A를 차지하지 못한다. seldom이 A를 차지하는 것은 도치구문의 경우에 한한다.

He **seldom** takes a walk.
*He takes a walk **seldom**.
He takes a walk very **seldom**.
***Seldom** he takes a walk.
Seldom does he take a walk.

A, B, C 가운데 두 자리를 차지할 수 있는 부사와 한 자리만을 차지하는 부사의 예를 들어보면 다음과 같다.

(1) a. ***Completely** I don't agree.
    b. I don't **completely** agree.
    c. I don't agree **completely**.

(2) a. ***Very much** I like skiing.
    b. I **very much** like skiing.
    c. I like skiing **very much**.

(3) a. ***Frugally** they live.
    b. *They **frugally** live.

c. They live **frugally**.

(3)처럼 술부가 단일동사로 이루어지고 있는 경우 이 단일동사를 수식하는 부사는 (C)의 자리만을 차지하기 마련이다.

8.4.3 부사(구)의 위치에 관한 유의사항

(1) 부사(구)는 원칙상 술어동사와 목적어 사이에 끼지 못한다.

*They recovered **yesterday** the stolen goods.

다음에서 부사구가 술어동사와 목적어 사이에 낀 것은 목적어가 부사보다 길기 때문에 end-weight의 원칙이 적용된 탓이다.

Never put off **until tomorrow** what you can do today.

대체적으로 목적어가 긴 경우 부사(구)는 동사의 앞자리를 차지한다.

She **carefully** picked up all the bits of broken glass.
He **angrily** denied that he had stolen the document.

(2) 전치사 수반동사(prepositional verb)를 수식하는 부사는 전치사의 바로 앞에 위치할 수도 있고 전치사의 목적어 다음에 위치할 수도 있다.

He looked **suspiciously** at me.
He looked at me **suspiciously**.

그러나 전치사의 목적어가 절을 이루고 있는 경우는 부사는 전치사의 앞에 위치한다.

He looked **suspiciously** at everyone who got off the plane.

(3) 특히 그 위치의 융통성과 제약이 미묘한 부사에 well과 much가 있다. 양태부사인 well은 play 등의 동작동사를 수식할 때는 C를 차지하고 know, remember 등의 상태동사를 수식할 때는 C뿐만 아니라 B의 자리도 차지한다.

He plays chess **well**.
*He **well** plays chess.
He remembers you **well**.
He **well** remembers you.

그러면서도 believe를 수식하는 경우에는 B의 자리만을 차지한다.

I can **well** believe it.
*I can believe it **well**.

한편 강의부사인 much는 의문문이나 부정문에서는 C의 자리를 차지하지만, 긍정문에서 C의 자리를 차지하기 위해서는 그 앞에 very가 필요하다.

Do you like him **much**?
I don't like him **much**.
*I like him **much**.
I like him **very much**.

다만 긍정문에서도 B의 자리에서는 much가 very 없이도 동사를 수식할 수 있는데, 이 경우 much가 수식하는 동사는 prefer, admire, appreciate, … 등 주어의 <태도>와 관련된 동사에 한한다.

We **much** prefer your offer.
*We prefer your offer **much**.
We **much** admire your courage.
*We admire your courage **much**.

(4) 흔히 형용사로 쓰이는 long이 부사로 쓰일 때는 의문문과 부정문에 한해서 C의 자리를 차지한다.

He didn't stay **long**.
Did he stay **long**?
*He stayed **long**.
cf. He stayed **for a long time**.

그러나 비교급으로 쓰이는 경우나 very, too의 수식을 받을 때는 긍정문에서도 C의 자리를 차지한다.

He stayed **too** long.
He stayed **longer**.

long은 다음과 같이 태도나 생각 등과 관련이 있는 동사와 결합할 때에는 긍정문에서도 쓰이는데, 그런 경우에는 B의 자리를 차지한다.

I have **long** admired his style of writing.
I have **long** thought of retiring at the age of 55.

8.5 부사의 종류와 위치

부사는 흔히 동일한 어형이 두 가지 이상의 기능을 갖는다. 이와 같은 기능과 그에 따른 종류의 차이는 다음과 같이 그 위치에 드러난다.

8.5.1 양태부사와 관점부사

a. The expedition was planned **scientifically**.
   (그 탐험은 과학적으로 계획되었다.)
b. **Scientifically,** the expedition was planned.
   (과학적인 관점에서 그 탐험은 계획되었다.)

(a)의 scientifically는 How was the expedition planned?라는 질문의 답이 될 수 있는 (부가사의 일종인) 양태부사이고, (b)의 scientifically는 from a scientific point of view로 풀어 쓸 수 있는 (하접사에 속하는) 관점부사이다. (b)의 scientifically를 C의 자리로 옮기기 위해서는 그 앞에 (,)가 필요하다.

Scientifically, the expedition was planned.
⇒ The expedition was planned, **scientifically**.

8.5.2 양태부사와 문장부사

a. George answered the question **foolishly**.
   (George는 그 질문에 어리석게 답했다.)
b. **Foolishly,** George answered the question.
   (어리석게도 George는 그 질문에 답했다.)

(a)의 foolishly는 answered the question을 수식하는 양태부사이지만 (b)의 foolishly는 'George가 그 질문에 답한 것이 어리석었다'라는 뜻으로, George가 어리석었다라는 화자의 주관적인 판단을 반영하는 문장부사(이접사)이다.

다음 예문이 논리상 모순이 되지 않는 것도 wisely는 문장부사이고 foolishly는 answered the question에 걸리는 양태부사이기 때문이다.

Wisely, he answered the question foolishly.

8.5.3 양태부사, 빈도부사, 문장부사

a. Answer the next question **generally**, not in detail.
   (다음 질문에 대강 답하시오. 자세하지 않아도 좋으니.)
b. He **generally** answers the questions in too much detail.
   (그는 으레 질문에 너무나도 자세히 답을 한다.)
c. **Generally**, I think you have done well.
   (대체적으로 말해서 나는 당신이 잘했다고 생각한다.)

C의 자리를 차지한 (a)의 generally는 양태부사이고, B의 자리를 차지한 (b)의 generally는 빈도부사이다. 한편 A의 자리를 차지한 (c)의 generally는 generally speaking으로 바꾸어 쓸 수 있는 이접사(문체부사)이다.

8.5.4 양태부사와 강의부사

a. The barber cut your hair **badly**.
   (그 이발사는 너의 머리를 볼품없게 깎았구나.)
b. Your hair needs cutting **badly**.
   (이발 좀 하여야겠다.)

(a)의 badly는 양태부사지만 (b)의 badly는 very much의 뜻을 나타내는 강의부사이다. 양태부사와 달리 강의부사로 쓰이는 badly는 B의 자리로 어순을 바꿀 수 있다.

The barber cut your hair **badly**.
⇒ *The barber **badly** cut your hair.
Your hair needs cutting **badly**.
⇒ Your hair **badly** needs cutting.

다만 양태부사로 쓰이는 badly도 수동태구문에서는 과거분사의 앞이나 뒤에 자유롭게 위치할 수 있다.

The house was ┤ built **badly**.
　　　　　　　└ **badly** built.

8.5.5 양태부사, 강의부사, 주어지향부사(1)

a. He spoke **bitterly** about their attitude.
 (그는 그들의 태도를 신랄하게 비판했다.)
b. He **bitterly** regretted their departure.
 (그는 그들의 출발을 몹시 서운해했다.)
c. **Bitterly**, he buried his child.
 (비통한 마음으로 그는 자식을 묻었다.)

위의 (a), (b)는 각각 다음과 같이 풀어 쓸 수 있다.

a'. He spoke **in a bitter way** about their attitude.
b'. He **very much** regretted their departure.

즉 (a)의 bitterly는 spoke를 수식하는 양태부사이고 (b)의 bitterly는 very much의 뜻을 나타내는 강의부사이다. 한편 (c)의 bitterly는 주어인 he에 걸리는 주어지향부사이다. 따라서 (c)는 다음과 같이 풀어 쓸 수 있다.

c'. **He was bitter** when he buried his child.

8.5.6 양태부사, 강의부사, 주어지향부사(2)

a. The guard tormented the prisoner **painfully**.
 (그 간수는 그 죄수를 아주 모질게 고문했다.)
b. She was **painfully** shy at the age of 16.
 (16세의 소녀였을 때 그녀는 몹시 수줍음을 탔다.)

c. **Painfully**, the miners have stood by their loyalty, and gone against their own conference.
(고통스러운 일이었지만 광부들은 광주에 대한 의리를 지켜 그들이 스스로 한 결의를 저버렸다.)

(a)의 painfully는 tormented에 걸리는 양태부사로 in a painful manner로 풀어 쓸 수 있으며 (b)의 painfully는 shy에 걸리는 강의부사로 very much의 뜻을 나타낸다. 한편 (c)의 painfully는 주어인 the miners에 걸리는 주어지향부사로 (c)는 다음과 같이 풀어 쓸 수 있다.

c′. To have stood by their loyalty and to have gone against their conference was **painful to the miners**.

shy를 수식하는 painfully가 예가 되듯이 대체적으로 형용사를 수식하는 부사는 그 부사가 지니는 본래의 의미가 약해지고 very much의 뜻이 덧붙여진다.

But it was also true that most Americans are **curiously** uncertain about this war.
Their country is **unbelievably** beautiful.
The test was **surprisingly** easy.

8.5.7 양태부사, 강의부사, 문장부사

a. He signed the document **personally**.
   (그는 직접 서류에 서명을 했다.)
b. I **personally** have never been to New York.
   (나 자신은 New York에 가 본적이 없다.)
c. **Personally**, I don't approve of the idea.
   (개인적인 의견을 말한다면 나는 그 생각에 찬동하지 않습니다.)

(a)의 personally는 양태부사이며, (b)의 personally는 I를 강조하는 강의부사이고, (c)의 personally는 이접사(문장부사)이다. (a), (b), (c)는 각각 다음과 같이 풀어 쓸 수 있다.

    a'. He signed the document **in person**.
    b'. **I myself** have never been to New York.
    c'. **Personally speaking**, I don't approve of his idea.

8.5.8 강의부사, 문장부사

    a. A: Is the water hot?
        (물이 뜨겁니?)
      B: Not **really**.
        (아주 뜨겁지는 않아요.)
    b. A: Did you take my newspaper?
        (내 신문 가져갔니?)
      B: **Really** not.
        (아니, 정말이지 안 가져갔어요.)

(a)의 Not really는 The water is not really hot의 생략형으로 really는 hot를 수식하는 강의부사이다. 반면에 (b)의 Really not는 Really, I did not take your newspaper.의 생략문으로 really는 이접사(문장부사)이다.

8.6 부사의 형태

8.6.1 -ly로 끝나는 부사

(1) 많은 부사는 그 어형이 -ly로 끝난다. -ly로 끝나는 부사는 대부분

형용사에 접미사 -ly가 붙은 것이다.

brief – briefly, immediate – immediately, adequate – adequately

그런데 logically나 radically는 형용사 logical, radical에 -ly가 부가된 것이지만 basically나 tragically는 basic과 tragic에 -ally가 부가된 것이다. -ic으로 끝나는 형용사로 -ly만을 부가한 부사로는 publicly가 있으며, 부사 economically와 대응하는 형용사로는 economic과 economical이 있다.

(2) 경우에 따라서는 (형용사적) 분사에 -ly가 부가되거나 명사에 -ly가 부가되어서 부사가 만들어지기도 한다.

1) 분사 + -ly: admittedly, allegedly; surprisingly, amazingly
2) 명사 + -ly: purposely, hourly, monthly

8.6.2 late vs. lately

lately란 부사는 형태상 late에 -ly가 부가된 것인데, lately와 대응하는 형용사인 late는 부사로도 쓰인다. 부사로 쓰이는 late는 lately와는 그 기능이나 의미가 다르다.

Lately, he didn't sit up **late**.
(요즈음에는 그는 밤이 깊기 전에 잠자리에 들었다.)

late/lately처럼 -ly의 부가에 따라 의미가 달라지는 부사의 예를 들어보면 다음과 같다.

hard – hardly,   high – highly,   just – justly,   most – mostly
near – nearly,   short – shortly,   direct – directly,   wide – widely

(1) He **hardly** worked **hard**.

(2) a. They climbed **high**.
(그들은 높이 올라갔다.)
b. He was **highly** sensitive about his weakness.
(그는 그의 약점에 대해서 아주 민감했다.)

(3) a. The ball went **wide** of the field.
(공은 운동장 멀리 날아갔다.)
b. He is **widely** known.
(그는 널리 알려져 있다.)

(4) a. The next flight doesn't go **direct** to Rome; it goes by way of Paris.
(다음 비행기는 Rome으로 직행하지 않습니다. Paris를 경유해서 갑니다.)
b. Answer me **directly**.
(내 물음에 당장 답하세요.)

high-highly, wide-widely, direct-directly ... 등의 경우 전자는 구체적인 의미를 지니며, 후자는 전자가 갖는 의미보다 비유적 (또는 추상적)으로 쓰이고 있다.

8.6.3 slow vs. slowly

a. John usually walks **slow**.
b. John usually walks **slowly**.
c. John walks at a **slow** pace.

위의 예문에서 (c)의 slow는 형용사지만 (a)의 slow는 (b)의 slowly와 똑같은 부사이다. 부사로 쓰일 때 slow는 용법상 slowly와 다음과 같은 차이가 있다. (7.21.4 참조)

(1) slow는 slowly에 비해서 상대적으로 일상체(informal style)에 속한다.

(2) 부사로 쓰일 때 slow는 특히 go, walk, drive 등 이동동사와 같이 쓰이지만 slowly에는 그와 같은 제약이 없다.

He drove $\begin{Bmatrix} \text{slow} \\ \text{slowly} \end{Bmatrix}$ round the corner.

He was eating $\begin{Bmatrix} \text{*slow.} \\ \text{slowly.} \end{Bmatrix}$

(3) 부사로 쓰이는 slow는 slowly와 달리 주어 다음의 자리는 차지하지 못한다.

He $\begin{Bmatrix} \text{*slow} \\ \text{slowly} \end{Bmatrix}$ drove round the corner.

부사로 쓰이는 slow는 동사 또는 목적어 다음의 자리만을 차지하는 것이다. 다만 how다음에서는 slowly 대신에 slow가 쓰일 수 있다.

How slow this train goes!

(4) slow는 동명사구를 만들지 못한다.

$\begin{Bmatrix} \text{*John's driving slow} \\ \text{John's driving slowly} \end{Bmatrix}$ annoyed everyone.

단, 분사와 결합해서 다음과 같은 복합어를 만든다.

slow-moving cars, **slow**-cooked food

(5) slow는 분열문에서 <u>It is ...</u> 다음에 위치하지 못한다.

It was $\begin{Bmatrix} \text{*slow} \\ \text{slowly} \end{Bmatrix}$ that he drove the corner.

8.6.4 big, frankly, friendly

(1) 다음 형용사는 부사로 쓰이는 경우에도 -ly가 붙지 않는다.

He always talks **big**.
(그는 언제나 큰 소리만 친다.)
They were running **fast**.
We finished **early**.

(2) 다음은 -ly가 부가된 부사가 반드시 쓰여야 하며, 형용사가 부사를 겸할 수 없다.

He spoke $\begin{cases} \text{*brief and frank.} \\ \textbf{briefly and frankly.} \end{cases}$

He always talks $\begin{cases} \text{*arrogant.} \\ \textbf{arrogantly.} \end{cases}$

(3) -ly로 끝나는 형용사인 friendly는 대응하는 부사형을 갖지 않는다. 그러므로 부사적인 의미는 부사구인 in a friendly way 등으로 나타낸다.

They welcomed us $\begin{cases} \text{*friendly.} \\ \textbf{in a friendly way.} \end{cases}$

-ly로 끝나는 형용사로는 그 밖에 likely, lonely ... 등이 있다. 그런데 likely의 부사형으로는 probably가 쓰인다.

8.6.5 명사 + -ly

명사에 -ly가 부가된 낱말은 다음과 같이 구분된다.

(1) 형용사로만 쓰이는 것: friendly, lovely

   They were very **friendly**.

(2) 형용사와 부사를 겸하는 것: daily, weekly, monthly, yearly, ...

   Daily newspapers are published **daily**.

8.7 부가사(Adjunct)

부가사(8.2.2 참조)는 다음과 같은 통사적 특성을 갖는다.

(1) 분열문 (It ... that ...의 틀을 이용한 강조구문)의 초점이 될 수 있다.

   Hilda helped Tony <u>because of his injury</u>.
   ⇒ It was **because of his injury** that Hilda helped Tony.

(2) 의문문과 부정문에서 각각 질문과 부정의 초점이 될 수 있다.
   a. Does John live <u>in New York</u>?
   b. He didn't walk <u>to the church</u>.

(a)는 <질문>의 초점이 어디에 있느냐에 따라 여러 가지 의미를 나타낼 수 있다. 초점이 John에 있다면 (a)는 '(다른 사람이 아니라) John이

New York에 사느냐?'라는 뜻이 된다. 또한 (a)는 'John이 (다른 곳이 아
닌) New York 에 사느냐?'라는 뜻을 나타낼 수도 있다. 이와 같은 뜻을
나타내는 것은 (a)에서 in New York가 질문의 초점이 되는 경우이다. 말
을 바꾼다면 in New York 는 장소를 나타내는 부사구인데, 부사구 가운
데서도 '부가사'에 속한다.

(b) 역시 <부정>의 초점이 어디에 있느냐에 따라 여러 가지 의미를 나
타낼 수 있다. 초점이 walk에 있다면 (b)는 '그는 (뛰어갔거나 차를 타고
갔지) 걸어서 가지는 않았다'라는 뜻이 된다. 그런데 (b)는 '그는 (다른
곳으로는 몰라도) 교회에 걸어서 가지는 않았다'라는 뜻을 나타낼 수도
있다. 이와 같은 뜻을 나타내는 것은 to the church가 부정의 초점이 되는
경우이다. 말을 바꾼다면 to the church는 방향을 나타내는 부사구인데,
부사구 가운데서도 '부가사'에 속한다.

(3) 동사구가 대용형으로 대체되거나 생략되는 경우 그 대용형이나 생
략된 요소 안에 포함될 수 있다.

    John didn't arrive yesterday, but Mary <u>did not</u>.

위의 예문에서 Mary did not. 다음에는 arrive yesterday가 생략되어 있
는데, 여기서 yesterday는 부가사인 것이다.
  하접사, 이접사, 합접사는 위에서 언급한 부가사의 세 가지 통사상의
특성을 갖지 않는다.

8.8 공간부사

8.8.1 의미

공간부사는 장소(place)와 위치(position), 방향(direction), 기점(source)과

착점(goal) 및 거리(distance)를 나타낸다.

I met him **at the station**.
You'll find him **where he always is**.
He was running **towards her**.
He came to **London from Rome**.
He threw it **about ten yards**.

이 가운데서 방향, 기점과 착점을 나타내는 부사류는 동사와 결합해서 문장을 만드는 필수적인 요소를 이룬다.

He was thrown **overboard**.
He came **out of a nightclub**.

장소를 나타내는 부사류는 수의적인 경우와 의무적인 경우로 갈라진다.

I met him **in the park**.   —   수의적
He lives **in New York**.   —   의무적

8.8.2 어순

(1) 한 문장에 위치를 나타내는 부사(류)가 겹치는 경우에는 범위가 넓은 쪽이 뒷자리를 차지한다.

Many people eat in restaurants in London.

(2) 이 두 부사구 가운데 문장의 첫머리로 옮길 수 있는 것은 범위가 넓은 쪽이다.

Many people eat in restaurants in London.
⇒ ***In restaurants** people eat in London.
⇒ **In London** many people eat in restaurant.

(3) 방향을 나타내는 부사구가 겹치는 경우에는 <이동>이 실행되는 순서에 따른다.

He ran <u>from his home</u> <u>down the hill</u> <u>over the bridge</u> <u>to the village</u>.
    (1)   (2)   (3)   (4)

(4) 부사와 부사구가 겹치는 경우에는 부사가 부사구에 선행한다.

He flew <u>west</u> <u>over the city</u>.

다음과 같은 어순의 차이도 유의할만하다.

He came <u>to London</u> <u>from Rome</u>.
He went <u>from Rome</u> <u>to London</u>.

come이 쓰인 경우 착점(목적지)보다 기점(출발지)이 뒤에 나오는 것은 기점의 정보 가치가 크기 때문이다. go가 쓰인 경우는 착점이 기점 다음에 나오는데 이는 go는 착점 지향적이어서 착점의 정보 가치가 기점의 정보 가치보다 크기 때문이다.
이와 같은 정보 가치의 차이는 다음 예문에도 잘 나타나 있다.

 a. Where did he come **from**?
 b. *Where did he come **(to)**?
 c. Where did he go?
 d. *Where did he go **from**?

8.9 시간부사

8.9.1 의미

시간부사는 시점(time position), 기간(span and duration), 빈도(frequency) 및 상대적 시간(relative time)을 나타낸다.

I was in New York **last year**.
Can you stay **over the weekend**?
Take three pills **twice a day**.
I met him **before**.

8.9.2 어순

(1) 한 문장에 시간부사가 둘 이상 나타나는 경우에는 시간 폭이 넓은 부사가 뒷자리를 차지한다.

> I'll see you <u>at nine</u> <u>on Monday</u>.
> I landed in America <u>at six o'clock</u> <u>in the morning</u> <u>on the twenty-fifth of June</u>, <u>1959</u>.

(2) 그러나 상대적으로 길이가 긴 부사구는 (end-weight의 원칙에 따라) 문장의 뒷자리를 차지한다.

> He got drunk <u>tonight</u> <u>within a very short time</u>.

그런데 (1)과 (2)의 원칙이 서로 충돌하는 경우 문맥에 따라서는 다음 과 같이 (a), (b)의 두 어순이 다 허용되는 융통성이 있기도 하다.

> a. He died <u>at half past two</u> <u>yesterday</u>.

b. He died <u>yesterday</u> <u>at half past two</u>.

(3) 두 부사 가운데 문장의 첫머리로 옮길 수 있는 것은 상대적으로 뒷자리를 차지하는 시간 폭이 넓은 부사(구)이다.

I'll see you <u>at nine</u> <u>on Monday</u>.
⇒ *At nine I'll see you on Monday.
⇒ On Monday I'll see you at nine.

(4) 종류가 다른 시간부사가 겹치는 경우의 순서는 다음과 같다. 즉 기간을 나타내는 부사가 먼저 쓰이고 시점을 나타내는 부사는 맨 끝을 차지한다.

I was there <u>for a short while</u> <u>every day</u> <u>last year</u>.
     (기간) (빈도) (시점)

8.9.3 시간부사의 유의점

(1) after, before, since
after, before, since는 흔히 전치사 또는 접속사로 쓰이지만 다음에서는 시간부사로 쓰이고 있다.

I have never seen him so unhappy **before**.
The meeting is at six. I'm leaving now, but I'll see you **after**.
The town was burnt down five year ago and has **since** been rebuilt.

(2) presently
presently는 Br. E.에서는 'not now, later, in a minute'라는 뜻으로 쓰이며, Am. E에서는 'at present'라는 뜻을 갖는다.

He'll be down **presently**. - Br. E.
(그는 곧 내려올 것입니다.)
A: Mummy, can I have an ice-cream?
B: **Presently** (=not now, later), dear.
They are **presently** (=at present) in London. - Am. E.

(3) 빈도부사

빈도부사는 의미상 How often ...?의 답이 되는 다음과 같은 어구를 가리킨다.
always, ever, frequently, occasionally, often, never, rarely, seldom, usually, sometimes, hardly, once, twice, again, monthly, several times a week, ...

이 가운데 하나의 낱말로 이루어지는 다음 빈도부사는 보통 B의 자리를 차지한다.
always, often, ever, never, seldom, hardly, scarcely, ...

    I have **often** seen him.
    She is **always** happy.
    Do you **ever** go skiing?

scarcely, hardly, seldom, never, ... 등이 문장의 첫머리를 차지하는 경우는 도치구문이 되어야 한다.

    We have { **never** / **seldom** / **rarely** } seen such a spectacle as this.

  ⇒ { **Never** / **Seldom** / **Rarely** } have we seen such a spectacle as this.

일정한 빈도를 나타내는 다음 부사류는 C의 자리를 차지한다.
weekly, every other day, once, once/twice a week

>Committee meetings take place **weekly**.
>Come here **twice a week**.

그 밖에 다음 부사류도 C의 자리를 차지한다.

>I went there **on several occasions**.
>We play cards $\begin{cases} \text{**now and again**.} \\ \text{**off and on**.} \end{cases}$

반대로 상례(usual occurrence)를 뜻하는 다음 부사류는 원칙상 A의 자리를 차지한다.

>**As a rule**, it's very quiet here during the day.
>**As usual**, nobody asked anything at the end of the lecture.

8.10 과정부사

8.10.1 의미

과정부사는 양태, 수단과 도구, 행위자를 나타낸다.

She looked at him **coldly**.
They treated the patient **surgically**. (=by means of surgery)
The window was broken **with a stone**.
He was killed **by a terrorist**.

8.10.2 어순

과정부사류는 주로 어순상 C의 자리를 차지한다.

*He **badly** treated his friends.
⇒ They treated their friends **badly**.
*They **frugally** live.
⇒ They live **frugally**.

8.10.3 유의할 용법

다음 부사(류)는 일상체에서 괄호 안의 전치사를 생략할 수 있다.

She cooks chicken **(in) the way I like**.
He travelled to Washington **(by) first class**.
He sent it **(by) air mail**.

8.11 관련부사

(관점부사: 8.12.1 참조)

8.12 하접사(Subjunct)

앞에서 세분한 하접사 (8.3(2) 참조) 가운데서 관점부사와 격식부사는 문장 전체에 걸리며, 주어지향부사 등 기타는 문장의 구성요소 일부에 걸린다.

8.13 관점부사

8.13.1 관점부사와 관련부사

의미상으로는 하접사에 속하는 관점부사와 부가사에 속하는 관련부사는 거의 차이가 없다. 관점부사는 흔히 from a viewpoint of를 이용하여 풀어 쓸 수 있는데, 관련부사 역시 from a standpoint 등을 이용하여 풀어 쓸 수 있다.

Scientifically (=from a scientific point of view), the expedition was planned. — 관점부사
The lawyer advised him **legally**. (=from a legal standpoint) — 관련부사

다만 관점부사는 위의 예에서도 그렇듯이 보통 A의 자리를 차지하며 관점부사와 주어사이에 (,) (또는 pause)가 온다. 따라서 문장 전체에 걸린다고 보아서 무리가 없다. 한편 관련부사는 C에 위치하여 술부동사에 걸린다.
관점부사의 예를 추가해보면 다음과 같다.

Looked at politically, it was not an easy problem.
As far as mathematics is concerned, he did not know anything.

8.14 격식부사

8.14.1 의미

격식부사란 다음과 같이 표현을 정중하게 하거나 격식에 맞도록 하기 위해서 공식적으로 쓰이는 부사를 말한다.

He **kindly** offered us a ride.
We **cordially** invite you to our party.
He **humbly** offered his apology.
Take a seat, **please**.
Kindly leave the room.

8.14.2 격식부사와 양태부사

다음에서 (a)의 kindly는 격식부사이고, (b)의 kindly는 양태부사이다.

a. He **kindly** talked to the old man.
b. He talked to the old man **kindly**.

즉 (b)는 의미상 How did he talk to the old man?의 답이 될 수 있는 문장으로, kindly 없이는 완전한 문장이 되지 못한다.

(a)는 What did he do to the old man?의 답이 될 수 있는 문장으로 kindly는 주어인 He를 높여주고 표현을 정중하게 하는데 도움이 되지만, 없어도 완전한 문장을 만드는데는 지장이 없다.

8.14.3 please와 kindly

kindly는 명령문에서 쓰이는 경우 반드시 A의 자리를 차지한다. 반면에 please는 명령(부탁, 의뢰, ...)을 나타내는 문장에서만 쓰이는데 어순상으로는 융통성이 있다.

$\left\{\begin{array}{l}\text{Please}\\ \text{Kindly}\end{array}\right\}$ leave the room.

Leave the room, $\left\{\begin{array}{l}\text{*kindly.}\\ \text{please.}\end{array}\right.$

8.15 주어지향부사

8.15.1 주어지향부사와 양태부사

다음 (a), (b)사이에는 미묘한 의미차이가 있다.

a. John seduced Mary **intentionally**.
b. John **intentionally** seduced Mary.

(a), (b)는 다 'John 이 의도적으로 Mary를 유혹했다.'라는 뜻이지만 좀 더 자세히 따진다면 (a)의 intentionally는 seduced Mary에 걸려 <Mary를 유혹한 행위>가 의도적이었다는 뜻이며, (b)의 intentionally는 John에 걸려 <John이 의도적으로 유혹했다>라는 뜻을 내포한다. 즉 (a)의 intentionally는 양태부사이고, (b)의 intentionally는 주어지향부사이다.
위의 예문의 경우 (a), (b)의 차이는 미묘해서 반드시 그 의미가 분명히 드러난다고 할 수 없지만, 다음의 경우는 그 의미 차이가 분명하다.

c. Mary was seduced **intentionally** by John.
d. Mary **intentionally** was seduced by John.

즉 (c)는 <John이 Mary를 의도적으로 유혹했다는>라는 뜻이지만, intentionally가 주어지향부사로 쓰인 (d)는 <Mary가 의도적으로 John의 유혹에 넘어갔다>라는 뜻을 나타낸다. 다시 말해서 (c)는 (a)의 수동태가 될 수 있지만 (d)는 (b)의 수동태가 될 수 없다.

8.15.2 주어지향부사의 풀어쓰기

주어지향부사의 예를 추가해보면 다음과 같다.
이 예들은 괄호 안의 문장으로 풀어 쓸 수 있으며 괄호 안의 문장은 이 예문에 나오는 부사(구)가 어째서 주어지향부사인가를 보여준다.

Bitterly, he buried his child.
(⇒ **He was bitter** when he buried his child.)
With great pride, he accepted the award.
(⇒ **he was very proud** to accept the award.)
He **deliberately** misled us.
(⇒ **He was being deliberate** when he misled us.)
With great unease, they elected him as their leader.
(⇒ **They were very uneasy** when they elected him as their leader.)

8.16 동사구 관련부사

구동사를 만드는 bring up, put off의 up이나 off 등 이른바 부사적 소사 (5.25.(3) 참조) 등을 말한다. 또한 관용어적으로 쓰이는 would rather ..., had better ...의 rather, better도 동사구 관련부사에 속한다.

8.17 시간관련부사

already, yet, still 등이 시간관련부사에 속한다.

8.17.1 already와 yet

긍정문과 부정문 또는 의문문에서 already와 yet는 대립적으로 쓰인다.

I have **already** taken breakfast. — 긍정문
I have not taken breakfast **yet**. — 부정문
Have you taken breakfast **yet**? — 의문문

already가 의문문에서 쓰이는 경우, yet와 already는 다음과 같은 점에서 다르다.

a. Have you taken your breakfast **yet**?
b. Have you taken your breakfast **already**?

(a)는 화자로서는 상대방이 아침밥을 먹었는 지의 여부에 대해서 전혀 아는 바가 없는 순수한 의문문에서 쓰인다. (b)는 상대방이 아침밥을 벌써 먹었음을 알고 물을 때 쓰인다.

8.17.2 yet

yet는 부정문이나 의문문에서 already와 대립적으로 쓰이지만, <아직도, 여전히>란 뜻을 함축할 때는 긍정문에서도 쓰인다.

There's plenty of time **yet**.
(⇒ There's still plenty of time.)

다음 긍정문에서의 yet는 '나는 그를 아직 만나지 않았다. 앞으로 만나야한다'라는 뜻을 함축한다.

I have **yet** to meet him.

8.18 강조부사

8.18.1 기능

강조부사는 <하나의 문장이 전달하는 의미>를 강조한다.

I **honestly** don't know what he wanted.
I **just** can't understand it.
I **simply** don't believe it.

강조부사는 (예를 들어, Are you willing to help?와 같은 질문의) 단답 형응답으로 흔히 쓰인다.

Yes, **certainly**.
Sure(ly).
Certainly not.

8.19 강의부사

8.19.1 기능

(강조부사가 하나의 문장이 전달하는 의미를 강조한다면) 강의부사는 동사구, 형용사구, 부사구 등 문장의 구성요소가 나타내는 <정도>를 강조한다.

They **greatly** admire him.
I fully **appreciate** your problem.

8.19.2 구분

강의부사는 문장의 구성요소의 정도가 높다는 뜻을 강조하는 '확대부사(amplifier)'와 정도가 (아주) 높지 않음을 강조하는 '완화부사(downtoner)'로 구분된다.

8.20 확대부사의 주요 용법

확대부사 가운데 유의할 만한 것을 골라 그 용법을 살펴보면 다음과 같다.

8.20.1 very와 much를 중심으로

(1) very는 형용사, 부사를 수식하고 (very) much는 동사를 수식한다.

> It's **very** foolish to smoke.
> She's a clever girl, and has learned the new work **very** quickly.
> I like it **very much**.

형용사가 very의 수식을 받는다고 하지만, 형용사의 비교급은 much나 far의 수식을 받아야 한다 (7.13.2(6) 참조). too 다음에 형용사가 이어지는 경우에도 <u>too + 형용사</u>는 much나 far 또는 rather, only 등의 수식을 받는다.

> This book is **much/*very** too difficult for me.
> There's **far** too little opportunity for adventure these days.

(2) 서술적 용법으로만 쓰이는 a-로 시작하는 형용사로 특히 awake, asleep 등은 very나 much가 아닌 다른 강의어의 수식을 받는다.

> **wide** awake
> **fast** asleep
> cf. *very/*much awake
>   *very/*much asleep

alone은 very의 수식은 받지 못하지만 very much나 all의 수식을 받는다.

She's **very much/all** alone.
cf. She's *very alone.

그 밖에 alike나 aware도 very의 수식을 받지 못한다. 특히 영국영어에서는 afraid도 very의 수식을 받지 못한다.

They are $\begin{Bmatrix} \text{quite} \\ \text{much} \\ \text{*very} \\ \text{well} \end{Bmatrix}$ alike.

He was $\begin{Bmatrix} \text{fully} \\ \text{*very} \end{Bmatrix}$ aware of his mistakes.

한편 different, like 등은 very는 물론 much의 수식도 받을 수 있다.

He is $\begin{Bmatrix} \text{very} \\ \text{much} \end{Bmatrix}$ different from his brother.

Seoul is a city **much** like Tokyo.
Two cities are **very** alike.

(3) 과거분사는 원칙적으로 much의 수식을 받는다. 그러나 형용사적 성격이 강한 과거분사는 very의 수식을 받는다 (7.21.3 참조).

8.20.2 확대부사와 동사의 공기관계(Co-occurrence)

확대부사와 그 확대부사가 강조하는 동사의 공기관계에는 일종의 제약이 있어서, very much의 뜻을 지니는 badly는 need, want와 같은 동사는 수식하지만 agree나 forget와는 함께 쓰이지 않는다. 이와 같은 공기관계의 예를 들어보면 다음과 같다.

entirely + agree
badly + need/want
completely + forget
greatly + admire

deeply는 감정을 나타내는 hate, dislike, admire, love, value 등과 함께 쓰이지만 like와는 함께 쓰이지 않는다.

deeply + { hate / dislike / admire / love / value / *like }

다음 (a)와 (b)에서의 wounded의 의미에는 약간의 차이가 있다. (a)의 wounded는 <마음의 상처>를 나타내고 (b)의 wounded는 <육체적 상처>를 나타낸다. (a)의 wounded를 <마음의 상처>로 해석하는 까닭은 deeply가 위에서의 예가 보여주듯이 흔히 <감정>을 나타내는 동사를 수식하기 때문이다.

a. They wounded him **deeply**.
b. They wounded him **badly**.

8.20.3 really와 부정문

really가 부정문에 사용되는 경우에는 그 위치에 따라 의미의 차이가 나타난다.

a. I **really** don't like her.
   (나는 그녀가 정말 싫다.)

(=I dislike her strongly.)
b. I don't **really** like her.
(나는 그녀가 정말 좋은 것은 아니다.)

8.21 완화부사의 주요 용법

완화부사에는 quite, rather, fairly, pretty, scarcely, hardly, ... 등이 있는데 특히 유의할 만한 용법을 간추려보면 다음과 같다.

8.21.1 quite

quite는 completely, perfectly 등의 의미를 지님으로써 확대부사로 쓰이는 경우와 more or less, to some degree의 뜻을 지님으로써 완화부사로 쓰이는 경우가 있어, 이 기능의 차이를 이해하는 것이 중요하다.

(1) quite는 full/empty, right/wrong, all right, certain, sure, ... 등 완전성(completeness)을 나타내는 어구와 같이 쓰이거나, perfect, amazing, horrible, extraordinary, ... 등 그 의미상의 강도가 높은 형용사나 부사와 함께 쓰이는 경우는 completely라는 뜻을 나타낸다. 또한 understand, appreciate, believe, forget, realize, recognize 등과 같이 쓰이는 경우도 역시 '100 per cent'라는 뜻을 나타낸다.

The bottle was **quite** (=completely) { empty. / full. }
You're **quite** (=100%) { wrong. / right. }
It's **quite** (=very) extraordinary; I can't understand it at all.
I **quite** (=entirely) understand.

(2) 그러나 그 밖의 단계형용사 (7.12 참조)나 동사 또는 명사와 같이 쓰일 때 quite는 그 형용사나 동사의 뜻을 어느 정도 완화하는 기능을 갖는다.

It's **quite** good, but there are better ones.
(그것도 좋기는 하지만 더 좋은 것이 있어요.)
She **quite** enjoys her job, but she's looking for a new one.
(그녀는 지금 다니는 일 자리를 꽤 좋아하기는 하지만, 다른 일자리를 찾고 있다.)
It was **quite** a meal, but not worth 10 pounds.
(맛이 있기는 했지만 10 파운드 값은 안되는 식사였다.)
He's **quite** strong, but not clever.
(그는 힘은 제법 세지만 머리는 좋지 않다.)
I **quite** like John, but not enough to marry him.
(나는 John을 꽤 좋아하기는 하지만 결혼하고 싶을 정도로 좋아하지는 않아요.)

다음 예문에서 (a)의 exhausted는 (b)의 tired에 비해서 강도가 높다. (a)의 quite는 확대부사이며 (b)의 quite는 완화부사이다.

    a. I'm **quite** exhausted.
       (피로해 죽을 지경이야.)
    b. I'm **quite** tired.
       (상당히 피곤해.)

8.21.2 just

just도 quite처럼 상반되어 보이는 두 기능과 의미를 갖는다.

(1) That's **just** amazing. - 확대부사

(놀라울 따름이다.)
That's **just** I want.
(바로 내가 원하는 것이 그것이야.)

(2) I **just** dropped by to say hello. - 완화부사
(그저 인사나 할까해서 들렸지.)
Just sit down, please.
(좀 앉아요..)

8.21.3 rather, fairly

(1) rather와 fairly는 똑같이 '상당히, 꽤'란 뜻을 나타내는데, rather와 달리 fairly는 바람직한 의미를 가진 형용사나 부사하고만 결합한다.

I'm feeling { **rather** / ***fairly** } unwell. depressed.

I've done { **rather** / ***fairly** } badly in my exam.

Tom is **fairly** clever, but Peter is **rather** stupid.
He is **fairly** rich, but she is **rather** poor.
This case is **rather** heavy, but that one is **fairly** light.

다음 (a), (b)는 의미가 다르다.

    a. This soup is **fairly** hot.
    b. This soup is **rather** hot.

fairly는 바람직한 형용사나 부사하고 결합하기 때문에 (a)의 화자는 짐작컨대 뜨거운 것(또는 문맥에 따라서는 매운 것)을 좋아하는 사람이고, (b)는 This soup is a little too hot for me.란 뜻을 내포한다고 봄직하다.

(2) rather는 물론 바람직한 의미를 나타내는 형용사나 부사하고도 결합한다. 그런 경우 rather는 fairly나 quite보다는 very에 가깝다.

rather와 비슷한 강도를 갖는 완화부사에는 pretty가 있는데 pretty는 일상체(informal style)에서 흔히 쓰인다. 한편 quite는 fairly보다 강도가 높다. 그러므로 완화부사의 <정도>는 다음과 같이 순위를 설정해 볼 수 있겠다.

not nice < fairly nice < quite nice < pretty/rather nice < very nice

(3) rather와 fairly는 부정관사와 같이 쓰이는 경우 어순에도 차이가 있다.

That is a rather long story.
That is a fairly long story.
That is rather a long story.
*That is fairly a long story.

8.21.4 의문문과 ever

의문문을 만드는 who, what, when, where, why, how와 함께 쓰이는 ever는 의문문이 나타내는 <의문>의 뜻에 말하는 이의 <놀람>, <찬양>, <노여움> 등의 감정을 가미시키는 구실을 한다.

How **ever** did he escape?
(도대체 그는 어떻게 도망쳤을까?)
Who **ever** is that strange girl with Roger?
What **ever** do you think you're doing?
Why **ever** didn't you tell me you were coming?

일상체에서는 ever는 on earth로 대체되며 on earth보다 the hell은 그 의미가 더 강하지만 반면에 비속하다.

How **on earth** did you manage to get the car started?
Who **on earth** told you that?
What **the hell** do you think you're doing?

8.21.5 부정문과 완화부사

(1) 부정의 의미를 강조하는 완화부사로는 at all, in the least, by any means ... 등이 있다.

> I didn't understand anything **at all**.
> She wasn't **at all** frightened.
> I hardly know her **at all**.
> I don't like him **in the least**.
> We were not surprised at the news **by any means**.

일상체에서는 a bit, a thing 등도 완화부사로 쓰인다.

> I don't like him **a bit**.
> He didn't give me **a thing**. (=anything at all.)

(2) at all은 의문문이나 조건절과 결합하여 <의문>이나 <조건>의 뜻을 강조하기도 한다.

> Do you know how to play poker **at all**?
> (자네는 포커를 조금이라도 할 줄 아나?)
> He'll come before dinner, if he comes **at all**.
> (그가 혹시라도 온다면 그는 저녁식사 전에는 올 것이다.)

at all은 if가 이끄는 조건절을 강조하는 관용적인 표현의 일부로도 쓰인다.

It should be done, **if at all**, at once.
(만일 그 일을 (안 한다면 몰라도) 꼭 하여야 한다면 당장에 해야 한다.)

8.22 초점부사

8.22.1 제한적 초점부사와 부가적 초점부사

초점부사에 속하는 부사들은 다음과 같이 구분된다.

제한적: merely, only
부가적: also, even, too, as well

8.22.2 어순: even의 경우

a. John **even** bought her a new house.

위의 예문 (a)는 even의 초점이 어디에 있느냐에 따라서 다음 다섯 가지의 의미 가운데 하나를 나타낸다.

(1) John까지도 그녀에게 새 집을 사 주었다.
(2) John은 그녀에게 새 집을 사주기까지 했다.
(3) John은 그녀에게까지 새 집을 사주었다.
(4) John은 그녀에게 집, 그것도 구옥이 아닌 새 집까지 사주었다.
(5) John은 그녀에게 (새) 집까지 사주었다.

특히 말(spoken form)에 있어서는 이 (1-5)의 의미차이는 다음과 같은 강세(stress)의 차이로 드러난다.

(1′) Jóhn even bought her a new house.
(2′) John even bóught her a new house.
(3′) John even bought hér a new house.
(4′) John even bought her a néw house.
(5′) John even bought her a new hoúse.

even은 (a)에서처럼 B의 자리를 차지하는 이외에 초점이 되는 어구의 앞자리에 위치하기도 한다.

b. Even Jóhn bought her a new house.
c. John bought even hér a new house.
d. John bought her even a néw house.
e. John bought her even a new hoúse.

즉 (b-e)는 각각 위에 제시했던 (1), (3), (4), (5)의 뜻을 나타낸다.

8.22.3 only와 also

위에서 even과 관련시켜 설명한 사항은 원칙상 only에도 해당된다. 즉 only는 흔히 주어 다음의 자리를 차지하는데 동사, 형용사, 부사에 걸리는 경우에는 그 어구의 앞자리에 위치할 수 있다.
명사(구)에 걸리는 경우만은 even과 달리 그 명사(구)의 앞이나 뒤에 자유롭게 위치할 수 있다.

I **only** kíssed her.

I **only** like péople who like me.

The bus **only** runs on Túesday.

I've **only** been to Cheju ónce.

Only yóu could do a thing like that.

I believe **only** hálf of what he said.

He lent the car to mé **only**.

also 역시 흔히 주어 다음의 자리를 차지하며 강세의 위치에 따라 의미에 차이가 생긴다.

John **also** bought her a new house.

다만 also는 even이나 only와 달라 문장의 첫머리에서는 쓰이지 않는다.

8.22.4 too와 as well

also와 비슷한 의미를 갖는 초점부사에는 too와 as well이 있는데 too와 as well은 보통 문장의 끝자리를 차지한다. 따라서 다음 예문은 문맥에 따라서 세 가지 의미를 갖는다 (말(spoken form)에서는 이 의미 차이는 역시 강세의 차이로 나타낼 수 있다).

John teaches skiing **too/as well**.
1) John도 스키를 가르친다.
2) John은 스키를 가르치기도 한다.
3) John은 스키도 가르친다.

주어를 초점으로 삼는 경우 too는 as well과 달리 주어 다음에 위치할 수도 있다. 다만 이 경우 too의 앞뒤에는 (,)가 필요하다.

John, **too,/*as well**, teaches skiing.

한편 too와 as well은 똑같이 부정형에서는 either를 쓴다.

Her mother's coming, **too/as well**.
= Her mother's **not** coming, **either**.

8.23 이접사(문장부사)(Disjunct)

이접사는 다음과 같이 구분된다.

a) 문체부사 (style disjuncts)
b) 내용부사 (content disjuncts)

8.24 문체부사

문체부사는 그 부사가 걸리는 문장이 (1) 어떤 마음의 상태에서 그리고 어떤 표현방식으로 말하여졌는지와 (2) 어떤 관점에서 말하여졌는지를 화자의 입장에서 부연적으로 설명해주는 기능을 갖는다. 대체적으로 문장부사는 (8.4.2)에서 언급한 A의 자리를 차지한다.

(1)의 기능을 갖는 것으로는 다음이 있다.

Frankly, I was bored.

In short, I say 'No!'
Putting it bluntly, he has little market value.
There were twelve people present, **to be precise**.
candidly, flatly, honestly, seriously, truly, truthfully
confidentially, privately,
approximately, bluntly, briefly, broadly, generally, roughly

(2)의 기능을 갖는 것으로는 다음이 있다.

Personally, I find the music too arid.
figuratively, literally, metaphorically, personally

8.25 내용부사

8.25.1 기능

내용부사는 그 부사가 걸리는 문장의 내용에 대한 (1) 확실성의 정도와 (2) 가치평가를 화자의 관점에서 부연적으로 설명해주는 기능을 갖는다.

Certainly, he passed the test.
Understandably, they were deeply distressed to hear about her death.
Stupidly, she refused to take his advice.

8.25.2 확실성의 정도

문장의 내용에 대한 확실성의 정도를 부연적으로 설명하는 내용부사는 화자의 주관적인 확신의 정도를 기준으로 다음과 같이 분류할 수 있다.

(1) certainly, definitely, indeed, surely, undeniably, undoubtedly, unquestionably
 - 의심할 여지없는 확신을 반영한다.

(2) quite, likely, may be, perhaps, possibly, presumably, supposedly
 - 어느 정도의 불확실성을 감안한다.

(3) evidently, clearly, obviously, plainly, apparently
 - 주관적 판단뿐만 아니라 객관적인 판단도 개방되어 있음을 시사한다.

(4) actually, really
 - 문장 내용의 확실성 여부를 현실에 입각해서 부연하는 의미를 갖는다.

(5) theoretically, superficially, ideally, essentially, basically, fundamentally
 - 문장 내용의 확실성 여부를 이론상으로 부연하는 의미를 갖는다.

(6) reportedly, supposedly, admittedly, allegedly, ...
 - 문장 내용의 사실성 여부의 판단 기준이나 근거가 화자 아닌 제3자에게 있음을 나타낸다.

8.25.3 내용부사와 가치평가

a. She **surprisingly** passed the test.
 (그녀는 놀랍게도 시험에 합격했다.)
b. **Foolishly**, the prisoner answered the questions.
 (그 죄수는 어리석게도 그 질문에 대답했다.)

위의 예문에서 (a)의 surprisingly는 <그녀가 시험에 합격했다는 사실이 놀랍다>는 화자의 주관적인 평가를 반영하고, (b)의 foolishly는 <그가 질문에 대답을 한 것>이 어리석었다는 뜻을 나타내는 한편, 그와 같은 행동을 한 <그가 어리석었다>는 주어지향적인 의미도 아울러 지닌다.

이와 같은 평가부사의 예를 추가해보면 다음과 같다.

(a) surprisingly류 (주어지향적이 아닌 것)
   surprisingly, curiously, fortunately, (un)happily, (un)naturally, regrettably, strangely
(b) foolishly류 (주어지향적인 것)
   foolishly, wisely, cleverly, rightly, wrongly, justly

이 주어지향적인 문장부사와 이미 언급된 주어지향적인 하접사 (8.14.2 참조)는 다음과 같은 점이 다르다.

Foolishly, the prisoner answered the questions. — 이접사
Bitterly, he buried his children. — 하접사

이접사인 foolishly는 The prisoner was foolish.라는 뜻과 더불어 <그가 질문에 대답한 것>이 어리석었다는 뜻도 나타내지만, 하접사인 bitterly는 he에만 걸려, He was bitter when ….이라는 뜻만을 갖는다.

8.26 이접사(문장부사)와 풀어쓰기

이접사 (이하에서는 문장부사로 지칭)는 흔히 다음과 같이 다른 문장 형식으로 풀어 쓸 수 있다. 이와 같이 풀어 써보면 문장부사의 의미와 기능이 분명해진다.

(1) It is + 형용사 + that ...의 형식으로 풀어 쓸 수 있는 문장부사

It's **obviously** a foolish question.
⇒ **It is obvious that** it's a foolish question.
Clearly, he is behaving well.
⇒ **It is clear that** he is behaving well.

위의 예와 같이 It is + 형용사 + that ...의 형식으로 풀어쓸 수 있는 문장부사는 다음과 같다.

(a) clearly, obviously, evidently, ...
(b) arguably, definitely, possibly, probably, unarguably, unquestionably

위의 예 가운데 (a)에 속하는 문장부사는 It is + 형용사 + that ...구문으로 풀어 쓸 때 형용사 다음에 to me를 부가할 수도 있다. (b)에 속하는 문장부사의 경우는 to me의 부가가 불가능하다.

It's obviously a foolish question.
⇒ It is obvious to me that it's a foolish question.
He is possibly a Frenchman.
⇒ It is possible that he is a Frenchman.
⇒ *It is possible to me that he is a Frenchman.

It is + 형용사 + that ...구문과 문장부사 사이의 관계를 살피는 경우 다음과 같은 구문은 유의할 만하다.

(C) It is { **serious** / **confidential** } that he hasn't got a job.

(d) { **Seriously** / **Confidentially** } he hasn't got a job.

Obviously나 possibly의 경우와 달리 serious/seriously나 confidential/confidentially가 쓰인 위의 (c), (d)는 서로 의미가 판이하게 다르다. 즉 (c)은 '그가 일자리가 없다는 것은 중대한 문제이다/비밀이다'라는 뜻이고 (d)는 '농담이 아니라/자네에게만 털어놓는 말이지만 그는 일자리가 없다'라는 뜻이다. 이와 같은 차이가 생기는 것은 obviously나 clearly, possibly가 내용부사인데 반해서 seriously나 confidentially는 문체부사인데, 문체부사는 It is + 형용사 + that ...로 풀어쓰지 못하는 데에서 연유한다.

한편 다음과 같은 It is + 형용사 + that ...구문은 형용사를 부사로 바꾸어 문장을 풀어 쓸 수 없다.

It is ⎧ **bad** ⎫ that he hasn't got a job.
　　　⎨ **nice** ⎬
　　　⎩ **false** ⎭

⇒ ⎧ ***Badly**, ⎫
　 ⎨ ***Nicely**, ⎬ he hasn't got a job.
　 ⎩ ***Falsely**, ⎭

(2) <u>It is</u> + 형용사 + <u>for</u> ... + <u>to</u> ...로 바꾸어 쓸 수 있는 문장부사

She **surprisingly** passed the test.
⇒ It **is surprising for her to** have passed the test.

위와 같이 풀어 쓸 수 있는 문장부사에는 다음과 같은 것이 있다.

a) amazingly, interestingly, surprisingly
b) curiously, oddly, strangely, understandably

위에 예를 든 부사 가운데서 (a)에 속하는 부사는 다음과 같이 <u>It ...that ...</u>구문으로 바꾸어 쓸 수도 있다.

a. She **surprisingly** passed the test.

⇒ It **surprised me that** she passed the test.

(3) $\begin{cases} \underline{\text{I am}} \\ \underline{\text{One is} + \text{형용사} + \text{that}} \end{cases}$ ...로 풀어 쓸 수 있는 문장부사

Happily he did not die.

⇒ $\begin{cases} \textbf{I am happy} \\ \textbf{One is happy} \end{cases}$ that he did not die.

이와 같이 쓸 수 있는 문장부사는 다음과 같다.

happily, unhappily, hopefully, thankfully

그런데 형용사 glad, grateful, confident 등은 I am/One is ... 다음에서는 쓰이지만 그에 상응하는 문장부사는 갖지 않는다.

I am $\begin{cases} \text{glad} \\ \text{grateful} \\ \text{confident} \end{cases}$ that he hasn't got a job.

⇒ $\begin{cases} \text{*Gladly} \\ \text{*Gratefully} \\ \text{*Confidentially} \end{cases}$ he hasn't got a job.

즉 gladly, gratefully, confidentially와 같은 부사는 양태부사로는 쓰이지만 문장부사의 기능은 갖지 않는다.

문장부사 certainly는 <u>It is certain that ...</u>와 <u>I am certain that ...</u>의 두 문형으로 풀어 쓸 수 있고, sadly는 <u>It is sad that ...</u>, <u>It is sad for ... to ...</u>, <u>I am sad that ...</u>의 세 문형으로 풀어 쓸 수 있다.

(4) 주어지향적 평가부사

주어지향적 평가부사로는 foolishly가 있다. foolishly를 포함하는 주어지향적 평가부사는 다음과 같은 두 가지 구문으로 풀어 쓸 수 있다.

> **Foolishly**, he answered the questions.
> ⇒ **He was foolish to** answer the questions.
> ⇒ **It was foolish of him to** answer the questions.

(5) Reportedly류

reportedly는 문장의 사실여부 또는 확실성 여부의 판단이나 근거가 화자 아닌 제3자에 있는 경우에 쓰이는 내용부사인데, 이러한 부사는 다음과 같이 풀어 쓸 수 있다.

> **Reportedly** they have taken the job.
> ⇒ **It is reported that** they have taken the job.

reportedly처럼 문장을 풀어 쓸 수 있는 부사로는 admittedly, supposedly, allegedly 등이 있다.

(6) -bly류

어미가 -bly로 끝나는 문장부사에는 unaccountably, unarguably, preferably, regrettably 등이 있는데, 이와 같은 부사는 동사를 이용해서 다음과 같이 풀어 쓸 수 있다.

> **Unaccountably**, she neglected her youngest child.
> (도저히 그 까닭을 알 수 없는데, 그녀는 그녀의 제일 어린 자식을 제대로 돌보지 않았다.)
> ⇒ **We cannot account for the fact that** she neglected her youngest child.

Unarguably, the living cost is high.
(생활비가 비싸다는 데는 논란의 여지가 없다.)
⇒ **We cannot argue against the fact that** the living cost is high.

위의 예문에서 unaccountably를 동사를 이용해서 풀어 쓸 때, We cannot account 다음에 for the fact가 필요한 점은 유의할 만하다. 다음과 같은 구문은 비문법적이다.

*We cannot account (for) that ....

그런데 We cannot account that ...나 We cannot account for that ...는 비문법적이지만, 수동형으로 쓰인 다음 예문은 문법상 하자가 없다.

That she neglected her youngest child cannot be accounted for.

한편 unarguably의 경우는 다음 (a)와 (b)가 다 문법적이지만 의미가 다르다.

We cannot argue against the fact that the living cost is high.
(생활비가 비싸다는 데는 논란의 여지가 없다.)
We cannot argue that the living cost is high.
(생활비가 비싸다고 주장할 수는 없다.)

한편 -bly로 끝나는 문장부사지만, 다음 부사의 경우는 동사를 이용해서 풀어 쓸 때 조동사 can이 쓰이지 않는다.

Entries are **preferably** submitted in ink.
(필요사항은 잉크로 기재하는 것이 바람직하다.)

$\Rightarrow \left\{ \begin{array}{l} \text{We prefer} \\ \text{It is preferred that} \end{array} \right\}$ entries be submitted in ink.

Regrettably, he made the same mistake again.

$\Rightarrow$ We **(must) regret** that he made the same mistake again.

즉 preferably의 경우는 prefer를 술어동사로 쓰는 경우 prefer 앞에 아무 조동사도 쓰지 않으며 또한 종속절의 동사는 원형을 쓴다. regrettably의 경우는 regret를 써서 풀어쓰는 경우, 조동사를 부가한다면 must가 알맞다.

(7) 문체부사

문체부사 frankly를 구체적인 예로 삼아 보자. frankly는 다음과 같이 여러 형식으로 풀어 쓸 수가 있다.

frankly = (a) in all frankness
        (b) to be frank
        (c) to speak frankly
        (d) to put it frankly
        (e) frankly speaking
        (f) put frankly
        (h) if I may be frank
        (i) if I can speak frankly
        (j) if I can put it frankly

문체부사는 원칙상 의문문에서는 쓰이지 않는다. 하지만 frankly가 의문문에 쓰인 경우에는 문맥에 따라 다음과 같은 두 가지 형식으로 풀어 쓸 수 있다.

Frankly, isn't she stupid?

⇒ **If I may be frank, I would ask**: isn't she stupid?
⇒ **If I may ask you to be frank, tell me**: isn't she stupid?

한편 문체부사와 (그 풀어쓰기로도 볼 수 있을) 부사(구)사이의 대응관계는 부사에 따라 다음과 같이 여러 가지로 다르다.

부사	in + 명사	to be + 형용사
bluntly	------	to be blunt
briefly	in brief	to be brief
generally	in general	------
broadly	------	------
frankly	in all frankness	to be frank
------	-------	to be precise
strictly	-------	-------
truly	in truth	-------

8.27 합접사(접속부사)(Conjunct)

합접사 (이하에서는 접속부사로 지칭)는 두 문장을 연결하는 기능을 갖는다.

They thought he wasn't coming, **so** they left without him.
They thought he wasn't coming; **therefore** they left without him.

접속부사와 접속사의 차이에 관해서는 10.10 참조.

8.28 접속부사의 의미

접속부사를 그 의미를 기준으로 열거해보면 다음과 같다.

(1) 열거(enumeration)와 부가적 언급(addition)

    a) first, second; firstly, secondly; lastly
       one, two, three, ...
       in the first place, on the one hand, for one thing, to begin with,
    b) furthermore, moreover, what is more, in addition, above all

I must help him for the following reasons. **First**, he is my friend. **Second**, he is in desperate need.
He's dirty, and **what's more** he smells.

위의 예문에서 나오는 first, second와 달리 다음에 나오는 first, second는 부가사이다.

He arrived **first** and she arrived **second**.

(2) 요약(summarization)
    therefore, then, thus, (all) in all, in conclusion, to conclude, to sum up

He lost his watch, his car broken down, and he got a letter of complaint from a customer; **all in all**, he had a bad day.

(3) 예시(exemplification)와 재언(reformation)
    in other words, for example, that is to say

He needs some assistance — **for instance**, a secretary.

(4) 결론(result)
accordingly, consequently, as a consequence, as a result, of course, so

She arrived late, gave answers in an offhand manner, and **of course** displeased the interviewing panel.

(5) 추론(inference)
otherwise, then, in other words, in that case

A: Give my regards to John.
B: **Then** you're not coming with me?

(6) 대조(contrast)와 양보(concession)

a) more accurately, alternatively, on the other hands, conversely, instead, on the contrary, by contrast, in comparison

b) anyhow, anyway, besides, however, nevertheless, notwithstanding, still, at any rate, at all events, in spite of that, after all, yet

We've got no coffee. Would you like tea **instead**?
He should have offered to pay — he has plenty of money **after all**.

같은 yet지만 다음의 예문에서 (a)의 yet는 시간관련 하접사이고 (b)의 yet는 양보를 나타내는 접속부사이다.

a. I have not had the pleasure of meeting him **yet**.

b. **Yet**, I have heard so much about him that I feel l know him well already.

(7) 화제의 바꿈(transition)

incidentally, now, by the way, meantime, eventually

I want to tell you about my trip, but, **by the way**, how is your mother?

9장 전치사 (Prepositions)

9.1 정의

전치사란 명사(구) (또는 이에 준하는 어구) 앞에 위치하여, 그 명사(구)와 전치사 앞에 나오는 다른 어구와의 관계를 밝혀주는 낱말을 말한다.

9.2 전치사구

전치사 다음에 위치하는 명사(구) (또는 명사 상당 어구)는 전치사의 목적어가 된다. 전치사와 목적어는 전치사구(prepositional phrase)를 구성하며, 전치사구는 그 전치사구를 포함하는 문장 안에서 형용사나 부사의 구실을 한다.

She doesn't want to marry a man **without money**. − 형용사구
He died **at the age of eighty**. − 부사구
For all his wealth, he is not happy. − 부사구

다음은 전치사구가 주어(명사구)의 구실을 하고 있는 예외적인 경우이다.

Between eight and nine will suit me.
(저한테는 8시부터 9시 사이가 좋겠어요.)

9.3 전치사의 목적어

전치사의 목적어가 되는 명사(구) 및 이에 준하는 명사 상당어구는 다음과 같다.

(1) 명사구

    I am glad of **your success**.

(2) 대명사

    I am proud of **you**.

(3) 동명사

    He went away without **saying good-bye**.
    We are looking forward to **meeting you**.

(4) 절

    Men differ from brutes in **that they can think and talk**.
    (인간은 생각할 수 있고 말할 수 있는 점에서 동물과 다르다.)
    I know nothing about him except **that he lives nextdoor**.
    (나는 그가 이웃에 산다는 것 밖에는 그에 관해서 아무 것도 모른다.)

that가 이끄는 절 앞에 부가할 수 있는 전치사는 in, except 등에 한한다. 그러나 의문사가 이끄는 절 앞에는 여러 전치사가 올 수 있다.

    Think **of** what you can do.

Your success will depend **on** what you do and how you do it.
He walked slowly **toward** where she was standing.
He gave a vivid picture **of** what the sea looked like from a great height.
(그는 바다가 아주 높은 곳에서는 어떻게 보이는가를 아주 생생하게 묘사하였다.)

(5) 부정사구

Nothing remains but **to die**.
She does nothing but **cry**.
I cannot but **do so**.
He does nothing except **eat and drink**.

— 부정사구 앞에 부가할 수 있는 전치사는 but와 except에 한한다. 그러니까 but는 보통은 접속사로 쓰이며, 다만 부정사구 앞에서만 전치사로 쓸 수 있다 (말을 바꾸면 부정사(구)만이 but의 목적어가 된다). but 다음의 부정사는 동사적 의미가 아주 강한 경우 to를 부가하지 않는다.

She does nothing but **cry**.
(=She only cries.)

(6) 형용사 및 부사

He was given up for **dead**.
(사람들은 죽은 것으로 치고 그를 포기했다.)
I regard it as **important**.
(나는 그것을 중요하다고 생각한다.)
Things went from **bad** to **worse**.

전치사 + 형용사가 만든 전치사구는 극히 한정되어 있다. 일부 형용사는 전치사와 결합해서 다음과 같은 숙어를 만든다.

 in particular(특히), for long(오랫동안), before long(오래지 않아),
 in short(한 마디로), of late(최근에)

전치사는 다음과 같이 관용적으로 시간부사나 장소부사와 함께 쓰이기도 한다.

 since then, till recently, for always, from here, from abroad

9.4 형태상의 분류

9.4.1 단일전치사와 복합전치사

대부분의 전치사는 다음과 같이 하나의 낱말로 이루어진다. 이와 같은 전치사가 단일전치사(simple preposition)이다.

 at, by, for, in, of, over, to, ...

그러나 다음과 같이 낱말과 낱말이 결합해서 하나의 전치사로 쓰이기도 한다. 이와 같은 전치사가 복합전치사(complex preposition 또는 phrasal preposition)이다.

 according to, as for, as regards, because of, be means of, by way of, for the sake of, in addition to, in spite of, in place of, on account of, out of, owing to, ...

9.4.2 이중전치사

흔히 단독으로 쓰이는 전치사가 다른 전치사와 겹쳐서 쓰이는 경우 이를 이중 전치사(double preposition)라 이른다. 이중전치사는 특히 from 이나 till에 의해서 만들어진다.

from under the hill, **from behind** the curtain
till after dark, **until before** the sunset

9.4.3 분사형 전치사

분사형 전치사로는 다음이 있다.

including me, **regarding** your recent inquiry, **concerning** your letter, **excepting** the last one, **barring** John and Jane, **notwithstanding** the storm, ...

in spite of의 뜻을 갖는 notwithstanding은 격식체에서 흔히 쓰이는데, 예외적으로 목적어 다음에 오기도 한다.

Notwithstanding the storm, we went on.
We went on, the storm **notwithstanding**.

9.4.4 기타

특수한 전치사로는 다음을 들 수 있다.

four **plus** three, eight **minus** two, 60 miles **per** hour

Latin어에서 어원을 찾을 수 있는 것으로는 다음이 있다.

via Paris, peace **versus** war

versus는 흔히 vs., v. 등이 약어로 쓰인다.

9.5 전치사의 용법

전치사의 용법은 전치사 별로 기술할 수도 있겠고, <의미>를 출발점으로 삼아 어떤 의미가 어떠한 전치사로 표현되는가에 초점을 맞추어 기술할 수도 있겠다.

본서에서는 전치사별 용법의 기술과 설명은 관련된 예문이 제시되어 있는 믿을 만한 사전에 맡기고, 전치사 간의 미묘한 의미 및 용법 차이에 초점을 맞춘 의미별 기술의 방식을 택한다.

9.5.1 <장소>와 <위치>를 나타내는 at, on, in

(1) 장소를 나타내는 at, on, in의 목적어는 각각 다음과 같은 특징을 전제로 한다.

    1) at: He was standing at **the corner** of the street.
    2) on: The dog was lying on **the ground**.
    3) in: Mother was in **the kitchen**.

(1-3)에서 at은 <하나의 점으로 파악된 장소>를 목적어로 삼으며, on은 <선이나 면으로 파악된 장소>를, in은 <여러 선 또는 면에 의하여 에워싸인 공간으로 파악된 장소>를 목적어로 삼는다.

다음 예문에서 똑같은 the window를 목적어로 삼으면서도 (a)에서 on이 사용된 것은 the window를 하나의 평면으로 파악했기 때문이고, (b)에서 in이 사용된 것은 the window를 하나의 틀 속의 공간으로 파악했기 때문이다.

a. The frost made patterns **on the window**.
   (서리가 유리창에 여러 무늬를 만들어 놓았다.)
b. A face appeared **in the window**.
   (유리창에 얼굴 하나가 나타났다.)

다음 (c), (d)도 비슷하다.

c. The players were practising **on the field**.
d. The cows were grazing **in the field**.

즉 화자는 (c)에서는 the field를 운동 연습을 하는 <평면>으로 인식하였고, (d)에서는 the field를 울타리로 에워싸인 지면으로 인식한 것이다. 다음 (e), (f)의 차이는 무엇일까?

e. We sat **on the grass**.
f. We sat **in the grass**.

(e)에서 on이 <평면>을 전제로 한다면, 대립적으로 (f)의 in은 <입체적인 공간>을 전제로 한다. 그렇다면 (e)의 풀밭은 풀이 짧았을 것이고, (f)의 풀밭은 풀이 몸을 감출 만큼 길었을 것이다.
다음 (g), (h)의 차이는 무엇일까?

g. Robinson Crusoe was marooned **on an island**.
   (Robinson Crusoe는 섬에서 혼자 살아야 할 신세가 되었다.)
h. He was born **in Cuba**.

(g)에서 on은 an island가 아주 작은 섬임을 암시한다. 반면에 (h)의 in은 Cuba가 상대적으로 큰 섬이라는 사실과, 눈에 보이지 않는 국경선으로 에워싸인 하나의 국가임도 드러내준다.

(g), (h)의 경우와 달리 boat가 목적어가 되는 경우는 boat의 크기와 on/in의 선택이 반대로 나타난다. 즉 in the boat의 boat는 a rowing boat처럼 작은 공간 속에 갇혀 있어야 하는 자그만 한 배를 암시하고, on the boat의 the boat는 갑판 등을 갖춘, 산책 등도 가능한 크나 큰 배를 연상시킨다.
at는 <하나의 점으로 파악된 장소>를 목적어로 삼는다지만, 이 경우의 <하나의 점>이란 상대적인 개념이다. 실제에 있어 at의 목적어가 되는 '장소'는 글자 그대로 하나의 작은 점으로부터 Los Angeles와 같은 넓고 큰 도시에 이르기까지 다양할 수 있다.

    i. He came to the airport to meet me **at** Los Angeles.

(i)에서 Los Angeles 앞에 at가 쓰인 것은 지도상에 나타나는 하나의 지점으로 Los Angeles를 파악했기 때문이다.

  (2) 다음 (a), (b)의 on은 서로 의미가 다르다.

    a. boat **on** the river
       (강에 떠있는 배)
    b. the town **on** the river
       (강변의 마을)

즉 (a)와 달리 (b)의 on은 <근접>의 뜻을 지닌다. 다음 (c), (d)의 on도 역시 의미가 다르다.

    c. a picture **on** the wall
    d. He sat **on** the wall.

(c)가 '벽에 걸려있는 그림'이라는 뜻이라면, (d)의 on은 on top of라는 뜻을 나타낸다.

(3) '그는 재학중이다.'라는 뜻을 나타낼 때, 미국영어와 영국영어는 전치사의 선택에 있어 차이를 보인다.

He's { **in** school. (Am. E.)
       at school. (Br. E.) }

대체적으로는 건물을 나타내는 명사를 목적어로 삼는 경우, '(건물)안에'란 뜻을 나타낼 때는 in이 쓰이고 건물 자체보다 그 기능에 초점을 두는 경우에는 at가 쓰인다.

He went into the Institute five minutes ago. So he must be **in** the Institute now.
He teaches **at** the Institute.

다음 at는 <어떤 활동에 종사 중>이라는 뜻을 암시한다.

She was **at** the washing machine. — 세탁중임을 암시
I was sitting **at** the typewriter. — 타자를 치고 있었음을 암시
At 8 we were **at** table.
(8시에 우리는 식사 중이었다.)
a baby **at** the breast
(젖을 빨고 있는 아기)

동일한 지명이 목적어로 쓰이면서도 다음과 같이 전치사의 선택이 다를 수 있는 것은 문맥에 따라 그 지명에 대한 관점이 다르기 때문이다.

    a. **in** Seoul
    b. **at** Seoul

즉 (a), (b)는 각각 다음과 같은 문맥에서 쓰인다. (c)에서의 Seoul은 거

주 지역을 나타내며 (d)에서의 Seoul은 Tokyo와 Hongkong을 잇는 하나의 지점으로 파악되고 있다.

   c. I live **in** Seoul.
   d. The plane will refuel **at** Seoul on its way from Tokyo to Hongkong.

한편 다음 (e)는 '서울이란 도시에 도착했다'라는 뜻이고, (f)는 '서울역이나 터미널에 도착했다'는 뜻이다.

   e. I arrived **in** Seoul.
   f. I arrived **at** Seoul.

주소를 표기할 때는 번지, 가로명, 시명 앞에 각각 at, on, in을 붙인다. at는 <점>적인 대상을, on은 <선>적인 대상을, in은 <면>적인 대상을 목적어로 삼는 용법의 차이가 드러나 있다.

   The White House is located **at** 1600, Pennsylvania Avenue, Washington, D.C.
   The White House is **on** Pennsylvania Avenue, Washington, D.C.
   The White House is a white mansion **in** Washington, D.C.

9.5.2 상대적인 위치: above, over; below, under

We flew **above** the clouds.
The lamp hung **over** the table.
The sun has sunk **below** the horizon.
The box is **under** the table.

above와 over는 똑같이 **higher than** ...이라는 뜻을 나타내는데, 흔히 다음과 같은 차이가 있다.

A is above B. = A is higher than B.
A is over B. = A is directly above B.

below와 under의 관계는 above와 over의 관계와 비슷하다. 즉 below와 under는 똑같이 in a lower place than …이라는 뜻으로 쓰이기도 하고, 다음과 같은 차이를 드러내기도 한다.

A is below B. = A is lower than B.
A is under B. = A is directly below B.

그러므로 다음 (a)는 가령 the kitchen이 1층에 있다면 the bedroom은 2층에 있다는 뜻을 나타내고, (b)는 the kitchen 바로 위에 the bedroom이 위치하고 있으리라는 짐작을 가능하게 한다.

a. The bedroom is above the kitchen.
   (=The kitchen is below the bedroom.)
b. The bedroom is over the kitchen.
   (=The kitchen is under the bedroom.)

over는 두 대상의 수직적인 위치관계를 나타내는 이외에 두 대상이 거리상 근접해 있음을 나타낼 때 쓰인다. 그렇기 때문에 다음 (a)의 빈칸에는 above보다 over가 알맞고, 반면에 (b)에는 above가 알맞다.

a. The doctor was leaning _____ the body when we arrived.
b. The castle stands on a hill _____ the valley.

under는 두 대상의 수직적인 위치관계를 나타내는 이외에, 두 대상이 접촉되어 있는 경우에 쓰인다. 반면에 below는 두 대상이 반드시 떨어져 있을 때에만 쓰일 수 있다.

She put the letter $\begin{Bmatrix} \textbf{under} \\ \textbf{*below} \end{Bmatrix}$ the pillow.

그 밖에 상하의 위치 관계를 나타내는 전치사로는 on (the) top of, underneath, beneath 등이 있다. 이 가운데 on (the) top of와 underneath는 두 대상이 접촉되어 있는 경우에 쓰인다.

I put my suitcase **on top of** his.
The letter was pushed **underneath** the door.

9.5.3 앞/뒤의 상대적인 위치: before, in front of, behind, after

She stood **before** him.
A car parked **in front of** the building.
The sun disappeared **behind** the clouds.
She closed the door **after** her.

앞뒤의 위치와 관련이 있는 전치사로는 그밖에 ahead of, at the back of, (in) back of 등이 있다.
부사로 쓰이는 ahead는 흔히 '(전방으로의) 이동'의 뜻을 함축한다.

He ran **ahead**.
The way **ahead** was blocked by fallen trees.

다음 문장에서 전치사로 쓰인 ahead of는 '나도 그와 똑같은 방향으로 걷고 있었다.'는 뜻을 함축한다.

A young man was walking **ahead of** me.

9.5.4 근접: by, beside, near (to), close (to)

He was standing **by** the window.
Let me sit **beside** the driver.
Don't go too **near** the edge of the cliff.
The church is **close to** the shop.

close to는 near (to)보다 더 가까운 위치를 가리킨다.

by는 원래 at the side of란 뜻을 나타내기 때문에, 다음 (a)와 (b)는 의미가 다를 수 있다.

a. We live **by** the sea.
b. We live **near** the sea.

'가깝다'는 뜻은 상대적이어서, (b)는 가령 바다에서 5 km 떨어진 곳에서 사는 경우에도 해당이 되지만, (a)는 바다가 보일 정도의 가까운 거리를 암시한다.

9.5.5 방위와 관련된 위치: on, to

a. He sat **on** the left of me.
b. He sat **to** the left of me.

on과 to는 좌·우나 동·서·남·북 등의 방위와 관련된 위치를 나타낼 때 쓰인다. 위의 예문에서 (a)는 '그는 바로 나의 왼편에 앉아 있었다.'라는 뜻이고, (b)는 그저 '그는 나의 왼편에 앉아 있었다.'는 뜻으로 그와 나 사이에 여러 사람이 끼어 있었다는 뜻을 내포할 수 있다.

on과 to는 이와 같은 차이를 갖고 있기 때문에 다음 (c)의 빈칸에는 마땅히 on이 알맞고, (d)의 빈칸에는 to가 알맞다.

c. Manchuria lies _____ the north of Korea.
d. Cheju island lies _____ the south of the Korean peninsula.

9.5.6 between, among

He was standing **between** Mr. A and Mr. B.
I was **among** the crowd.

흔히 학교문법에서는 between은 두 대상 사이의 위치를 나타내고, among은 셋 이상의 대상 사이의 위치를 나타내는 것으로 설명하지만 이 설명이 반드시 옳지는 않다. 셋 이상이 대상이 되는 경우에도 이 대상이 서로 독립되어 있거나 그 수가 분명할 때는 between이 쓰이기 때문이다.

Switzerland is **between** France, Italy, Austria and Germany.

셋 이상의 대상이 서로 분리, 독립되어 있지 않거나 그 수가 분명하지 않을 때는 among이 쓰인다.

She was standing **among** many journalists.
He found a little house hidden **among** the trees.
He was happy to be **among** friends again.

동사 divide는 그 다음에 between/among을 수반하는데, and로 연결되는 단수명사가 뒤따르는 경우는 between이 쓰이고, 복수명사가 뒤따르는 경우는 between/among이 다 쓰일 수 있다.

He divided his property **between** his wife, his daughter and his sister.
He divided his money $\begin{Bmatrix} \textbf{between} \\ \textbf{among} \end{Bmatrix}$ his five sons.

9.5.7 across, along

a. He lives **across** the street.
b. He lives **across** Seoul.

위의 예문에서 across의 의미에 미묘한 차이가 있다. (a)의 across the street는 '길 건너 편'이라는 뜻이고, (b)의 across Seoul은 '(이쪽과는) 반대편의 서울(=on the other side of)'이라는 뜻을 나타낸다.

along도 '…을 따라서'라는 뜻 이외에 상태동사 다음에서는 on the other end란 뜻을 나타낼 수 있다.

He walked **along** the car tracks to Henry's eating place.
(그는 선로를 따라 Henry 식당 쪽으로 걸어갔다.)
His office is **along** the corridor.
(그의 사무실은 복도의 끝에 있다.)

9.5.8 이동의 방향: to, onto, into

Tom went **to** the door.
Tom fell **onto** the floor.
Tom dived **into** the water.

이동의 방향을 나타내는 onto와 into는 일상체에서는 on과 in으로 대체된다.

Tom fell **on** the floor.
Tom dived **in** the water.

to, onto, into의 반대어는 각각 (away) from, off, out of이다.

A cool wind blew **from** the sea.
He jumped **off** the fence.
Move **out of** this house.

위에서 예를 든 이동을 나타내는 전치사는 현위치를 나타내는 전치사와 관련시켜 살펴보면 그 용법을 이해하는데 도움이 된다. 즉 이동의 방향을 나타내는 to, onto, into의 목적어를 <현위치>로 삼는 전치사로는 at, on, in이 쓰인다. 이 전치사의 반대어는 역시 away from, off, out of이다.

이동의 방향   현위치
He went **to** the door.   Now, he is **at** the door.
Tom fell **onto** the floor.   Now, he is **on** the floor.
Tom run **into** the room.   Now, he is **in** the room.

He went **away from** the door.   Now, he is **away from** the door.
Tom jumped **off** the fence.   Now, he is **off** the fence.
Tom moved **out of** town.   Now, he is **out of** town.

9.6 때를 나타내는 전치사

9.6.1 at, on, in

때를 나타내는 경우 at, on, in은 각각 다음과 같은 목적어를 수반한다.

(1) at: (시계가 가리키는) 시간

    at ten o'clock, **at** 6:30

(2) on: 날짜

    on Monday, **on** the following day, **on** New Year's day

(3) in: 월, 년, 세기

    in August, **in** 1997, **in** the eighteenth century

'오전에', '오후에', '저녁에' 등의 표현은 in을 사용하여 in the morning, in the afternoon, in the evening으로 나타내는데, 특정한 날을 전제로 하는 경우는 on이 쓰인다.

on Monday morning, **on** the following evening

그런가하면 noon과 night 앞에서는 at가 쓰인다.

at noon, **at** night

한편 Christmas 등 축제일과 관련해서는 전치사의 용법이 다음과 같이 달라진다.

at Christmas (Christmas 휴가 기간에)
on Christmas Eve (Christmas 이브에)
on Christmas day (Christmas 날에)

9.6.2 기간: for, during, in

I stayed there **for** two months.
I stayed there **during** the summer.

<기간>을 나타내는 for와 during은 용법상 다음과 같은 차이가 있다.

(1) for는 How long ...?로 시작하는 질문의 답이 되는 어구(즉 three days, two hours 등)를 목적어로 삼으며, during은 When ...?의 답이 되는 어구(즉 Christmas, the summer, 1981, childhood 등)를 수반한다.

(2) during + 목적어는 다음 (a)처럼 through the whole course of의 뜻을 나타낼 수도 있고, (b)처럼 at some point in the course of의 뜻을 나타내기도 한다.

    a. He swam everyday **during** the summer.
       We're open from 10 o'clock until 6 o'clock **during** the week.
    b. He came in **during** the night.
       Only two trains left **during** the morning.

(3) for 다음에도 during처럼 Christmas, the summer가 올 수 있다.

    I rented the house **for** the summer.

다만 위의 예문에 나오는 for는 all through the summer란 <기간>과 더불어 '여름을 보내기 위해서'라는 <목적>의 뜻도 반영한다.

(4) for the summer가 all through the summer를 뜻한다면, in the summer는 at some time during the time을 뜻한다.

    I went to New York **in** the summer.

9.6.3 기한과 계속: by, till

우리말로는 똑같이 "...까지"로 표현되지만, by는 목적어가 가리키는 시점까지의 <기한>을 나타내고, till은 <계속>을 나타낸다.

A: Can you repair my watch **by** Tuesday?
B: No, I'll need to keep it until Saturday.

A: Can I stay **until** the weekend?
B: Yes, but you'll have to leave **by** Monday morning at the latest.

by는 not later than 등으로 풀어 쓸 수도 있다.

You can borrow my camera, but I must have it back **by** five o'clock (=at or before five, but not after five).

till의 용법에 관해서 다음은 유의할 만하다.
다음 (a), (b)에서의 시간 관계는 분명하다.

a. I'll wait **till** 5.
b. He was here **until** last week.

그러나 till 다음에 a calendar time이 쓰인 다음 (c), (d)의 시간 관계는 반드시 분명하지는 않다.

c. You can keep the book **till** Friday.
d. I'll stay here **until** Christmas.

(c)에서 화자가 책을 돌려주기를 원하는 날짜는 목요일일까, 금요일일까?
(d)에서 화자는 Christmas 전날까지 머물겠다는 것일까? 아니면 Christmas 날까지 머물겠다는 것일까?
실상 (c), (d)에서 till이 나타내는 시간은 문맥에 따라 결정될 문제로, 위에서 언급한 두 가지 해석이 다 가능하다.

그러므로 다음 (e), (f)에서 <상식상> (e)의 Sunday는 till에 포함이 될 법하고, (f)의 Tuesday는 till에 포함이 되지 않을 법하다. 일요일에는 관습상 흔히 가게문을 닫지만, (일요일이나 월요일까지는 문을 닫아도) 화요일에는 문을 여는 것이 정상이기 때문이다.

  e. The shop will be closed **till** Sunday.
  f. The shop will be closed **till** Tuesday.

그런 점에서 가령 '월요일부터 금요일까지'라는 표현으로 Am. E.에서 흔히 쓰이는 (g)는 (h)와는 달리 그 시간 관계가 분명하다.

  g. from Monday **through** friday
  h. from Monday **till** Friday

till과 until은 의미상으로는 차이가 없다. 다만 till은 일상체에서 흔히 쓰이고 until은 일상체와 격식체에서 공히 쓰인다.

9.6.4 과정과 완료: for, in

  a. He worked **for** two hours.
  b. He finished his homework **in** two hours.

위의 예문에서 (a)의 for two hours는 단순한 <기간 (동안)>을 나타내지만, (b)의 in two hours는 어떠한 일을 <끝마치는데 들었던 시간>을 나타낸다. (a)의 경우 worked는 다만 '과정'을 나타낼 뿐이므로 in two hours와는 같이 쓰일 수 없으며, (b)의 finished는 '완료'를 나타내기 때문에 for two hours와는 같이 쓰이지 않는다.

He worked $\begin{Bmatrix} \text{for} \\ \text{*in} \end{Bmatrix}$ two hours.

He finished his homework $\begin{Bmatrix} \text{*for} \\ \text{in} \end{Bmatrix}$ two hours.

다음 (c)와 (d)는 의미가 다르다. (c)는 '두 시간 동안 문제를 풀었다.'라는 뜻이니까 문제가 다 풀린 것은 아니지만 (d)는 '두 시간 걸려서 문제를 풀었다.'라는 뜻으로 문제를 다 해결한 것이다.

c. He solved the problems **for** two hours.
d. He solved the problems **in** two hours.

다음도 (e)와 (f)는 의미가 다르다.

e. He climbed the mountain **for** two hours.
　(그는 두 시간 동안 산을 올라갔다.)
f. He climbed the mountain **in** two hours.
　(그는 두 시간 걸려서 정상에 올랐다.)

work나 finish와는 달리 climb이 for two hours나 in two hours와 다 같이 쓰일 수 있는 것은 climb이 <과정>을 나타내기도 하고 <완료>를 나타낼 수도 있기 때문이다.
(c), (d)에서 solved가 in 뿐만 아니라 for와도 같이 쓰인 것은 solve가 <과정>과 <완료>를 다 나타내기 때문이 아니라, 목적어가 복수이기 때문이다. He solved the problems for two hours.는 '여러 문제 가운데 몇 문제는 풀었다.'라는 뜻을 갖는 것이다.

9.7 주제: about, on, of

'...에 관해서'라는 뜻으로 가장 흔히 쓰이는 전치사는 about와 on이다.

a. a book **about** computers
b. a book **on** computers

about와 on은 용법상 다음과 같은 차이가 있다.
on은 about에 비해서 상대적으로 그 내용이나 기술 방법이 전문적이고 체계적일 때 쓰인다. 그러므로 (a)의 a book은 대중을 상대로 한 해설서를 가리키고, (b)의 a book은 전문적인 학술서를 가리킨다.
다음 동사나 명사는 그 내용의 전문성이나 기술 방법의 체계성 여부에 따라 about와 on 가운데서 하나가 선택된다.

speak about/on
write about/on
argue about/on
preach about/on
lecture about/on
a talk about/on

그러나 다음 동사나 명사 뒤에서는 about만이 쓰인다. 동사나 명사자체가 의미상 전문적이거나 체계적인 것과는 거리가 있기 때문이다.

chat about, gossip about, quarrel about
read about, find out about
a story about, a novel about
ignorance about
the fact about

tell, speak, talk, ... 다음에는 of도 쓰이는데, '...에 관해서'라는 뜻을 나타내는 of는 격식체에서 쓰이고 사용 빈도가 낮다.
think 역시 그 다음에 of와 about를 수반할 수 있는데, think of와 think

about는 의미가 다르다.

think of가 여러 의미를 갖는데 반해서 think about는 다음 (a)의 think of 와 의미가 비슷하다.

a. What do you think **of** (=have as an opinion about; think about) his offer?
b. We're thinking **of** (=considering seriously) going to France for our holidays.
c. Think **of** (=Take into account) your poor mother!
d. I can't think **of** (=remember) it.

그 밖에 '...에 관해서'라는 뜻의 전치사로는 격식체에서 쓰이는 concerning, regarding, with reference 등이 있다.

9.8 재료: from, of, out of, with

Beer is made **from** hops.
Paper is made **from** wood-pulp.
Wine is made **from** grapes.
This dress is made **of** silk.
This table is made **of** mahogany.
The plastic **of** which this dish was made is made **from** chemicals.

위의 예가 보여주듯이 원료를 나타낼 때는 from, 재료를 나타낼 때는 of를 쓴다. 일상체에서는 from이나 of 대신에 out of가 쓰인다.

This dress is made **of/out of** silk.
Cider is made **from/out of** apples.

with는 of나 from과 달리 사용된 여러 원료나 재료 가운데 하나를 나타낸다.

This cake is made **with** lots of eggs.

9.9 직업, 직장과 소속: at, of, to, in, for, with, on

(1) a. He is a science teacher **at** K High School.
　　I am a student **at** Y University.
　　Dr. Kim is a consultant psychiatrist **at** the clinic.
　b. He is principal **of** High School.
　　Who is commander **of** the U.S. First Army?

직장이나 소속을 나타내는 말로, 우리말에서는 그저 '...의'로 나타나는 뜻이 영어에서는 여러 전치사로 나타난다.
학교, 병원, 연구소등 앞에는 '...에 근무하는'이란 뜻으로 at가 쓰이고, '장(長)'을 나타낼 때는 of가 쓰인다.

(2) a. a secretary **to** our Dean
　　a tutor **to** our son
　　a military advisor **to** the king
　b. the wife **of** the late Home Secretary
　　a mistress **to** the king

대체적으로 비서와 사장, 전속부관과 장군, 개인교수와 학생의 사이처럼 1:1의 관계를 갖는 직책에는 to가 쓰인다. 한편 친족 관계를 나타내는 데에는 of와 to가 공히 쓰인다.

(3) 다음은 전치사로 in, for, with, on이 쓰이는 예이다.

He is a janitor **in** our apartment.
She is a bookkeeper **for** the company.
Mr. Kim is an accountant **with** the firm.
He was one of the best-dressed detectives **on** the force.

위의 예문이 보여주듯이 in은 '... 안에 살면서 근무하는'이라는 뜻을 반영하고 있고, for나 with에는 '...을 위해서, ...와 더불어'라는 뜻이 반영되어 있다.

전치사 of와 to는 다음 (a), (b)에서도 의미 차이가 드러나 보인다.

a. the door **of** the room
b. the door **to** the room

(a)는 the door를 <방의 일부>로 본 관점을 취한 표현이고, (b)는 <방으로 통하는>이라는 관점을 취한 표현이다. 그런데 가령 'sedan의 뒷문'은 the backdoor of the sedan이지, *the backdoor to the sedan이라고는 하지 않는다. 반면에 '성공의 문'은 a gate to success이지 *a gate of success라고는 하지 않는다. '성공의 문'이 <성공의 일부>는 아니기 때문이다.

9.10 상태: at, in, on, under

(1) at

The storm was **at** its worst.
(폭풍우는 한참 맹위를 떨치고 있었다.)
Switzerland remained **at** peace during the war.

<상태>를 나타내는 at는 특히 다음과 같이 특정한 명사와 함께 숙어를 만든다.

at war (전쟁중인), at odds (...와 사이가 나쁜), at a loss (어찌 할 바를 모르는), at rest (휴식중인, 마음이 놓이는, 고이 잠든(永眠)), at one's disposal (...의 뜻에 달려있는), at a stop (정지한 상태인), be at a disadvantage (불리한 입장인)

(2) in

Mary who came **in** despair went away **in** hope.
I was **in** bed when he called.
(그가 전화를 걸었을 때 나는 취침 중이었다.)
The injured girl was **in** a daze after the accident.
His shoes are **in** holes.
(그의 구두는 구멍투성이었다.)
We have a lot of food **in** store for the bad weather.
His phone is **in** use.
The trees were **in** bud.
You should keep your desk **in** order.

(3) on

The miners have been out **on** strike for several weeks now.
The house was **on** fire.
The ten-dollar hat is **on** sale for five.
(10불 짜리 모자가 지금 5불로 할인 판매 중이다.)
He is home **on** leave.
(그는 지금 휴가를 얻어 집에 와 있다.)
The guard is **on** duty now.
(경비원은 현재 근무중이다.)

The soldiers are **on** parade.
(병사들이 지금 행진중이다.)
The dog was **on** the leash.
(개는 쇠사슬에 매여 있었다.)
He was **on** the crutches.
(그는 목발을 딛고 있었다.)

(4) under

The subway is **under** construction.
The subject is **under** discussion.

9.11 목표, 방향: at, to, for

(1) a. He threw the ball **at** me.
    b. He threw the ball **to** me.

위의 예문에서 (a)는 '나를 향해서 (나를 치기 위해서) 공을 던졌다.'라는 뜻을, (b)는 '나한테 (내가 공을 받도록) 공을 던졌다.'라는 뜻을 나타낸다.
다시 말해서 (a)의 at는 shoot at ((...을 향해서) 총을 쏘다)의 at와 똑같이 <표적>을 나타내고, (b)의 to는 give A to B의 to와 똑같이 <(수여의) 목표>를 나타낸다.
다음 (c)와 (d)의 의미 차이도 마찬가지이다.

    c. He shouted **at** me.
    d. He shouted **to** me.

(c)는 '(성이 나서) 나에게 고함을 쳤다.'라는 뜻이고, (d)는 '내가 들을 수 있도록 큰소리로 말했다'라는 뜻이다.

e. He ran **at** her.
f. He ran **to** her.

(e)는 '그녀를 잡으려고 (그녀를 표적으로 삼아) 달려갔다.'는 뜻이고, (f)는 '그녀가 있는 곳으로 달려갔다.'는 뜻이다.

(2) 이동의 방향을 나타내는 전치사로 흔히 대립을 이루는 것은 to와 for이다.

a. He dashed **to** the door.
b. He dashed **for** the door.

to가 쓰인 (a)가 '그가 문까지 이르렀다.'는 뜻을 내포하는데 반해서, (b)는 '그저 문을 향해서 돌진했다.'라는 뜻만을 나타낸다.
leave, start와 같은 동사 다음에 흔히 for가 쓰이는 것은 이 동사들이 <도착>보다 <출발>쪽에 의미의 초점이 있기 때문이다.

When shall we leave **for/*to** the party?

교통 기관의 목적지로는 for와 to가 다 쓰인다.

the eight o'clock train **for** Pusan
the next plane **to** Hong Kong

9.12 수단, 도구: by, with

(1) a. The window was broken **by** a ball.
b. The window was broken **with** a ball.

위의 예문에서 (a)와 (b)는 다음과 같이 함축된 의미가 다르다.

(a)는 화자가 공을 던진 행위자가 누구인지를 전혀 모르거나 행위자의 존재를 배제한 상황에서 쓰이는 문장이고, (b)는 표면에 드러나 있지는 않지만 행위자가 누구인지를 알고 있거나 행위자의 존재를 전제로 한 상황에서 쓰이는 문장이다.

다음 (c), (d)에서 (c)가 비문법적인 것은 행위자가 명시되고 있는 상황에서 by가 쓰여졌기 때문이다.

    c. *The window was broken <u>by a ball</u> **by** the boy.
    d. The window was broken <u>with a ball</u> by the boy.

(2) fire, flood, heat, cold, wind, earthquake, volcano, ... 등 자연 현상은 보통 by와 함께 수동형을 만든다.

The village was destroyed by { flood. / fire. / earthquake. }

(3) 신체의 일부가 도구의 구실을 하는 경우에는 with가 쓰인다.

He caught the ball **with** his left hand.
We see **with** the eyes.

다만 by electricity(전기의 힘으로) 등과 대립되는 숙어적 표현인 '손으로'나 '발로'는 by가 쓰인다.

    by hand, **by** foot

한편 '교통사고로 (죽다)'는 (be killed) in a traffic accident이고, '찬물로 (세수하다)'는 (wash) in cold water이다.

다음의 (a), (b)에서의 with는 의미가 다르다. 즉 (a)의 with는 <재료의 일부>를, (b)의 with는 <도구>를 나타낸다.

a. He built the house **with** bricks.
b. They destroyed the house **with** bricks.

다음 by는 <수단> 또는 <방법>을 나타낸다.

The money will be paid **by** check.
We heard from them **by** phone.
I always go **by** bus.
They were making a living **by** selling souvenirs to the tourists.

9.13 제외: except, except for, but

(1) except, except for

Your essay is good **except for** spelling.
All the essays are good **except** John's.

except for는 흔히 한 문장에 걸리며, except는 명사(구)에 걸린다.
except for는 한 문장에 걸리기 때문에 문장의 첫머리에 위치할 수도 있는데, 그런 경우에는 except for + 목적어 다음에 (,)가 필요하다.

Except for the spelling, your essay is good.
Except for one old lady, the bus was empty.

except for가 문장의 끝 부분에 오는 경우에도, except for 앞에 (,)가 붙는 수가 있다.

We had a very pleasant time, **except for the weather**.

except는 that절이나 전치사구를 수반할 수도 있다. except for는 that절을 수반하기 위해서는 that절 앞에 the fact가 부가되어야 한다.

I know nothing about him { **except** that he lives next door.
except for the fact that he lives next door. }

(2) but

전치사로 쓰이는 but는 문장의 첫머리에 올 수 없으며, 주부의 자리에서는 no, any, every, each, all 등이 부가되는 명사 다음에서만 쓰인다.

***But** me, everyone was tired.
⇒ Everyone was tired **but** me.
⇒ Everyone **but** me was tired.

비슷한 구문으로 보이지만 다음 (a)의 but는 전치사이고, (b)의 but는 접속사이다.

a. Everyone had a good time **but** John. – 전치사
b. Everyone had a good time **but** not John. – 접속사

(b)의 but not John은 but John did not have a good time.의 생략문인 것이다.

9.14 자극(감정 변화의 원인과 대상): at, about, of, with

(1) at

be alarmed at, be angry at, be amused at, be annoyed at, be delighted at, be disgusted at, be pleased at

(2) about

be angry about, be annoyed about, be frightened about, be pleased about

(3) with

be angry with, be delighted with, be disappointed with, be furious with, be pleased with

(4) of

be afraid of, be resentful of, be scared of

자극을 나타내는 at는 흔히 about로 대치될 수 있다.

위의 예가 보여주듯이 angry는 at, about, with를 수반하는데, with는 <사람>을, at와 about는 <화를 나게 만든 일이나, 사람들이 한 말과 행동>을 목적어로 삼는다.

I was angry **about** myself for making such a stupid mistake.
I was angry **with** him for keeping me waiting.
He was very angry ⎧ **at** being delayed.
⎩ **about** the delay.

다음에서 (a), (b)는 의미가 다르다.

a. I was annoyed **at** the mosquitoes.
b. I was annoyed **by** the mosquitoes.

(a)의 at는 감정변화의 <대상>을 나타내고 (b)의 by는 <원인>을 나타낸다. 즉 (a)는 '나는 모기에 짜증이 났다'라는 뜻이고, (b)는 '나는 모기가 귀찮게 해서 짜증이 났다'라는 뜻이다.

다음 (c)의 경우는 at는 <놀라움의 대상>이 될 뿐, his behavior에 나를 놀라게 하려는 의도가 있었던 것은 물론 아니다. 그러나 (d)의 by는 그에게 나를 놀라게 하려는 의도가 있었음을 드러내준다. 또한 (c)의 surprised는 느낌을 나타내기 때문에 형용사적인 성격이 강하고 따라서 그 앞에 very를 부가할 수도 있다. 하지만 수동형인 (d)의 be surprised는 동사적 성격이 강해서 surprised 앞에 very를 부가하지 못한다.

c. I was (very) surprised **at** his behavior.
d. I was (much/*very) surprised **by** him.

9.15 대가: at, for

Strawberries sell **at** a high price in January.
I bought ten pencils **at** 20 cents each.
Your house ought to sell **for** at least 40,000 dollars.
I bought this book **for** 15 dollars.

물건을 사거나 팔고, 돈을 받거나 지불하는 대가는 at와 for로 나타낸다. at는 숫자로 나타낼 수 있는 <높고 낮은 또는 비싸고 싼) 정도>를 기본 의미로 삼으며, for는 주고받는 <교환>을 기본 의미로 삼는다.

9.16 양보: in spite of, with all, for all

I admire him **in spite of** his faults.
He came to the meeting **despite** his serious illness.

With all her faults, he still likes her.
For all the improvement you've made in the past year, you might as well give up singing.
(지난해 나아지기는 했지만 노래는 단념하는 것이 좋겠다.)

despite는 격식체에서, for all과 with all은 일상체에서 흔히 쓰인다. notwithstanding은 법률 용어로 애용된다.

9.17 대항: against, with

We will fight **against** the enemy.
Britain fought **with** the U.S. in the War of Independence.

fight against가 '(일방적으로 대항해서) 싸우다'라는 뜻이라면, fight with는 '(A와 B가) 서로 싸우다'라는 뜻을 나타낸다. 이와 같은 차이는 다음과 같은 동사와의 결합관계에도 잘 드러나 있다.

rebel against
revolt against
argue with
quarrel with

against가 갖는 '(일방적으로) ...에 대항해서'라는 뜻은 다음과 같은 문맥에도 나타나 있다.

We sailed **against** the wind.
the fight **against** poverty (빈곤퇴치투쟁)

fight with에는 'A와 B가 서로 싸우다'라는 뜻 이외에 '...에 대해서 A와 B가 손을 맞잡고 싸우다'라는 뜻도 있다.

9.18 원인, 이유: for, with, from, through, because of, owing to, on account of

She wept { for / with } joy when she heard the child was safe.
His face was red **with** anger.
My wife was in bed **with** influenza.
For several reasons, I'd rather not meet him.
The accident happened **through** her own carelessness.
He wasn't ill; he stayed in bed **from** laziness.
I can't walk **because of** my broken leg.
Owing to bad weather, the football game had been cancelled.
The game was postponed **on account of** rain.

'기뻐서', '슬퍼서' 등 감정상의 원인과 이유를 나타내는 전치사로는 흔히 for와 with가 쓰인다.

cry **for** joy
dance **with** joy

'추워서', '허기가 져서' 등 생리상의 원인과 이유를 나타내는 전치사로는 with와 from이 흔히 쓰이는데, with는 동시성을 반영하고 from은 어떤 결과를 가져오게 한 원인을 반영한다.

shudder { **with** / **from** } cold

동사 die 다음에는 문맥에 따라 여러 전치사가 올 수 있다. die of 다음에는 흔히 병명이 오고, die from 다음에는 overwork, a wound 등이 오는

데, die of가 die from의 뜻으로 쓰이기도 한다.

He died
- **of** cancer.
- **from** a wound.
- **in** an accident.
- **by** drowning.

on account of는 특히 격식체에서 쓰인다.

9.19 비교, 비유: with, to

compare A with B는 'A를 B와 비교한다'는 뜻이고, compare A to B는 'A를 B에 비유한다'라는 뜻으로도 쓰이고 compare A with B의 뜻도 갖는다.

I compared my answers { to / with } his.

Shakespeare compared the world { to / *with } a stage.

9.20 동사/형용사 + 전치사 구문과 명사 + 전치사 구문

(1) 대체적으로 동사/형용사 + 전치사의 구조가 명사 + 전치사의 구조와 유기적인 관계를 지닐 때 이 두 구조에 쓰이는 전치사는 동일하다.

1) a. We cannot be certain **of** success.
   b. There is no certainty **of** success.
2) a. He was keenly interested **in** English Grammar.
   b. He had a keen interest **in** English Grammar.

3) a. May I congratulate you **on** your appointment?
   b. Please accept my congratulations **on** your appointment.
4) a. We cannot complain **about** the food.
   b. We have no complaint **about** the food.

(2) 그러나 다음과 같이 (a)와 (b-c)에서 쓰이는 전치사가 다른 경우가 있다.

5) a. He was very proud **of** his new house.
   b. She prided herself **on** her ability to speak three languages.
   c. They take great pride **in** their daughter, who is a famous pianist.
6) a. We hope **for** peace.
   b. Is there any hope **of** peace?
7) a. We sympathize **with** you.
   It's hard to sympathize **with** her political opinions.
   (그녀의 정치적 의견에 공감하기란 어렵다.)
   b. Out of sympathy **for** the homeless children, he gave them shelter for the night.
   (그 집 없는 어린아이들에 대한 동정심에서 그는 그들에게 하룻밤 잠자리를 마련해 주었다.)
   Do you have sympathy **with** this viewpoint?
   (당신은 이 견해에 동의합니까?)

'공감(하다)'는 뜻일 때, sympathy-sympathize는 with를 수반하는데, '동정'이라는 뜻을 나타내는 sympathy 다음에서는 for가 쓰인다.

(3) 다음 (a)의 경우는 전치사를 필요로 하지 않는다.

8) a. Answer my question.
   b. Find an answer **to** it.
9) a. I dislike that.

b. my dislike **of** it
10) a. I like that.
　　　b. my liking **for** it
11) a. Everyone fears illness.
　　　b. our fear **of** illness

fear가 '...을 염려한다'라는 뜻을 나타낼 때는 fear는 for와 결합해서 구동사를 만든다.

I fear **for** her safety in this weather.

12) a. He influenced us.
　　　b. He had an influence **on/over** us.

9.21 전치사의 생략

(1) 전치사의 목적어가 흔히 last, next, this, that, some, every... 등의 수식을 받을 때, '시간'을 나타내는 전치사는 생략된다.

　　I saw him **last Monday**.
　　I'll mention it **next time** I see him.
　　Plums are more plentiful **this year**.
　　Every summer she returns to her childhood home.

그러나 next나 last가 명사 뒤에 놓이는 경우는 전치사가 필요하다.

　　We shall meet **in** May next.
　　We met **in** June last.

다음과 같은 '기간'을 나타내는 전치사의 생략도 유의할 만 하다.

I lived there **for** three years.
⇒ I lived there three years.
I taught her **for** three years.
⇒ * I taught her three years.

즉 lived 다음의 for는 생략할 수 있지만, taught 다음의 for는 생략이 되지 않는다. 특정한 기간 중 동작이나 상태가 중단 없이 계속되는 동사의 경우만 기간을 나타내는 for는 생략이 가능한 것이다.

(2) 다음 (a)의 on과 달리 (b)의 with는 일상체에서는 흔히 생략된다.

    a. I need a chair to sit **on**.
    b. I have no money to buy the book **(with)**.

주어 + 술어동사 + 명사 + to 부정사구 구문에서 to 부정사의 목적어는 to 부정사의 앞이나 뒤에 위치하기 마련이다.

    c. I have no <u>friend</u> **to help**.
    d. I have no friend to **help** <u>me</u>.
    e. I need <u>a chair</u> **to sit on**.
    f. I have no <u>money</u> to buy the book **with**.

그런데 (f)에서만 with의 생략이 가능한 것은 with와 그 목적어인 money의 거리가 멀어진데다 (d)를 (e)와 같은 구조로 유추하려는 심리가 작용했기 때문일 것이다.

(3) 다음과 같은 구문에서는 in이 흔히 생략된다.

She had trouble **(in)** catching a taxi.
I had some difficulty **(in)** understanding him.
Mother was busy **(in)** cooking.
He spent his time **(in)** enjoying himself.
He was not long **(in)** coming.
(그는 곧 돌아왔다.)

9.22 전치사의 수반 여부와 의미 차이

동사에 따라서는 목적어를 바로 수반하는 구문과, 동사와 목적어 사이에 전치사를 필요로 하는 구문을 겸해서 만들 수 있는 것이 있다. 예를 들어 shoot가 그렇다.

a. He **shot his wife** and then in a fit of remorse shot himself.
b. **Shoot at him.**

위의 예문에서 (a)의 shoot + 목적어는 '...을 쏘아 죽이다'라는 뜻이고, shoot at + 목적어는 '...을 향해서 총을 쏘다'라는 뜻을 나타낸다. 즉 두 구문이 대조를 이루는 경우 타동사 + 목적어 구문은 동사가 목적어에 좀 더 직접적인 영향을 끼칠 수 있고, 그만큼 동사와 목적어의 관계가 밀접한 문맥에서 쓰인다. 한편 동사와 목적어 사이에 전치사가 끼여들면 목적어에 미치는 동사의 영향력이 약해지고, 동사와 목적어의 관계도 멀어지는 셈이다.

전치사의 유무에 따라 의미가 달라지는 비슷한 예를 추가하면 다음과 같다.

(1) a. He narrowly **escaped** death.
    b. The prisoner **escaped from** prison.

타동사로 쓰이는 경우 escape는 '(...을) 면하다'란 뜻이며, 자동사로 쓰이는 경우는 '(...으로부터) 도망치다'란 뜻을 나타낸다.

(2) a. **suffer** insult (모욕을 당하다)
suffer defeat
b. **suffer from** the lack of funds
suffer from mental illness

타동사의 suffer는 '(...을) 겪는다'란 뜻이고 자동사의 suffer는 '(...때문에) 시달리다, 고생하다'란 뜻이다.

(3) a. I have already **met** him.
b. I **met with** an accident on the way.

타동사인 meet가 '...을 만나다'란 뜻이라면 meet with는 '우연히 겪는다, 우연히 만난다'라는 뜻을 나타낸다 (meet with는 '...와 회동하다'라는 뜻도 지닌다).

Our representatives **met with** several heads of state in an effort to reach agreement over the price of oil.
(우리 대표단은 유가에 합의하기 위한 노력의 일환으로 몇몇 국가의 원수와 회동했다.)

9.23 전치사와 다른 품사

9.23.1 전치사와 부사

전치사 가운데는 본래의 뜻을 보존하면서 목적어가 탈락함으로써 부사로 바뀌는 것들이 있다.

A car drove **past** the door. - 전치사
A car drove **past**. - 부사
They ran **across** the garden. - 전치사
They ran **across**. - 부사

다음에서도 괄호 안의 어구가 탈락되는 경우 밑줄 친 전치사나 전치사의 일부는 부사로 전용된다.

Come <u>along</u> (with me).
They moved <u>out</u> (of the house).
They dragged the car <u>along</u> (the road).
They moved the furniture <u>out</u> (of the house).

괄호 안과 같은 뜻으로 해석하는 경우 다음 (a)의 over는 전치사이고, (b)의 over는 동사와 결합해서 구동사 look over를 만드는 부사적 소사 (particle)이다.

a. He looked **over** the shoulder. - 전치사
   (그는 어깨너머로 돌아보았다.)
b. He looked **over** the shoulder. - 부사적 소사
   (그는 어깨의 이상유무를 살펴보았다.)

다음에서는 (c)의 up은 전치사이고, (d)의 up은 부사적 소사이다.

c. He ran **up** the hill. - 전치사
d. They ran **up** the national flag in honor of the victory. - 부사적 소사
   (그들은 승리를 축하해서 국기를 게양했다.)

9.23.2 전치사와 형용사

He died in the street **like** a dog.
Bring your chair **near** the fire.

위의 예문에 나오는 like와 near는 전치사이다. 명사구인 a dog와 the fire를 각각 목적어로 삼고 있기 때문이다. 그러나 like와 near는 비교급을 만들 수 있는 점에서 다른 전치사와 다르다.

He looks **more like** his mother than his father.
Bring your chair **nearer** the fire.

한편 다음에 나오는 like와 near는 형용사이다. (관사 다음에서) 명사를 직접 수식하거나 어순상 형용사가 차지하는 자리를 차지하고 있기 때문이다.

Like father, **like** son. – 형용사
(비슷한 아버지에 비슷한 아들 (부전자전))
I'll come and see you in the **near** future.
Pick an apple from the **nearer** tree.
Spring is **near**.

전치사와 형용사로 공히 쓰이는 낱말에는 opposite도 있다.

the houses **opposite** ours – 전치사
(우리 집과 마주 보고 있는 집들)
He took the **opposite** point of view. – 형용사
(그는 반대의 견해를 가지고 있었다.)

전치사로 쓰이는 near나 opposite는 그 다음에 또 다른 전치사 to를 수

반하기도 한다.

She came **near** being drowned.
(그녀는 익사할 뻔했다.)
We found him **near to** death.
(그는 빈사상태였다.)
The bathroom was located **opposite** my room.
I sat **opposite to** him during the meal.

9.23.3 전치사와 접속사

다음에서 (a)의 before는 전치사지만 (b)의 before는 접속사이다.

a. I met him the day **before** yesterday. – 전치사
b. It may be many years **before** we meet again. – 접속사

before처럼 전치사와 접속사를 겸하는 낱말로는 그 밖에 after, as, for, except, than, till, since 등이 있다.

9.24 전치사의 후치

전치사는 그 목적어가 되는 어구 앞에 놓이는 것이 원칙이지만, 다음과 같은 경우에는 문장의 말미에 놓이기도 한다.

(1) Wh-의문문

Which house is he staying **at**?
(> He is staying at this house.)

What are you talking **about**?
A: Here is a letter for you.
B: Who (is it) **from**?

(2) 관계사절

This is the house I am staying **at**.
This is the book I talked **about** the other day.
What I am convinced **of** is this:

(3) 감탄문

What a mess he got **into**!
(그런 곤경에 빠지다니!)

(4) 수동문

The baby was well taken care **of**.
(> They took good care of the boy.)

(5) 부정사구문

He's impossible to work **with**.
(> It is impossible to work with him.)

딱딱한 격식체에서는 위의 (1), (2)에서 전치사는 명사구 앞에 위치한다.

At which house is he staying?
About what are you talking?

From whom?
This is the house **at** which I am staying.

관계사절을 포함하는 다음 (a-e)에서 가장 일상적인 표현은 (d)와 (e)이다.

a. the house in which we live
b. the house which we live in
c. the house that we live in
d. the house we live in
e. the house where we live

다음 예문은 두 의미를 갖는다.

What is she crying for?
1) 그녀는 왜 울고 있니?
2) 그녀는 무엇을 달라고 울고 있지?

2)는 전치사를 what 앞으로 옮겨 For what is she crying?으로 고쳐 쓸 수도 있지만 What ... for?가 why의 의미로 쓰인 (1)은 그렇게 고쳐 쓰지 못한다.

9.25 전치사의 비유적 의미

a. What lies **beyond** the mountain?
b. After 25 years the town has changed **beyond** all recognition.
They're paying 200 million won for such a small apartment.
It's **beyond** belief.

위에서 (a)의 beyond가 글자 그대로 '(...한 지점의) 저 쪽, (...를) 넘어서 ...'를 뜻한다면 (b)에서의 beyond는 그러한 뜻이 비유적으로 쓰여 실제의 장소 아닌 추상적 의미를 나타내고 있다.

이와 같이 <장소>, <위치>, <방향> 등을 나타내는 전치사는 흔히 비유적으로 쓰인다.

다음과 같은 예를 추가할 수 있다.

You're **in danger**.
He is **in difficulties**.
I tried to keep **out of trouble**.
He is **out of job**.
He is **above suspicion**.
(그에게는 전혀 혐의가 없다.)
His behavior is **above reproach**.
(그가 취한 행동은 탓할 바가 없다.)
He considers such jobs **beneath him**.
(그는 그와 같은 일거리는 그의 신분에 걸맞지 않는다고 생각한다.)
They thought she had married **beneath her**.
(그들은 그녀가 그녀보다 신분이 낮은 남자와 결혼했다고 생각했다.)
I am **past caring** what he does.
(나는 이제는 그가 하는 일에 관심이 없다.)
The sick man's condition is **past hope**.
(환자의 병세는 이제 가망이 없다.)
We're **through the worst**.
(이제 최악의 고비는 넘겼다.)
She came **through the ordeal**.
(그녀는 끝까지 시련을 견디어 냈다.)

10장 접속사 (Conjunctions)

10.1 접속사의 기능과 종류

10.1.1 기능

접속사는 낱말과 낱말, 구와 구, 절과 절을 연결하는 기능을 갖는다.

10.1.2 종류

(1) 낱말과 낱말, 구와 구, 절과 절을 대등하게 연결하는 접속사를 등위접속사(coordinate conjunction)라 하며, 주절(main clause)과 흔히 명사절과 부사절로 나타나는 종속절(subordinate clause)을 연결하는 접속사를 종속접속사(subordinate conjunction)라고 한다.

    a. 등위접속사: and, but, or, ...
    b. 종속접속사: because, if, when, since, ...; that

(2) 형태를 기준으로 한다면 접속사는 다음과 같이 분류된다.

    a. 단일접속사 (simple conjunction): 단일어로 이루어진 접속사
        and, but, or, if, than, that
    b. 복합접속사 (compound conjunction): <u>접사 + 독립어</u>가 만드는 접속사
        although (=al(> all) + though), because (=be(> by) + cause), until (=un + till)

c. 군접속사(group conjunction): 두 개 이상의 낱말을 합쳐서 만든 접속사

    as if, as soon as, in order that, the moment, ...

d. 상관접속사(correlative conjunction): 다른 어구를 사이에 두고 분리되어 나타나지만 서로 연관관계를 갖는 접속사

    both ... and ..., either ... or ..., neither ... nor ..., not only ... but also ...; no sooner ... than ..., scarcely ... before ..., hardly ... when ...

10.2 and

10.2.1 기본용법

and는 낱말과 낱말, 구와 구, 절과 절 등 동일한 형식과 동일한 형식을 연결한다.

We were cold and hungry.

He can play the guitar and the piano.

He has quarrelled with the chairman and has resigned.

'…와 …를 둘 다'의 뜻을 특히 강조하고자 할 때는 상관접속사인 both … and …가 쓰인다.

She is **both** intelligent **and** beautiful.
He can speak **both** English **and** French.
I lived **both** in New York **and** in Chicago.

10.2.2 A and B의 여러 가지 의미

(1) **Bread and butter** is fattening.
   Slow and steady wins the game.
   Early to bed and early to rise makes a man healthy.

위에서는 주어가 A and B의 형식을 취하면서도 술어동사로는 단수가 쓰이고 있다. A and B가 A와 B가 합쳐서 이루어진 <단일>적 개념으로 통용되기 때문이다.

(2) **his** wife and child
   old and new furniture
   old men and women

his wife and child는 his wife + child의 뜻이 아니라 his wife + his child의 뜻을 갖는다. 한정사가 부가되지 않는 child가 his wife와 대등하게 연결될 수 없기 때문이다.

old and new furniture 역시 old furniture + new furniture의 해석만이 가능하다. old man + woman는 대등한 연결을 이루지 못하기 때문이다.

반면에 old men and women은 old men + old women으로 해석하는 것이 자연스럽겠지만 old men + women의 해석을 배제하지는 않는다.

(3) I'll **try and come**.
   We **sat and talked**.

try and come은 try to come이라는 뜻이고, sat and talked는 sat talking과 뜻이 같다.

(4) a. He **talked and talked and talked**.

b. We saw **dogs and dogs and dogs**.

(a)는 '그칠 줄 모르고 이야기를 계속했다'는 뜻이고, (b)는 '굉장히 많은 개를 보았다'는 뜻이다.

10.2.3 문접속과 구접속

다음 (a)와 (b)는 뜻이 같다. 다시 말해서 (a)는 (b)를 줄인 생략문으로 간주할 수도 있다.

a. Tom **and** Mary are busy
b. Tom is busy **and** Mary is busy.

그러나 (c)는 (d)로 바꾸어 쓰지 못한다. 굳이 바꾸어 쓴다면 (c)는 (e)가 되어야 한다.

c. Your problem **and** mine is similar.
⇒ d. *Your problem is similar and mine is similar.
⇒ e. Your problem is similar to mine, and mine is similar to your problem.

다음 (f-g)도 (c)와 그 구조가 비슷하다.

f. A **and** B are related.
g. A **and** B are different.

다음 (h)는 (i), (j)의 두 가지 뜻으로 해석할 수 있다.

h. Peter **and** Susan went to London last week.
⇒ i. Peter went to London last week and Susan went to London last week.

⇒ j. John went to London with Susan last week.

(i)는 Peter와 Susan이 London에 <따로> 갔다는 뜻이고 (j)는 <함께> 갔다는 뜻인데, 이 (i)와 (j)의 차이는 흔히 문접속(sentential conjunction)과 구접속(phrasal conjunction)의 차이로 설명된다.

(a)의 and는 문접속의 기능을 가지며, (c), (f), (g)의 and는 구접속의 기능을 갖는다.

다음 (k)와 (l)을 대조시켰을 때, (k)의 and는 구접속의 의미로, (l)의 and는 문접속의 의미로 해석하는 것이 자연스럽다.

k. John **and** Mary got married.
l. Both John **and** Mary got married.

10.2.4 문장과 문장을 연결하는 and

다음 예문은 비문법적이다.

첫 번째 문장과 두 번째 문장사이에는 and로 연결될 만한 의미 관계가 성립되어 있지 않기 때문이다. 두 문장을 and로 연결한다 해서 두 문장 사이에 반드시 연결관계가 성립하는 것은 아니다.

*The two people went to a dance **and** the equator is equally distant from the two poles.

문장과 문장은 다음과 같은 경우에 and로 연결될 수 있다 (편의상 첫 문장을 A, 두 번째 문장을 B로 표시한다).

(1) A와 B가 시간상 연속해서 일어날 때

She washed dishes **and** she dried them.

(2) B가 A의 결과이거나 A가 B의 이유를 나타낼 때

She was sick **and** took some medicine.

(3) A와 B가 대조를 이룰 때

Robert was secretive **and** David was candid.

(4) B가 A를 부연 설명할 때

They disliked John — **and** that's not surprising.

(5) B가 A에 대해서 양보적 의미를 가질 때

He tried hard **and** he failed.

위의 예문의 and는 and yet나 but로 바꿀 수 있다.

10.2.5 and가 만드는 특수구문

Move a muscle, **and** I'll shoot you.
(=If you move a muscle, I'll shoot you.)
(조금만 움직이면 쏜다.)
Water the seed, **and** they will grow.
Another half hour, **and** all the door would be closed.
(30분만 더 지나면 문이 닫힐 것이다.)
A little more capital, **and** they would have succeeded.
(자본이 조금만 더 있었다면, 그들은 성공했을 것이다.)

명령문과 명사구 다음에서 and는 명령문 또는 명사구와 함께 '...하면' 이라는 조건과 가정의 뜻을 나타낸다.

10.3 but

10.3.1 기본용법

but는 서로 대조가 되는 두 요소를 연결하는 기능을 갖는다.

The situation looked desperate, **but** they didn't give up hope.
The warm **but** windy weather will continue for several more days.

다음에서 (a)는 "가난하면 행복할 수가 없다"란 견해가 전제가 되어 있고, (b)는 "부자는 행복하지 않다"란 견해가 전제가 되고 있다.

a. John is poor, **but** he is happy.
b. John is rich, **but** he is happy.

10.3.2 but가 만드는 여러 가지 구문

but는 흔히 절과 절을 연결하지만 다음 구문에서는 구와 구를 연결하고 있다.

(1) not A but B

  It is **not** blue **but** purple.
  It is **not** I **but** you who are to blame.
  They want **not** your pity **but** your help.

(2) not only A but also B

  Not only the money **but also** three valuable paintings were stolen.

She's **not only** a professional artist **but also** a first-rate teacher.
Kindness **not only** brightens our own lives, **but also** fills the lives of our friends with happiness.

not only A but also B의 구문에서 흔히 also는 생략된다.
not only A but also B의 형식이 주어가 되는 경우 동사의 수는 B와 일치한다.

Not only the father but also his sons **are** very fond of liquor.
Not only his sons but also the father **is** very fond of liquor.

10.3.3 종속접속사로 쓰이는 but

but은 기본적으로 등위접속사이지만 다음 예문의 but that은 종속접속사이다.

(1) I don't deny/doubt **but that** he's telling the truth.

deny/doubt but that ...의 but that은 that로 바꾸어 쓸 수 있다.

(2) **But that** he had no money, he would have come with us.

가정법 구문에서 쓰이는 but that는 were it not for the fact that ...란 뜻을 갖는다.

(3) It never rains **but** it pours.

Quirk et al.(1985:998, 1103)에 의하면 but는 that가 이끄는 절을 수반하는 경우에는 종속접속사가 되는데, (3)처럼 that가 생략되기도 한다. (3)의

but은 without the result that ...로 풀이할 수 있다. 유사한 예에 다음이 있다. 부정문이 선행하는 이 구문은 고문체나 격식체에 속한다.

    Justice was never done **but** someone complained.
    (일찍이 재판이란 아무리 공정해도 누군가는 불평을 하기 마련)

10.3.4 다른 품사 구실을 하는 but

but는 접속사 아닌 다른 품사 구실을 하기도 한다.

(1) 전치사

    You can come any day **but** Tuesday.
    Who **but** George would do such a thing?

전치사의 구실을 하는 but는 who, what, where 등이 이끄는 의문문과 nobody, none, nowhere; all, everyone, any one 등이 이끄는 명사구 다음에서 쓰인다. 다음에서 (a)의 but는 전치사이고, (b)의 but는 접속사이다.

    a. Everyone had a good time **but** John.
    b. The students had a good time **but** not John. (=but John did not.)

전치사로 쓰이는 but는 for와 함께 except for, without의 뜻을 나타내는 관용구를 만든다.

    But for the safety belt, I wouldn't be alive today.

(2) 부사

    He is still **but** (=only) a child.

일상체에서는 but 대신에 only나 mere를 사용하는 것이 자연스럽다.

(3) 의사관계대명사 (4.15.2 참조)

There is no man **but** feels (=There is no man who does not feel) pity for starving children.

(4) 그 밖에 but는 다음과 같은 관용어구도 만든다.

But me no buts. (=Don't argue with me or make excuses.)
(자꾸 '하지만' '그러나'란 말만 되풀이하지 마.)

굳이 따지면 위의 예문에서 **But**는 동사가, **buts**는 명사가 되는 셈이다.

10.4 or

10.4.1 기본용법

or는 두 요소 (또는 둘 이상의 요소) 가운데서 하나를 택일하는 의미를 갖는다.

Would you prefer coffee **or** tea?
Are you coming **or** not?

10.4.2 or를 포함하는 상관접속사

(1) either A or B
A or B가 나타내는 뜻을 더욱 분명히 한다.

He is **either** drunk **or** mad.
You must be able to speak **either** English **or** Japanese.
I left it **either** on the table **or** in the drawer.

(2) neither A nor B
either A or B의 부정형식으로, A와 B를 다 부정하는 의미를 갖는다.

He was **neither** drunk **nor** mad.
He can speak **neither** English **nor** Japanese.

주어가 다음과 같은 형식을 취하는 경우 술어동사는 B와 일치한다.

Either A or B
Neither A nor B

Neither you nor he is responsible for it.

그런데 LDCE(1987)에는 이 상관접속사와 관련해서 다음과 같은 용법 설명이 보인다.

If either David or Janet come, **they** will want a drink. ― 일상체
If either David or Janet comes, **he or she** will want a drink. ― 격식체

either/neither는 대명사(4.12 참조) 및 부사(8.21 참조)로도 쓰인다.

10.4.3 or가 만드는 특수구문

Wear your coat, **or** you'll be cold.
(상의를 입어라. 그렇지 않으면 추울 거야.)

명령문 + and가 '...하라, 그러면'이라는 뜻인데 반해, 명령문 + or는 '...하라, 그렇지 않으면'이라는 뜻을 나타낸다.

Work hard, **and** you will succeed.
⇒ If you work hard, you will succeed.
Work hard, **or** you will fail.
⇒ If you don't work hard, you will fail.

10.4.4 or의 또 다른 의미

다음의 <u>A or B</u> 구문에서의 or는 (A, B 가운데 하나를 택한다는 뜻이 아닌) 'A를 바꾸어 말한다면'이라는 뜻을 갖는다.

a kilo **or** two pounds
(1 킬로나 2 파운드)
geology **or** the science of the earth's crust
(지질학 그러니까 지구의 표면을 연구하는 학문)
She has acrophobia, **or** fear of great heights.
(그녀에게는 고소공포증이 있다. 다시 말해서 높은 곳에 올라가면 무서워한다.)

10.4.5 and/or가 만드는 부정문

다음 (a)를 부정문으로 고치려면 (b)처럼 and를 or로 바꿔야 한다. not, never 다음에서 or는 and not의 뜻을 나타내는 것이다. and를 그대로 간직하고자 할 때는 (a)의 부정문은 (c)가 된다. 즉 (b)와 (c)는 의미가 같다. 하지만 (b-c)와 (d)는 의미가 다르다. (d)는 첫 절과 두 번째 절 가운데 어느 하나의 절만을 부정하고 있기 때문이다.

a. He smokes **and** drinks.

b. He does**n't** smoke **or** drink.
   (=He **neither** smokes **nor** drinks.)
c. He does**n't** smoke **and (he) doesn't** drink.
d. He does**n't** smoke **or (he) doesn't** drink.

10.4.6 nor

nor는 neither .... nor ...의 형식으로 상관접속사로 쓰이는 이외에, 다음과 같은 문맥에서 쓰인다.

(1) not와 함께

She did**n't** call him that day, **nor** the next day.

위의 예문에 나오는 nor는 or로 바꾸어 쓸 수도 있지만 전자가 후자보다 의미가 강하다.

(2) (부정문을 잇는) 도치구문에서 조동사와 함께
   He can't see, **nor** can he hear.
   ⇒ He can't see, **and neither** can he hear.
   ⇒ He can't see, **and** he can't hear **either.**

10.4.7 and/or/but가 만드는 생략 구문

and와 or의 경우는 원칙상 (a)는 (b)로 바꾸어 쓴다.

a. John will sing **and** dance **and** play.
⇒ b. John will sing, dance **and** play.
a. John might go by bus **or** call a taxi **or** walk.

⇒ b. John might go by bus, call a taxi **or** walk.

그러나 A but B but C를 A, B but C로 바꾸어 쓰지는 못한다. 다음 (c)는 (d)에서 파생한 문장이지 (e)에서 파생한 것이 아니다.

c. John played football, Mary played tennis, **but** Alice stayed at home.
⇒ d. John played football **and** Mary played tennis **but** Alice stayed at home.
e. *John played football **but** Mary played tennis **but** Alice stayed at home.

A but B but C를 A, B but C로 줄여 쓰지는 못하는 것은 A but B but C는 실상은 (f)가 그렇듯이 (A but B) but C의 구조로 분석하여야 하기 때문이다.

f. Mary is beautiful, **but** she is stupid, **but** Helen is perfect.

10.5 for

for는 이유를 나타낸다. 다만 격식체에서 쓰이며 사용빈도도 낮다.

We listened eagerly, **for** he brought news of our family.
We must start early; **for** we have a long way to go.

<이유>를 나타내는 등위접속사인 for를 올바르게 이해하기 위해서는 역시 <이유>를 나타내는 because와의 차이를 아는 것이 중요하다. for와 because는 다음과 같은 차이가 있다.

(1) Because와 달리 for는 문장의 앞자리를 차지하지 못한다.

$\left\{\begin{array}{l}\textbf{Because}\\ \text{*For}\end{array}\right\}$ he loved her, he married her.

(2) 다음과 같은 문맥에서는 for만이 쓰일 수 있다.

It's morning; $\left\{\begin{array}{l}\text{for}\\ \text{*because}\end{array}\right\}$ birds are singing.

위의 예문에서 because가 쓰이지 못하는 것은 새가 지저귀는 것이 아침이 오는 이유나 원인이 되는 것은 아니기 때문이다. 위의 예문에서 화자는 새가 지저귀는 것을 나름대로 아침이 왔다는 판단의 근거로 삼고 있을 뿐이다. 이런 경우는 for만이 쓰인다. 의미상으로 because-절이 주절과 좀 더 밀접하게 연결되어 있다면, for-절은 일단 문장이 끝난 다음 추가적인 설명(=afterthought)을 가하는 기능을 갖는 것이다.

흔히 여러 문맥에서 because와 for가 똑같이 쓰이는 것은 어떤 이유나 원인에 대한 화자 나름대로의 판단이나 설명의 기준이 동일하기 때문이다. 똑같이 <이유>를 나타내면서도 종속접속사로 설명되는 because와 달리 for를 등위접속사로 간주하는 것은 위의 (1-2)에서 설명한 (because와는 다른) for의 통사상 내지 의미상의 특성 때문이다.

그렇다 하더라도 for는 and, or, but와 대등한 자격을 갖는 등위접속사는 되지 못한다. (10.10 참조)

10.6 명사절을 이끄는 종속접속사

10.6.1 that

(1) that는 하나의 문장의 일부를 이루는 명사절을 이끄는 구실을 한다. 하나의 문장에서 그 일부를 이루는 that가 이끄는 명사절의 예는 다음과

같다.

> **That** she should forget me so quickly was a rather shock. — 주어
> It was a rather shock **that** she should forget me so quickly.
> I regret **that** she worries about it. - 목적어
> I hope **that** you will have a wonderful time.
> My assumption is **that** interest rates will fall soon. — 보어
> (나의 짐작으로는 세율은 곧 내릴 겁니다.)
> The trouble is **that** we are short of money.
> This suit is quite satisfactory except **that** the sleeve is a little too long.
> — 전치사의 목적어
> Men differ from beasts in **that** they can think and speak.

that가 이끄는 명사절을 목적어로 삼는 전치사는 in과 except이다.

> The fact **that** she was foreign made it difficult for her to get a job. - 동격
> He disagreed with Copernicus's view **that** the earth went round the sun.

that가 이끄는 종속절을 동격으로 삼는 명사는 the fact, the hope, the proof, the belief, the idea, the news, the theory, the information 등이다.

> We are glad **that** you are able to join us. - 형용사의 보문

(2) 목적어를 이끄는 that는 일상체에서는 흔히 생략된다.

> I told him **(that)** he was wrong.
> I know **(that)** you're honest.

Swan(1995: 588)에 의하면 일상적으로 흔히 쓰이는 동사인 say, think, suggest 다음에서는 that는 생략되지만, 덜 일상적인 reply, telegraph, shout 등 다음에서는 생략되지 않는다.

*John replied he was feeling better.
⇒ John replied **that** he was feeling better.
* She shouted she was busy.
⇒ She shouted **that** she was busy.

that의 생략은 문장이 쓰이는 상황의 일상성이나 술어동사가 일상적으로 흔히 쓰이는 동사인지의 여부에도 달려있지만, that가 이끄는 절의 내용 여하에도 달려있다. 그 내용이 상대적으로 중대하거나 정보 가치가 높을수록 that는 생략되지 않는다.

Dixon(1991:70)은 다음과 같은 예를 들고 있다.

He promised **that** he would lend me two million dollars.
He promised **(that)** he'd buy me an ice-cream.
He mentioned **that** the king had died.
He mentioned **(that)** Mary was coming to tea.

10.6.2 whether, if

(1) whether와 if는 흔히 상호 대체가 가능하다.

I am not sure **whether/if** I'll be able to come.
Tell me **whether/if** you're interested or not.

(2) whether/if는 긍정-부정을 묻는 의문문(Yes-No Question)의 화법 전환 시에 흔히 쓰인다.

"Do you know Bill?" he said.
⇒ He asked if/whether I knew Bill.

(3) 이 두 접속사 사이에는 통사상 다음과 같은 차이가 있다.

    1) whether에 한해서 or not가 바로 그 뒤를 이을 수가 있다.

    He asked { if / whether } I knew Bill or not.

    He asked { *if or not / whether or not } I knew Bill.

    2) whether가 이끄는 절만이 전치사의 목적어가 될 수 있다.
    There was a big argument <u>about</u> **whether/*if** we should accept their offer.
    We haven't settled the question <u>of</u> **whether/if** we'll go back today.

    3) whether는 if보다 격식체에서 선호된다. 그러므로 know, tell, ask 등의 일상동사와 달리 discuss 등의 동사 다음에서는 whether가 자연스럽다.
    Let's <u>discuss</u> **whether** we should accept their offer.

(4) 한편 whether와 that는 다음과 같은 차이가 있다.
    다음에서 (a)는 <John이 동의를 한 사실>을 묻고 있고, (b)는 <John이 동의를 했는지의 여부>를 묻고 있다.

    a. Do you know **that** John has agreed?
    b. Do you know **whether** John has agreed?

술어동사 doubt는 that-절과 whether-절을 다 수반할 수 있다. 하지만 don't doubt 다음에는 that-절만이 올 수 있다.

c. I doubt {that / whether} John will agree.

d. I don't doubt {that / *whether} John will agree.

10.7 부사절을 이끄는 종속접속사

10.7.1 시간

시간을 나타내는 종속접속사의 의미와 용법은 부사절과 주절의 상대적인 시간 관계를 근거로 삼아서 살펴보면 편리하다.

(1) when
시간을 나타내는 대표적인 접속사가 when이다. when이 이끄는 종속절은 주절과의 상대적인 시간관계가 선행적일 수도, 후행적일 수도 있고 동시적일 수도 있다.

    a. **When** she came, he had already left.
    b. **When** she knocked, he let her in.
    c. **When** they ate, they went to sleep.
    d. **When** she fell, he caught her.
    e. **When** she slept, she dreamed of home.
    f. **When** I last heard from him, he was living in New York.

(a)에서는 시간상으로 주절이 부사절에 선행하고, (b-c)에서는 부사절

이 주절에 선행하고 있다.

　(a)에서 주절이 시간상 앞서고 있는 것은 주절의 동사가 과거완료의 형식을 취하고 있는 것으로 알 수 있으며, (b-c)에서 부사절이 앞서고 있는 것은 주절과 종속절의 술어동사의 논리적인 관계로 짐작할 수 있다. 단 (b)의 경우 when은 종속절과 주절의 연속적인 동작이나 사건을 연결시켜 주고 있는데 반해, (c)의 경우 종속절과 주절사이에는 얼마만큼 시간상의 간격이 벌어져 있다.

　(d-f)의 경우 종속절과 주절은 동시적이다. 단 동시적이라고 하지만 (d)에서의 동시성은 순간적이며 (e)에서는 동시성의 시간 폭이 상대적으로 넓다. (f)에서는 주절의 시간 폭이 종속절에 비해서 훨씬 넓어 동시성이 잠시 겹치고 있을 뿐이다.

　이와 같이 when이 여러 의미를 갖기 때문에 다음 (g)는 (1), (2)의 두 해석이 가능하다.

　　g. **When** she sang, she sat down.
　　　(1) 그녀는 노래를 다 부르고 나서 앉았다.
　　　(2) 그녀는 앉아서 노래를 불렀다.

　그러므로 (1)의 뜻을 분명히 하기 위해서는 (g)는 (h)로 바꾸는 것이 바람직하다.

　　h. When she **had sung**, she sat down.

다음 (i)와 (j)의 의미도 다르다.

　　i. I always felt miserable when I **had visited** her.
　　j. I always felt miserable when I **visited** her.

　(i)는 '그녀를 방문하고 난 다음에는 비참했다.'는 뜻이고 (j)는 '기분이

비참했을 때는 그녀를 방문했다.'는 뜻이다.
그러나 시간 관계를 분명히 한다해서 (k)를 (l)로 바꾸는 것은 잘못이다. 왜냐면 (k)가 쥐를 본 순간의 그녀의 <즉각적>인 반응을 잘 나타내 주기 때문이다.

    k. When she **saw** the mouse, she screamed.
    l. When she **had seen** the mouse, she screamed.

다음의 (m)은 위의 (a-l)과는 when의 용법이 좀 다르다.
(m)은 (1)보다는 (2)로 해석하는 것이 자연스럽다.

    m. Yesterday evening I was sitting in the living room, watching TV, **when** suddenly a policeman came in.
       (1) 어제 저녁 경찰관이 문을 열고 들어왔을 때, 나는 거실에서 텔레비젼을 보고 있었다.
       (2) 어제 저녁 내가 거실에서 텔레비젼을 보고 있는데, 갑자기 경찰관이 문을 열고 들어왔다.

(m)에서는 when이 이끄는 부사절이 주절의 시간적인 배경을 제공해주는 대신에, 주절이 부사절에 시간적인 배경을 제공해주며 부사절의 서술 내용의 극적 효과를 배가시키고 있다.
이와 같은 부사절을 Declerk(1991:151)는 narrative when-clause (이야기체의 when-절) 라고 부르고 있다.

(2) while, as
while과 as가 이끄는 부사절은 주절과 동시적인 관계에 있으며, while은 as보다 부사절의 시간 폭이 상대적으로 넓다.

    While she was cooking, I was reading the paper.

Strike **while** the iron is hot.
Did anyone call **while** I was away?

as가 이끄는 종속절의 기능이나 의미는 문맥에 따라 다음과 같이 다르다. 즉 (a)에서는 주절의 내용에 대한 시간적인 배경을 제공해주며, (b)에서는 주절과 종속절의 병행적 동작(parallel action)을, (c)에서는 병행적이면서 점진적 변화를 나타낸다. (d)의 경우 종속절과 주절의 동시성은 순간적이다.

a. **As** I was walking down the street, I was met with a bunch of demonstrators.
b. Grandmother sings **as** she works.
c. **As** I get older, I get more pessimistic.
d. The policeman stopped them **as** they were about to enter the house.

(3) hardly ... when, scarcely ... before, no sooner ... than, as soon as
이와 같은 상관접속사가 쓰이는 경우 (그러니까 as soon as를 제외하고는), 주절은 보통 도치구문으로 나타난다. 이와 같은 도치는 주절과 종속절이 나타내는 시간이 거의 동시임을 강조하려는 목적을 갖는다.

Hardly had he arrived **when** he started complaining.
(⇐ He had hardly arrived when ...)
Scarcely had he come in **before** the phone rang.
(⇐ He had scarcely come in before ...)
No sooner had I said it **than** I was sorry.
Buy your ticket **as soon as** you reach the station.

주절의 술어동사가 과거인 경우 as soon as가 이끄는 종속절은 주절과 똑같이 과거시제가 쓰이는 것이 통례지만, 간혹 완료형이 쓰이기도 한다.

I left as soon as the meeting { **ended.**
{ **had ended.**

'...하자마자'라는 뜻은 다음과 같이 명사구가 만드는 군접속사에 의해서 표현되기도 한다.

I know who it was **the moment** he spoke.
The instant he comes, let me know.

(4) before, after

다음 (a)에서는 시간상으로 주절이 종속절에 앞선다

a. Clean your teeth **before** you go to bed.

그러면서도 before가 이끄는 종속절에 대과거를 나타내는 과거완료가 쓰이는 수가 있다. 이와 같은 과거완료는 '...가 끝나기도 전에'라는 뜻을 강조하는 기능을 갖는다.

b. **Before** we **had walked** ten miles, he complained of sore feet.

다음 (c-d)는 의미가 다르다.

c. John read the letter **before** I **had read** it.
d. John read the letter **before** I **read** it.

(c)는 'John이 그 편지를 읽었을 때 나는 그 편지를 읽지 않았다.'라는 뜻을 내포한다. 그런데 그 다음에 내가 그 편지를 읽었는 지의 여부는 분명치 않다. 반면에 (d)는 (John died before Mary died.가 Mary도 죽었다는 뜻을 내포하듯이) 'John이 그 편지를 읽은 다음에 나도 그 편지를 읽

었다.'라는 뜻을 함축한다.

한편 (e)는 '그는 퇴직을 하기 전에 죽었다.'라는 뜻으로 가정법 과거완료의 주절의 형식인 would + have + p.p.가 그가 퇴직을 하지 못했음을 분명히 해주고 있다.

  e. He died **before** he **would have retired**.

다음 (f)에서는 시간상 **after**가 이끄는 종속절이 주절을 앞선다.

그런데 주절이 과거일 때 종속절은 과거시제와 과거완료형 둘 다를 허용한다. 과거시제를 허용하는 것은 after라는 접속사의 의미가 시간 관계를 분명히 해주기 때문이다.

  f. I ate my lunch **after** my wife **came/had come** back from her shopping.

(5) till/until

  Wait **until/till** the rain stops.

until과 till은 의미가 같다. 다만 until이 사용빈도가 높다. till은 '글'보다 '말'에서 선호되며 전치사로 더 자주 쓰인다.

(6) since

  I have been unhappy **since** you went away.
  It's ten years **since** I met him.

since는 <과거의 어떤 시점부터 지금까지>라는 뜻을 나타내기 때문에 since 절에서 과거 시제가 쓰이는 경우 주절은 계속을 나타내는 현재완료형이 쓰인다. 다만 주절에서 it가 주어로 쓰이고 시간의 길이를 나타내는 어구가 보어가 되는 경우에는 현재완료형 대신에 현재시제가 쓰인다. 한편 It's ten years ... 등으로 시작하는 문장에서 since 다음에는 보통 과거시제가 쓰이지만 완료형이 쓰이는 경우도 간혹 있다.

    a. It's ten years **since** I **met** him.
    b. It's ten years **since** I **have met** him.

(a), (b)는 똑같은 뜻을 나타내지만 굳이 차이를 찾자면 (a)는 I met him ten years ago.라는 뜻이고 (b)는 I haven't met him for ten years.라는 뜻이다. 그런데 meet him/see him 등은 (a), (b)의 두 형식이 가능하지만 move to Seoul, leave the country 등은 (a)의 형식만이 가능하다.

    a. It's three years **since** he **moved** to Seoul.
    b. *It's ten years **since** he **has moved** to Seoul.

(a)의 뜻을 (b)로 바꾸어 쓰지 못하는 것은 He moved to Seoul three years ago.를 *He hasn't moved to Seoul for three years.로 바꾸어 쓰지 못하는 것과 같다.

10.7.2 이유, 원인

(1) '이유'를 나타내는 대표적인 접속사로는 because, as, since가 있다.

    You're thin **because** you don't eat enough.
    As it's raining again, we'll have to stay at home.
    Since we live near the sea, we often go swimming.

(2) 위에서 예를 든 종속절이 주절에 대한 <직접적>인 이유와 원인

(direct reason)을 나타낸다면, 다음 예문의 종속절은 <간접적>인 이유와 원인(indirect reason and cause)을 나타낸다.

Since you seem to know them, why don't you introduce me to them?
(=Since you seem to know them, I ask you to introduce me to them.)
As you're in charge, where are the files on the new project?
(=As you're in charge, I'm asking you ...)

(3) 똑같이 '이유'를 나타내지만 다음 예문의 빈칸은 because만이 차지할 수 있다.

A : Why don't you open the door?
B : _____ I've brought the wrong key.

B의 빈칸에 as/since가 쓰이지 못하는 것은 as/since에 의해서 유도되는 이유절의 내용은 청자도 이미 알고 있는 구정보에 속하여야 하기 때문이다. B의 I've brought the wrong key란 내용은 청자에게는 신정보에 속한다. 바꾸어 말하자면, 신정보에 속하는 이유절은 because에 의하여 유도되어야 하는 것이다.
영어에는 어순상 구정보에 속하는 요소일수록 상대적으로 문장의 앞자리를 차지하는 원칙이 있다. (5.5.1 참조)
as/since가 이끄는 절이 흔히 주절에 앞서는 것도 as/since가 이끄는 이유절이 구정보를 담고 있기 때문이다.

As Jane was eldest, she looked after the others.
Since we live near the sea, we enjoy a healthy climate.

as/since가 이끄는 이유절은 분열문의 초점도 되지 못한다. 구정보에 속하는 내용이라면 굳이 강조를 받을 필요가 없는 것이다.

It is $\left\{\begin{array}{l}\text{because}\\ \text{*as}\\ \text{*since}\end{array}\right\}$ he loved her that he married her.

하기는 because가 이끄는 종속절은 흔히 신정보에 속하지만, 구정보일 수도 있다. 즉, 다음 예문에서 (a)는 Why is Peter in hospital?를 전제로 하는 문장으로 청자에게 because이하는 신정보에 속한다. 반면에 (b)는 일예로 Where is Peter? They say he had an accident.라는 질문을 전제로 한 문장으로 종속절이 주절에 앞선 까닭은 그 내용이 청자에게도 구정보에 속하기 때문이다.

  a. Peter is in hospital **because he had an accident**.
  b. **Because he had an accident**, Peter is in hospital.

(4) 그 밖에 이유를 나타내는 접속사로는 다음이 있다.

  Now (that) he is over seventy, he is going to retire.
  Take your umbrella with you **in case** it rains(=because it may rain).
  As long as you're here, we might as well talk about your future.
  The evidence is invalid **in that** it was obtained through illegal means.

now that의 that는 일상체에서는 생략되기도 한다.
 now that는 '이유'를 나타내는 동시에 '...한 이상 이제'라는 시간적 의미가 부가되어 있다. in case는 의미상 '이유'와 '조건'이 합쳐있으며, 격식체에서 쓰이는 in that는 '이유'와 '관점'이 합쳐 있다.

(5) 간혹 이유를 나타내는 종속절은 다음과 같은 도치구문을 만든다.

  Writing hurriedly as she was, she didn't notice the spelling errors.
  Tired as they were, they went to bed as soon as they came back.

10.7.3 목적

(1) so that ..., in order that ..., that ...

I have given him a key **so that** he can get into the house whenever he likes.
They wrote the notices in several languages **so that** foreign tourists could understand them.
We send them monthly reports **in order that** they may have full information about progress.
We carved their names on the stone **in order that** future generations should know what they had done.

위에 예시한 바와 같이 목적절에서 술어동사 앞에 조동사가 부가되는 것은 이 종속절이 사실을 기술하는 문장이 아니기 때문이다. 부가되는 조동사로는 can/could 이외에 may/might/will/would/should가 있다. 이 조동사 가운데에서 가장 사용 빈도가 높은 것은 can/could이다.

I have lit the fire so that the house **will** be warm when they return.
These men risk their lives so that we **may** live safely.

in order that ...는 상대적으로 so that .... can(will, may)보다 격식성이 높다. 또한 that ... may ...는 격식체나 시가 등에서 쓰인다.

They died **that** we **might** live.

so that ...의 that는 일상체에서는 생략되기도 한다.

Please turn out the light **so** I can sleep.

그러나 that의 생략은 의미의 혼동을 가져올 수도 있다. 다음 (a-b)에서

(a)는 '목적'을 나타내지만 (b)는 '결과'를 나타내는 것이다.

> a. He took my shoes **so that** I couldn't leave the house.
> = He took my shoes to prevent my leaving.
> b. He took my shoes **so** I couldn't leave the house.
> = He took my shoes; therefore I wasn't able to leave.

(2) (부정적 목적을 나타내는) in case, lest, for fear that ...

> I wrote down her address **in case** I should forget it.
> **Lest** you should think I'm not telling the truth, I have brought two witnesses with me.
> (당신이 내가 진실을 말하지 않는다고 생각할지도 몰라서 나는 증인을 두 사람 데리고 왔소.)
> They kept watch **for fear that** robbers might come.

lest, for fear that ...는 격식체에 속하며 사용 빈도가 낮다.

lest가 이끄는 종속절의 술어동사는 흔히 should와 함께 쓰이는데, 그렇다고 should가 절대적인 것은 아니다.

> Take care **lest** you (=so that you may not) catch the measles.

in case에는 lest, for fear that ...의 의미 이외에 because ... might ...란 뜻과 if란 뜻이 있다.

> a. I always take an umbrella **in case** it rains (=because it might rain.)
> b. **In case** (=If) the house burns down, we'll get the insurance money.

10.7.4 결과

(1) so/such ... (that)

He spoke **so** fast **that** nobody could understand.
It was **so** cold **that** we stopped playing.
He spoke with **such** a clear voice **that** we understood every word he said.
The thunder was followed by **such** a heavy rain **that** it soaked us thoroughly.

so와 such의 관계는 통사상 how와 what의 관계와 같다. 즉 so/how 다음에는 형용사와 부사가 오고 such/what 다음에는 <u>부정관사 + 명사</u>가 온다. 일상체에서는 that는 흔히 생략된다.
so/such ... that ...구문은 도치구문을 만들기도 한다.

So terrible was the storm that whole roofs were ripped off.
Such a good teacher is he, his classes are always full.
Such was her confidence in him that she entrusted all her money to him.

(2) ..., so (that)

Nothing more was heard of him, **so that** people thought he was dead.
It was quite windy, **so (that)** we had to button our coats.

so that ...가 두 종속절을 이끄는 경우, '목적'을 나타내는 so that는 반복할 수 있지만 '결과'를 나타내는 so that는 반복할 수 없다.

a. He saved money **so that** he could buy a house **and so that** he would have enough money for his old age.
b. *He saved money, **so that** he was able to buy a house **and so that** he had enough money for his old age.

⇒ He saved money, **so that** he was able to buy a house **and** he had enough money for his old age.

10.7.5 조건

(1) if
'조건'을 나타내는 가장 일반적인 접속사는 if이다.

If you put down the baby, she'll scream.
If you want some more, you should ask me.

'조건'을 나타낸다지만, 다음 (a), (b)에서의 조건절은 용법이 다르다.

a. **If** it's fine tomorrow, we'll go to the zoo.
b. She's too far considerate, **if** I may say so.

(a)는 '우리가 동물원에 가고 안 가고는 내일의 날씨에 달려있다.'는 뜻을 나타내지만, (b)에서 종속절이 '그녀는 아주 자상하다'라는 명제에 전제조건의 구실을 하고 있지는 않다. (a)와 달리 (b)는 다음과 같이 풀어 쓸 수 있다.

c. I'm telling you, if I may, that she's too far considerate.

(a)의 종속절이 주절의 실현여부에 대한 '직접조건(direct condition)'이 되고 있다면, (b)의 조건절은 '간접조건(indirect condition)'의 구실을 하고 있는 것이다.

(2) unless와 if ... not

Unless you put on your overcoat, you'll catch a cold.

He'll accept the job **unless** the salary's too low.

unless는 '부정조건(negative condition)'을 나타내며 흔히 if ... not로 풀어쓸 수 있다.

Unless you put on your overcoat, ...
⇒ **If** you do **not** put your overcoat, ...

하지만 unless와 if ... not 사이에는 다음과 같은 차이가 있다.
1) if ... not가 이끄는 종속절에는 (의문문이나 부정문에서 쓰이는) 비단정형(nonassertive form)이 사용되지만, unless가 이끄는 절에서는 보통 (긍정문에 나오는) 단정형(assertive form)이 쓰인다.

Let's close the meeting { **if** you don't have **anything** to ask.
                         unless you have **something** to ask.

의문문과 부정문에서만 쓰이는 동사구에 don't care to (...하고 싶지 않다)가 있는데 unless에 if ... not ...의 뜻이 있다고 해서 긍정형의 care to가 unless와 함께 쓰이지는 않는다.
If John does**n't care to** do so, he may not.
⇒ *****Unless** John **cares to** do so, he may not.

2) unless는 본래 '...한 조건을 제외하면'이라는 뜻이어서 좀 더 정확하게 풀어쓴다면 if ... not보다는 only if .... not나 except on condition that ...가 적절하다. 단적으로 if ... not 앞에는 only를 부가할 수 있지만 only의 뜻이 이미 내포되어 있는 unless 앞에는 only를 부가하지 않는다.

a. **only if** you don't beat me
b. *****only unless** you beat me

3) if ... not ...가 이끄는 종속절과 unless가 이끄는 종속절 다음에 관계사절이 이어지는 경우, 관계대명사의 선행사는 동일하지 않다.

   a. I will leave **unless** Bill phones soon, <u>in which case</u> I won't leave.
   예문 (a)에서 in which case의 선행사가 되는 것은 (in case) Bill phones이다. 그런데 (a)를 (b)로 바꾸어 쓰지는 못한다.

   b. *I will leave **if** Bill doesn't phone soon, <u>in which case</u> I won't leave.

   (b)가 비문법적인 것은 (b)에서의 in which case의 선행사가 Bill doesn't phone soon이기 때문이다. in which case의 선행사가 Bill doesn't phone soon이라면 주절과 종속절은 서로 앞뒤가 맞지 않는 비논리적인 문장이 되어버린다.

4) unless는 가정법에서는 쓰지 않는다.

5) 주절을 A, 조건절의 내용을 B로 표시할 때 unless는 A will happen if it is not stopped by B의 뜻을 갖는 문맥에서는 쓰일 수 있으나, A will result from B not happening의 뜻을 갖는 문맥에서는 쓰이지 못한다. 그러나 if ... not ...는 어떠한 문맥에서도 자유롭게 쓰인다.

   a. I'll be back tomorrow { **unless** there's a plane strike.
   　　　　　　　　　　　　　 { **if** there's **not** a plane strike.

   b. I'll be surprised { ***unless** he has an accident.
   　　　　　　　　　　 { **if** he does**n't** have an accident.

   말을 바꾸어 다시 설명하면 unless를 쓸 수 있는 (a)는 결국 'plane strike가 발생하면 돌아갈 수 없다'는 뜻이지만 (b)는 다만 '사고를 내지 않는다면 놀라운 일이다'라는 뜻으로 그렇다고 '그가 사고를 내면 놀라워하지 않겠다.'라는 뜻을 나타내지는 않는다. 예를 추가하면 다음과 같다.

Let's have dinner out { **unless** you're too tired.
                       if you're **not** too tired.

I'll be glad { ***unless** she comes this evening.
               if she does**n't** come this evening.

(3) 기타

그 밖에 조건을 나타내는 접속사로는 다음이 있다.

assuming (that), given that, in case, in the event that, just so, on condition that, provided (that), providing (that), suppose (that), supposing (that) ...

또한 '시간'에 '조건'이 곁들인 접속사에 as long as, so long as, once가 있다.

Given that she is interested in children, teaching is the right career for her.
Let me know **in case** you're coming.
He doesn't mind inconveniencing others **just so** he's comfortable. (informal)
She may go **as long as** he goes with her.
Once you show any fear, he will attack you.
I will agree to go **provided that** my expenses are paid.
Suppose (=If) it rains, what shall we do?
Supposing it rains, shall we still go to the zoo?

10.7.6 가정

(1) If는 가정을 나타내는데도 쓰인다.

    a. **If** I had time, I would gladly go with you.
    b. **If** you had listened to me, you wouldn't have made so many mistakes.

(a)는 현재의 사실에 반대되는 가정을 나타내고 (b)는 과거의 사실에 대한 가정을 나타낸다.

(a)의 경우 **If I had time**은 '나에게는 시간이 없다'라는 뜻을 분명히 하고 있지만, 다음 (c)에서 **If I have time**은 '시간이 있을 수도 있고 없을 수도 있다'는 뜻이어서 실제 시간이 날 것인지의 판단은 유보되어 있다.

    c. **If** I have time, I will come.

(c)처럼 그 실현여부에 대한 판단이 유보되어 있는 중립적인 조건을 '개방조건(open condition)'이라 부르고, 그 실현이 불가능한 (a-b)와 같은 조건을 '가상조건(hypothetical condition)'이라 한다.

(2) Suppose (that) ..., Supposing (that) ...도 가정법에도 쓰인다.

Suppose you won ten million won, what would you do with it?

suppose는 주절을 수반하지 않는 채 쓰이기도 한다. 이런 경우 겉으로 드러나지 아니한 주절은 what would happen?이라는 의미를 갖는다.

Suppose a lion should come out of the forest?
(혹시 숲 속에서 사자가 튀어나오면 어떻게 하지?)

10.7.7 양보

(1) although, though

> **(Al)though** he was angry, he listened to me patiently.
> He went out **though** it was a bit late.

although와 though는 의미가 같다. 다만 일상적인 상황에서는 though가 더 자주 쓰인다.
though는 문장의 끝에서 비슷한 의미로 쓰이기도 한다. 문장의 끝부분에서 쓰이는 경우 though의 품사는 부사가 된다.

> A: Nice day.
> B: Yes, a bit cold, **though**.

(2) even though, even if

> **Even though** he could not swim, he jumped into the water.
> **Even if** you don't like him, you can still be polite.

even though와 even if는 흔히 의미가 같은 것으로 설명되지만 용법상 다음과 같은 차이가 있다.

> **Even though** (=though) it was raining, we had to go out.
> **Even if** (=no matter if) we could afford it, we wouldn't go abroad for our vacation.

즉 even though 다음에 오는 절은 사실을 전제로 하지만 even if 다음에 오는 절은 가정에 그칠 수도 있다. 그렇기 때문에 다음 (a)에는 though가 알맞고 (b)에는 if가 알맞다.

a. Even _____ Seoul is a very old city, it doesn't have many old buildings.
b. Even _____ he wins ten million dollars, he won't be happy.

though가 단독으로 양보절을 이끌듯이, if도 양보절을 이끌기도 한다.

It's possible **if** (it's) difficult.

(3) while, whereas, when

While he has many friends, he is often lonely.
Whereas he wants to live in an apartment, she would rather live in a house.
She paid **when** she could have entered free.
(무료로 입장할 수 있었는데도 그녀는 입장료를 지불했다.)

while과 whereas는 서로 대조를 이루는 두 절을 연결하는데 쓰인다. whereas는 특히 격식체에서 선호된다.

(4) as

양보절을 이끄는 as는 다음과 같이 도치구문에서만 쓰인다. 이런 도치구문에서는 as대신에 though가 쓰이기도 한다.

Late **as** it was(=Though it was late), we decided to visit him.
Young **though** he is, he holds a responsible position in the firm.
Try **as** I might (=However hard I tried), I could not lift the stone.
Change your mind **as** you will (=Even though you change your mind), you will gain no additional support.

이와 같이 도치구문을 만드는 양보절이 명사로 시작할 때, 명사 앞에는 관사를 부가하지 않는다.

Child as he was, ...
⇒ Although he was **a** child, ...

(5) no matter what (who, when, where, how) ...; whatever (whoever, whenever, wherever, however)

No matter what I say to them, I can't keep them quiet.
(=Whatever I say to them, ...)
Don't let them in, **no matter who** they are.
(=..., whoever they are.)
No matter how much advice you give him, he does just what he wants.
(=However much advice you give him, ...)

양보절을 이끄는 no matter 다음에는 whether or not가 쓰이기도 하고 이 구문에서는 no matter가 생략되기도 한다.

No matter whether you like it or not, you've got to do it.
(=Whether you like it or not, ...)

no matter가 이끄는 양보절이 '가정'을 나타내는 경우 동사 앞에는 may가 부가된다.

However frightened you **may** be, you must remain outwardly calm.
(혹시 속으로는 크게 놀라더라도 겉으로는 태연한 채 하시오.)

10.7.8 양태

(1) as

> Do **as** you please.
> (하고 싶은 대로 해.)
> Treat others **as** you wish them to treat you.
> (남에게 대접받고 싶으면 대접받고 싶은 그대로 남을 대접하시오.)
> Nobody knows her **as** I do.
> Two is to four **as** eight is to sixteen.
> (2 : 4 = 8 : 16)

일상체에서는 특히 Am. E.에서 like가 as를 대신하기도 한다.

> Nobody loves you **like** I do.

(2) as if/as though

> You talk **as if** you knew a great deal about this.
> She behaved **as though** she were my mother.

as if/as though가 이끄는 종속절은 흔히 사실과 반대되는 하나의 가정을 전제로 하기 때문에 동사는 가정법이 쓰이지만, 사실을 반영하는 경우에는 직설법이 쓰인다. 즉 다음에서 (a)는 '왼손잡이도 아닐텐데 왼손잡이처럼'이란 뜻이며 (b)는 '그가 실제 왼손잡이'임을 내비치고 있다.

> a. George writes **as if** he were left-handed.
> b. George writes **as if** he is left-handed.

as if/though 다음의 과거완료는 주절이 나타내는 시간보다 종속절이 나타내는 시간이 앞섰을 때 쓰인다.

He speaks English **as if** he <u>had learned</u> it from an American.
Everything looked strange to John **as though** he <u>had not seen</u> it before.

10.7.9 비교 구문을 만드는 as, than

He is as tall **as** I am.
His voice is as thin **as** he is fat.
It is much hotter this summer **than** it was this time last year.

10.7.10 (범위와 정도를 나타내는) as far as, so far as, as long as, so long as

I'll help you **as far as** I can.
You can take my car **as/so long as** you drive carefully.

as/so long as you drive carefully는 on condition that you drive carefully로 풀어 쓸 수 있다.

10.7.11 비율을 나타내는 the

(3.5.2(11) 참조)

10.8 종속접속사와 무동사절

다음과 같은 접속사는 문맥이 분명한 경우, 주어와 be동사가 생략된 무동사절을 수반할 수 있다.

(1) as soon as/once/till/until/when/whenever/while

> The spinach is delicious **when eaten raw**.
> She couldn't go out **until allowed to do so**.
> **Once seen**, the painting will never be forgotten.
> **When in difficulty**, consult the manual.
> Complete your work **as soon as possible**.

한편 before, after, since는 주어와 be동사의 생략이 불가능하다.
다음 (b)은 겉으로는 (a)와 유사한 생략 구문처럼 보인다.

> a. The spinach is delicious **when eaten raw**.
> b. They washed their hands **before eating**.

그런데 (a)의 when eaten raw는 주어와 be동사를 보충해서 when it is eaten raw란 완전한 절로 복원할 수 있지만, (b)의 before eating은 before they eat.의 변형이지 before they were eating의 생략절은 아니다. 말을 바꾼다면 (b)의 before는 전치사이고 eating은 동명사이다.
다음도 (b)의 구문에 속한다.

> Our life has been much more pleasant **since moving into this town**.
> I took a bath **after working in the garden all day**.

(2) even though, though

> **Even though given every opportunity**, he could not make himself recognized.
> **Though well over eighty**, he can walk faster than I can.

(3) if, unless

> The grass will grow more quickly **if watered regularly**.

Unless otherwise instructed, you must be on duty next Sunday.
It has little taste, **unless hot**.
If cold, children should stay home.

(4) (no matter) whether ... or ...

No matter whether right or wrong, I think I should agree with him.
Whether trained or not, she does a good job.

whether ... or ...가 만드는 생략구문은 or 이하가 부정의 형식을 취하는 경우, whether 자체가 생략되기도 한다.

I have to go to work, **rain or no rain**.
(=..., whether or not there is rain.)

10.9 접속사와 접속부사

다음에서 (a)의 but는 접속사인데, (b)의 however는 접속부사이다. 접속사와 접속부사는 과연 어떠한 차이가 있는 것일까?

a. The situation looked desperate, **but** they didn't give up hope.
b. The company's profits have fallen slightly. **However**, this is not a serious problem.

또한 접속사 가운데서도 but는 등위접속사인데, (c)의 although는 어째서 종속접속사인 것일까?

c. They didn't give up hope, **although** the situation looked desperate.

넓은 의미에서는 모두 접속어에 속하면서도, but가 접속사인데 의미가 비슷해 보이는 however가 접속부사로 간주되고, but가 등위접속사인데 although가 종속접속사에 속하는 것은 이 낱말들이 서로 두 절을 연결하는 통사상의 방식이 다르기 때문이다.

이 낱말들은 통사상의 특성이 어떻게 다른 것일까?

접속사와 접속부사, 그리고 등위접속사와 종속접속사를 구별하기 위하여 Quirk et al.(1985:921-928)은 다음과 같은 여섯 가지의 기준을 설정하고 있다.

(a) 절의 첫 자리만을 차지하며, 절 안의 다른 자리로 이동하지 못한다.
(b) 두 번째 절 앞에 부가한다 (즉, 첫 번째 절 앞에 부가하지 못한다).
(c) 다른 접속사 다음에서 쓰지 못한다.
(d) 절과 절뿐만 아니라, 동사구와 동사구, 명사구와 명사구 등을 연결한다.
(e) 종속절과 종속절을 연결시킬 수 있다.
(f) 세 절 이상을 연결시킬 수 있다 (이런 경우 마지막 절을 제외하고 다른 절 앞에서는 생략할 수 있다).

다음 도표는 몇몇 접속어가 이 기준에 어떻게 부합하는지를 보여준다.

		(a)	(b)	(c)	(d)	(e)	(f)
접속사	and, or,	+	+	+	+	+	+
	but	+	+	+	+	+/−	−
접속부사	yet, so, nor	+	+	×	+	−	−
	however, therefore	−	+	−	−	−	−
종속 접속사	for, so that	+	+	+	−	−	−
	if, because	+	+/−	−	−	−	−

이 도표는 접속어를 세 종류로 분류하는 경우, 각각 접속사, 접속부사, 종속접속사란 이름으로 불리는 낱말들의 특성이 반드시 동일하지만은 않다는 것을 보여 준다. 등위접속사에 속하는 and와 or만 해도 같은 등위접속사에 속하는 but와는 기준 E와 F가 다른 것이다.

위의 도표를 부연해서 설명해보자.

(1) (−)는 위에 제시한 기준이 적용되지 않음을 나타낸다.
기준 (a)의 경우 대부분의 접속어는 (+)가 주어져 있다. 절의 첫 자리에만 위치하며 다른 자리로 이동하지 못하는 것이다. 그런데 일례로 however가 (−)인 것은 however가 절의 중간이나 끝자리를 차지할 수 있기 때문이다.

> The situation looked desperate. *They didn't, **but**, give up hope.
> The situation looked desperate. They didn't, **however**, give up hope.
> The situation looked desperate. They didn't give up hope, **however**.

이와 같은 특성은 however가 속하는 접속부사와 접속사를 구별할 수 있는 중요한 기준이 된다.
하지만 yet, so, nor에 (+)가 주어져 있듯이 모든 접속부사가 이런 특성을 갖는 것은 아니다.

(2) 기준 (b)의 경우 if/because에 (+/−)가 주어져 있는 것은 if/because가 이끄는 종속절이 주절 다음에서 쓰이기도 하고, 주절을 앞설 수도 있기 때문이다.

> We'll go on a picnic **if** it's fine tomorrow.
> **If** it's fine tomorrow, we'll go on a picnic.

기준 (b)는 종속접속사와 등위접속사나 접속부사를 구별하는 중요한 기준이 된다.

The situation looked desperate, **but** they didn't give up hope.
⇒ ***But** they didn't give up hope, the situation looked desperate.
They didn't give up hope, **although** the situation looked desperate.
⇒ **Although** the situation looked desperate, they didn't give up hope.

하지만 이 경우 역시 모든 종속접속사가 (+/−)의 특성을 갖는 것은 아니다. 위의 도표에서 for나 so that는 (+)가 주어져 있다.
단 (+)가 주어진 so that는 <결과절>을 전제로 한다. 목적절을 이끄는 경우에는 (+/−)가 주어져야 하기 때문이다.

The rush hour traffic delayed us, **so that** we arrived home late.
⇒ ***So that** we arrived home late, the rush hour ...
He sold his stamp collection **so that** he could buy a car.
⇒ **So that** he could buy a car, he sold his stamp collection.

(3) 기준 (c)의 경우, and, but, or는 (+)가 주어져 있다. 그 앞이나 다음에 다른 접속사가 올 수 없기 때문이다. 그 앞이나 다음에 다른 접속사가 올 수 없는 것은 등위접속사의 중요한 특성이다.
because에는 (−)가 주어져 있다. 접속사인 and 다음에서도 쓰이기 때문이다.

He was unhappy, because he failed in the test **and because** ...

yet 등에 (×)가 주어져 있는 것은 원래 and와 함께 쓰이면서도 이 and를 자유롭게 생략할 수도 있어, (+)나 (−)와 그 특성이 다른 것으로 분석되기 때문이다.

He was poor, **and yet** he was very happy.
⇒ He was poor, **yet** he was very happy.
I have finished **and so** has George.
⇒ I have finished, **so** has George.
I haven't finished **and nor** have you.
⇒ I haven't finished; **nor** have you.

(4) 기준 (d)의 경우, 절과 절뿐만 아니라, 동사구와 동사구, 명사구와 명사구 등을 아주 자유롭게 연결할 수 있는 것은 and와 or이다. but도 (+)가 주어져 있는데 but는 절보다 작은 구성요소와 구성요소의 연결이 and나 or보다는 자유롭지 못하다.

yet 등에 (+)가 주어진 것은 yet 등은 그 다음에서 주어를 생략하기도 하기 때문이다. 주어가 생략되면 yet는 절과 절 대신에 동사구와 동사구를 연결하는 기능을 갖는 것으로 설명될 수 있는 것이다.

They didn't like it, **yet** they said nothing.
⇒ They didn't like it, **yet** said nothing.

(5) 기준 (e)의 경우, 복수의 종속절을 연결할 수 있는 접속사는 and와 or이다. but에 (+/−) 가 주어져 있는 것은 but는 다만 두 개의 <특정한> 종속절을 연결할 수 있을 뿐이기 때문이다. 여기서 특정한 절이란 that가 이끄는 종속절 또는 시간절 등을 가리킨다.

She said that he would come **but** that he might be late.
I ate before John got up **but** after Mary went out.
(?) They will work for you if you pay them **but** if ...

(6) 기준 (f)를 만족시켜주는 접속어는 and와 or에 한한다.

The wind roared, **(and)** the lightning flashed, **and** the sky was suddenly as dark as night.

The battery may be disconnected, **(or)** the connection may he loose, **or** the bulb may be faulty.

되풀이가 되지만 위의 도표는 각각 접속사, 접속부사, 종속접속사라는 이름으로 불리는 낱말들의 특성이 반드시 동일하지만은 않다는 것을 보여 준다.

그렇기 때문에 and나 or를 대표적인 등위접속사로, if나 because를 대표적인 종속접속사로 간주할 때, 예를 들어 등위접속사에 속하는 특성의 일부와 종속접속사에 속하는 특성의 일부를 아울러 가지면서 and/or와도 다르고, if/because와도 다른 for는 과연 어떻게 다루는 것이 가장 타당할 것인가 하는 문제가 제기될 수 있다.

도표가 보여주듯이 Quirk et al.은 for를 일단 종속접속사에 속하는 것으로 기술하고 있지만 전통문법에서 for는 대체적으로 등위접속사로 설명되고 있다.

예를 들어, Curme(1969:152)이 그렇고 Zandvoort(1975:227)가 그렇다 (Curme은 가장 일반적인 등위접속사로 and, or, but, for를 들었는데 Zandvoort는 여기에 nor를 하나 더 덧붙이고 있고, Roberts (1953:231)는 yet와 so까지를 포함시키고 있다).

for를 and/or와 똑같은 등위접속사로 간주한다면 그것은 for가 특히 (b), (c)의 특성을 and/or와 공유하는 사실을 중요시하기 때문이다. 그리고 for를 종속접속사로 간주한다면 그것은 for가 if/because와 (d), (e), (f)의 특성을 공유하기 때문이다.

아무튼 등위접속사로 다루건, 종속접속사로 간주하건 for는 and/or와도 차이가 있고 if/because하고도 차이가 있다. 그리고 이 말은 nor나 so, yet 에도 해당이 된다.

이런 문제를 해결하는 방안의 하나로 Quirk et al.(1985:928)은 for나 so that를 일단 종속접속사로 분류하면서도 등위접속사와 종속접속사의 중간에 위치하는 '준등위접속사(semi-coordinator)'로 고쳐 부르고 있다.

그리고 똑같은 이론적 근거에 따라 and/or와도 특성의 일부를 공유하며 however/ therefore 등 대표적인 접속부사와도 일부 특성을 공유하는 yet/so/nor를 역시 준등위접속사로 불렀다.

10.10 의사등위접속사(Quasi-coordinators)

Quirk et al.(1985:982)은 위에서 언급한 준등위접속사라는 범주의 설정과 함께 '의사등위접속사'라는 범주의 설정도 제의하고 있다.

의사등위접속사에는 우선 다음과 같은 비교 구문을 만드는 관용구가 포함된다.

as well as, as much as, rather than, more than

위의 어구들은 절과 절을 연결하지는 않는 대신 (다음 예문에서 밑줄을 친 부분과 같은) 절의 여러 구성요소와 구성요소를 연결해 준다.

He published **as well as** prints his own books.
The speech was addressed to the employers **as much as** to the strikers.
He is to be pitied **rather than** to be disliked.

그밖에 의사등위접속사로 간주될 수 있는 것으로는 if not, not to say; still less, let alone 등이 있다.

His manner was unwelcoming { if not / not to say } downright rude.

I've not read the first chapter, { still less / let alone } finished the book.

10.11 접속사와 다른 품사

접속사 가운데는 and나 or 또는 although, because, if, lest처럼 접속사로만 쓰이는 것이 있고, 다른 품사로도 쓰이는 것과 다른 품사에서 전용된 것이 있다. 특히 다른 품사에서 전용된 것으로는 다음과 같은 예를 들 수 있다.

(1) 명사에서 전용된 것 또는 명사를 그 일부로 포함하는 것

every time, in case, in order that, while, the instant, the moment, the way, for fear that, on condition that, ...

(2) 지시대명사에서 전용된 것

that

(3) 동사에서 전용된 것 또는 동사를 그 일부로 포함하는 것

say, suppose (that), considering (that), granting/granted (that), notwithstanding (that), provided/providing (that), seeing (that), given (that), ...

(4) 부사에서 전용된 것 또는 부사를 그 일부로 포함하는 것

now (that), once, directly, immediately, so (that), ...

(5) 전치사에서 전용된 것 또는 전치사를 그 일부로 포함하는 것

after, before, except that, for all that, since

11장 간투사 (Interjections)

11.1 정의

간투사란 의미상으로는 화자의 놀라움, 기쁨, 실망, 노여움, 두려움 등 여러 강한 감정의 표출을 나타내는 낱말을 가리킨다. 문법적으로는 간투사는 한 문장을 구성하는 여러 요소와 독립되어 있다.

간투사는 감탄사라고도 불린다. 간투사란 용어가 한 문장의 구성요소와는 관계없이 문장의 앞이나 문장과 문장사이에 <끼어 든> 낱말이라는 뜻을 반영한다면 감탄사는 의미에 초점을 맞춘 용어이다.

간투사는 강한 감정을 소리를 통해서 나타낼 뿐 어떤 대상을 구체적으로 지시하지는 않는다.

11.2 분류

간투사는 일단 제1 간투사와 제2 간투사로 이분할 수 있다.

11.2.1 제1 간투사(Primary Interjection)

제1 간투사는 간투사로만 쓰이지 다른 품사로는 쓰이지 않는 것을 가리키며, 그 소리를 글자로는 제대로 표기하기가 어려운 것이 많다. 다음을 예로 들 수 있다.

ah, oh, ouch, tsk-tsk, ugh, phew

11.2.2 제2 간투사(Secondary Interjection)

다른 품사에서 전용한 간투사를 말한다. 다음을 예로 들 수 있다.

goodness, well, my, why

11.3 제1 간투사의 의미와 용법

11.3.1 강한 감정

다음과 같이 강한 감정을 표출한다.

ah: 놀라움, 연민, 고통, 기쁨, 혐오
aha: 놀라움, 만족, (...한 사실을 발견했을 때의) 홍겨움
    Aha, so it's you hiding there!
alas: 슬픔
bah: 불찬성, 모멸
boo-hoo: 어린아이의 울음 소리의 흉내
eh: (특히 Br. E에서) 놀라움, 의심과 불신
    또는 상대방의 동의를 구하거나 상대방이 한 말의 반복을 요청할 때
    A: I'm cold.
    B: **Eh**?
    A: I said I'm cold.
fie: 못마땅함과 충격(을 익살스럽게 말할 때)
    구식체(old-fashioned)에 속한다.
    다른 간투사와 달리 문장의 일부로 쓰인다.

Shame! **Fie** upon you!

gee: (특히 Am. E.에서) 놀라움
ha: 놀라움, 강한 관심
haw: 너털웃음을 웃을 때의 소리
heigh-ho: (하기 싫거나 마음에 들지 않는 일을 받아들여야 할 때의) 익살스런 표현

　　　Heigh-ho. I suppose we'd better get back to work.

hey: 놀라움과 관심
　　상대방의 주의를 환기할 때

　　　Hey! Where are you going?

hm: 의심과 불쾌감
　　말을 중단할 때
　　상대방의 의견에 동의하지 않을 때
ho: 놀라움 (문어적인 표현)
　　상대방의 주의를 환기할 때
huh: 놀라움이나 불찬성
　　상대방에 질문을 던질 때

　　　It's pretty big, **huh**?

humph: (상대방이 한 말에 대한) 의심과 불만
hurrah, hurray, hooray: 환희, 기쁨, 격려, 찬성
　　　　　　　　　(고문체에 속하며 우리말의 '만세!'에 해당한다.)
O: (시가(詩歌)에서) 감탄을 나타낼 때
oh: 놀라움, 공포; 사람을 부를 때

　　　Oh, how dreadful!
　　　Oh no, not again!
　　　Oh, David, come here a moment!

oho: 고문체에 속한다.
　　놀라움 또는 (어떤 일이 성공했을 때의) 기쁨

ouch: 갑자기 아픔을 느낄 때의 비명
    Ouch! You hit my finger!
pish: 강하지 않은 노여움
    신경질이 날 때
pooh: 고약한 냄새를 맡았을 때
pshaw: 불쾌감, 아니꼬움, 불찬성, 불신감
tut: 가벼운 불쾌감이나 반대 의사의 표명
ugh: 강한 혐오감
whew: (=phew) 고단할 때,
    충격을 받았을 때, 또는 마음이 놓일 때
wow: 놀라움과 감탄
    Wow! What a fantastic dress!

11.3.2 부름, 인사, 명령

간투사는 다음과 같이 상대방을 부르거나 상대방에게 인사를 할 때 쓰이고 특정한 명령의 뜻도 나타낸다.

ahem: 다음과 같은 뜻을 전달하는데 쓰이는 기침소리(의성어)
    1) 상대방의 주의를 환기시킬 때
    2) 가벼운 경고의 뜻을 전달할 때
    3) 의심스러움을 표명할 때
ahoy: 한 배에서 다른 배에 있는 뱃사람을 부르며 반기는 고함소리
hello: 어느 누구를 만났을 때의 격식을 갖춘 대표적인 인사말
hi: 일상적인 인사말
sh, shh: 조용히 하라는 뜻을 전달할 때
    Sh! You'll wake the baby!

11.4 제2 간투사의 의미와 용법

이미 언급했듯이 제2 간투사는 다른 품사에서 전용한 간투사를 말한다.

제1 간투사와 똑같이 강한 감정을 표출 할 때 쓰이며 또한 저주, 욕설, 악담 등을 나타내기도 한다.

11.4.1 감정의 표출

come: 약간 못마땅함
   Come, come. You can't expect me to believe that.
my: 놀라움, 반가움, 흐뭇함
   My! What a clever boy you are!
say: 놀라움
  어떤 생각이 갑자기 떠올랐을 때
   Say, haven't I seen you before somewhere?
there: 승리감, 만족감
   상대방을 격려하거나 동정할 때
   There! Do you feel better now?
   There. I told you I was right.
well: 놀라움
  놀라움, 의심, 양보, 양해 등을 나타내는 말을 하려 할 때 그에 앞서서
   A: She's got a new job.
   B: **Well, well**!
    Well, really, what a stupid thing to do!
    Well, I'm not sure.
    Well, all right, I agree.
why: (고문체에서 그리고 Am. E.에서)

놀라움, 약간의 신경질이나 불쾌감
I'm looking for my glasses. **Why**, I was wearing them all the time!

11.4.2 저주, 욕설과 악담

Christ: 신경질이 날 때
    예상치 않았던 반갑지 않은 일을 겪었을 때
damn: 신경질이 날 때
    Damn! I've forgotten the key.
darn: damn을 완곡하게 나타낼 때
fuck: (금기어(禁忌語)) 신경질이 나거나 화가 날 때
Oh God/My God/Good God!: 강한 놀라움, 두려움, 노여움
Heavens (=Good Heavens!/Heavens alive!): 놀라움과 노여움
Hell: 노여움
Jesus: 강한 놀라움과 노여움
Oh Lord/Good Lord: 놀라움, 두려움, 염려

11.4.3 간투사 상당어구

복수의 낱말이 합쳐져서 간투사와 비슷한 기능을 나타내는 간투사 상당어구에는 다음이 있다.

Bless you!: 누군가가 재채기를 했을 때 자리를 같이 한 사람이 상대방
    에게 해주는 말
Confound it/him.: 구식체 (old-fashioned) ; Dammn it/him과 뜻이 같다.
Dammit (> Damn it): 화가 (신경질이) 날 때
    Will you hurry up, **dammit**!
Dear me!: (=Oh dear!; Dear! Dear!)
    놀라움, 슬픔, 가벼운 노여움

Dear me! I am going to be late!

my God! (Good God!; Oh God!): 놀라움, 공포, 강한 불쾌감

for God's (Christ's/goodness/heaven's/pity('s)) sake:

    (1) 어떤 일을 간절히 호소할 때

        For goodness' sake, don't tell her.

    (2) 신경질이 날 때

        What's the matter now, **for God's sake**?

My goodness!: (=Goodness (Gracious) me!, For goodness' sake)

    놀라움, 노여움과 불쾌감

    My goodness, stop talking.

I'll be hanged! (Hang it! Go hang!):

    (구식체(old-fashioned)에 속하는 표현)

    (1) 불쾌감을 나타낼 때

    (2) 상대방이 불행한 일을 당하기를 바라는 악담

Look here!: 경고에 앞서 상대방의 관심을 촉구할 때

    Look here! I can't allow this kind of behavior in my house.

Shame on you!: You ought be ashamed.란 뜻을 나타내는 가벼운 악담이나 욕설

Thank God!: 고통스러웠던 일이 지나간 다음의 안도감을 나타낼 때

    Thank God you're safe.

(Upon) my word!: 구식체(old-fashioned)에 속하는 표현

    놀라움을 나타낼 때

You don't say (so).: 가벼운 놀라움

    흔히 냉소적으로 쓰이며 우리말의 '설마!'에 해당한다.

You know: 문장의 내용을 상대방에게 확인시키기 위해서 흔히 문장이 끝난 다음에 부가한다.

    우리말의 '...란 말이야(말입니다)'에 해당한다.

You see: 변명 기타 그 다음에 하려는 말을 상대방에게 부드럽게 전달

하려 할 때

A: Why are you so late?
B: Well, **you see,** the bus broke down.
You see, there's another side to what you've been saying.

11.5 간투사의 의미의 재음미

위에서 언급했듯이 간투사의 일부는 다른 품사에서 전용되었기 때문에, 어떤 특정한 문맥에서 쓰인 낱말이 품사상 다른 품사에 속하는지 간투사로 간주할 것인지 분간하기가 어려운 경우가 없지 않다.

예를 들어, 일상적으로 흔히 쓰이는 Great!는 That is Great!의 앞부분이 생략된 형용사로 간주할 수 있지만, 간투사로 간주 못할 것도 없다.

실제로 Jespersen(1965:90)은 well!, why!와 더불어 nonsense!를 감탄사의 하나로 제시하고 있고 Bloomfield(1933:176)는 ouch, sh, gosh 등과 함께 oh dear, you angel, thank you, please, good-bye 등도 간투사에 속하는 것으로 지적하고 있다.

그런데 (11.2)의 (2)에서 제시한 바 goodness나 why가 간투사로 간주되는 것은 이 낱말들이 (간투사로 쓰이는 경우) 첫째, 이웃하는 문장과 문법적으로 독립되어 있으며 둘째, 강한 감정을 표출하는 데 쓰이며 셋째 강한 감정을 나타내지만 본래 이 낱말들이 갖는 '착함'이라든가 '왜'라든가 하는 구체적 의미로 쓰이지는 않기 때문이다.

또 하나 구체적인 예를 들어, 아무리 강한 감정이 그 안에 담겨 있다 하더라도 불이 난 상황에서의 고함소리인 Fire!(불이야!)는 차라리 하나의 문장이지 간투사는 아니다. fire가 원래 가지고 있는 지시적 의미를 그대로 간직하고 있기 때문이다.

그런 관점에서 본다면 특히 thank you, please, good-bye 등을 간투사로 간주하기는 어렵다.

참고문헌

Bloomfield, L. 1933. *Language.* New York: Holt, Rinehart, and Winston.
Bolinger, D. 1977. *Meaning and form.* London: Longman.
Bolinger, D. 1971. *The phrasal verb in English.* Cambridge: Harvard University Press.
Celce-Murcia, M. and D. Larcen-Freeman. 1983. *The grammar book.* Newbury House Publishers. Inc.
Christophersen, P. and A. O. Sandved. 1969(Macmillan Student Edition). *An advanced English grammar.* Hampshire: Macmillan.
Close, R. A. 1975. *A referential grammar for students of English.* London: Longman.
Coates, J. 1983. *The semantics of the modal auxiliaries.* London: Croom Helm.
Curme, G. 1935. *Parts of speech and accidence.* Boston: D.C. Heath and Company.
Curme, G. O. 1946. *Principles and practice of English grammar.* New York: Barnes & Noble. Inc.
Declerck, R. 1991. *A comprehensive descriptive grammar of English.* Tokyo: Kaitakusha.
Dixon, R. M. W. 1991. *A new approach to English grammar on semantic principles.* Oxford: Clarendon Press.
Fries, C. 1952. *The structure of English.* London: Longman.
Givon, T. 1993. *English grammar, a function-based introduction,* Amsterdam: John Benjamins Publishing Co.
Gleason, H. A. 1965. *Linguistics and English grammar.* New York: Holt, Rinehart and Winston.
Greenbaum, S. 1969. *Studies in English adverbial usage.* London: Longman.

Greenbaum, S. and R. Quirk. 1990. *A student's grammar of the English language.* London: Longman.
Halliday, M. and R. Hasan. 1976. *Cohesion in English.* London: Longman.
Hornby, A. S. 1975 (First Published 1954). *Guide to patterns and usage in English.* London: O. U. P.
Jackson, H. 1990. *Grammar and meaning.* London: Longman.
Jespersen, O. 1956 (First Published 1933). *Essentials of English grammar.* London: George Allen and Unwin Ltd.
Jespersen, O. 1965 (First Published 1924). *The philosophy of grammar.* New York: The Norton Library.
Jespersen, O. 1965 (First Published 1901-1949.) *A modern English grammar on historical principles,* 7 vols. London: George Allen & Unwin, Ltd.
Kartunne, L. 1971. Implicative Verb, *Language.* 47: 2. 340-358
Kiparsky, P and C. Kiparsky. 1970. *Fact.* In M. Bierwisch and K. Heidolph (eds.) *Progress in linguistics.* The Hague: Morton.
Kruisinga, E. 1925-1932. *A handbook of present-day English.* Groningen: Noordhoff.
Leech, G. N. 1971. *Meaning and the English verb.* London: Longman.
Leech, G. and J. Svartvik. 1975. *A communicative grammar of English.* London: Longman.
Liefrink, F. 1973. *Semantico-syntax.* London: Longman.
Long, R. B. 1961. *The sentence and its parts.* Chicago: U. C. P.
Lyons, J. 1971. *Introduction to theoretical linguistics.* Cambridge: Cambridge University Press.
Michael, I. 1970. *English grammatical categories.* Cambridge: Cambridge University Press.
Onions, C. T. 1971 (First Edition 1904). *Modern English syntax.* London: Routledge and Kegan Paul.
Palmer. F. R. 1974. *The English verb.* London: Longman.

Palmer, F. R. 1979. *Modality and the English modals*. London: Longman.
Poutsma, H. 1914-1929. *A grammar of late modern English*. Groningen: Noordhoff
Quirk, R., S. Greenbaum, G. N. Leech and J. A. Svartvik. 1985. *A comprehensive grammar of the English language*. London: Longman.
Reid, W. 1991. *Verb and noun number in English*. London: Longman.
Roberts, P. 1953. *Understanding grammar*. New York: Harper and Row.
Rusiecki, J. 1985. *Adjectives and comparison in English*. London: Longman.
Sinclair, J. (ed.) 1990. *Collins Cobuild English grammar*. London: Harper Collins Publishers.
Sinclair, J. (ed.) 1992. *Collins Cobuild English usage*. London: Harper Collins Publishers.
Swan, M. 1995 (second edition). *Practical English usage*. Oxford: O. U. P.
Sweet, H. 1891-98. *A new English grammar*. 2 vols. Oxford: O. U. P.
Thomson, A. J. and A. V. Martinet. 1986 (fourth edition). *A practical English grammar*. Oxford: O. U. P.
Vorlat, E. 1975. *The development of English grammatical theory*. Leuven: Leuven University Press.
Zandvoort, R. W. 1976 (E. L. B. S. edition reprinted). *A handbook of English grammar*. London: E. L. B. S. and Longman Group.
문 용, 1994. 고급영문법해설. 서울: 박영사.
조성식, 1990. 영문법 연구 I-V. 서울: 신아사.

사전류

Collins Cobuild English dictionary, 1987. Collins.
Longman dictionary of contemporary English, 1987. Longman.
Longman dictionary of phrasal verbs, 1983. Longman.
Oxford advanced learner's dictionary, 1989. Oxford University Press.

색인(한・영)

ㄱ

가능성 (possibility) 127, 313, 321, 327, 328, 344, 358-360, 421, 422
가목적어 165
가산명사 (count(able) noun) 55, 66, 68, 73-76, 78-80, 83, 84, 98, 121, 133, 149, 188, 199
가상조건 (hypothetical condition) 575
가정동사 (hypothesis verb) 220, 248
가정법 (subjunctive mood) 38, 305, 323, 324, 333, 344, 345, 548, 564, 573, 575, 579
가주어 165, 356
간접목적어 (indirect object) 192, 221, 255, 260-262, 265-267, 269, 270
간접적 이유 (indirect reason) 566
간접조건 (indirect condition) 571
간투사(間投詞) (interjection) 35, 47, 51, 591, 592, 594-596, 598
  ―제1 간투사 (primary interjection) 591, 592, 595
  ―제2 간투사 (secondary interjection) 591, 592, 595
간투사 상당어구 596
감각적 지각 (physical perception) 280
감정동사 (emotive verb) 220, 246, 247
감탄문 145, 146, 160, 329, 391, 537
감탄사 35, 591

강의복수 (intensity plural) 80, 101
강의부사 (하접사) (intensifier) 438, 442, 445-448, 467
강조 (emphasis) 166, 169, 170, 178, 212, 233, 294, 316, 317, 334, 438, 453, 466, 467, 469, 562, 563, 566
강조구문 166, 169, 294, 453
강조부사 (하접사) (emphasizer) 438, 466, 467
개방조건 (open condition) 195, 575
개별명사 (individual noun) 56, 57
격 (case) 33, 37, 102-115, 159, 167, 169, 177, 178, 207, 371, 396
격식부사 (하접사) (courtesy subjunct) 437, 461-463
격식체 (formal style) 160, 172, 183, 190, 200, 206, 266, 292, 319, 326, 345, 357, 394, 396, 497, 512, 514, 515, 526, 528, 537, 549, 551, 554, 558, 567-569, 577
결과절 (result clause) 585
계속적 용법 (continuative use) 214
고문체 159, 549, 593, 595
고유명사 (proper noun) 32, 55-58, 62-66, 68-72, 80, 83, 87, 96, 104, 125, 134, 214, 215, 231, 270, 382
고집 (insistence) 339, 342

공간부사 (부가사) (adjunct of space) 223, 436, 454
공기관계(共起關係) (co-occurrence) 239, 469
과거분사 (past participle) 38, 52, 219, 232, 273, 277, 305, 308-312, 387, 445, 469
과거의 반복된 동작 344
관계사절 (relative clause) 210, 213, 214, 216, 217, 289, 349, 537, 538
관계형용사 (relative adjective) 211, 371
관계대명사 (relative pronoun) 114, 118, 119, 155, 183, 206-218, 371, 380, 550, 573
관련부사 (adjunct of respect) 437, 461, 462, 465
관사 (article) 34, 38, 40, 46, 65, 121-150, 155, 240, 426, 535, 578
관점부사 (하접사) (viewpoint subjunct) 437, 444, 461, 462
구동사 (phrasal verb) 222, 284-291, 465, 530, 534
구상명사 (concrete noun) 56, 57, 262
구식체 (old-fashioned) 592, 596, 597
구접속 (phrasal conjunction) 544, 545
구정보 (old information) 123, 230, 231, 234, 270, 566, 567
군속격 (group genitive) 112
군접속사 (group conjunction) 542, 563
규칙동사 (regular verb) 219, 305, 308
규칙복수형 (regular plural) 86, 89

근사복수 (plural of approximation) 100
긍정문 (affirmative sentence) 193-196, 218, 302, 314, 319, 321, 328, 350, 353, 442, 443, 465, 466, 572
기능어 (function word) 42, 44, 46, 47
기동상(起動相) (inchoative aspect) 254
기본동사 (primary verb) 47

ㄴ

남성 (masculine gender) 35, 116-120, 143, 144
내용부사 (이접사) (content disjunct) 479-481, 484, 486
내용어 (content word) 46, 47
논리적 추측 (deduction) 348

ㄷ

다어(多語) 동사 (multi-word verb) 285, 290
단계형용사 (gradable adjective) 371, 390, 391, 472
단순미래 345
단순부사 (simple adverb) 431, 433
단일전치사 (simple preposition) 496
단일접속사 (simple conjunction) 541
단정 (assertion) 296, 297, 572
닫힌 어류 (closed class) 46, 47
달성목적어 (effected object) 244
대명사 (pronoun) 33, 35-37, 40, 47,

53, 84, 102, 103, 114, 118, 119, 128, 151-218, 234, 241, 244, 245, 251, 269, 270, 278, 287, 370, 371, 380, 394, 397, 432, 434, 494, 550, 551, 573, 589
대명사화 (pronominalization) 174-177
대용 (substitution) 128, 153, 175, 184-186, 198, 199, 300, 366, 396, 454
도치 (구문) (inversion) 229, 233, 234, 316, 366, 367, 440, 459, 553, 562, 567, 570, 577, 578
동등비교 (comparison of equality) 392, 394-396, 406, 408
동사 (verb) 32, 33, 35, 36, 37, 39, 42, 51-53, 59-62, 67, 84, 85, 94-96, 128, 138, 139, 153, 159, 163, 168, 169, 171, 173, 175, 176, 185, 186, 189, 190, 192, 197, 209, 210, 219-312, 352, 356, 374, 380, 389, 390, 409, 417-419, 425, 428, 432, 437-439, 441-443, 451, 454, 455, 462, 465, 467-470, 472, 477, 486, 488, 495, 506, 507, 514, 520, 525-528, 530-534, 548, 550, 553, 557-560, 562, 568, 569, 572, 578-581, 583, 586, 589
동사구 관련부사 (하접사) (verb phrase and predication subjunct) 437, 465
동일물지시 (reference) 153
동작수동태 (actional passive) 363
동작주 (agent) 226, 428

동족목적어 (cognate object) 250, 251
등위접속사 (coordinate conjunction) 43, 541, 548, 554, 555, 582-585, 587, 588

ㅁ

명령문 248, 249, 294, 302, 305, 409, 463, 546, 552
명사 (noun) 32, 35-37, 39, 42, 45, 47-53, 55-119, 121, 123, 126-128, 140, 149, 174, 180, 181, 183, 189, 197, 212, 230, 240, 288, 375, 381, 382, 416, 427, 449, 453, 489, 493, 494, 514, 523, 528, 530, 531, 578
명사적 형용사 (denominal adjective) 373, 374
명제 (proposition) 313, 358, 571
목적격 (objective case) 37, 102, 103, 156, 157, 159, 160, 166, 167, 207, 208, 241, 258, 371, 394-397
목적보어 (object complement) 136, 165, 268, 271-273, 275, 278, 281, 439
목적어 (object) 31, 50, 102, 105, 138, 140, 155, 162-165, 167-169, 171, 173, 205, 219-223, 227-229, 235, 243-245, 249-256, 260-262, 264-272, 275, 276, 278, 281-284, 286-289, 292, 298, 299, 300, 369, 370, 412, 428, 433, 439, 441, 451, 493-495, 497, 498, 500-502, 508, 510, 513, 522, 524, 530-533, 535, 536,

556, 558
목적어 속격 (objective genitive) 105
목적절 (object clause) 568, 585
무관사 (zero article) 121, 127, 132, 134, 137, 140, 142
무동사절 (verbless clause) 580
무생명사 (inanimate noun) 356
문장부사 (sentence adverb) 432, 444, 445, 447, 448, 479, 482-487
문접속 (sentential conjunction) 544, 545
문체부사 (이접사) (style disjunct) 445, 479, 484, 488, 489
문형 (sentence/clause pattern) 220-223, 238, 256, 268, 271, 283, 284, 357, 485
물질명사 (material noun) 55-57, 62, 66, 68, 69, 80, 83, 96, 125, 142

ㅂ

반조동사 (semi-auxiliary) 314, 315, 359
배타적 (exclusive) 'we' 156
법과거 (modal past) 322, 323
법부사 (adverb of modality) 359
법성 (modality) 313, 314, 320, 358-362
법조동사 (modal (auxiliary)) 47, 313, 314, 317, 318, 320, 353, 358
보어 (complement) 50, 139, 210, 214, 219-223, 235, 236, 239-244, 271-273, 275, 283, 292, 369-371, 433, 439, 556, 565

보통명사 (common noun) 32, 55-62, 66-69, 80, 83, 129, 130, 134, 140
복합관계대명사 (compound relative pronoun) 212
복합명사 (compound noun) 99, 100, 378
복합전치사 (complex preposition) 496
복합접속사 (compound conjunction) 541
본동사 (main verb) 219, 313-316, 351, 352, 367
부가사(付加詞) (adjunct) 432, 433, 436, 444, 453, 454, 462, 490
부분부정 (partial negation) 189, 191, 203
부사 (adverb) 39, 40, 53, 146, 233, 235, 242, 370, 384, 390, 428, 429, 431-492, 533, 534, 549
부사류 (adverbial) 432, 436, 455, 460, 461
부사적 소사 (particle) 285-287, 290, 291, 465, 534
부수적 상황부사 (부가사) (adjunct of contingency) 437
부정(문) (negation) 42, 43, 82, 193-195, 197, 218, 296, 297, 302, 313, 315, 316, 321, 322, 325, 326, 328, 350-353, 364, 365, 442, 443, 453, 465, 466, 470, 475, 549, 552, 553, 572
부정관사 (indefinite article) 31, 58, 59, 62, 64, 66, 68, 74, 76, 79, 83-

85, 96, 107, 112, 114, 121-125, 127, 129, 131-134, 136, 140, 143, 145, 146, 148, 149, 199, 230, 270, 382, 474, 570
부정대명사 (indefinite pronoun) 153-155, 175, 187, 192, 198, 203, 209
부정사구(문) 160, 163, 175, 216, 217, 242, 244, 245, 268, 272, 275, 281, 299, 302, 314, 351, 360, 376, 377, 381, 412-416, 419, 420, 423-425, 495, 531, 537
부정의 (indefinite) 'it' 167
부정조건 (negative condition) 572
분사 (participle) 33, 34, 38, 52, 219, 220, 232, 243, 273, 274, 277, 305, 308-312, 319, 386, 387, 427, 428, 445, 449, 451, 469, 497
분열문 (cleft sentence) 162, 165, 166, 217, 294, 452, 453, 566
분할주어 (split subject) 237
분화복수 (differential plural) 98
불가산명사 (noncount/uncountable noun) 55, 73-76, 78, 80, 81, 83, 84, 97, 125, 132, 145, 146, 149, 188, 192, 198, 199
불규칙복수형 (irregular plural) 88
불규칙 동사 (irregular verb) 219, 305, 308
불규칙변화 385
불변복수 (unchanged plural) 89, 90
불변화사 (particle) 37, 38, 44
불완전동사 (incomplete verb) 219, 220

불완전자동사 (incomplete intransitive verb) 221, 235, 236, 238-241
불완전타동사 (incomplete transitive verb) 221, 271, 278, 280, 281
불특정 명사 (indefinite noun) 199
불특정적 (indefinite) 123
비교 (comparison) 384, 386-390, 395, 398, 400, 403, 406, 407, 433, 436, 528
비교 구문 330, 392-396, 400, 401, 406, 408, 580, 588
비교급 (comparative degree) 37, 369, 370, 384, 385, 389-391, 397, 398, 400-403, 406, 443, 468, 535
비단계형용사 (nongradable adjective) 371, 390, 391
비사실전제동사 (non-factive verb) 185, 297-301
비상태동사 (dynamic verb) 220, 292-295, 328
비인칭 (impersonal) 'it' 153, 162
비정형동사 (non-finite verb) 220
비제한적 용법 (nonrestrictive use) 212-214, 218
빈도부사 (adverb of frequency) 440, 445, 459

사물어 (thing word) 73
사실동사 (factual verb) 220, 246-248, 300

사실상의 가능성 (factual possibility) 321, 327, 328, 359, 360, 421, 422
사실전제동사 (factive verb) 185, 220, 292, 296-301
사역동사 (causative verb) 220, 272, 275, 276, 295
3인칭 (third person) 38, 52, 156, 167, 305, 314, 320, 327, 346, 351
3차어 (tertiary word) 38-40
상(相) (aspect) 254
상관접속사 (correlative conjunction) 542, 550, 551, 553, 562
상태동사 (stative verb) 220, 292-295, 328, 442, 507
상태수동태 (statal passive) 363
상태형용사 (stative adjective) 371, 409, 410
상호대명사 (reciprocal pronoun) 155, 172, 173
상호복수 (plural of reciprocity) 101
상황 (situation)의 'it' 166, 167
생략 (deletion/ellipsis) 65, 88, 90, 111, 112, 128, 133-136, 139, 146, 147, 159, 160, 162, 165, 169, 170, 173, 178, 185, 186, 189, 190, 199, 200, 208, 210, 211, 223, 227-229, 238, 251, 252, 260, 265-267, 278, 279, 307, 316, 364, 380, 393, 396, 400, 402, 405, 448, 454, 461, 523, 530, 531, 544, 548, 553, 556, 557, 568, 570, 580-583, 585, 586, 598
생략 구문 402, 553, 581

서술적 용법 (predicative use) 312, 371, 372, 376-378, 380, 468
선행사 (antecedent) 114, 172, 183, 207, 209-211, 213-215, 217, 218, 573
성 (gender) 115-117
성상(性狀)형용사 (qualifying adjective) 370
소범주 (minor category) 47
소유격 (possessive case) 102, 103, 131, 132, 156, 167, 173, 177, 178, 188, 201, 207, 370
소유대명사 (possessive pronoun) 40, 46, 155, 177, 178, 199
소유형용사 (possessive adjective) 370
속격 (genitive) 37, 49, 102-115, 178
수 (number) 60, 86-90, 220
수동적 (passive) 226, 273
수량어/수량사 (quantifier) 46, 125
수량형용사 (quantifying adjective) 370
수사 (numeral) 46, 47, 60, 74, 83, 96, 155, 189, 199, 200, 350, 370
수사의문문 (rhetoric question) 350
수여동사 (dative verb) 220, 221, 260, 262, 263, 265, 266
수의적 부사구 (optional adverbial) 224-225
순행대명사화 (forward pronominalization) 174, 176
술어동사 (predicate verb) 31, 52, 60, 61, 84, 163, 197, 209, 220-222, 224, 233, 243-246, 248, 249, 260, 261, 272, 273, 275, 278, 283, 296,

297, 302, 313, 315, 317, 325, 343,
349, 354, 418, 432, 433, 439, 441,
488, 543, 551, 556, 557, 560, 562,
568, 569
습관적 동작 341
시간관련부사 (하접사) (time relationship subjunct) 437, 465
시간부사 (부가사) (adjunct of time) 436, 457, 458, 496
신정보 (new information) 123, 181, 230, 231, 270, 271, 566, 567

양보 (concession) 139, 212, 330, 435, 437, 491, 525, 546, 576-578, 595
양보절 (concessive clause) 212, 577, 578
양태부사 (부가사) (adjunct of manner) 295, 442, 444-448, 463, 464, 485
어류 (word class) 31, 39, 44, 46-48, 89
어순 (word order) 110, 163, 164, 169, 186, 189, 197, 221, 230, 233, 269, 270, 283, 286, 316, 366, 402, 438, 445, 455-457, 461, 463, 474, 476, 535, 566
여성 (feminine gender) 35, 36, 116-120, 143, 144, 257
역행대명사화 (backward pronominalization) 174-177
연결동사 (linking verb) 235

열린 어류 (open class) 46, 47
예비 (preparatory)의 'it' 165
완전동사 (complete verb) 219, 220
완전자동사 (complete intransitive verb) 221, 222, 227, 239, 240, 243
완전타동사 (complete transitive verb) 221, 243
완화(부)사 (downtoner) 467, 471-475
외계조응(外界照應)적 (exophoric) 128, 152
외래복수 (foreign plural) 91
외치변형 (extraposition) 163, 164
우방전이(右方轉位) (right dislocation) 164
우월비교 (comparison of superiority) 395, 396, 398, 408
원급 (positive degree) 384, 385, 389, 401
위계 (rank) 39, 44
유생명사 (animate noun) 356, 415, 417, 418
유어 (class word) 41, 42, 45, 46
유일관사 (unique article) 130
의무적 법성 (deontic modality) 358, 360-362
의문대명사 (interrogative pronoun) 153, 154, 204, 371, 434
의문문/형 (interrogative) 43, 74, 75, 176, 193, 195, 204, 206, 209, 271, 302, 313, 316, 321, 322, 328, 335, 339, 346, 347, 350, 352, 357, 358, 361, 364, 365, 367, 371, 398, 407,

408, 442, 443, 453, 465, 466, 474, 475, 488, 536, 549, 557, 572
의문부사 (interrogative adverb) 432, 434
의문사 (wh-word) 43, 206, 242, 267, 434, 494
의문형용사 (interrogative adjective) 204, 371
의사 (擬似) 관계대명사 (quasi-relative pronoun) 217-218, 550
의사등위접속사(quasi-coordinator) 588
의사보어(quasi-complement) 243
의사분열문 (pseudo-cleft sentence) 294
의지동사 (volitional verb) 220, 247, 248, 349
이론상의 가능성 (theoretical possibility) 321, 328, 358-360, 421, 422
이야기체 (narrative style) 233, 341, 561
이어(二語) 동사 (two word verb) 285
이인칭 (second person) 156, 167, 326, 336, 346
이접사(離接詞) (disjunct) 433, 434, 438, 444, 445, 448, 454, 479, 482
이중복수 (double plural) 98
이중속격 (double genitive) 113-115, 178
이중전치사 (double preposition) 497
2차어 (secondary word) 38-40
인식양태적 법성 (epistemic modality) 358, 360-362
인칭대명사 (personal pronoun) 118, 119, 154-156, 159, 170, 184, 192, 241, 394
일상동사 252-255, 258
일상체 (informal style) 80, 90, 120, 160, 166, 172, 184, 190, 192, 197, 201, 205, 206, 208, 248, 291, 292, 319, 345, 357, 394-397, 413, 429, 451, 461, 474, 475, 507, 512, 515, 526, 531, 550, 551, 556, 567, 568, 570, 579
1인칭 (first person) 156, 167, 320, 336, 340, 345, 347
일차어 (primary word) 38, 39

ㅈ

자동사 (intransitive verb) 32, 219-222, 225-227, 229, 235, 236, 238-241, 243, 285, 286, 288, 291, 439, 533
자동사적 구동사 (intransitive phrasal verb) 285, 286
재귀대명사 (reflexive pronoun) 155, 167-171, 251
적용범위 (scope) 353
전방조응(前方照應)적 (anaphoric) 126, 128, 152, 174, 182
전위(前位) 수식 (premodification) 378-382, 384
전이(轉移) 수식구 (transferred epithet) 375
전제 (presupposition) 165, 166, 185, 220, 292, 296-301, 304, 571

전체부정 (total negation) 189, 191, 203, 204

전치사 (preposition) 33, 35, 43, 47, 50, 89, 90, 131, 135-139, 169-171, 173, 205, 206, 208, 210, 211, 217, 242, 258, 261, 263, 264, 266, 269, 274, 285-292, 376, 381, 390, 411, 441, 458, 461, 493-539, 549, 556, 558, 564, 581, 589

전치사구 (prepositional phrase) 90, 135-137, 139, 381, 411, 416, 420, 493, 496, 523

전치사 수반 구동사 (phrasal prepositional verb) 285, 290

전치사 수반동사 (prepositional verb) 285, 287-292, 441

전치(前置)한정사 (predeterminer) 150, 384

전환 (conversion) 68, 78, 260, 261, 264, 265, 269, 284, 377, 557

절대최상급 (absolute superlative) 406, 407

절대복수 (plural tantum) 94, 96-98

절대비교급 (absolute comparative) 406

절대속격 (absolute genitive) 111, 112

접속부사/합접사 (conjunct) 432, 434, 489-491, 582-585, 587, 588

접속사 (conjunction) 32, 35, 43, 47, 51, 206, 458, 489, 495, 523, 536, 541-589

정관사 (definite article) 58, 61-65, 67, 83, 84, 114, 121, 125-128, 131-133, 135-138, 140, 141, 143, 147-149, 188, 189, 202, 270, 400, 401

정신적 지각 (mental perception) 280

정의 (definition)
 − 의미상의 (nominal) 36, 48, 51
 − 형태상의 (formal) 48, 52
 − 통사/기능상의 (syntactic/functional) 36, 48, 52, 53

정형동사 (finite verb) 220, 284, 314

제한적 용법 (restrictive use) 212-215, 218

조동사 (auxiliary verb) 313-367
 − 제1 조동사 (primary auxiliary) 313, 314
 − 제2 조동사 (secondary auxiliary) 314
 − 주변적 조동사 (marginal auxiliary) 314

조수사 (numerative) 66, 81-83

존재문 (existential sentence) 43, 208, 229, 230, 232

종별 속격 (classifying genitive) 107, 108

종속명사 (class noun) 56, 57

종속절 (subordinate clause) 175, 176, 185, 194, 213, 218, 242, 245-249, 267, 280, 281, 296, 297, 300, 316, 322, 325, 331, 335, 342, 347, 349, 364, 389, 392-394, 396, 399, 403, 417-419, 424, 488, 541, 556, 559, 560, 562-573, 579, 583, 584, 586

종속접속사 (subordinate conjunction) 43, 541, 548, 555, 559, 580, 582-

585, 587
주격 (nominative case) 37, 102, 103, 136, 156, 157, 159, 166, 169, 207, 208, 235, 241, 243, 244, 371, 396, 397, 439
주격보어 (subject complement) 136, 159, 169, 235, 241, 243, 244, 371, 439
주어 (subject) 31, 50, 52, 85, 102, 105, 110, 127, 139, 141, 142, 155, 160, 163-166, 168-171, 189, 192, 197, 220-222, 224, 226, 230, 232-235, 237-240, 243, 247, 255, 267, 268, 272, 276, 277, 279, 281, 283, 284, 294, 297, 299, 300, 314, 316, 320, 325-327, 336, 338-341, 345-347, 351, 356, 362, 367, 369, 370, 412-418, 420-423, 425, 433, 437, 439, 442, 446, 447, 451, 461-465, 477, 478, 482, 486, 493, 531, 543, 548, 551, 556, 565, 580, 581, 584, 586
주어 속격 (subjective genitive) 105
주어지향부사 (하접사) (subject orientation subjunct) 437, 446, 447, 461, 464, 465
주절 (main clause) 175, 194, 213, 216, 281, 297, 324, 333, 344, 364, 393, 396, 402, 403, 541, 555, 559-567, 571, 573, 575, 579, 584
준동사 (verbal) 220
준등위접속사 (semi-coordinator) 587, 588

중다(衆多)명사 (noun of multitude) 60, 61
중성 (neuter gender) 116
중심어 (head word) 38, 50, 107, 112, 114
중심적 한정사 (central determiner) 150
지각동사 (verb of perception) 220, 272, 293
지시대명사 (demonstrative pronoun) 46, 154, 155, 179, 184, 215, 371, 589
지시형용사 (demonstrative adjective) 179, 371
직설법 (indicative mood) 38, 246-248, 417, 424, 579
직접목적어 (direct object) 221, 255, 260, 262, 265, 266, 268-270
직접조건 (direct condition) 571
직접적 이유(direct reason) 565
진행형 (progressive form) 233, 234, 293, 294, 305, 313, 317, 362, 409, 410
질량어 (mass word) 73
집합단수 (collective singular) 60
집합명사 (collective noun) 55-57, 59-62, 68, 69, 80, 109, 144, 209
집합복수 (collective plural) 60

초점 (focus) 110, 123, 134, 165, 166, 182, 187, 193, 232, 233, 252, 438, 453, 454, 476-478, 498, 501, 520,

566, 591
초점부사 (하접사) (focusing subjunct) 438, 476-479
 － 부가적 (additive) 초점부사 476
 － 제한적 (restrictive) 초점부사 476
총칭적 (generic) 124, 140-144, 425, 426
최상급 (superlative degree) 37, 128, 209, 369, 370, 384, 385, 389-391, 400, 401, 406, 407
추상명사 (abstract noun) 55-58, 67-69, 80, 125, 142, 215, 320, 426

ㅌ

타동사 (transitive verb) 32, 50, 171, 219-221, 225-227, 229, 239, 243-245, 249, 250, 252, 256, 260, 271, 275, 278, 280, 281, 285-291, 532, 533
타동사적 구동사 (transitive phrasal verb) 285-291
통격 (common case) 103
특수구문 330, 546, 551
특정성 (definiteness) 79, 106, 189
특정 속격 (defining genitive) 107, 108
특정적 명사구 153, 176, 198, 230, 231, 518

ㅍ

파생형용사 66, 70, 71, 310-312
평서문 (declarative sentence) 221

포괄적 (inclusive) 'we' 156
품사 (parts of speech) 31-37, 40, 41, 44-46, 48, 52-54, 425, 432, 533, 549, 589
피동목적어 (affected object) 244
필수적 부사구 (obligatory adverbial) 223, 224

ㅎ

하접사(下接詞) (subjunct) 433, 437, 444, 454, 461, 462, 482, 491
한정사 (determiner) 46, 47, 51, 107, 148-150, 155, 179, 187, 188, 197, 199, 209, 214, 373, 382, 384, 543
한정적 201, 312, 371-373, 376-378, 392
한정적 용법 (attributive use) 312, 371, 372, 376-378, 392
함의동사 (implicative verb) 220, 292, 301-304
 － 긍정적 함의동사 (positive implicative verb) 303
 － 부정적 함의동사 (negative implicative verb) 303, 304
 － 비함의동사 (non-implicative verb) 302, 304
합계복수 (summation plural) 94
합접사(合接詞) (conjunct) 433, 434, 438, 454, 489
행위자 (agent) 436, 437, 460, 521
현재분사 (present participle) 38, 52,

232, 273, 305, 386, 387
현재시제 (present tense) 52, 216, 248, 305, 314, 336, 341, 351, 410, 565
현재완료형 (present perfect) 564, 565
형식목적어 (formal object) 163-165
형식주어 (formal subject) 163-165, 416-418, 421
형용사 (adjective) 32, 34-37, 39, 40, 42, 45-48, 50, 53, 66, 67, 70, 71, 79, 82, 94, 107, 108, 128, 137, 143-146, 151, 171, 173, 179, 199, 201, 204, 209, 211, 241, 242, 251, 272, 274, 297, 302, 310-312, 328, 343, 359, 360, 369-429, 431, 438, 443, 447, 449, 450, 452, 453, 467-469, 471-474, 477, 482-485, 489, 493, 495, 496, 525, 528, 535, 556, 570, 598
화용론 (pragmatics) 320
확대(부)사 (amplifier) 467-469, 471, 472
활용 (conjugation) 52, 177, 305-308, 310, 416
후방조응(後方照應)적 (cataphoric) 126, 128, 152, 174, 182, 200
후위(後位)수식 (postmodification) 137, 378-381
후치(後置)한정사 (postdeterminer) 150, 384

색인(영·한)

A

absolute comparative (절대비교급) 406
absolute genitive (절대속격) 111, 112
absolute superlative (절대최상급) 406, 407
abstract noun (추상명사) 55-58, 67-69, 80, 125, 142, 215, 320, 426
actional passive (동작수동태) 363
adjective (형용사) 32, 34-37, 39, 40, 42, 45-48, 50, 53, 66, 67, 70, 71, 79, 82, 94, 107, 108, 128, 137, 143-146, 151, 171, 173, 179, 199, 201, 204, 209, 211, 241, 242, 251, 272, 274, 297, 302, 310-312, 328, 343, 359, 360, 369-429, 431, 438, 443, 447, 449, 450, 452, 453, 467-469, 471-474, 477, 482-485, 489, 493, 495, 496, 525, 528, 535, 556, 570, 598
adjunct (부가사(付加詞)) 432, 433, 436, 444, 453, 454, 462, 490
adjunct of contingency (부수적 상황부사 (부가사)) 437
adjunct of manner (양태부사 (부가사)) 295, 442, 444-448, 463, 464, 485
adjunct of means and instrument (수단/도구부사 (부가사)) 436, 466, 520
adjunct of process (과정부사 (부가사)) 436, 460, 461
adjunct of respect (관련부사 (부가사)) 437, 461, 462, 465
adjunct of space (공간부사 (부가사)) 223, 436, 454
adjunct of time (시간부사 (부가사)) 436, 457, 458, 496
adverb (부사) 39, 40, 53, 146, 233, 235, 242, 370, 384, 390, 428, 429, 431-492, 533, 534, 549
adverb of modality (법부사) 359
adverbial (부사류) 432, 436, 455, 460, 461
affected object (피동목적어) 244
agent (동작주) 226, 428
amplifier (확대부사 (하접사)) 467-469, 471, 472
anaphoric (전방조응적) 126, 128, 152, 174, 182
animate noun (유생명사) 356, 415, 417, 418
antecedent (선행사) 114, 172, 183, 207, 209-211, 213-215, 217, 218, 573
article (관사) 34, 38, 40, 46, 65, 121-150, 155, 240, 426, 535, 578
aspect (상(相)) 254
assertion (단정) 296, 297, 572

assertive form (단정형) 571
attributive use (한정적 용법) 312, 371, 372, 376-378, 392
auxiliary verb (조동사) 313-367
　― primary auxiliary (제1 조동사) 313, 314
　― secondary auxiliary (제2 조동사) 314

B

backward pronominalization (역행대명사화) 174-177

C

case (격)　33, 37, 102-115, 159, 167, 169, 177, 178, 207, 371, 396
cataphoric (후방조응적) 126, 128, 152, 174, 182, 200
causative verb (사역동사) 220, 272, 275, 276, 295
certainty (확실성) 344, 359, 480, 481, 486
class word (유어(類語)) 41, 42, 45, 46
classifying genitive (종별 속격) 107, 108
cleft sentence (분열문) 162, 165, 166, 217, 294, 452, 453, 566
closed class (닫힌 어류) 46, 47
co-occurrence (공기(共起)관계) 239, 469
code 316

cognate object (동족목적어) 250, 251
collective noun (집합명사) 55-57, 59-62, 68, 69, 80, 109, 144, 209
collective plural (집합복수) 60
collective singular (집합단수) 60
common case (통격) 103
common noun (보통명사) 32, 55-62, 66-69, 80, 83, 129, 130, 134, 140
common/dual gender (통성) 116-118
comparative degree (비교급) 37, 369, 370, 384, 385, 389-391, 397, 398, 400-403, 406, 443, 468, 535
comparison (비교) 384, 386-390, 395, 398, 400, 403, 406, 407, 433, 436, 528
comparison of equality (동등비교) 392, 394-396, 406, 408
comparison of superiority (우월비교) 395, 396, 398, 408
complement (보어) 50, 139, 210, 214, 219-223, 235, 236, 239-244, 271-273, 275, 283, 292, 369-371, 433, 439, 556, 565
complete intransitive verb (완전자동사) 221, 222, 227, 239, 240, 243
complete verb (완전동사) 219, 220
complex preposition (복합전치사) 496
compound conjunction (복합접속사) 541
concession (양보) 139, 212, 330, 435, 437, 491, 525, 546, 576-578, 595
concrete noun (구상명사) 56, 57, 262
conjugation (활용) 52, 177, 305-308,

310, 416
conjunct (합접사) 433, 434, 438, 454, 489
conjunction (접속사) 32, 35, 43, 47, 51, 206, 458, 489, 495, 523, 536, 541-589
conjunctive adverb (접속부사) 432, 434, 489-491, 582-585, 587, 588
content word (내용어) 46, 47
continuative use (계속적 용법) 214
conversion (전환) 68, 78, 260, 261, 264, 265, 269, 284, 377, 557
coordinate conjunction (등위접속사) 43, 541, 548, 554, 555, 582-585, 587, 588
copula (계사(繫詞)) 235
correlative conjunction (상관접속사) 542, 550, 551, 553, 562
count(able) noun (가산명사) 55, 66, 68, 73-76, 78-80, 83, 84, 98, 121, 133, 149, 188, 199
courtesy subjunct (격식부사 (하접사)) 437, 461-463

D

dative verb (수여동사) 220, 221, 260, 262, 263, 265, 266
declarative sentence (평서문) 221
deduction (논리적 추측) 348
defining genitive (특정 속격) 107, 108
definite article (정관사) 58, 61-65, 67,

83, 84, 114, 121, 125-128, 131-133, 135-138, 140, 141, 143, 147-149, 188, 189, 202, 270, 400, 401
definiteness (특정성) 79, 106, 189
definition (정의)
  − formal (형태상) 48, 52
  − notional (의미상) 36, 48, 51
  − syntactic/functional (통사상/기능상) 36, 48, 52, 53
delexical verb 254
demonstrative pronoun (지시대명사) 46, 154, 155, 179, 184, 215, 371, 589
demonstrative adjective (지시형용사) 179, 371
denominal adjective (명사적 형용사) 373, 374
deontic modality (의무적 법성) 358, 360-362
descriptive genitive 106
determiner (한정사) 46, 47, 51, 107, 148-150, 155, 179, 187, 188, 197, 199, 209, 214, 373, 382, 384, 543
differential plural (분화복수) 98
direct condition (직접조건) 571
direct object (직접목적어) 221, 255, 260, 262, 265, 266, 268-270
disjunct (이접사(離接詞)) 433, 434, 438, 444, 445, 448, 454, 479, 482
double genitive (이중속격) 113-115, 178
double plural (이중복수) 98

downtoner (완화(부)사) 467, 471-475
dynamic verb (비상태동사) 220, 292-295, 328

E

editorial 'we' 158
effected object (달성목적어) 244
emotive verb (감정동사) 220, 246, 247
emphasis (강조) 166, 169, 170, 178, 212, 233, 294, 316, 317, 334, 438, 453, 466, 467, 469, 562, 563, 566
emphasizer (강조부사) 438, 466, 467
end-weight 110, 164, 270, 271, 441, 457
epistemic modality (인식양태적 법성) 358, 360-362
exclamatory wish (기원(祈願)) 329
exclusive (배타적) 'we' 156
existential sentence (존재문) 43, 208, 229, 230, 232
exophoric (외계조응적) 128, 152
extraposition (외치(外置) 변형) 163, 164

F

factive verb (사실전제동사) 185, 220, 292, 296-301
　― non-factive verb (비사실전제동사) 185, 297-301
factual possibility (사실상의 가능성) 321, 327, 328, 359, 360, 421, 422
factual verb (사실동사) 220, 246-248, 300
feminine gender (여성) 35, 36, 116-120, 143, 144, 257
final position 439
finite verb (정형동사) 220, 284, 314
focusing subjunct (초점부사 (하접사)) 438, 476-479
foreign plural (외래복수) 91
formal object (형식목적어) 163-165
formal style (격식체) 160, 172, 183, 190, 200, 206, 266, 292, 319, 326, 345, 357, 394, 396, 497, 512, 514, 515, 526, 528, 537, 549, 551, 554, 558, 567-569, 577
formal subject (형식주어) 163-165, 416-418, 421
forward pronominalization (순행대명사화) 174, 176
full verb 47
function word (기능어) 42, 44, 46, 47

G

gender (성) 115-117
generic use (총칭적 용법) 124
genitive case (속격) 37, 49, 102-115, 178
genitive of origin 106
gradable adjective (단계형용사) 371, 390, 391, 472

group conjunction (군접속사) 542, 563
group genitive (군속격) 112

H

head word (중심어) 38, 50, 107, 112, 114
hypothesis verb (가정동사) 220, 248
hypothetical condition (가상조건) 575

I

impersonal (비인칭) 'it' 153, 162
implicative verb (함의동사) 220, 292, 301-304
  − negative implicative verb (부정적) 303, 304
  − non-implicative verb (비함의동사) 302, 304
  − positive implicative verb (긍정적) 303
inanimate noun (무생명사) 356
inchoative aspect (기동상(起動相)) 254
inclusive (포괄적) 'we' 156
incomplete intransitive verb (불완전자동사) 221, 235, 236, 238-241
incomplete transitive verb (불완전타동사) 221, 271, 278, 280, 281
incomplete verb (불완전동사) 219, 220
indefinite (부정의) 'it' 167
indefinite article (부정관사) 31, 58, 59, 62, 64, 66, 68, 74, 76, 79, 83-85, 96, 107, 112, 114, 121-125, 127, 129, 131-134, 136, 140, 143, 145, 146, 148, 149, 199, 230, 270, 382, 474, 570
indefinite pronoun (부정대명사) 153-155, 175, 187, 192, 198, 203, 209
indirect condition (간접조건) 571
indirect object (간접목적어) 192, 221, 255, 260-262, 265-267, 269, 270
informal style (일상체) 80, 90, 120, 160, 166, 172, 184, 190, 192, 197, 201, 205, 206, 208, 248, 291, 292, 319, 345, 357, 394-397, 413, 429, 451, 461, 474, 475, 507, 512, 515, 526, 531, 550, 551, 556, 567, 568, 570, 579
initial position 439
insistence (고집) 339, 342
intensifer (강의부사) 438, 442, 445-448, 467
intensity plural (강의복수) 80, 101
intention (의도) 338, 340, 345, 464
interjection (간투사) 35, 47, 51, 591, 592, 594-596, 598
  − primary interjection (제1 간투사) 591, 592, 595
  − secondary interjection (제2 간투사) 591, 592, 595
interrogative adjective (의문형용사) 204, 371
interrogative adverb (의문부사) 432,

434
interrogative pronoun (의문대명사) 153, 154, 204, 371, 434
intransitive phrasal verb (자동사적 구동사) 285, 286
intransitive verb (자동사) 32, 219-222, 225-227, 229, 235, 236, 238-241, 243, 285, 286, 288, 291, 439, 533
inversion (도치) 229, 233, 234, 316, 366, 367, 440, 459, 553, 562, 567, 570, 577, 578
irregular plural (불규칙복수) 88
irregular verb (불규칙동사) 219, 305, 308

L

linking verb (연결동사) 235

M

main clause (주절) 175, 194, 213, 216, 281, 297, 324, 333, 344, 364, 393, 396, 402, 403, 541, 555, 559-567, 571, 573, 575, 579, 584
main verb (본동사) 219, 313-316, 351, 352, 367
marginal auxiliary (주변적 조동사) 314
masculine gender (남성) 35, 116-120, 143, 144
mass noun (질량명사) 55

mass word (질량어) 73
material noun (물질명사) 55-57, 62, 66, 68, 69, 80, 83, 96, 125, 142
medial position 439
mental perception (정신적 지각) 280
minor category (소범주) 47
modal (auxiliary) (법조동사) 47, 313, 314, 317, 318, 320, 353, 358
modal past/preterite (법과거) 322, 323
modal verb (법동사) 47
modality (법성(法性)) 313, 314, 320, 358-362
moral obligation (마땅한 의무) 338, 347
multi-word verb (다어동사) 285, 290

N

narrative style (이야기체) 233, 341, 561
narrative wh-clause 561
necessity (필요) 333
negation (부정) 42, 43, 82, 193-195, 197, 218, 296, 297, 302, 313, 315, 316, 321, 322, 325, 326, 328, 350-353, 364, 365, 442, 443, 453, 465, 466, 470, 475, 549, 552, 553, 572
negative condition (부정조건) 572
neuter gender (중성) 116
new information (신정보) 123, 181, 230, 231, 270, 271, 566, 567
NICE 315, 318

nominative case (주격) 37, 102, 103, 136, 156, 157, 159, 166, 169, 207, 208, 235, 241, 243, 244, 371, 396, 397, 439
nonfinite verb (비정형동사) 220
nonassertive form (비단정형) 572
noncount noun (불가산명사) 55, 73-76, 78, 80, 81, 83, 84, 97, 125, 132, 145, 146, 149, 188, 192, 198, 199
nongradable adjective (빈단계적형용사) 371, 390, 391
nonrestrictive (비제한적) 212-214, 218
noun (명사) 32, 35-37, 39, 42, 45, 47-53, 55-119, 121, 123, 126-128, 140, 149, 174, 180, 181, 183, 189, 197, 212, 230, 240, 288, 375, 381, 382, 416, 427, 449, 453, 489, 493, 494, 514, 523, 528, 530, 531, 578
noun of multitude (중다(衆多) 명사) 60, 61
numeral (수사) 46, 47, 60, 74, 83, 96, 155, 189, 199, 200, 350, 370
numerative (조수사(助數詞)) 66, 81-83

O

object (목적어) 31, 50, 102, 105, 138, 140, 155, 162-165, 167-169, 171, 173, 205, 219-223, 227-229, 235, 243-245, 249-256, 260-262, 264-272, 275, 276, 278, 281-284, 286-289, 292, 298, 299, 300, 369, 370, 412, 428, 433, 439, 441, 451, 493-495, 497, 498, 500-502, 508, 510, 513, 522, 524, 530-533, 535, 536, 556, 558
objective case (목적격) 37, 102, 103, 156, 157, 159, 160, 166, 167, 207, 208, 241, 258, 371, 394-397
objective genitive (목적어속격) 105
obligation (의무) 333, 338, 347, 354
obligatory (의무적) 223, 245, 455
old information (구정보) 123, 230, 231, 234, 270, 566, 567
open class (열린 어류) 46, 47
open condition (개방조건) 195, 575
operator (조작자) 317, 318
optional (수의적) 136, 165, 223-225, 273, 278, 455

P

partial negation (부분부정) 189, 191, 203
particle (불변화사) 37, 38, 44
particle (부사적 소사) 285-287, 290, 291, 465, 534
partitive (부분사(部分詞)) 81, 83
paternal 'we' 158
permission (허가) 313, 319, 320, 325-327, 346, 358-360
personal pronoun (인칭대명사) 118, 119, 154-156, 159, 170, 184, 192,

241, 394
phrasal conjunction (구접속사) 544, 545
phrasal preposition (구전치사) 496
phrasal prepositional verb (전치사 수반 구동사) 285, 290
phrasal verb (구동사) 222, 284-291, 465, 530, 534
physical perception (감각적 지각) 280
plural of approximation (근사복수) 100
plural of reciprocity (상호복수) 101
plural tantum (절대복수) 94, 96-98
positive degree (원급) 384, 385, 389, 401
possessive adjective (소유형용사) 370
possessive case (소유격) 102, 103, 131, 132, 156, 167, 173, 177, 178, 188, 201, 207, 370
possessive pronoun (소유대명사) 40, 46, 155, 177, 178, 199
possibility (가능성) 127, 313, 321, 327, 328, 344, 358-360, 421, 422
postdeterminer (후치한정사) 150, 384
postmodification (후위수식) 137, 378-381
pragmatics (화용론) 320
predeterminer (전치한정사) 150, 384
predicative use (서술적 용법) 312, 371, 372, 376-378, 380, 468
prediction (예측) 340, 341, 359
premodification (전위수식) 378-382, 384
preparatory 'it' (예비의 'it') 165
preposition (전치사) 33, 35, 43, 47, 50, 89, 90, 131, 135-139, 169-171, 173, 205, 206, 208, 210, 211, 217, 242, 258, 261, 263, 264, 266, 269, 274, 285-292, 376, 381, 390, 411, 441, 458, 461, 493-539, 549, 556, 558, 564, 581, 589
prepositional phrase (전치사구) 90, 135-137, 139, 381, 411, 416, 420, 493, 496, 523
prepositional verb (전치사 수반동사) 285, 287-292, 441
presupposition (전제) 165, 166, 185, 220, 292, 296-301, 304, 571
primary verb (기본동사) 47
prime verb 254
pronoun (대명사) 33, 35-37, 40, 47, 53, 84, 102, 103, 114, 118, 119, 128, 151-218, 234, 241, 244, 245, 251, 269, 270, 278, 287, 370, 371, 380, 394, 397, 432, 434, 494, 550, 551, 573, 589
pronominalization (대명사화) 174-177
proper noun (고유명사) 32, 55-58, 62-66, 68-72, 80, 83, 87, 96, 104, 125, 134, 214, 215, 231, 270, 382
proposition (명제) 313, 358, 571
purpose (목적) 436, 437, 568

Q

qualifying adjective (성상형용사) 370

quantifier (수량어) 46, 125
quantitative adjective (수량형용사) 370
quasi-complement (의사보어) 243
quasi-coordinator (의사등위접속사) 588
quasi-relative pronoun (의사관계대명사) 217-218, 550

R

rank (위계) 39, 44
reciprocal pronoun (상호대명사) 155, 172, 173
reference (지시) 153
reflexive pronoun (재귀대명사) 155, 167-171, 251
regular plural (규칙복수) 86, 89
regular verb (규칙동사) 219, 305, 308
relative adjective (관계형용사) 211, 371
relative pronoun (관계대명사) 114, 118, 119, 155, 183, 206-218, 371, 380, 550, 573
restrictive use (제한적 용법) 212-215, 218
rhetorical question (수사의문문) 350
right dislocation (우방전위(右方轉位)) 164
royal 'we' 159
reason (이유) 211, 230, 414, 431, 432, 435, 437, 527, 546, 554, 555, 565, 567

S

semi-auxiliary (반조동사) 314, 315, 359
semi cooordinator (준등위접속사) 587, 588
sentence adverb (문장부사) 432, 444, 445, 447, 448, 479, 482-487
sentential conjunction (문접속) 544, 545
simple adverb (단순부사) 431, 433
simple conjunction (단일접속사) 541
simple preposition (단일전치사) 496
situation (상황의) 'it' 166, 167
split subject (분할주어) 237
statal passive (상태수동태) 363
stative aspect (상태상) 254
stative verb (상태동사) 220, 292-295, 328, 442, 507
subject complement (주격보어) 136, 159, 169, 235, 241, 243, 244, 371, 439
subject orientation subjunct (주어지향적부사 (하접사)) 437, 446, 447, 461, 464, 465
subjective genitive (주어 속격) 105
subjunct (하접사) 433, 437, 444, 454, 461, 462, 482, 491
subordinate clause (종속절) 175, 176, 185, 194, 213, 218, 242, 245-249, 267, 280, 281, 296, 297, 300, 316, 322, 325, 331, 335, 342, 347, 349, 364, 389, 392-394, 396, 399, 403,

417-419, 424, 488, 541, 556, 559, 560, 562-573, 579, 583, 584, 586
subordinate conjunction (종속접속사) 43, 541, 548, 555, 559, 580, 582-585, 587
substitution (대용) 128, 153, 175, 184-186, 198, 199, 300, 366, 396, 454
summation plural (합계복수) 94
superlative degree (최상급) 37, 128, 209, 369, 370, 384, 385, 389-391, 400, 401, 406, 407

T

theoretical possibility (이론상의 가능성) 321, 328, 358-360, 421, 422
thing word (사물어) 73
time relationship subjunct (시간관련부사 (하접사)) 437, 465
total negation (전체부정) 189, 191, 203, 204
transferred epithet (전이(轉移) 수식구) 375
transitive phrasal verb (타동사적 구동사) 285-291
transitive verb (타동사) 32, 50, 171, 219-221, 225-227, 229, 239, 243-245, 249, 250, 252, 256, 260, 271, 275, 278, 280, 281, 285-291, 532, 533
two-word verb (이어동사) 285

U

unchanged plural (불변복수) 89, 90
uncountable noun (불가산명사) 55, 73-76, 78, 80, 81, 83, 84, 97, 125, 132, 145, 146, 149, 188, 192, 198, 199
unique article (유일관사) 130
unmarked plural (불변복수) 89, 90

V

verb (동사) 32, 33, 35, 36, 37, 39, 42, 51-53, 59-62, 67, 84, 85, 94-96, 128, 138, 139, 153, 159, 163, 168, 169, 171, 173, 175, 176, 185, 186, 189, 190, 192, 197, 209, 210, 219-312, 352, 356, 374, 380, 389, 390, 409, 417-419, 425, 428, 432, 437-439, 441-443, 451, 454, 455, 462, 465, 467-470, 472, 477, 486, 488, 495, 506, 507, 514, 520, 525-528, 530-534, 548, 550, 553, 557-560, 562, 568, 569, 572, 578-581, 583, 586, 589
verb of perception (지각동사) 220, 272, 293
verb phrase and predication subjunct (동사구 관련부사 (하접사)) 437, 465
verbal (준동사) 220
viewpoint subjunct (관점부사 (하접사)) 437, 444, 461, 462

volitional verb (의지동사) 220, 247, 248, 349

W

wh-word (의문사) 43, 206, 242, 267, 434, 494
willingness (자발적인 의사) 294, 338, 339
word class (어류) 31, 39, 44, 46-48, 89

Y

yes-no question 557

Z

zero article (무관사) 121, 127, 132, 134, 137, 140, 142
zero plural (불변복수) 89

▶ 저자약력

서울대 문리대 영문과 졸업
미국 인디애너대학교 대학원 언어학과 수학
영국 에딘버러대학교 대학원에서 응용언어학연구
서울대 사대 영어교육과 교수역임
현재 서울대 사대 명예교수

▶ 주요 저서

- 고급영문법해설, 1987, 박영사
- 영어교수법(공저), 1984, 신아사
- 영어교육론(공저), 1991, 한신문화사
- 기타 논문 다수

▶ 저자약력

서울대 문리대 영문과 졸업
미국 인디애너대학교 대학원 언어학과 수학
영국 에딘버러대학교 대학원에서 응용언어학연구
서울대 사대 영어교육과 교수역임
현재 서울대 사대 명예교수

▶ 주요 저서

- 고급영문법해설, 1987, 박영사
- 영어교수법(공저), 1984, 신아사
- 영어교육론(공저), 1991, 한신문화사
- 기타 논문 다수

신·영·어·학·총·서 **3**
영어품사론
(PARTS OF SPEECH)

인쇄 ▷ 1998년   9월   10일
발행 ▷ 1998년   9월   20일
지은이 ▷ 문   용
발행인 ▷ 김 진 수
발행처 ▷ **한국문화사**
등록번호 ▷ 제 2-1276호
133-112 서울시 성동구 성수1가 2동 13-156
Tel (02)464·7708   Fax (02)499·0846

정가 ▷ 15,000원

ISBN 89-7735-529-X
ISBN 89-7735-361-0 (세트)

* 잘못된 책은 바꾸어 드립니다.